普通高等教育交通运输类应用型特色规划教材

道路交通测控技术及应用

主　编　周兴林　崔新壮
副主编　时柏营　李永义　逄焕平　冉茂平

DAOLU JIAOTONG CEKONG JISHU JI YINGYONG

国防工业出版社
·北京·

内容简介

本书将道路交通领域的检测技术与控制技术融为一体，并以道路交通为研究应用背景，全面介绍了测控技术的基础理论与应用方法。本书主要内容包括绪论、现代交通测控技术基础、道路交通状态参数检测技术、道路交通状态判别技术、道路交通事件自动检测技术、道路交通基础设施检测技术、道路交通基础设施运营状况评价及预警管理系统、道路交通基础设施服务性能检测、交通控制技术、交通测控技术的研究动态及发展趋势。

本书可作为高等院校本科生、研究生教材或高校教师教学参考书，也可供从事交通信息控制、智能交通系统研究和开发应用的工程技术人员参考使用。

图书在版编目(CIP)数据

道路交通测控技术及应用/周兴林，崔新壮主编.—北京：国防工业出版社，2013.7

普通高等教育交通运输类应用型特色规划教材

ISBN 978-7-118-08827-4

Ⅰ.①道…　Ⅱ.①周…②崔…　Ⅲ.①公路运输—检测—高等学校—教材　Ⅳ.①U491.1

中国版本图书馆CIP数据核字(2013)第178888号

※

国防工业出版社出版发行

(北京市海淀区紫竹院南路23号　邮政编码100048)

北京奥鑫印刷厂印刷

新华书店经售

*

开本 787×1092　1/16　**印张** 17½　**字数** 417千字

2013年7月第1版第1次印刷　**印数** 1—3000册　**定价** 36.00元

(本书如有印装错误，我社负责调换)

国防书店：(010)88540777　　发行邮购：(010)88540776

发行传真：(010)88540755　　发行业务：(010)88540717

普通高等教育交通运输类应用型特色规划教材

前言

随着社会经济的迅速发展，道路路网不断地扩大，道路交通需求日益增长，城市交通堵塞和交通事故等问题凸现，改善和解决这些问题越来越受到关注。随着信息科技领域的快速发展，信息技术为现代交通领域注入了新的生机和活力，特别是道路交通领域的测控技术，大力推动了交通领域的发展。

交通测控技术主要包括交通检测技术与交通控制技术两方面。交通检测技术的主要作用是实时准确地对交通信息进行采集、传输与分析处理；交通控制技术的主要作用是根据交通检测技术所提供的各种信息数据，对交通状态、交通设施等采取行之有效的控制措施，以确保交通的有序、畅通与安全。

本书内容丰富，遵循浅入深出的原则，全面、完整地反映了道路交通测控技术的基本理论、实际应用以及最新发展动态，具有较强的理论和应用价值。本书共分 10 章，第 1 章绪论，主要介绍道路交通测控技术的基础知识，由武汉科技大学周兴林编写；第 2 章现代交通测控技术基础，介绍交通检测常用传感器、无损检测技术及信息传输与处理技术的基本理论知识，由武汉科技大学冉茂平编写；第 3 章道路交通状态参数检测技术，主要介绍道路交通状态的各种参数及相关的检测技术与方法，由南京工业大学李永义编写；第 4 章道路交通状态判别技术，主要阐述交通状态的分级判别标准及自动判别方法，由山东建筑大学时柏营编写；第 5 章道路交通事件自动检测技术，主要介绍交通事件自动检测算法、评价指标及相关预警技术，由山东建筑大学时柏营编写；第 6 章道路交通基础设施检测技术，主要介绍路面工程、桥梁工程等交通基础设施的检测技术，由合肥工业大学逄焕平编写；第 7 章道路交通基础设施运营状况评价及预警管理系统，以桥梁工程为例，介绍交通基础设施运行状况评价方法及预警管理，由山东大学崔新壮编写；第 8 章道路交通基础设施服务性能检测，介绍包括交通噪声、振动等在内的基础设施服务性项目的检测技术及评价方法，由武汉科技大学冉茂平编写；第 9 章交通控制技术，系统介绍交通控制技术的基础、相关理论、控制方式及常用控制系统，由武汉科技大学周兴林编写；第 10 章交通测控技术的研究动态及发展趋势，主要介绍道路交通领域测控技术最新的研究内容及发展趋势，由武汉科技大学周兴林编写；本书最后由周兴林统稿、定稿。

完成本书之际，感谢本书所有参编老师；感谢研究生李程、张云、胡怡玮、周亚旭、岳红亚、王启超等所做的部分插图的绘制、格式的整理以及文献的收集与整理等工作；感谢参考文献中列出和未列出的有关作者为本书提供的宝贵参考资料。

由于现代交通测控技术发展日新月异，且内容较多，限于水平和能力，书中疏漏和不足在所难免，敬请各位读者批评指正。

周兴林

2013 年 2 月

目　录

第1章 绪　论

1.1　现代测控技术

1.1.1　现代测控技术定义

测控技术是由测量和控制两部分组成,它是高科技社会下人类认识和改造世界的两项内容。测量:采取各种方法获得反映客观事物或对象的运动属性的各种数据、记录并进行必要的处理。控制是指采取各种方法支配或约束某一事物或对象的运动过程,达到一定的目的。相应地,人们就要研制和发展测控仪器或系统以实现测量控制,与之相关的理论与技术就是测控技术。

现代测控技术是建立在计算机信息基础上的一门新兴技术,包括运用各种传感器来获得信息的计算机自动测量和计算机对信息进行处理、控制两大部分。它是自动控制、计算机科学与技术、微电子学和通信技术等多种学科、多种技术互相结合,互相渗透,综合发展的新学科领域。

1.1.2　现代测控技术的特点

现代测控系统充分利用信息化技术,通过各种传感设备、控制设备,在人工最少参与的条件下尽量以软代硬,并广泛集成各种先进的检测和控制技术,例如,无线通信、计算机视觉、传感器网络、全球定位、虚拟仪器、最新检测理论方法等新技术,使得现代测控系统具有以下特点。

1. 测控设备软件化

软件化具有很强的灵活性,具有实时更新模块,加载各种实用的算法,适应实际要求。通过计算机的测控软件,实现测控系统的自动极性判断、自动量程切换、自动报警、过载保护、非线性补偿、多功能测试和自动巡回检测等功能。软测量可以大量减少设备硬件的数量,便于测控设备模块化、标准化,提高测控系统的可靠性和"软测量"功能。

2. 测控过程智能化

在现代测控系统中,计算机成为测控系统的核心,随着各种复杂算法和模型不断的优化,把它们载入计算机,实现自动控制,使现代测抨系统趋向智能化的步伐加快。

3. 很强的开放性

现代测控系统采用模块化、标准化的结构、硬件可以随着技术和需要的发展而不断地更新和扩展,软件也可以随着需要而不断地升级。

4. 实时性强

随着计算机主频的快速提升和电子技术的迅猛发展，以及各种在线自诊断、自校准和决策等快速测控算法的不断涌现，现代测控系统的实时性大幅度提高，从而为现代测控系统在高速、远程以至于超实时领域的广泛应用奠定了坚实基础。

5. 可视性好

随着虚拟仪器技术的发展，可视化图形设计，交互式编程软件、图像图形化的结合以及三位虚拟技术不断成熟和广泛的应用，现代测控系统的人机交互功能更加趋向人性化、实时可视化的特点。

6. 测控管理一体化

随着信息化普及步伐的加快，各个企业加入了信息化行业，一个企业从下订单开始，到产品包装出厂、运送，全程期间的生产计划管理、产品设计信息管理、制造加工设备控制等，既涉及对生产加工设备状态信息的在线测量，也涉及对加工生产设备行为的控制，还涉及对生产流程信息的全程跟踪管理，因此，现代测控系统向着测控管一体化方向发展，而且步伐不断加快。

1.1.3 现代测控技术的发展历程

随着测控技术、计算机技术、网络技术以及各种高科技在测控系统中的发展，测控系统的基本结构也逐步由模拟仪表测控系统、集中控制式、集散控制式发展到网络分布式系统。因此，测控系统的发展一般可划分为以下几个阶段。

1. 模拟仪表测控系统

模拟仪表测控系统于 20 世纪六七十年代占主导地位。模拟式仪表控制的输入信号是连续的电压量或电流量，可以直观反映被测量值的动态变化，是最早的测控系统，由于它依赖于机械式的工作原理，其显著缺点是模拟信号精度低，易受干扰，测量范围小。

2. 集中式数字测控系统

集中式数字测控系统于 20 世纪七八十年代占主导地位。它采用单片机、可编程逻辑控制器(Programmable Logic Controller，PLC)、顺序逻辑控制器(Sequence Logical Controller，SLC)或者微机作为控制器，在控制器内部传输的是数字信号，因此克服了模拟仪表控制系统中模拟信号精度低的缺陷，提高了系统的抗干扰能力。集中式数字测控系统的优点是易于根据全局情况进行控制计算和判断，在控制方式、控制时间的选择上可以统一调度和安排。不足的是，对控制器本身要求很高，必须具有足够的处理能力和极高的可靠性，当系统任务增加时，控制器的效率和可靠性将急剧下降。

集中式数字测控系统具有以下特点：①集中控制；② 一对一物理连接；③ 功能单一、结构复杂、可以升级扩展；④系统高效，可以对全局进行优化。

3. 集散控制式测控系统

集散控制式测控系统，以控制站的直接数字控制(Direct Digital Control，DDC)对现场的分散被控对象进行实时分散控制，而以操作站的中央管理计算机进行集中操作、显示、报警、优化控制功能等，随着计算机可靠性的提高和价格的大幅度下降，出现了数字调节器、可编程控制器以及由多个计算机递阶构成的集中、分散相结合的集散控制系统。

分散控制的特点是各子系统为独立节点，网络连接(专用)，集中与分散相结合，局部优化，易维护升级。

4. 分布式网络测控系统

20 世纪 90 年代国际上出现了全分布式的智能化测控网络和基于网络的测试设备，其核心思想是集中管理、分散控制，即管理与控制相分离，上位机用于集中监视管理功能，若干台下位机下放分散到现场实现分布式测量与控制，上下位机之间用控制网络互连以实现相互之间的信息传递。因此，这种分布式的测控系统体系结构有力地克服了集中式数字测控系统对控制器处理能力和可靠性要求高的缺陷。这种测控系统具有良好的互操作性，系统的整体可靠性高，具有很强的开放性。

分布式网络测控系统是一个通过网络把分布在不同地理位置、具有独立功能的测控单元连接起来，以达到测控资源共享、协同工作、分散操作、集中管理、测量过程监控和设备诊断等目的的工业计算机测控网络系统。其系统结构如图 1-1 所示。

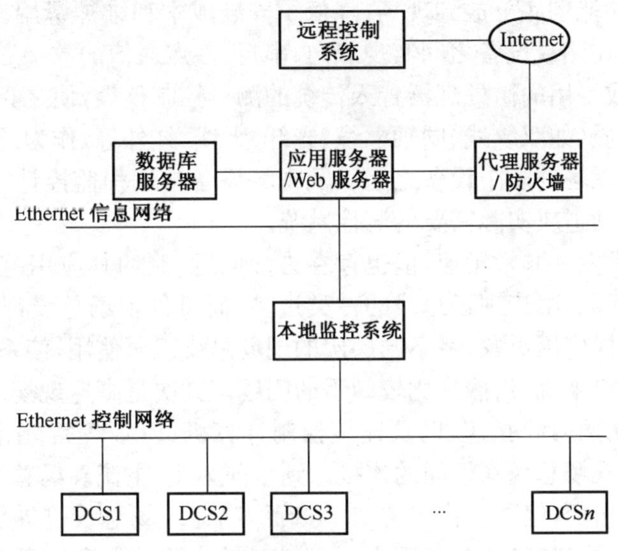

图 1-1 基于网络的分布式测控系统结构图

分布式网络测控系统中用到 3 种网络分别实现不同的功能，最底层是由高速 Ethernet 交换式互连各个现场测控节点构成的控制网络；中间是挂有企业其他信息模块（如人事管理系统，财务管理系统）的企业信息网，一般也由 Ethernet 技术来构造；最上面是与企业信息网通过网关连接起来的广域网，即 Internet。

分布式网络测控系统的主要特点如下。

(1) 整体自适应性好：实现分布式测量、集中控制和管理的测试目的。同时，可根据应用需要，灵活构建和定制设备的数量和规模，系统软件自动适应。

(2) 系统功能强：系统中可以选用多种设备，同时可将不同设备的功能加以组合以实现系统功能多样化的需求。

(3) 系统稳定度高：采用了模块化的分层设计，引入较为先进的分布式对象技术，轻松实现网络数据传输。

(4) 经济性好：使昂贵的硬件设备、软件在网络内得以共享，减少了设备重复投资。同时还节约人力资源。在日常的使用维护过程中，仅需少量的操作人员即可。

(5) 适应性好：系统各模块相互独立，便于扩展。只需添加相应的控制程序即可增加硬件设备。

在分布式测控系统中，分布式控制思想的实现正是得益于网络技术的发展和应用，遗憾的是，不同的厂家为了达到垄断经营的目的而对其控制通信网络采用各自专用的封闭形式，不同厂家的产品之间以及其与上层 Internet、Internet 信息网络之间难以实现网络互连和信息共享，因此从该角度而言，这一阶段的分布式测控系统是一种封闭专用的、不具有可互操作性的，并且造价昂贵。在这种情况下，用户对网络控制系统提出了开放性和降低成本的迫切要求。

5. 现场总线测控系统

现场总线测控系统用现场总线这一开放的、具有互操作性的网络将现场各控制器及仪器仪表设备互连，连接智能现场设备与控制室内自动控制装置之间的数字式、双向、串行、多点通信的数据总线，是控制技术、仪表工业技术和计算机网络技术三者的结合，代表了工业控制体系的一种方向。同时控制功能彻底下放到现场，降低了安装成本和维护费用。现场总线(Fieldbus)是应用在生产现场的，在测量设备之间实现双向、串行、多点通信的数字通信系统。

现场总线把通用或专用的微处理器置入传统的测量控制仪表，使之具有数字计算和数字通信能力，采用一定的介质(如双绞线、同轴电缆、光纤、无线、红外等)作为通信总线，按照公开、规范的通信协议，在位于现场的多个设备之间以及现场设备与远程监控计算机之间，实现数据传输和信息交换，形成各种适应实际需要的测控系统。

虽然现场总线技术发展非常迅速，但也存在许多问题，制约其应用范围的进一步扩大。首先是现场总线的选择问题，由于现场总线的种类过多，而每种现场总线都有自己最合适的应用领域，如何在实际中根据应用对象，将不同层次的现场总线组合使用，使系统的各部分都选择最合适的现场总线，对用户来说，仍然是比较棘手的问题。其次是高速现场总线进展缓慢，高速现场总线主要应用于控制网内的互连，以及连接控制计算机、PLC 等智能化程度高、处理速度快的设备，以及实现低速现场总线网桥间的连接。到目前为止，主流现场总线 FF 的 H2 高速总线部分原计划于 1998 年出台，但迄今尚未看到其产品，高速现场总线进展缓慢。FF 的 H2 难产之后，2000 年 3 月宣布用 1000Mb/s 的 Ethernet 来增强 H2 的方案。还有就是系统集成问题，由于实际应用中一个系统很可能采用多种方式的现场总线，因此如何把工业控制网络与数据网络进行无缝的集成，从而使整个系统实现测量控制管理一体化，是关键环节。现场总线系统在设计网络布局时，不仅要考虑各现场节点的距离，还要考虑现场节点之间的功能关系、信息在网络上的流动情况等。

因此，如何把工业控制网络与数据网络进行无缝的集成，从而使整个系统实现测量控制管理一体化，是关键环节。出现以上问题的根本原因是现场总线的通信协议开放性是有条件的、不彻底的，以太网进入工业控制领域为有效的解决这一问题提供了方向。

6. 基于交换式连接的工业以太网及分布式、测量控制管理一体化的测控系统

近些年来，随着网络技术的发展，以太网进入了工业控制领域，形成了新型的以太网控制网络技术，这使得测控系统有越来越向数字化、测控管一体化发展的趋势。以太网作为工业控制总线的优越性和可能性主要表现为：足够带宽并且进行交互式互连从而保证测控系统的实时性、采用 TCP/IP 协议从而获得通信协议的开放性、易与 Internet 集成从而更有利于建立测控管一体化的测控系统、有成熟的以太控制网络软件以及成本低廉等。

从测控系统的发展情况来看，每种系统技术支持各不相同，其能力也不同。各系统测控能力对比情况如图 1-2 所示。

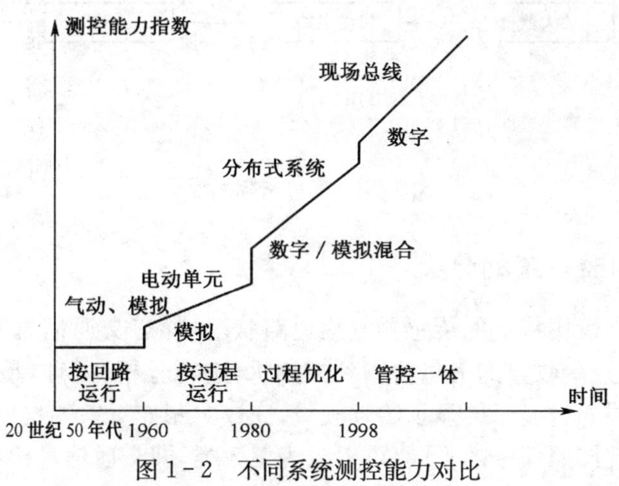

图1-2　不同系统测控能力对比

1.2　现代交通测控系统

1.2.1　现代交通测控系统的组成

交通测控系统由各种传感器件、传输设备、信号机、通信传输系统、设在控制中心的中心处理机及其外围设备、交通状况显示板和使上述设备协调工作的软件系统组成，控制人员为了直观了解道路上的交通状况和控制效果，还设有电视监视系统和控制台系统，对被控对象或系统进行实时跟踪控制的一个整体系统。

1. 传感器

传感器用来获取道路各种交通参数，大致可以分为两类。一类是用于检测车辆的存在、速度、流量、车道占有率等交通参数，以便实施有效的交通控制和管理；另一类是用来检测和交通有关的道路环境条件以及驾驶员的身体状况，其目的是当出现不利的条件时，发出警告或进行必要的干预或控制。

2. 控制处理机

它用来把收集来的信号，按照一定的交通要求进行处理，并将结果进行存储、打印或形成文件。

3. 交通显示板

交通显示板将处理后的信息显示出来，达到和人进行互通。

交通传感器将检测到的交通信息通过放大器、传输电路，送到信号机为交通信号控制系统服务，最后送到交通控制中心，控制中心对这些交通信息按照一定的交通要求进行处理，满足一定的目的要求，再把这些信息反馈到交通现场控制器或通过显示屏显示给驾驶员，如图1-3所示。

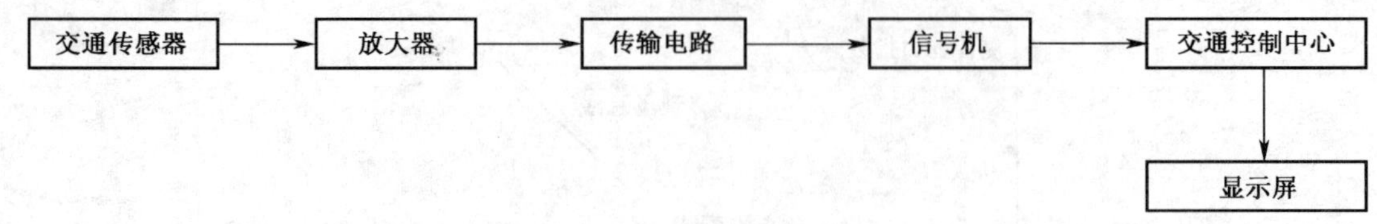

图 1-3　测控系统流程

1.2.2　现代交通测控系统的分类

现代交通测控是指运用特定的传感器收集道路状况(静态交通信息)及道路上实时交通信息(动态交通信息),把这些收集的信息传输到控制机,进行分析、处理,最后把处理后的信息反馈到交通现场控制器或通过显示屏显示给驾驶员,完成对测控对象的自动检测和自动化控制。

现代交通测控系统按照任务的不同,可以分为三大类,即交通信息检测系统、信息控制系统和测控系统。

(1) 交通信息检测系统:单纯以测试或检测为目的,主要实现静态和动态数据的采集,所以又称为数据采集系统。

(2) 交通信息控制系统:运用已知的模型,对数据进行处理和分析,使控制对象实现预期的要求。

(3) 交通测控系统:交通信息测控一体化的集成系统。

1.2.3　现代交通测控系统研究内容

工程上,大量的实际系统都是测控系统,都是通过对大量数据进行采集、存储、处理、传输,使控制对象实现预期要求,完成对测控对象的自动检测和自动化控制。下面从信息技术的角度分析现代交通测控系统研究的主要内容。

1. 交通信息的获取与处理

现代交通测控主要功能是对采集到的交通信号进行检测和处理,因此,传感器的信号获取与计算机信息处理是现代化交通测控系统中的重要内容。

1) 传感器技术

把特定的被测量信息(交通流量、道路情况等)按照一定规律转换成与之对应的可输出信号的元器件或装置。如果没有传感器对被测的原始信息进行准确、可靠的捕获和转换,一切准确的测试与控制都将无法实现,即使最现代化的电子计算机,没有准确的信息(或转换可靠的数据)和不失真的输入,也将无法充分发挥其应有的作用。因此,高效的新型传感技术是当今世界发展最迅速的高新技术之一。为了适应现代科学技术的发展,新型传感器逐渐融入了诸如计算机技术、智能技术和网络技术等新技术,使其发展为结构更加完善功能更加强大的网络化传感器。

2) 信号处理

现代交通检测系统通过各种传感器将被测量转变成电量后,获取的信号常常包含各种各样的干扰信号,会给测量的准确性带来不利的影响。必须对信号进行一系列的变换处理、分析、综合等处理。检测系统中常用的信号处理方法有数字滤波、FFT(快速傅里叶变换)、参数估计、自适应滤波、现代谱分析及小波分析等。

2. 总线接口技术

总线(Bus)是模块与模块之间或者设备与设备之间传送信息的公共通信干线,特点是公用性。总线是微机系统的组成基础和重要资源,也是目前自动测试系统的组成基础。随着计算机技术的发展,先后产生了一批国际标准总线。总线按其规模、功能及应用场合不同,一般分为3级:片内总线、内总线和外总线。人们通常所说的PC总线和仪器总线都是指外总线。

3. 虚拟检测技术

检测系统的发展过程可分为3个阶段,即模拟阶段检测系统、以计算机为核心的自动检测系统和以软件为核心的虚拟检测系统。虚拟仪器技术就是利用高性能的模块化硬件,结合高效灵活的软件来完成各种测试、测量和自动化的应用。

4. 基于数字图像处理的智能检测技术

在检测系统中,检测的关键元件是通常意义上的传感器,传感器可将非电量转换为电量及参数。但是,在某些工业生产领域,非电量的测量难以通过传统意义上的传感器来实现。随着数字图像处理技术的发展,神经网络、专家系统、模糊处理等智能信息技术的成熟,出现了一种新型的检查技术——基于数字图像处理的智能检测技术。

5. 数据融合技术

在多数传感器系统中,信息表现形式的多样性、信息容量以及信息处理速度等要求,都已大大超出了传统信息处理方法的能力,一种新的信息综合处理方法——数据融合技术便应运而生。数据融合又称多传感器信息融合,比较确切的定义可概括为:充分利用不同时间和空间的多传感器信息资源,采用计算机技术对按时序获得的传感观测信息在一定准则下加以自动分析、综合、支配和使用,获得对被测对象的一致性解释与描述,以所需的决策和估计任务,使系统获得比它的组成部分更优越的性能。

作为一种智能化数据综合处理技术,数据融合是许多传统科学和新技术的集成与应用。广义的数据融合涉及检测技术、信号处理、通信、模式识别、决策论、不确定性理论、估计理论、最优化理论以及计算机科学、人工智能和神经网络等诸多学科。尽管多传感器数据融合至今未形成基本的理论框架和有效的广义融合模型和算法,但有不少应用领域的研究人员根据各自的具体应用背景,已经提出了许多比较成熟且有效的融合方法。例如,基于参数估计的多传感器数据融合、自适应加权数据融合、基于认识模型的多传感器数据融合、基于算术平均值与递推估计的数据融合、基于专家系统的智能数据融合及基于神经网络的数据融合等。

6. 计算机控制系统理论与技术

经典控制理论的基本思路可以归纳为两个方面。一是直接在没有计算机的条件下在时域求解微分方程很困难,可行的方法是在变换域(s域或ω域)对系统进行描述,这时微分方程已变为代数方程了。二是研究开环特性与闭环系统性能指标的关系,在开环频率特性上对系统进行综合,使开环频率特性满足预期频率的要求,从而保证闭环系统达到稳定、快速、准确的要求。

现代测控系统中引入了计算机后,大大扩展了系统的功能。就闭环控制而言,计算机的功能是对误差进行计算并给出控制规律,使系统在约束条件下最佳。对计算机控制系统进行分析和综合,经典控制理论已经不能适应。因为计算机的输入、输出必须是数字信号,而被控对象又往往是连续系统,所以,计算机控制系统是连续和离散系统的混合系统,这样的系统必须用离散控制系统理论或状态空间理论进行描述。离散系统理论是Z变换和Z传递函数;状态空间理论是状态变量和状态空间表达式。由此对系统进行综合分析、设计，得出计算机的控制模型，计算机运行程序给出控制规律，使系统性能在一定意义上表现“最佳”。

一个好的测控系统必须运用离散理论或现代控制理论在 z 域或时域进行系统分析、综合设计，由程序实现。离散控制系统理论或现代控制理论特别适合多变量输入和多变量输出的系统，为现代控制系统实现复杂控制规律和大系统控制提供了崭新的理论和技术。

7. 智能控制理论和技术

智能控制的概念和理论是针对被控对象、环境、控制目标或任务的复杂性提出来的。被控对象的复杂性表现为模型的不确定性，高度非线性，分布式的传感器和执行器，复杂的信息模式，庞大的数据量，以及严格的特性指标。环境的复杂性主要是以其变化的不确定性和难以辨识为特征的，在传统的控制中往往将控制系统作为一个“独立”的系统，而忽略环境的影响，而现在大规模复杂的控制和决策问题必须把外界环境和对象以及控制系统作为一个整体来进行分析和设计。对于控制任务或控制目标，用数字语言进行描述实际上往往是不确定的，因为控制任务和目标有多重性和时变性。一个复杂任务的确定包含任务所含信息的处理过程，需要多次反复。

智能控制系统应具有仿人的功能(学习、推理)；能适应不断变化的环境；能处理多种信息，减少不确定性；能以安全和可靠的方式进行规划，产生和执行控制的动作，获取系统总体上的最优或次优的性能指标。

目前，基于模糊推理的智能控制系统，基于神经元网络的智能控制系统，遗传算法及其在智能控制中的应用，模糊—神经元网络及其在智能控制中的应用，都逐渐被引入现代测控系统，使现代测控技术达到一个新的高度。

1.2.4 现代交通测控系统的发展前景

现代交通测控系统是通过先进的交通信息采集技术、数据通信技术、电子控制技术和计算机处理技术等，把采集到的各种道路交通信息和各种交通服务信息，传输到城市交通控制中心，交通控制中心对交通信息采集系统所获得的实时交通信息进行分析、处理，并利用交通控制优化模型进行交通控制策略的优化，交通信息分析、处理和优化后的交通控制方案和交通服务信息等内容通过数据通信传输设备分别传输到各种交通控制设备和交通系统的各部分，以实现对城市交通的优化控制，为各类用户提供全面的交通信息服务。它是目前世界交通运输领域研究的前沿课题，也是目前国际公认的解决城市交通拥挤、改善行车安全、提高运行效率、减少空气污染等的最佳途径。

概括地说，现代交通测控系统是由智能交通监控系统、交通信息服务系统、交通信息综合管理系统、公共交通管理系统以及紧急事件快速反应系统组成的。

现代交通控制系统今后将从被动系统向主动系统发展。所谓主动系统即是按程序行驶系统。主动系统的中心处理机可直接掌握控制区域内每辆车的出发点和要去的目的地，并为其选择最佳路径。在控制方法上，将改变定周期的系统控制，使系统内的周期可随时改变，增加系统的灵活性，以适应瞬时变化的交通流量。在控制设备上，将广泛采用大规模集成的电子化设备和微型计算机。城市道路交通控制出现了一些相对实用的交通控制系统，比较有代表性并且在交通实践中取得较好应用效果的有 TRANSYT、SCOOT 和 SCATS 等。

1.3　现代交通测控方式

现代交通测控方式主要包含交通检测和交通控制两方面的内容。交通检测技术就是为交通控制提供输入量,是交通测控的前提。交通控制是根据交通检测得到的交通信息,通过电子计算机管理的交通控制设施对交通流进行实时限制、调节、诱导、分流以达到降低交通总量,疏导交通及对道路情况进行实时的报道来达到保障交通安全与畅通的目的。

1.3.1　交通信息检测方式

交通信息根据信息变动的频率划分为静态交通信息和动态交通信息。静态交通信息主要是指标识交通系统中如高速公路、城市道路、公路设施、停车场分布等常规组成部分的性能、特征和指标的信息,这些信息在相当长的时间内是相对稳定的,如道路网信息、交通管理设施、交通管理者等交通基础设施信息。静态交通信息是由交通状态、空间位置和环境 3 个属性构成的。

动态交通信息主要是指公路和城市道路上所有移动物体所具有的特定信息,这些信息根据实际交通状况时刻变化。它是由交通状态、空间位置、时间和环境 4 个属性构成的。其主要包括网络交通流状态特征信息(流量、速度、占有率等)、交通紧急事故信息、环境状况信息、交通动态控制管理信息等。或者说,动态交通信息是指实时道路交通流信息、交通控制状态信息、实时交通环境信息等时空上相对变化的信息。

1. 静态交通信息的检测方式

静态交通信息是交通管理的客观条件或控制对象,是在一定时间范围内基本没有变化的信息,其特点是信息量大、变化范围小且不明显。交通管理的目的就是要在这个客观条件的基础上,使交通流合理分布,有序、均衡地运动。静态交通信息的检测方式主要有以下两种。

1) 调查法

采用人工或测量仪器进行调查,可获取城市基础地理信息、道路网基础信息、道路交通管制信息等。道路交通管制信息包括单行线、禁止转弯、车辆限行等交通限制信息,其中分时段的交通限制信息是半动态交通信息,可以通过交通指挥中心和人工调查方式获得。人工调查法简单易行,但是进行长时间的观测比较困难,需要大量的人力和物力,且在长时间观测时,由于工作单调、易于疲劳,故很难保证实测质量,误差较大。测量仪器调查也需要大量的人工操作,与人的技术水平、调查条件、环境等因素密切相关,因此,这种方法存在着大量的误差甚至是错误,而且安全性也不高。

2) 从其他部门或系统获取

静态交通信息的获取可通过土地管理部门、测绘部门、规划部门、城建部门、市政单位、公安交通管理等部门获得。现阶段,我国这些部门相对独立,尚没有统一的组织协调,要想全面系统地取得所需要的交通信息,往往存在较大困难。因此应该建立一个专门的组织机构进行协调和统一规划,以降低交通信息的采集和管理成本,实现信息共享,达到迅速、详细、精确地获取所需信息的目的。

2. 动态交通信息的检测方式

动态交通信息的获取比较复杂，一般不同的动态交通参数有不同的检测方式。对于路网交通流状态特征信息的获取，可采用各种交通检测器检测，如采用磁频车辆检测器、波频车辆检测器、视频车辆检测器等来进行检测。对于交通紧急事故(件)信息，可通过几种检测方式获取：驾驶员呼救系统；警察巡逻和服务巡逻；122 报警或电话报警；无线电广播；电视监视；航空监视；交通检测器监视。以上 7 种方式中的前 6 种属于人工采集或者是人工利用电子设施进行采集，最后一种检测方式属于运用各种车辆检测器进行自动监测的方式。前 6 种检测方式尤其是电视监视方式通过直观的视频图像可以很快确定交通事件的性质，以便作出快速响应，这种方式的主要缺点是安装和维修费用较高，需要有经验的操作员对电视屏幕进行连续监视，所需费用很高；而交通检测器检测事件，是通过安装在道路关键位置上的检测器对交通参数(交通流量、车速、车道占有率)进行连续、实时监测，根据交通参数在事件地点上、下游的变化来判断交通事件的发生。这种方法的优点是以较低的运行费用，提供整个道路网的连续监视能力；其缺点是难以鉴别事件的性质，需要进一步跟踪监视，以确定需要作出什么响应。

对于道路环境状况信息，可通过气象检测器、积雪厚度检测器、路况数据采集系统、道路图像数据采集系统等设备和系统获取。

1.3.2 交通信号控制方式

交通信号控制系统包括许多不同的内容，如数据采集、数据分析、控制策略、控制技术以及信息给驾驶员的传送。其控制策略也不一样，常用的交通信号控制方式有单点控制、线控制、面控制方式。

1. 单点信号控制

交通信号单点信号控制，又称“点控”，用于单个信号的路口，属于孤立交叉口的信号控制。根据交叉口的流量和流向，确定最佳配时方案，可保证最大通行能力或最小延误。单点控制分为定时控制、感应控制和按钮式信号控制。

(1) 定时控制。定时信号控制也称周期控制，定时周期控制属于自动控制。配时参数的各种组合，构成不同的信号配时方案。

① 单点定时周期控制。预先调整信号机的控制相位、周期长度和绿信比，根据设计好的程序轮流给各方向的车辆和行人分配通行权，控制不同方向的交通流。

② 多段定时周期控制。若一天当中各时间段的交通量相差较大，则应采用多套配时方案。根据一天内不同时段交通量的变化，选择相应的配时方案，以适应交通流变化的需要。

定时控制方式适用于那些交通量不大、变化较稳定、相隔距离较远的交叉口。

(2) 感应式信号控制。根据车辆感应器提供的信息调整周期长度和绿灯时间。它可更好地适应交通量的变化，减少延误，提高交叉口的通行能力。特别适用于各方向交通量明显随时间变化较大且无规律的交叉路口。它的主要形式有以下两种。

① 半感应式信号控制。在部分进口道上设置车辆感应器，通常设在次要路口。平时主干道维持长绿信号，只有当支路上有车辆到达交叉口时，才给以通行权。这种控制适用于主干道上交通量特别大，而支路上流量较小的交叉口。

② 全感应式信号控制。所有进口道上都安装车辆感应器。当主干道和支道的交通量都比较小时，主、支道入口的信号均维持最短绿灯时间，此时它相当于定时周期控制，当交通量较大

时，可自动延长绿灯时间。全感应式信号控制适用于相交道路的交通流量都比较大且都不稳定的情况。

（3）按钮式信号控制。按钮式信号控制属于人工控制，它适用于支线路口或非交叉口的人行横道处，平时主干道路是绿灯信号，支线路口来车或有行人横穿道路时，可按一下路旁与信号机相连的开关（有的设计为遥控开关），则绿灯变为红灯。这种控制方式，适用于支线路口车辆或行人较少的道路。

2. 线控制

线控制方式是把干道上若干连续交叉路口的交通信号连接起来，同时对各交叉路口设计一种相互协调的配时方案，各交叉路口的信号灯联合运行，使车辆通过第一个交叉路口后，按一定的车速行驶，到达后面各交叉路口时均可遇到绿灯，大大减少车辆的停车次数与延误。线控制往往是面控制系统中的一个组成部分，是面控系统的一种简化形式。线控制有3个基本参数，即信号周期、绿信比和相位差。相位差是相邻两个交叉口的信号机同方向绿灯开启时间差与周期之比。实现线控制的系统有两种。

（1）有电缆线控制系统。系统设有主控制器，预先编好的各种控制模型存储在主控制器内，主控制器通过传输电缆把控制指令发给各交叉口上的信号机，使其按控制模型的要求变换灯色；同时收集车辆检测器所提供的交通情报，并进行处理。

（2）无电缆线控制系统。这种系统不设主控制器，各种控制模型分别存储在各交叉口的信号机内。这些信号机都装有高精度的石英晶体钟，用统一的时间而相互协调一致，按预定的控制模型运行。

线控制系统根据功能又可分为3种。

（1）单时段线控制系统。整个系统只有一种周期、绿信比和相位差，只能组合成一种控制模型。系统只按一种控制模型工作，不能适应经常变化的交通流量，这是早期发展的一种简单线控制系统。

（2）多时段线控制系统。它具有多种周期、绿信比和相位差，可组成多种控制模型，并能按时间自动变换，以适应交通流量的变化。

（3）感应式线控制系统。它具有有电缆控制系统所具有的控制功能。主控制器内存储多种控制模型，根据车辆检测器所检测到的交通量大小，实时地改变控制模型。普遍应用的线控制模型有同时式、交变式、推进式等几种，其基本原理是在各交叉口信号周期统一的前提下，适当调整各信号机的绿信比和相互间的相位差，使被控制的干道上形成“绿波带”，让车辆在行驶中减少遇到红灯的次数，从而提高干道的通行能力。

采用这种控制一般要具备下列条件。

① 纳入控制系统的交叉口，应采用相同的信号周期。

② 必须具有相同的时间基准，保证相位差的稳定。

③ 交叉口之间应有较大的关联性。通常相邻交叉路口之间的距离不超过800m。

④ 信号协调控制器分为主控制器的协调控制和无电缆协调控制两类。

3. 面控系统

交通信号面控制也称“区域控制”或“网络协调控制”，是把某一区域内的全部交通信号纳入一个指挥中心管理下的一套整体控制系统，是单点信号、干道信号和网络信号系统的综合控制系统。其优点是：可获得全区域整体控制效益；可因地制宜地选用合适的控制方法；可有效、经济地使用设备。

交通信号面控制系统，从控制策略上可分为定时式脱机操作控制系统和感应式联机操作控制系统；按控制方式可分为方案选择方式和方案形成方式；按控制结构可分为集中式计算机控制结构和分层式计算机控制结构。

(1) 定时式脱机操作控制系统。国际上应用较广的是 TRANSYT，即“交通网络研究方法”。这种系统的基本原理，是利用交通流历史及现状统计数据，进行脱机优化处理，得出多时段的最优信号配时方案，编入计算机控制程序，对整个区域的交通实施多时段定时控制。它由交通模型和优化程序两部分组成。

(2) 感应式联机操作控制系统。感应式联机操作控制系统是一种能够适应交通流量变化的“自适应控制系统”，也叫“动态响应控制系统”。在控制区交通网中设置车辆感应器，实时采集交通数据并实施联机最优控制。自适应控制结构复杂、投资高，对设备可靠性要求高，但能较好地适应交通流的随机变化。目前，国内使用的自适应控制系统主要如下。

① SCATS 系统。SCATS 控制系统是方案选择式实时自适应控制系统。它是一种用感应控制对配时参数可作局部调整的方案选择系统，即预先设计一套与交通流量等级对应的最佳配时参数组合，存贮于中央控制计算机中。中央控制计算机通过设在各个路口的车辆感应器反馈的车流通过量数据，自动选择合适的配时参数，并根据所选定的配时参数组合实行对路网交通信号的实时控制。SCATS 的控制结构用的是分层式三级控制：中央监控中心——地区控制中心——信号控制机。

② SCOOT 系统。SCOOT(Split - Cycle - Offset Optimization Technique)系统即“绿信比-信号周期-绿时差优化技术”，是方案生成式实时自适应控制系统，是一种实时交通状况模拟系统。与方案选择方式的区别在于：不需要先存储任何既定的配时方案，也不需要预先确定一套配时参数与交通流量的对应组合关系。方案生成式系统是通过安装于各交叉路口每条进口道上游的车辆感应器，采集车辆到达信息，通过联机处理，形成控制方案，连续地实时调整绿信比、周期时长和绿时差 3 个参数，使之与变化的交通流相适应。因此，它可以保证整个路网在任何时段都在最佳配时方案下运行。

③ 我国研制开发的机动车与自行车混合交通信号控制系统。“七五”期间，由公安部交通管理研究所与同济大学等单位联合研制开发了自适应交通信号控制系统，这套系统突出了对机动车与自行车混合交通进行控制的特点，采用区域控制级和路口控制级两级控制结构。系统设置了实时自适应控制和固定配时控制功能，还可根据实际需求，由指挥中心发出命令，进行绿波控制、单点控制、指定相位控制等特殊控制。

第2章 现代交通测控技术基础

交通测控技术与道路交通管理、交通运输发展密切相关。要对道路交通实施科学、高效的管理，首先必须全面实时地检测和收集道路交通相关信息，为交通管理决策提供依据。交通信息采集与传输的实时性、全面性和可靠性是道路交通管理的必要前提，没有系统、全面、准确可靠的交通信息，没有方便、快捷、安全的信息传输方式，就不可能实现对道路交通系统的有效控制和管理。而交通信息的自动采集，是通过传感与检测技术实现的。因此，研究如何准确、实时地采集交通信息，如何合理选择交通检测器，如何选择经济合理的信息传输方式成为交通当前研究的重点。本章将对用于交通信息检测、采集的各类传感器、交通信息无损检测技术及信息传输、处理技术进行基本的阐述。

2.1 交通检测传感器

2.1.1 传感器(Sensor /Transducer)概述

随着社会的进步，科学技术的发展，尤其是近20年来，电子信息技术的迅速发展，电子信息种类日益繁多，信息传递速度日益加快，信息处理能力日益增强，相应的信息采集——传感技术日益发展，传感器在科技信息领域已经变得举足轻重。传感器技术是现代信息技术中的主要技术之一，在国民经济建设中占据极其重要的地位。新型传感器与计算机相结合，不但使计算机的应用进入了崭新时代，也为传感器技术展现了一个更加广阔的应用领域和发展前景。

传感器技术是涉及传感原理、敏感器件设计、传感器系统开发和应用的组合技术。而传感技术的含义则更加广泛，它是敏感功能材料学、传感器技术与系统、微机电加工技术、微型计算机技术、现代通信技术等多学科相互交叉渗透而形成的一门新技术学科——传感器工程学。传感器技术是现代科技的前沿技术，其水平高低是衡量一个国家科技发展水平先进与否的重要标志之一。它不仅是国民经济优先发展的重点技术，也是智能交通的基础之一。其特点为：①属边缘学科；②产品、产业分散，涉及面广；③功能、工艺要求复杂，技术指标不断提高；④性能稳定、测试精确。

传感器是检测、控制系统中的信息敏感和检测部件，是自动化系统和信息系统的关键性基础器件，其技术水平直接影响到自动化系统和信息系统的水平，传感器的好坏对系统质量起着决定性作用。在自动控制领域中，自动化程度越高，控制系统对传感器的依赖性就越大，因此，传感器对控制系统功能的正常发挥起着决定性的作用。

因此，随着科技信息领域的飞速发展，作为现代信息技术的三大核心技术之一的传感技术，已成为实现信息化的关键技术，它是人类探知自然界信息的触觉，是人类认识和控制对象的条件和依据，是21世纪世界各国在高新技术发展方面争夺的一个重要领域。

1. 传感器定义

传感器是能感受规定的被测量并按照一定的规律转换成可用输出信号的器件或装置。或者说，传感器是以一定的精度和规律把被测量转换为与之有确定关系的、便于应用的某种物理量的测量装置。

根据传感器定义可以分析出它具有以下几层含义。

(1) 传感器是测量装置，能完成检测任务。

(2) 它的输入量是某一被测量，可以是物理量(如长度、热量、力、电压、时间、频率等)，也可以是化学量、生物量等。

(3) 它的输出量是某种物理量，这种量要便于传输、转换、处理、显示等，可以是气压、光照度、电量等，主要是电量。

(4) 输出与输入有一定的对应关系，且具有一定的精确度。

2. 传感器的组成

传感器通常由敏感元件、转换元件和转换电路3部分组成，如图2-1所示。

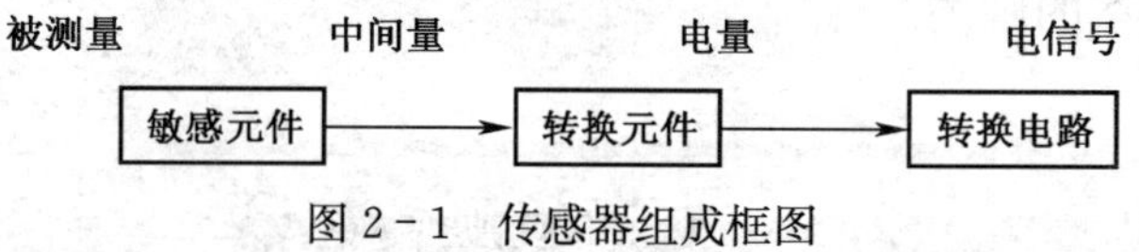

图2-1 传感器组成框图

1) 敏感元件

敏感元件能直接感受被测量，输出与被测量成确定关系。敏感元件是传感器的核心，它的作用是直接感受被测物理量，并将信号进行必要的转换输出。如应变式压力传感器的弹性膜片是敏感元件，它的作用是将压力转换为弹性膜片的形变，并将弹性膜片的形变转换为电阻的变化而输出。

2) 转换元件

转换元件指传感器中能将敏感元件感受(或响应)的被测量转换成适于传输和(或)测量的电信号部分。或者说，敏感元件的输出就是转换元件的输入，它把输入转换成电量参量，例如电阻应变片、光电元件、霍尔元件等。转换元件一般是利用各种物理、化学效应等原理制成。

3) 转换电路

转换电路能把转换元件输出的电量信号转换为便于处理、显示、记录或控制的有用的电信号的电路。

实际上，不同类型的传感器组成也不同，有些传感器比较简单，最简单的传感器由一个敏感元件(兼转换元件)组成，它将感受到的被测量直接转换为输出电量，如热电偶、光电池等。有些传感器比较复杂，大多数传感器是开环系统，也有部分是带反馈的闭环系统。有些传感器由敏感元件和转换元件组成，没有转换电路，不需要转换电路就有较大信号输出，如压电式加速度传感器，磁电式传感器等。有些由敏感元件、转换元件及转换电路组成，传感器转换元件还不止一个，要经过若干次转换。因此，传感器的组成视其功能的不同有较大的差异。

3. 传感器的分类

用于测控技术的传感器种类繁多，一种物理量可以用不同类型的传感器来检测，而同一种类型的传感器也可测量不同的物理量。因此分类方法各不相同，所以，传感器的分类方法也很多，目前还没有统一的分类方法，一般常用的分类方法有以下几种。

(1) 按传感器的工作原理，分为物理型、化学型和生物型。

物理型传感器应用的是物理效应，诸如压电效应、磁致伸缩现象、离化、极化、热电、光电、磁电等效应，被测信号量的微小变化都将转换成电信号，如电阻式、电感式、压电式、热电式等。

化学型传感器包括那些以化学吸附、电化学反应等现象为因果关系的传感器，被测信号量的微小变化也将转换成电信号。

生物型传感器是利用生物功能检测各种特定的参数。生物传感器定义为“使用固定化的生物分子结合换能器，用来侦测生物体内或生物体外环境化学物质或与之起特异性交互作用后产生响应的一种装置”。

这种分类方法以传感器的变换原理作为分类依据，适合于传感器的科研与制造，其缺点是用户选用传感器时会感到不够方便。

(2) 按能量的传递方式分类，有能量控制型(无源传感器)、能量变换型(有源传感器)和能量传递型(间接传感器)3 类，如表 2-1 所列。

表 2-1　传感器按能量传递方式的分类表

能量控制型	能量变换型	能量传递型
电阻式	压电式	红外式
电感式	热电式	超声波式
电容式	磁电式	激光式
谐振式	光电式	核辐射式

能量控制型传感器是从外部供给辅助能量使其工作的，并由被测量来控制外部供给能量的变化，即传感器不起换能作用，被测物理量仅对传感器中的能量起控制作用(或调制作用)。例如，电感式测微仪、电容式测振仪等均属此种类型。能量控制型的另一种形式是被测对象对激励信号的响应，它反映了被测对象的性质或状态，例如超声波探伤、用射线测残余应力、用激光散斑技术测量应变等。这类传感器的测量电路常用电桥电路或谐振电路等。

能量变换型传感器是直接由被测对象输入能量使其工作的，如热电偶温度计、弹性压力计等。但由于这类传感器是被测对象与传感器之间的能量传输，因此，必然导致被测对象状态的变化，从而造成测量误差。

(3) 按输入量分类，可分为温度、压力、位移、速度、湿度等传感器。这种分类方法阐明了传感器的用途，给使用者提供了方便，使大家容易根据被测量对象来选择所需的传感器。

(4) 按输出量分类，有模拟传感器、数字传感器和开关传感器。

模拟传感器将输入被测量(通常为连续量)转换成与之对应的输出量，或转换成高频电振荡的幅值(或频率、相位)与之对应的输出量。

数字传感器将被测非电量直接转换成脉冲、频率或二进制码输出。

开关传感器指当一个被测量的信号达到某个特定的阈值时，传感器相应输出一个设定的低电平或高电平信号。

(5) 按传感器的信号变换特征来分,可分为结构型和物性型两大类。

结构型传感器是依靠传感器结构参数的变化而实现信号转换的。例如,电容式传感器依靠极板间距离变化引起电容量变化;电感式传感器依靠衔铁位移引起自感或互感变化等。

物性型传感器则是依靠敏感元件材料本身物理性质的变化来实现信号变换的。例如利用水银的热胀冷缩现象制成水银温度计来测温;利用石英晶体的压电效应制成压电测力计等。

(6) 按转换过程是否可逆,分为双向传感器、单向传感器。

4. 传感器的性能要求与应用

无论何种传感器,作为测量与控制系统的首要环节,尽管它们的原理和结构不同,使用环境、条件、目的也不同,其技术指标也不尽相同,但它们的基本要求却是相同的。具体包括:①灵敏度高,输入和输出之间应具有较好的线性关系;②噪声小,并且具有抗外部噪声的性能;③滞后、漂移误差小;④动态特性良好;⑤在接入测量系统时,对被测量不产生影响;⑥功耗小,复现性好,有互换性;⑦防水及抗腐蚀等性能好,能长期使用;⑧结构简单,容易维修和矫正;⑨低成本、通用性强。

传感器是实现自动检测和自动控制的首要环节,如果没有传感器对原始参数进行精确可靠的测量,那么最佳数据的显示与控制,将成为一句空话。可以说,没有精确可靠的传感器,就没有精确可靠的自动检测和控制。因此,传感器是获取外界信息的重要工具,传感器技术已成为实现信息化的关键技术。目前,传感器技术已涉及军事、航天、航空、气象、信息、交通、医疗、环保、安保、建筑、制造等国防和国民经济的各个领域。概况起来,传感器的应用主要表现在下述3个方面。

(1) 信息的收集。科学研究的计量测试、产品制造与销售中所需的计量等,都须由测量获得准确的定量数据。对某种特定的检测目标物存介或状态的判别,需要内传感器把某些状态信息转换为数据。对系统或装置的运行状态监测与安全管理,有赖于传感器发现异常情况,发出警告、启动保护电路。判断产品是否合格或人体部位的疾病诊断等,则需用传感器来测量完成。

(2) 信息数据的交换。把文字、符号、代码、图形等多种信息记录在纸、胶片、盘片、磁卡或其他载体上的信号数据转换成计算机、传真机等易处理的信号数据,或读出记录在各种媒介体上的信息并进行转换,例如磁盘与光盘的信息读出磁头就是一种传感器。

(3) 控制信息的采集。检测控制系统处于某种状态的信息,并由此控制系统的状态或者跟踪系统变化的目标值。

传感器在道路交通自动控制系统中也是少不了的,例如各个路口、路段上的交通流量、车速、车道占有率等交通参数的统计,都是需要用传感器构成的检测系统检测,然后发送到控制中心的计算机中,计算机通过分析处理再进行优化调整信号配时,疏导路口车辆。否则,控制系统就好像盲人一样,对道路情况一无所知,根本无法进行控制。

5. 传感器的发展趋势

在各种新兴科学技术呈辐射状广泛渗透的当今社会,传感器是人们快速获取、分析和利用有效信息的基础,其必将进一步得到现代科技领域的普遍关注。由于社会进一步的信息化需求,高技术产业的迅速发展,传感器作为现代科技的前沿技术,必然会走向集成化、多功能化、智能化、网络化。

1) 加速开发新型敏感材料

通过微电子、光电子、生物化学、信息处理等各种学科,各种新技术的互相渗透和综合利用,可望研制出一批基于新型敏感材料的先进传感器。目前除传统的半导体材料、陶瓷材料、光导材料、超导材料以外，新型的纳米材料的诞生有利于传感器向微型方向发展，随着科学技术的不断进步将有更多的新型材料诞生。

2）向高精度发展

研制出灵敏度高、精确度高、响应速度快、互换性好的新型传感器可以确保生产自动化的可靠性。

3）向微型化发展

通过发展新的材料及加工技术实现传感器微型化将是近十年研究的热点。就当前技术发展现状来看，微型传感器已经对大量不同应用领域，如位移、速度、加速度、压力、应力、应变、声、光、电、磁、热、pH 值、离子浓度及生物分子浓度等。

4）向微功耗及无源化发展

传感器一般都是非电量向电量的转化，工作时离不开电源，在野外现场或远离电网的地方，往往是用电池供电或用太阳能等供电，开发微功耗的传感器及无源传感器是必然的发展方向，这样既可以节省能源又可以提高系统寿命。

5）向多功能化发展

传感器的集成化分为传感器本身的集成化和传感器与后续电路的集成化。前者是在同一芯片上，或将众多同一类型的单个传感器件集成为一维线型、二维阵列（面）型传感器，使传感器的检测参数由点到面到体多维图像化，甚至能加上时序，变单参数检测为多参数检测；后者是将传感器与调理、补偿等电路集成一体化，使传感器由单一的信号变换功能，扩展为兼有放大、运算、干扰补偿等多功能——实现了横向和纵向的多功能。

6）向数字化和智能化发展

智能化传感器是指那些装有微处理器的，不但能够执行信息处理和信息存储，而且还能够进行逻辑思考和结论判断的传感器系统。这一类传感器就相当于是微型机与传感器的综合体一样，其主要组成部分包括主传感器、辅助传感器及微型机的硬件设备。

7）向系统化和网络化发展

传感器的系统化和网络化是必然的，智能化传感器的发展为传感器测控网络的实现提供了技术基础，网络技术和传感器技术的结合，使传感器随着无所不在的计算机网络的发展而发展。这种技术上的飞跃不仅使传感器的性能大大提高，而且将带来高额的技术附加值。要实现无所不在的参数检测，传感器向网络化发展将成为今后研究的热点，它将为系统的扩充提供极大的方便，减少现场布线的复杂性和电缆的数量。网络传感器是以嵌入式微处理器为核心，集成了传感器、信号处理器和网络接口的新一代传感器。在网络传感器中，采用嵌入式技术和集成技术，使传感器的体积减小，抗干扰性能和可靠性提高；微处理器的引入使网络化传感器成为硬件和软件的结合体，根据输入信号进行判断、决策、自动修正和补偿，提高了控制系统的实时性和可靠性；网络接 El 技术的应用为系统的扩充提供了极大的方便，减少了现场布线的复杂性和电缆的数量。

2.1.2　压电式传感器

压电式传感器是一种自发电式传感器，它以某些介质材料（如石英晶体、压电陶瓷等）的压电效应为转换原理，是一种典型的有源传感器，也是一种既可以将机械能转换为电能，又可以将电能转化为机械能的可逆型换能器。它具有自生信号、输出高、工作频带宽、体积小、质量小、结构坚固、工作可靠等特点。

1. 压电效应

压电式传感器的工作原理是基于某些晶体的压电效应。当某些电介质在受到一定方向的压力或拉力而产生变形时，其内部将发生极化现象，同时在它的两个表面上产生符号相反的电荷，若外力去掉时，它们又恢复回到不带电状态，将机械能转换为电能，这种物理现象称为正压电效应。反之，在电介质两个电极面上，加以交流电压，压电元件会产生机械振动，当去掉交流电压，振动消失，将电能转换为机械能，这种物理现象称为逆压电效应，也可称之为电致伸缩效应。利用正压电效应可制成引爆器、防盗装置、声控装置、超声波接收器等，利用逆压电效应可制成晶体振荡器、超声波发送器等。

具有压电效应的物质很多，如天然形成的石英晶体、人工制造的压电陶瓷等。现以压电陶瓷材料（元件）为例说明压电效应。

压电陶瓷是人工制造的多晶体压电材料，它具有类似铁磁材料磁畴结构的电畴结构。电畴是分子自发形成的区域，它有一定的极化方向，因而存在一定的电场。在无外电场作用时，各个电畴在晶体中杂乱分布，它们的极化效应被相互抵消了，因此，原始的压电陶瓷呈中性，不具有压电性质，是非压电体。如图 2－2 所示为压电陶瓷未极化时的电畴分布情况，在 100℃～170℃，在外电场（1000V/mm～4000V/mm）作用下，电畴的极化方向发生转变，趋向于按外电场的方向排列，从而使材料得到极化。经过极化处理后，陶瓷材料内部仍存在着剩余极化强度，当压电陶瓷受到外力的作用时，电畴的界限发生移动，引起极化强度的变化，于是在垂直于极化方向的平面上就会出现电荷，产生了压电效应，这就是压电陶瓷具有压电效应的道理。

极化就是以强电场使压电陶瓷内部“电畴”呈规则排列，从而呈现出压电性。在极化电场除去后，电畴基本保持不变，余下了很强的剩余极化，如图 2－2 所示。极化处理是指在一定温度下，对压电晶体施加强电场，使极性轴转动到接近电场的方向（即极化方向）。在极化方向上，各向同性受到破坏，但在垂直于极化方向的平面上，仍保持各向同性。

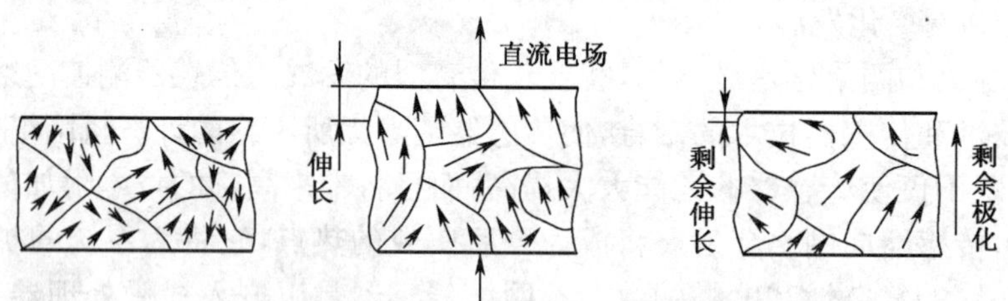

图 2－2　压电陶瓷的极化过程

2. 压电材料（压电元件）

具有压电效应的材料称为压电材料，压电材料能实现机－电能量相互转换，如图 2－3 所示。常见的压电材料有石英晶体和压电陶瓷。

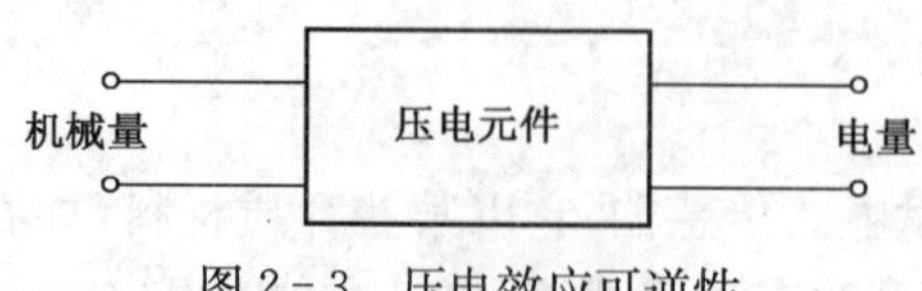

图 2－3　压电效应可逆性

1）石英晶体

石英晶体有大自然和人工培养两种类型。人工培养的石英晶体的物理、化学性质几乎与大然石英晶体无多大区别，因此目前广泛应用成本较低的人造石英晶体。它在几百摄氏度的温度范围内，压电系数不随温度而变化。石英晶体的居里温度为 573℃，即到 573℃时，它将完全丧失压电性质。它有很大的机械强度和稳定的机械性能，没有热释电效应，但灵敏度很低，介电常数小，因此逐渐被其他压电材料所代替。

2）水溶性压电晶体

这类压电晶体有酒石胶钟钠（$NaKC_4 \cdot 4H_4O_6$）、硫酸程（$Li_2SO_4 \cdot H_2O$）、磷酸二氢钾（KH_2PO_4）等。水溶性压电晶体具有较高的压电灵敏度和介电常数，但易于受潮，机械强度也较低，只通用于室温和湿度低的环境下。

3）铌酸锂晶体

铌酸锂是一种透明单晶，熔点为 1250℃，居里点为 1210℃。它具有良好的压电性能和时间稳定性，在耐高温传感器上有广泛的前途。

4）压电陶瓷

这是一种应用最普遍的压电材料，压电陶瓷具有烧制方便、耐湿、耐高温、易于形成等特点。常见的压电陶瓷及其性能参数如表 2-2 所列。

表 2-2　压电陶瓷分类及其性能参数表

压电陶瓷＼性能	组　成	相对介电常数	居里温度
太酸钡陶瓷	$BaCO_3$ 和 TiO_2	较高	较低，120℃
锆钛酸陶瓷	$PbTiO_3$ 和 $PbZrO_3$	较高	较高，300℃上
铌酸盐陶瓷	$KNbO_3$ 和 $PbNbO_3$	较低	很高，435℃
铌镁酸陶瓷	$Pb(Mg_{1/3}Nb_{2/3})O_3$ $PbTiO_3$、$PbZrO_3$	较高	较高

5）压电半导体

这些晶体既具有半导体特性又同时具有压电性能，如 ZnS、CaS、$PbZrO_3$ 等。因此既可利用它的压电特性研制传感器，又可利用其半导体特性以微电子技术制成电子器件。两者结合起来，就出现了集转换元件与电子线路为一体的新型传感器，它的前景是非常远大的。

选取合适的压电材料是压电式传感器的关键，压电材料的选取一般会考虑以下几个重要特性。

(1) 具有较大的压电常数。

(2) 压电元件的机械强度强、刚度大，并具有较高的固有振动频率。

(3) 具有高的电阻率和较大的介电常数，以期减少电荷的泄漏以及外部分布电容的影响，获得良好的低频特性。

(4) 具有较高的居里点 C，所谓居里点是指压电件破坏时的限度转变点 C，居里点高可以得到较宽的工作温度范围。

(5) 压电材料的压电特性不随时间而变，有较好的时间稳定性。

3. 压电元件常用结构形式

在实际使用中，如仅用单片压电元件工作的话，要产生足够的表面电荷就需要很大的作用力，因此，一般采用两片或两片以上压电元件组合在一起使用。

压电元件常用的结构形式(连接方式)有两种，并联连接和串联连接。并联连接是将两压电元件的负极集中在中间极板上，正极在上下两边并连接在一起。并联接法输出电荷大，本身电容大，因此时间常数也大，适用于测量慢变信号和电荷量作为输出的场合。串联连接的方法是：上极板为正极，下极板为负极，中间是一元件的负极与另一元件的正极相连接，串联接法输出电压高，本身电容小，适用于以电压作为输出值以及测量电路输入阻抗很高的场合。

2.1.3 光电传感器

光电传感器是将被测量的光信号(如光强、光频率等)变化转换成电信号的一种传感器件。它是目前产量最多应用最广的传感器之一，大量应用于智能设备、自动控制、导航系统等各领域。其在交通检测中的应用也较多，如用来对交通参数进行检测的光电式车辆检测器。

1. 光电效应

光电传感器按理论基础光电效应分两大类：外光电效应和内光电效应。

1）外光电效应

在光线的作用下，物体内的电子逸出物体表面向外发射的现象叫作外光电效应，向外发射的电子叫光电子。基于这种效应的光器件有光电管、光电倍增管等。

2）内光电效应

当光照射在物体上，使物体的电导率发生变化，引发物质电化学性质变化叫内光电效应。它又可分为光导效应和光生伏效应。

(1) 光导效应。当光照射到半导体物质上时，该物质的电导率增大，这种现象称光导效应。基于这种效应的光电器件主要有光敏电阻和光导管。

(2) 光生伏效应。物体受光照射产生一定方向电动势的现象称光生伏效应。基于该效应的光电器件有光电池和光敏晶体管。

第一类的光电元件属于真空光电元件，第二类的元件属于半导体光电元件。

2. 光电传感器

1）光电传感器的基本组成

光电传感器是以光为媒介、以光电效应为基础的传感器，主要由光源、光学通路、光电器件及测量电路等组成，如图 2-4 所示，图中 Φ_1 是光源发出的光信号，Φ_2 是光电器件接收的光信号，被测量可以是 X_1、X_2，它们能够分别引起光源本身或光学通路的变化，从而使传感器输出信号 I 受到影响。

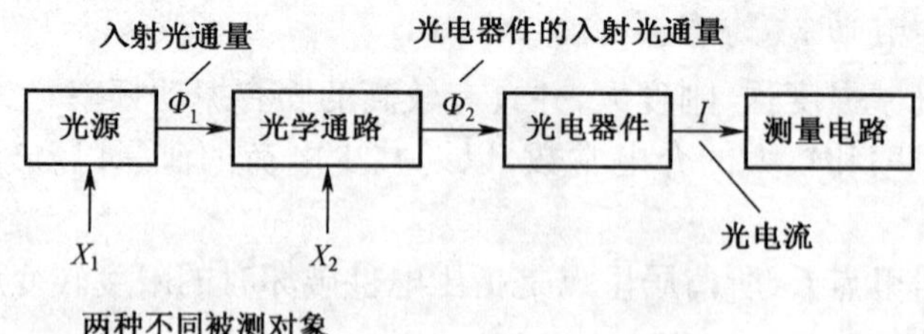

图 2-4 光电传感器的基本组成

光源可采用白炽灯、气体放电灯、激光器、发光二极管等，即能发射可见光谱、紫外线光谱和红外线光谱的器件都可以作为光源；光学通路的常用器件有透镜、滤光片、棱镜、反射镜、光通量调制器、光栅及光纤等，主要是对光参数进行选择、调整和处理；光电器件的作用是检测照射在其上的光通量，被测参数、反应的速度、灵敏度、光源的特性及测量环境和条件等是选用光电器件都需考虑的。

2）光电传感器的分类

按照光电元件接收的光通量变化的形式，光电传感器可分为以下几类。

(1) 吸收式。光源发出一定的光通量，穿过被测对象，部分被吸收，其余到达光敏元件，转变为电信号输出，如图 2-5(a)所示。被吸收的光决定于被测物的被测参数，利用到达光敏元件的光通量来确定被测对象所吸收的量，这时

$$\Phi_p = \Phi_0 - \Phi_A \tag{2.1}$$

式中　Φ_0——光源发出一定的光通量；

Φ_A——被测对象 A 所吸收的光通量；

Φ_p——光敏元件接收的光通量。

所以，光电元件上的光电流是被测对象所吸收光通量的函数，即

$$I = F(\Phi_p) = F'(\Phi_A) \tag{2.2}$$

测量液体、气体和固体的透明度和浑浊度就是这类的例子。

(2) 辐射式，被测量是光源。光源本身就是被测对象，被测对象发出的光通量强弱与被测参量(如温度)的高低有关，光电器件接收的光就可确定被测量的大小，如图 2-5(b)所示。

$$I = F(\Phi_p) = F'(\Phi_0)$$

$$\Phi_p = \Phi_0 \tag{2.3}$$

光电传感器中光电流的变化是被测对象发出光通量的函数。

(3) 反射式。光源发出一定的光通量到被测对象，由于物体性质或状态损失了一部分光通量，余下部分反射到光敏元件上，如图 2-5(c)所示，是在被测对象上损失的光通量，用来测量表面粗糙度等参数。

(4) 遮挡式。光源发出一定的光通量，射到光敏器件上，光路途中遇到了被测对象遮挡了一部分光，由此改变了光敏器件的光通量，如图 2-5(d)所示，利用此原理可测量物体面积、尺寸和位移等参量。光电式车辆检测器的使用亦基于该原理。

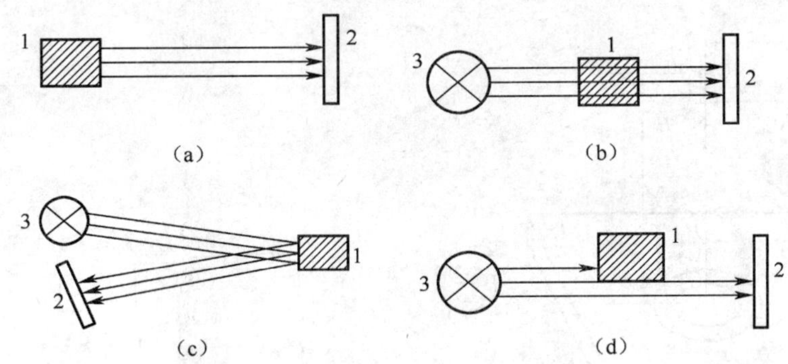

图 2-5　光电传感器的常见形式

(a)吸收式；(b)辐射式；(c)反射式；(d)遮挡式。

1—被测物；2—光电元件；3—光源。

(5) 开关式。光源与光敏元件间的光路上有物体时，光路被遮断，没有物体时光路畅通。光敏器件上表现出有光就有电信号，无光则无电信号，仅为“有”或“无”的两种状态，简言之，就是“通”与“断”的开关状态。其用途形式有 3 种：开关、计数、编码。

2.1.4 电涡流式传感器

电涡流式传感器是利用电涡流效应原理来工作的。对一些参数进行非接触的连续测量是这类传感器的最大特点，同时还具有结构简单、灵敏度高、频率响应宽、抗干扰能力强、测量线性范围大、体积较小等特点。在交通检测技术中，用它构成环形线圈感应式车辆检测器，进行交通参数的检测，是一种很有发展前途的检测方法。

涡流传感器在金属体上产生涡流，涡流的大小与金属体的电阻率 ρ，磁导率 μ，厚度 δ，线圈与金属体的距离 L，线圈的激磁电流角频率 ω 等参数有关，而涡流的渗透深度是与传感器线圈的激磁电流的频率有关的，所以涡流传感器主要可分为高频反射和低频透射两类，前者可以用于交通检测领域，应用较广泛。但从其基本工作原理来说，两者是相似的。

1. 电涡流传感器原理

当成块的金属置于变化着的磁场中或者在磁场中运动时，金属体内都要产生感应电动势形成电流，这种电流在金属体内是闭合的，称为涡流。由于产生的电涡流要消耗一部分磁场能量，从而使磁场的激磁线圈阻抗发生变化，这种现象称为电涡流效应。它是将一些非电量转换为阻抗的变化(或电感的变化)，从而进行非电量测量。

如图 2-6 所示，一个通有交变电流的传感器线圈，由于电流的变化，在线圈周围就产生一个交变磁场 H_1。如被测导体置于该磁场范围之内，被测导体内部便产生电涡流 $\dot{I}_2$，$\dot{I}_2$ 也将产生一个新磁场，H_2 与 H_1 方向相反，因而抵消了部分原磁场，所以影响传感器线圈的电感量 L 和阻抗 Z，L、Z 变化的大小与电涡流 $\dot{I}_2$ 的大小有关。

图 2-7 中，把金属导体中形成的电涡流等效为一匝短路环中的电流 $\dot{I}_2$，短路环的电阻为 R_2，电感为 L_2，传感器线圈电阻为 R_1，电感为 L_2。根据基尔霍夫定律，可列出等效电路的电压平衡方程

$$\begin{cases}\dot{I}_1(R_1+j\omega L_1-j\omega M\dot{I}_2)=\dot{E}\\ \dot{I}_2(R_2+j\omega L_2)-j\omega M\dot{I}_1)=0\end{cases} \tag{2.4}$$

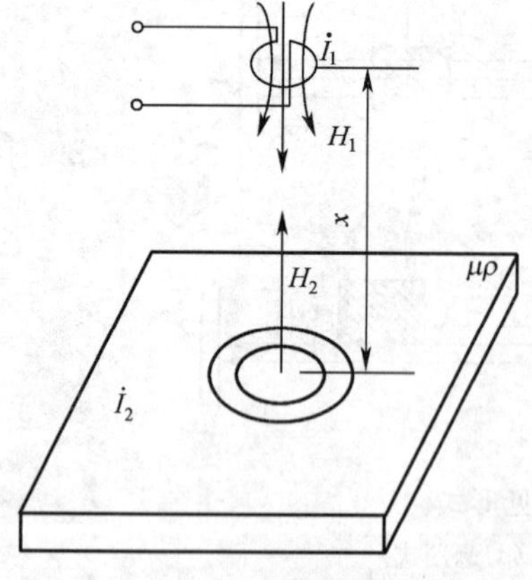

图 2-6 电涡流式传感器原理图

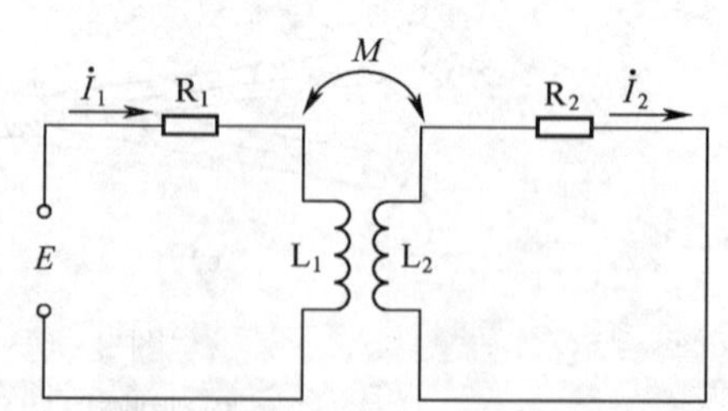

图 2-7 电涡流传感器等效电路

通过解方程组，可以得到传感器线圈的等效阻抗为

$$Z=\left[R_1+R_2\frac{\omega^2M^2}{R_2^2+\omega^2L_2^2}\right]+j\omega\left[L_1-L_2\frac{\omega^2M^2}{R_2^2+\omega^2L_2^2}\right] \tag{2.5}$$

式中　R_1,L_1——传感器线圈的电阻及电感；

R_2,L_2——电涡流回路的电阻和电感；

M——传感器线圈与被测物体涡流回路间的电感。

线圈等效电阻为

$$R=R_1+\frac{\omega^2M^2}{R_2^2+\omega^2L_2^2}R_2 \tag{2.6}$$

线圈等效电感为

$$L=L_1-L_2\frac{\omega^2M^2}{R_2^2+\omega^2L_2^2} \tag{2.7}$$

可以得出，涡流效应使线圈等效阻抗的实部增大，虚部减小，线圈的品质因数 Q 下降。线圈阻抗由 Z_1 变为 Z，线圈品质因数由 Q_0 变为 Q

$$Q=Q_0\left(1-\frac{L_2}{L_1}\cdot\frac{\omega^2M^2}{Z_2^2}\right)\Big/\left(1+\frac{R_2}{R_1}\cdot\frac{\omega^2M^2}{Z_2^2}\right) \tag{2.8}$$

式中　$Q_0=\omega L_1/R_1$——无涡流效应时线圈 Q 值；

$Z_2=\sqrt{R_2^2+\omega^2L_2^2}$——短路环的阻抗。

式(2.7)中第一项 L_1 与静磁效应有关，线圈与金属导体构成一个磁路，其有效磁导率 u 取决于此磁路的性质。当金属导体为磁性材料时，u 随导体与线圈距离 x 的减小而增大，于是 L_1 增大；若金属导体为非磁性材料，则 u 与 x 无关，即 L_1 不变。式(2.7)中的第 2 项为电涡流回路的反射电感，它使传感器的等效电感值减小。因此，当靠近传感器的被测物体为非磁性材料或硬磁材料时，线圈的等效电感减小；如被测物体为软磁材料时，则由于静磁效应使线圈的等效电感增大。

涡流传感器的阻抗、电感和品质因数都是由等参数决定的多元函数。金属导体的电阻率 ρ、磁导率 μ、线圈到被测导体间的距离 x 以及激励电流大小 I_1、角频率 ω 和线圈半径等参数，都将通过涡流效应和磁效应与线圈阻抗发生联系。若只改变其中一个参数，其余参数控制不变，则线圈阻抗是该参数的单位值函数。

2. 电涡流传感器的应用

电涡流式传感器最大的特点是能对位移、振动、转速、厚度、硬度、温度以及探伤进行非接触式连续测量，另外还具有体积小、灵敏度高、频率响应宽等特点，应用极其广泛。

常用于以下几个方面：①将位移 x 作为变量，可以测位移、厚度、振动、转速等，也可做成接近开关、计数器等；②将 ρ 作为变量，可以测量温度、判别材质；③将 μ 作为变量，可以测应力、硬度等；④利用 μ、x、ρ 变量等综合影响可以做成探伤装置等。

2.1.5　微波传感器

1. 微波及其特性

微波是一种能在真空或空气中直线传播，波长范围为 1mm～1m，辐射频率为 500MHz～3×10^5MHz 的高频电磁波。微波具有电磁波的特性，但又与普通的无线电波及光波不同，它的传播速度接近或等于光速，具有较好的定向辐射性能，穿透能力强、抗干扰性好、能被某些物质

吸收，传输中受火焰、烟雾、光的影响很小，介质的波的吸收正比于介质的介电常数，而水的介电常数较大，所以对微波的吸收很强。微波不仅会有一部分被介质吸收，而且会被反射，特别是遇到导体时几乎全部反射。

更为重要的是，微波具有多普勒效应。多普勒效应是1842年奥地利物理学家和数学家约翰·多普勒发现的。当时他提出了声波领域的多普勒效应，之后经过几十年的研究，在1938年证明了电磁波频域内同样存在多普勒效应。具体内容是：当微波被运动的物体所反射时，微波的频率会变化，其频率变化的大小与运动物体的速度有关，这一现象称为多普勒效应。利用此效应可以检测运动物体的速度。

2. 微波传感器及应用

1）微波传感器工作原理及检测方式

微波传感器是利用微波特性来检测某些物理量的器件或装置。由发射天线发出微波，微波遇到被测物体时将被吸收或反射，使微波功率发生变化。若利用接收天线，接收到通过被测物体或由被测物体反射回来的微波，并将它转换成电信号，再经过信号电路处理，并根据发射与接收时间差，即可显示出被测量，实现了微波检测。根据上述原理制成的微波传感器可以分为以下两类。

(1) 反射式微波传感器。反射式微波传感器是通过检测被测物反射回来的微波功率或经过的时间间隔来测量被测物的位置、厚度等参数。

(2) 遮断式微波传感器。遮断式微波传感器是通过检测接收天线接收到的微波功率大小来判断发射天线与接收天线之间有无被测物或被测物的位置与含水率等参数。

2）微波传感器的结构

微波传感器通常由微波发射器(即微波振荡器)、微波天线及微波检测器组成。

(1) 微波振荡器。微波振荡器是产生微波的装置。由于微波的波长很短，而频率又很高，要求振荡回路具有非常微小的电感和电容，因此不能用普通的电子管与晶体管构成微波振荡器。

(2) 微波天线。由微波振荡器产生的振荡信号需要用波导管(波长为10cm以上可用同轴电缆)传输，并通过天线发射出去。为了使发射的微波具有尖锐的方向性，天线必须具有特殊的结构。常用的微波天线如图2-8所示，有喇叭形天线、抛物面天线与介质天线等。

喇叭形天线结构简单，制造方便，它可看作是波导管的延续。喇叭形天线在波导管与敞开的空间之间起匹配作用，可以获得最大能量输出。抛物面天线好像凹面镜产生平行光，因此使微波发射的方向性得到改善。

(3) 微波检测器。微波作为空间的微小电场变动而传播，所以使用电流-电压特性呈现非

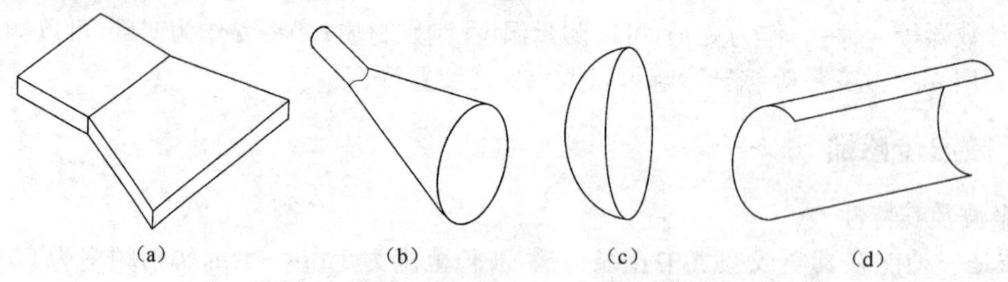

图2-8 常见微波天线

(a)扇形喇叭天线；(b)圆锥形喇叭天线；(c)旋转抛物面天线；(d)抛物面天线。

线性的电子元件作为探测它的敏感探头。与其他传感器相比，敏感探头在其工作频率范围内必须有足够快的响应速度。

3）微波传感器的特点

（1）可以实现非接触测量，因此可进行活体检测，大部分测量不需要取样。

（2）有极宽的频谱可供选用，可根据被测对象的特点选择不同的测量频率。

（3）时间常数小、反应速度快，可以进行动态检测与实时处理，便于自动控制。

（4）在烟雾、粉尘、水蒸气、高温、高压、有毒、有放射线环境中对检测信号的传播影响极小，因此可以在恶劣的环境下工作。

（5）输出信号可以方便地调制在载频信号上进行发射与接收，便于实现遥测与遥控。

（6）微波无显著辐射公害。

微波传感器存在的主要问题是零点漂移和标定，尚未得到很好的解决。其次，使用时外界因素影响较多，如温度、气压、取样位置等。

4）微波传感器的应用

微波传感器最典型的应用就是雷达。雷达是利用物体对微波脉冲的反射和微波的定向发射性，检测物体的方向与距离，或者检测物体的运动速度，即利用多普勒效应来检测运动物体的速度、方向与方位。例如，交通测速雷达就是一种检测行驶中的汽车车速的装置，可用来监测行驶车辆是否超速。另外，微波传感器也可以用来检测车流量，应用在汽车安全行驶方面的雷达也较多，主要有以下几种：碰撞报警雷达、车速自控雷达、防撞制动雷达、辅助测障雷达等。

微波多普勒传感器的应用也很广泛，除了用于交通测速、车流量检测和汽车安全行驶外，还有水文站用的流速测定仪，海洋气象站用来测定海浪和热带风暴，火车进站监控等。利用微波某些参数的变化进行检测的应用范围如表 2-3 所列。

表 2-3　微波相关参数的检测范围

利用特性	参数的变化	应用方面
反射	振幅变化 相位变化	距离检测 物体有无检测 材质检测 物体大小检测
吸收	振幅变化 相位变化 频率变化	材质检测 湿度检测
多普勒效应	振幅变化 相位变化 频率变化	物体速度检测 相对速度检测 运动速度检测

2.1.6　超声波传感器

1. 超声波及其特性

频率超过 20kHz 的声波称为超声波。超声波是一种在弹性介质中的机械振荡，振荡源在介质中主要产生两种形式的振荡：横向振荡（横波）及纵向振荡（纵波）。横向振荡只能在固体中产生，而纵向振荡可能在固体、液体及气体中产生。

超声波频率高、波长短，绕射现象小，传播方向好。超声波对液体、固体的穿透能力很强，尤其是对不适光的固体，它可以穿透几十米的深度，碰到杂质或分界面时会产生反射、折射和波形变换等现象。这些使得超声波传感器在工业检测和交通检测领域中得到了广泛的应用。

超声波用于传感的主要物理特性如下。

(1) 反射与折射。当超声波从一种介质传播到另一种介质时，在交界面处，一部分能量返回原介质称为反射波，一部分能量透过界面进入另一种介质中称折射波。

(2) 干涉现象。检测试件的厚度时常利用界面反射波与入射波相位不同而叠加的现象。

(3) 超声波的衰减。超声波在一种介质中传播时，振幅和强度按指数函数衰减。流体中的悬浮粒子、固体中的颗粒结构是衰减的主要原因，超声频率越高衰减也越大。

(4) 波型转换。当纵波从某一角度入射到一种新介质时，除有纵波的反射与折射外，还会发生横波的反射与折射；在一定条件下还能产生表面波。

(5) 超声波在流体中传播的速度。顺着流体运动的方向速度增加，逆着流体运动的方向速度减小。

超声波在流体传播被其中的微粒反射时，反射后超声波的频率会发生变化，频率的变化与微粒的流速有关，这就是超声波的多普勒效应。

2. 超声波传感器

超声波传感器是实现声电转换的装置，主要由超声波换能器(亦称超声波探头)、发射器、接收器组成。超声波探头是利用压电元件的正、逆压电效应来发射或接收超声波信号；发射器的作用是向超声波探头提供经过脉冲调制过的连续波(正弦波)振荡信号；接收器的作用是将超声波探头接收的反射信号进行放大、检波、整形处理后，输出标准的数字脉冲信号。

超声波探头有多种结构形式，按其结构可分为直探头、斜探头、双探头(一个探头发射，另一个探头接收)、聚集探头(将声波聚集成一细束)、水浸探头(可浸在液体中)及其他专用探头等。超声波探头按其工作原理可分为压电式、电磁式、磁致伸缩式等。压电式探头在实际应用中最为常见，如图 2-9 所示。

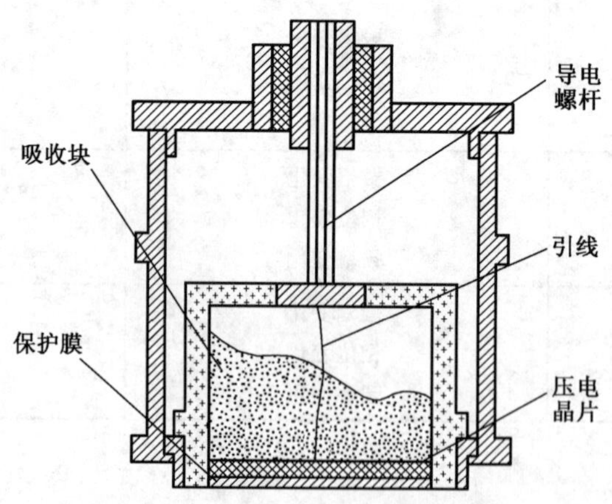

图 2-9 压电式探头超声波传感器

由于超声波传感器特有的物理特性，常用来检测探伤、测厚、物位、界面、流速等。图 2-10 示出了超声波传感器的系统框图。图中的发射接收器在空气中发射超声脉冲经待测对象反射，又返回发射接收器，通过检测其往返传播时间来确定被测对象的位置或距离，无需直接接触检测物体。

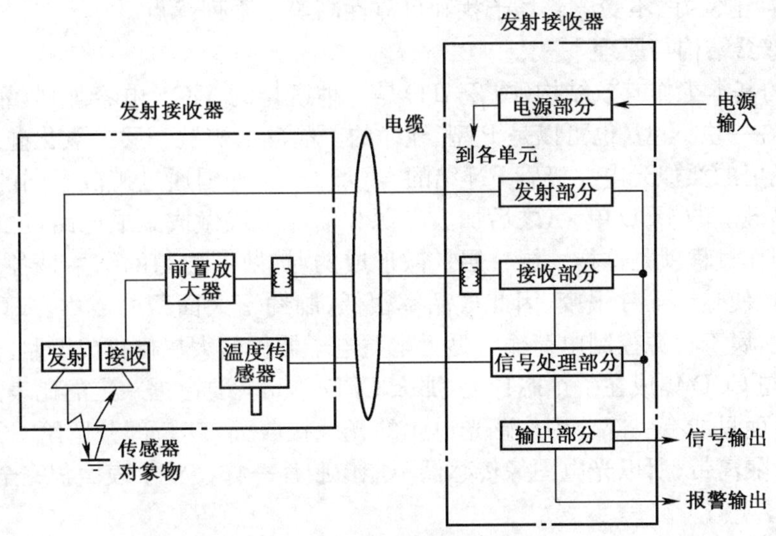

图 2-10　超声波传感器的系统框图

超声波传感器有多种类型，选用时应注意以下几点。

(1) 通用型超声波传感器的频带窄，但灵敏度高，抗干扰性强。其发射器与接收器是分开使用的。

(2) 宽带型超声波传感器在工作带宽内具有两个谐振频率，其频率特性相当于两种传感器的组合。因此，在很宽频带范围内具有较高的灵敏度，这样一个传感器可兼做接收器和发射器。

(3) 密封型超声波传感器对环境的适应性较强，可应用于汽车防碰撞检测装置和倒车报警器等。

(4) 超声波传感器也可具有发送和接收声波的双重作用，即为可逆元件，分专用型和兼用型两种。专用型就是发射器用作发送超声波，接收器用作接收超声波；兼用型就是发射器和接收器为一体的传感器。

2.1.7　CCD 图像传感器

CCD(Charge - Coupled Device，CCD)图像传感器也称为电荷耦合器件，就是采用电荷耦合器件作为图像传感器的。它具有光电转换、信息存储、集成度高、功耗低等功能，是图像采集及数字化处理必不可少的关键器件。

它是由一种高感光度的半导体材料制成，能把光线转变成电荷，通过模数转换器芯片转换成数字信号，数字信号经过压缩以后送到存储器存储，然后将图像数据传输给计算机进行处理。CCD 由许多感光单位组成，通常以百万像素为单位。当 CCD 表面受到光线照射时，每个感光单位会将电荷反映在组件上，所有的感光单位所产生的信号加在一起，就构成了一幅完整的画面。CCD 图像传感器由光电耦合器件构成，CCD 的感光元件除了感光二极管之外，还包括一个用于控制相邻电荷的存储单元，CCD 感光元件中的有效感光面积较大，在同等条件下可接收到较强的光信号，对应的输出电信号也更清晰。

CCD 图像传感器作为一种新型光电转换器现已被广泛应用于摄像、图像采集、扫描仪以及工业测量等领域。作为摄像器件，与摄像管相比，CCD 图像传感器有体积小、质量小、分辨率高、灵敏度高、动态范围宽、光敏元的几何精度高、光谱响应范围宽、工作电压低、功耗小、寿命长、抗振性和抗冲击性好、不受电磁场干扰和可靠性高等一系列优点。

1. CCD传感器结构与原理

CCD单元的基本工作有效结构(图2-11)是一种密排的MOS电容阵列,靠陷阱捕获电子的方式工作,是在一块N型(也可以是P型)纯净的单晶硅上扩散一层二氧化硅,再在上面扩散一层接受光子辐射的类似光电二极管PN结的MOS结构,外围通过扩散不同的绝缘层和沟道形成密布在单晶硅上的CCD单元,之后加上电源和信号引线做成集成电路,这就是CCD图像传感器。因为制作过程就是这样一层一层扩散形成的,扩散不均匀的结果是各个CCD单元的电参数不均匀,致使整个器件报废,因此成品率很低,制约了大面积的成本。CCD是集成在半导体单晶材料上,属于有源控制电荷输入型无增益电子器件的大规模集成电路。不论采用何种结构,感光单元与CCD集成在一个芯片上,那么CCD单元就要占据一定的比表面积,所有图像传感器的感光表面只能有一部分用作感光单元的光线接收面,其余部分留给CCD单元以及元器件之间的绝缘隔离带;所以光电图像传感器不能像胶片一样使整个表面积完全用来接收光线信号(图2-11)。

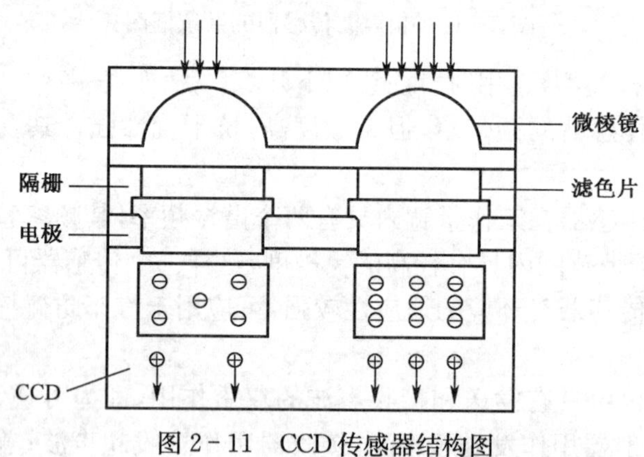

图2-11 CCD传感器结构图

CCD图像传感器是一种特殊用途的光生电荷耦合器集成电路芯片,它的主体结构由感光区、信号暂存区和信号读出寄存器构成。感光区由垂直方向、并行排列的若干沟道组成,各沟道之间用绝缘沟阻隔开。水平光栅电极条横贯各沟道,外接有三相时钟脉冲的驱动器和工作电源。每个感光单元是掺杂多晶硅—二氧化硅—硅的MOS结构。光线射入半导体,能量大于感光单元材料带隙的光子被半导体吸收,激发出光生电子孔穴对。光生多子通过半导体衬底流走,光生少子却被表面的深耗尽状态的MOS阵列下形成的一系列势阱俘获并收集起来。这些势阱相互间非常靠近却又相互隔离。在积分期间,每个势阱中积累的光生少子数与光学图像中各相应像素上光照大小成正比。这样光学图像在CCD的感光单元上转换成为各个位置大小不等的电荷包,每个电荷包就是图像信息,最后通过暂存区和信号读出寄存器把信号通过中央处理器进行信号处理后传输到存储器。

这些感应或收集的光线转换为电子信号需要有外界驱动力才能传输出去。实际上,就是打开电荷储存沟道耗尽层的信号,也叫作扫描信号,一个好的图像传感器如果能够使得感光单元占据越多的比表面积,那么它的效率越高,再生图像的准确度也越高。

2. CCD图像传感器的特点

CCD图像传感器技术的发展促进了各种视频装置的普及和微型化,CCD图像传感器功耗低、成本低、电路结构简单、集成度高，其应用领域也极其广泛，涉及交通、通信、机械、机器人视觉、航天、航空、遥感、天文观测、钢铁、电子、计算机等各个领域。与普通的 MOS、TTL 电路一样，CCD 器件属于一种集成电路，只不过它具有多种独特功能，归纳起来 CCD 器件具有以下一些特点。

(1) 光电高灵敏度、高分辨率。线阵 CCD 器件可达 7000 像元、分辨率可达 7μm，目前好的 CCD 器件灵敏度可达 0.01lx。

(2) 高信噪比、宽动态范围、高电荷转换效率和高输出图像质量。信噪比可达到 60dB～70dB，动态范围 10^6 ∶ 1。

(3) 集成度高、质量小、体积小、功耗低、可靠性高、寿命长。

(4) 可任选模拟、数字等不同输出形式，可与同步信号、I/O 接口及微机兼容组成高性能系统，适应于不同条件下使用。

3. CCD 图像传感器的适用范围

CCD 图像传感器非常适合一些视觉信息占主导地位的应用场合，例如车道线定位、交通信号识别、障碍物辨别等，在这些应用中无需修改任何道路基础设施，但使用视觉来进行测量通常要使用立体匹配的办法，数据量和计算量都很大，算法复杂。

用 CCD 图像传感器有可以减小信号的干涉问题，例如大量智能车辆在同一条道路上行驶，CCD 图像传感器可以确保传感器接收数据正确，提高系统的可靠性，以保证安全；在某些涉及保密的场合，例如军事侦察，CCD 图像传感器发出的信号不容易暴露目标，因此必须使用被动传感器；考虑到图像采集设备将广泛地应用于 ITS 的各个方面，从长远的角度看，由于 CCD 图像传感器具有无信号污染的优点，因此它将具有广阔的应用前景。

2.1.8　智能传感器

智能传感器这一概念最初是美国宇航局在开发宇宙飞船过程中根据需要产生，当时是为了实时快速地采集数据，同时又降低成本，提出了分散处理数据的方案，先进行存储、处理，然后通过接口电路进行总线控制，实现远距离、高速度的传输。而近年来，建立一种以工业现场总线为基础的、CPU 为处理核心、数字通信为变送方式的传感器和变送器的统一体是新一代智能传感器的研究领域，这就是现场总线式智能传感器，也称为网络化传感器。人工智能，特别是人工神经网络、信息处理技术(如传感器信息融合技术、模糊理论等)的发展，使传感器具有更高级的智能，即具有分析、判断、自适应、自学习的功能。

智能传感器是一种带微处理器，兼有信息检测、处理功能的传感器。新一代智能传感器的研究领域是将计算机技术与各种敏感元件相结合应用的边缘学科。智能传感器的最大特点就是将传感器检测信息的功能与微处理器的信息处理功能有机地融合在一起，它具有人工智能。

1. 智能传感器结构

目前，传感器的智能化主要体现在计算机与传感器系统的结合。近年来又发展到把微机嵌入到传感器中，实现智能微系统，即将传感器、信号调理电路、微控制器及数字信号接口组合一体，其功能框图如图 2－12 所示。

传感器将被测的物理量转换成相应的电信号，由信号调理电路对传感器的电信号进行放大，转换为数字信号后送入微控制器，再由微控制器处理后的测量结果，经数字总线接口输出。目前的智能传感器中，起关键作用的是微控制器，它不但可以对传感器的测量数据进行计算、存

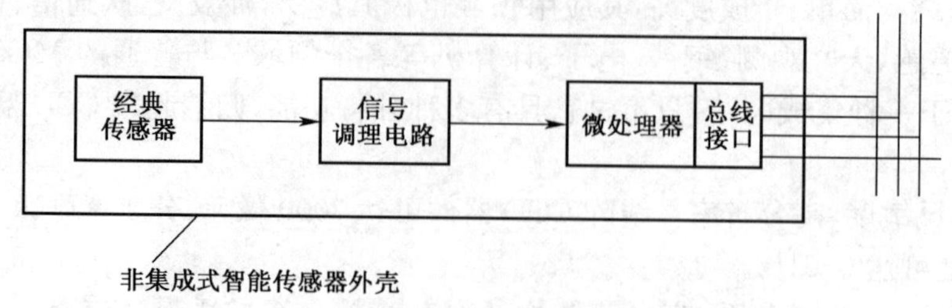

图 2-12　智能传感器组成框图

储和处理，还可以通过反馈回路对传感器进行调节控制。

2. 智能传感器的功能

智能传感器主要具体功能包括以下几种。

(1) 复合敏感功能。敏感元件测量一般通过两种方式，即直接和间接的测量。而智能传感器具有复合功能，能够同时测量多种物理量和化学量，给出能够较全面反映物质运动规律的信息。

(2) 自动校零、自动标定、自动校正、自动补偿、自动诊断和计算功能，为传感器的温度漂移和非线性补偿开辟了新的道路。这样，放宽传感器加工精密度要求，只要能保证传感器的重复性好，利用微处理器对测试的信号进行软件计算，采用多次拟合和差值计算方法对漂移和非线性进行补偿，从而能获得较精确的测量结果。

(3) 信息存储、记忆、传输和信息处理功能。随着全智能集散控制系统(Smart Distributed System)的飞速发展，对智能单元要求具备通信功能，用通信网络以数字形式进行双向通信，这也是智能传感器的关键标志之一。智能传感器通过测试数据传输或接收指令来实现各项功能，如增益的设置、补偿参数的设置、内检参数的设置、测试数据输出等。

(4) 组态功能，使用灵活。在智能传感器系统中可以设置多种模块化的硬件和软件，用户可以根据具体的应用环境和测量要求而改变传感器的硬件模块和软件模块的组合状态。

(5) 人机对话功能。人机对话功能将微型机与传感器和仪表组合在一起，形成输入、输出设备，使系统具有灵活的人机对话功能，及时修正各类错误，增强系统的灵活性和可靠性。

3. 智能传感器的特点

与传统传感器相比，智能传感器有如下特点。

(1) 自适应能力强。智能传感器具有判断、分析和处理功能，能根据系统工作情况决策各部分的供电情况、与上位机的数据传送速率，使系统工作在最优状态。

(2) 高精度和高分辨率。由于智能传感器采用了自动调零、自动补偿、自动校准等多项新技术，有多项功能来保证它的精度，因此不论是其测量精度还是分辨率都得到大幅度提高。

(3) 微型化。随着微电子技术的发展，智能传感器正朝着短、轻、薄的方向发展，以满足航空航天及国防技术领域的需要，并为开发便携式检测系统创造了有利条件。

(4) 微功耗。智能传感器普遍采用大规模或超大规模 CMOS 电路，使得传感器的功耗大大降低。同时通过软件的控制，传感器可以有节电模式，可使得在暂时不测量时系统的功耗降至更低。

(5) 高信噪比。智能传感器的信号调理功能可以除去数据中的噪声，提取出有用的信号，从而很大幅度地提高了传感器的信噪比。

(6) 高可靠性和高稳定性。智能传感器能自动补偿因工作条件与环境发生变化后引起的系统特性的漂移，能实时、自动地进行系统自检，分析判断采集到的数据的合理性，并给出异常情况的应急处理。

(7) 性价比高。通过微处理器/微计算机结合，采用价格不高的集成电路工艺和芯片，以及功能强大的软件来实现的，因而具有较高的性价比。

随着科技领域的快速发展，智能传感器正朝着单片高精度、多功能、集成化、网络化、系统化、高可靠性和安全性方向发展。今后智能传感器发展的趋势是集成化、传感器微型化、总线技术的标准化和规范化、虚拟传感器和网络传感器。

2.2　现代常用交通无损检测技术

2.2.1　概述

传统检测方法是根据规程随机选点，钻孔取样、进行室内分析处理，从而获取各种工程参数。然而，随着我国交通的快速发展，交通检测技术的任务繁重，传统的检测方法已经不能适应前进的步伐，因此能够开发出无损、快速、直观、能显示道路内部状态的检测设备和手段，必将使道路建设质量和养护管理进入一个新的水平。开展道路交通无损检测技术研究，将对道路施工质量、深入认识路面长期使用性能、改善路面设计、优化道路改造方案等方面具有重要意义。

无损检测技术是一项快速发展起来的现场检测技术，是在不损伤工程结构本身使用性能的前提下，通过现场原位测试某些物理量来推算工程结构的工程质量指标。它与常规的检测方法相比，具有无破损、快速、适用、检测数据可连续采集等特点。科学、合理地利用无损检测技术，可以避免某些观感检查不科学的做法，使检测结果更具科学性、可靠性和公正性。

1. 无损检测技术的定义

无损检测(Non-Destructive Testing，NDT)，就是利用声、光、磁和电等特性，在不损害结构构件受力性能和使用性能的前提下，直接在构件上通过测定某些特定参数来推定结构构件的受力性能、内部缺陷、组织结构、耐久性能等，进而对建筑结构在特定应用条件下的适用性、安全性和可靠性进行评价的一项科学技术，它是多种学科紧密结合的高科技产物。

无损检测技术与常规性检测技术相比，具有以下显著特点。

(1) 非破坏性：不破坏结构构件的受力或使用性能。

(2) 全面性：可进行全面检测，检测手段经济、快捷。

(3) 全程性。

(4) 可靠性问题。

2. 无损检测技术的应用

开展无损检测的研究与实践意义是多方面的，主要表现在以下几方面。

(1) 改进生产工艺：采用无损检测方法对制造用原材料直至最终的产品进行全程检测，可以发现某些工艺环节的不足之处，为改进工艺提供指导，从而也在一定程度上保证了最终产品的质量。

(2) 提高产品质量：无损检测可对制造产品的原材料、各中间工艺环节直至最终的产成品实行全过程检测,为保证最终产品年质量奠定了基础。

(3) 降低生产成本:在产品的制造设计阶段,通过无损检测,将存有缺陷的工件及时清理出去,可免除后续无效的加工环节,减小原材料和能源的消耗节约工时,降低生产成本。

(4) 保证设备的安全运行:由于破坏性检测只能是抽样检测不可能进行100%的全面检测,所得的检测结论只反映同类被检对象的平均质量水平。

在道路交通检测中,其检测技术的总体趋势是:由人工检测向自动化检测技术发展,由破损类检测向无损检测技术发展,由低速度、低精度向高速度、高精度发展。最近几年,自动化路面无损检测设备在中国越来越多,与此对应的,围绕自动化检测设备所开展的研究也将在深度和综合性上得到加强。可以认为,道路无损检测技术及路面使用性能评价在我国的发展方向如下。

(1) 测试设备的需求量越来越大,用户越来越多,并逐步实现国内组装及国产化。

(2) 围绕测试技术所展开的研究逐步深化,并通过相关软件的市场化来推广。

(3) 集成多种设备检测结果的路面使用性能评价与病害原因分析、养护与改建措施的专家系统的应用,或直接集成到路面管理系统中。

2.2.2 超声波检测技术

1. 概述

超声波检测技术在道路中的应用是近年来发展的一种新的检测方法,是一项无损检测的新技术。超声波检测技术主要是运用了它作为波本身的特性,即服从波的传输规律,如利用波的反射、折射来测定厚度或破损状况,利用波速来测定材料的强度等。超声波检测技术早在20世纪70年代就得到了较快的发展。我国应用超声波检测开始于建筑工程与岩土工程,主要用波速法测量岩石的抗压强度与判断岩石的性质,以及评价建筑工程中材料特别是水泥混凝土与钢筋混凝土材料的质量。由于超声波具有激发容易、检测简单、操作方便、价格便宜等优点,因此在道路检测中的应用特别是高等级公路路基路面检测中的应用越来越广泛。

超声波是一种频率高于人耳能听到频率的声波。人耳能听到的声波频率范围为20Hz～2000Hz,而超声波的频率超过了20kHz。实践证明,频率越高,检测分辨率越高,则其检测精度越高。因此,在实践中常用超声波检测,而不用一般的声波。但频率较高时,波长会减小,当减少到与被测材料中的集料尺寸处于同一数量级时,散射面积扩大,声波的散射量增加,随之衰减量增加,而使用的反射波减小,相应地波的回收能量也随之减少,使测量误差增加。因此,在实践中利用超声波测量时,对超声波的频率范围亦有一定限制。一般超声波的上限频率为100kHz,下限为20kHz左右。

超声波是一种波,因此,它在传输过程中服从于波的传输规律。

超声波在材料中保持直线行进。当材料的颗粒很细,且均匀、连续、无界面时,波在其中传播始终保持直线行进状态。但当组成材料较粗,甚至有一定孔隙时,波传播将产生3种状态。

(1) 一部分波继续直线行进,到能量耗尽为止。这种损耗是由于波与材料颗粒发生摩擦形成热量散发,习惯上称为吸收。

(2) 一部分波由于与粗颗粒表面碰撞而产生散射,散射的能量一般也消耗在材料内部。

(3) 另一部分波产生扩散。从理论上讲,波的扩散是在不断进行的,即使在均匀介质中也一样。从这个意义上说,波的扩散是随波传输距离的增加而使单位面积上声能分布的减弱。

在这 3 种状态中，土木工程检测中常用的是波的吸收。每一种材料都有吸收系数，一般可以用实验来确定。由于散射规律不十分清晰，因此，无法用公式计算散射量或散射系数，一般也只能用散射来确定。扩散式波在行进中的一种自然衰减，如流水一样，即水在流动过程中，一小部分由于蒸发不断自然减少。但在实践中，要将 3 种状态截然分开还是比较困难的。

超声波在传播过程中，也服从波的反射定律与折射定理。反射定律，即波在传输中碰到两种不同物质的材料界面，或两种不同介质电常数时，发生反射，且在界面处入射角等于反射角。两种材料的介质电常数差异越大时，则传输能量在第二种介质中的损耗越小，称"全能反射"状态；当第二种介质电常数接近于第一种介电常数时，波能反射量将迅速减小，绝大部分能量穿透到第二种中，称为"残能反射"、"余能反射"状态。当波穿过至第二种介质时，波将发生折射。当第二种材料介电常数大于第一种材料介电常数时，折射角必然小于入射角（如从空气进入路面）；反之，折射角必然大于入射角；当两种物质的介电常数相等时，折射角与入射角相等。当入射波垂直于第三种介质界面时，不发生波的折射。

超声波在介质中传播的速度服从于波的传输定理，即 $\upsilon=\lambda f$（υ 为波速，λ 为波长，f 为频率），也可以改写成 $\upsilon=\lambda\times\frac{1}{t}$（$t$ 为波的行程时间）。在实际中，波行走总时间可由仪器的时钟器测出，总距离为事先设定，因此，波速 υ 可以求得。波速对于工程测量，尤其是路基、路面测量十分有用。研究证明，波在介质中行进的速度越大，则介质材料的坚硬性越大；如波速越低，则介质材料越松软。从而可以得出这样一个思路，即介质材料的坚硬性实质上也反映了该种材料强度的高低，材料强度一般与波速成正比例关系。因而只要知道了波速，材料强度也就自然求得出。

2. 超声波检测技术基本原理

所谓波速法，即指用波在路基、路面材料中行进的速度来检测器力学性能的一种方法。波的行进速度与该种材料的软硬即强度有着密切关系，而强度又与它的密实度、弹性模量以及泊松比有关，如在无限大固体介质中传播的纵波波速为

$$\upsilon_L=\sqrt{\frac{E}{\rho}\cdot\frac{1-\mu}{(1+\mu)(1-2\mu)}}\tag{2.9}$$

式中　υ_L——超声波纵波波速（m/s）；

E——弹性模量（MPa）；

ρ——介质材料密度（g/cm^3）；

μ——泊松比，无量纲。

无限大的介质实际上是不存在的，当固体介质的尺寸与所传播的波长相比足够大时，可视为半无限体，其波速与无限大介质中的波速相近。

由式（2.9）可以看出，从材料力学的角度分析，超声波在固体材料中传播，实质上是一种高频机械波在固体材料中的传播。超声波通过材料时，使固体材料中的每一个微小区域都产生拉伸、压缩或剪切等应力应变过程，因此，超声波在这种固体材料中的传播速度，实质上就是表征了该种固体材料的应力应变状态，即直接反映了固体材料的弹性模量与密度特性。正如上文所述，这两个指标与强度有着直接关系，即强度是这两个指标的综合反映。实践证明，材料的强度越高，穿过它的超声波波速值就越高；材料的强度越低，则穿过它的超声波波速值就越低，实质上波速值的大小表征了材料的强度高低。

当材料松软时，其强度小，即表征材料强度的弹性模量与密度小，它们的综合结果也必然小，穿过它的波速亦将随之减小；当材料坚硬时，其强度大，表征材料强度的弹性模量与密度必然大，同理，它们的综合结果也必然大，穿过它的波速亦将随之增高。对于有缺陷的材料体，其强度的降低导致超声波在该处的行进波速必然减小。这是由于波在该处产生不正常行进，或发生杂乱的散射或绕射，增加了声速传播的声阻抗，使速度减缓。一般来说，正常材料的弹性模量、密度或强度都是稳定的，而且通过室内试验可取的正常的波速值，也可以通过现场取得（需修正）。但当发现测出的波速有异常变化时，可根据用试验方法得到的该种材料的波速标准诊断模式判断出它的缺陷性质，甚至是缺陷位置，这给现场施工质量检测带来了方便。

例如，用超声波测定工程材料的弹性模量时，只要确定纵波在式样中的传播速度 v_L（试验中测定超声波在长为 L 的试样中的传播速度时间 t，根据 $v_L=\frac{L}{t}$ 计算出超声波的传播速度）和试样的密度 ρ，便可按式(2.10)计算出试样的弹性模量 E。

$$E=\frac{(1+\mu)(1-2\mu)}{(1-\mu)}\rho\left(\frac{L}{t}\right)^2 \tag{2.10}$$

上述即是用波速法测量材料强度与判断材料缺陷的基本原理与基本检测方法。根据实践，波速在不同材料中具有较大差别，常用的几种材料中的波速如表 2-4 所列。

表 2-4　几种常用道路有关材料的声波波速表

材料名称	纵波速度 c_L /(m/s)	横波速度 c_t /(m/s)	材料密度 ρ /(g/cm³)
粘土	1128～2500	579	1.40
土壤	153～762	91.5～549	1.1～2.0
砂	1400	457	1.93
冰	3350	—	0.9
空气	341	0	—
钢	6100	3035	7.70
铁	5790	3200	7.85
铝	6560	2980	2.70
混凝土	3560	2160	2.7～3.0
橡胶	1055	27.4	1.15

超声波纵波波速 c_L、横波波速 c_t 与表面波波速 c_R 三者之间关系，由式(2.11)与式(2.12)给出。

$$c_t=c_L\sqrt{\frac{1-2\mu}{2(1-\mu)}} \tag{2.11}$$

$$c_R=c_t\,\frac{0.87+1.12\mu}{1+\mu} \tag{2.12}$$

式中　c_t——横波速度，质点振动方向垂直于波传播方向，$c_t\sqrt{\frac{E}{\rho}\cdot\frac{1}{2(1+\mu)}}$ (m/s)；　(2.13)

c_L——纵波波速，质点振动方向和波的传播方向一致，$c_L=\sqrt{\frac{E}{\rho}\cdot\frac{(1-\mu)}{(1+\mu)(1-2\mu)}}$ (m/s)；
(2.14)

c_R——表面波波速，质点振动轨迹为椭圆形，长轴垂直于传播方向，短轴平行于传播方向，表面波沿界面表面传播，$c_R=\frac{0.87+1.12\mu}{1+\mu}\sqrt{\frac{E}{\rho}\cdot\frac{1}{2(1+\mu)}}$ (m/s)。 (2.15)

用超声波的波速原理来判别结构材料的质量状况，纵波波速 c_L 与混凝土材料抗压强度 R_T 之间的关系良好，具有较高的相关系数。若与标准回弹法配合使用，将会得到更高的强度测试精确度。

混凝土的抗压强度 R_T 与纵波速度 c_L 的关系，一般可用经验公式表示为

$$R_T=ae^{bcL} \tag{2.16}$$

或

$$R_T=k_0c_L^k \tag{2.17}$$

式中　R_T——混凝土的抗压强度(MPa)；

c_L——超声波纵波波速(km/s)；

a、b、k——与混凝土原材料、配合比有关的系数，可通过试验求得；

k_0——通过试验求得的系数。

$$k_0=\overline{\frac{R_T}{c_L}} \tag{2.18}$$

由上述可知，波速法可以测量材料的抗压、抗折强度，也可以判断材料的质量状况，那么，波速如何求得则成为技术关键。一般波速可以通过与波长、频率或时间之间的关系求出，但由于这种波速是一种定值，在传输中始终都是不变的，显然，在实际中没有实用意义。实际上超声波在材料传输时，不断地在衰减，实际波长减小，特别在具有粗集料的混凝土中传输时，声阻抗较大，从而波传播的速度受到较大影响。因此，超声波在材料中进行的波速实质上是一种平均波速所谓"波速法"，也就是"平均波速法"。

假设超声波从发射到接收的时间为 t，发射器与接收器之间的距离为 L，如图 2-13 所示。

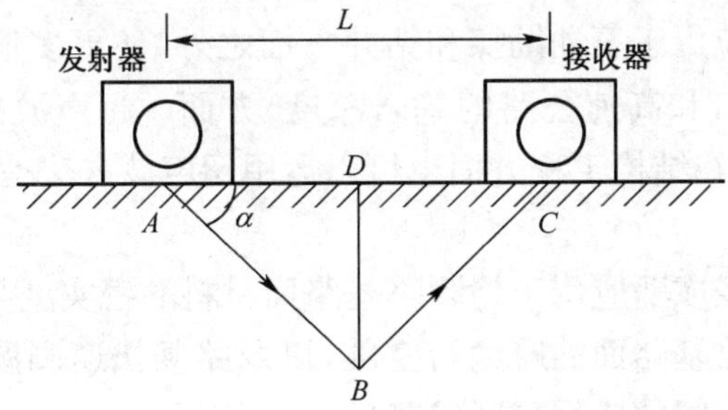

图 2-13　超声波发射、接收示意图

平均波速为

$$\bar{v}=\frac{S}{t} \tag{2.19}$$

式中　$\bar{v}$——超声波在材料中行进的平均速度，简称速度(m/s)；

S——超声波在材料中行进的距离(m)；

t——波行进$\overline{ABC}$距离所用的时间，此时间可由仪器中的时钟信号检测出来(s)。

由式(2.19)可知，当超声波以α角向材料中发射近似表面波时，根据波传输最短距离原则，波由A点经B点到C点构成波的近似$\triangle ABC$。显然，B点是$\triangle ABC$的对称点。在$\triangle ABC$中由于B点为AC中点，因此，波从A点到C点所经过的路程为

$$S=2AB=\frac{2AD}{\cos\alpha}=2\times\frac{\frac{1}{2}L}{\cos\alpha}=\frac{L}{\cos\alpha} \tag{2.20}$$

式中 S——波沿α角行进与回射的总里程(m)；

L——超声波发生器之间的距离(m)；

α——超声波发射角(°)。

波的发射是路基、路面超声波检测技术的又一关键因素。当波垂直于路基、路面方向发射时，波能全部或近似全部损耗于材料中，散射到面层的能量近于零，在实际工作中，对路基、路面检测没有用处。当波大于45°角发射时，情况与垂直时大体相同。从理论上讲，波的散射量稍多一点，但由于量少，没有代表性，因而，也没有实际用途。当波的发射小于45°角时，回射和散射的波能多起来，发射角越小，则散射或回射能量越多。但当发射角等于零时(贴面或沿贴面发射)，将有一半能量发射在空气中，只有一半能量进入路基、路面表面层，且有一部分能量散射或回射后被接收器接收。

由上述分析可知，接收器里回射到的能量与发射角α有着很大关系，要想得到最多的回收能量，则必须要选择最佳状态的α角。一般来说，这种情况靠理论求解很难实现，只有用试验方法来求得最为准确、有效。用直达波法检测路基、路面物理力学指标，探测深度不大，一般为0～20cm。

3. 超声波检测的应用

超声波方法除了广泛应用于石油勘探和钻井方面之外，还更多地应用于土木工程(尤其在测量大型建筑物、大坝、港口和高速公路的基岩深度)方面。超声波方法的优点在于它精确性高、分辨率高和穿透性强。在结构工程方面也可以运用超声波方法检测桥梁结构和混凝土内部损伤。

超声波检测技术现已经成功应用于检测路基路面材料的密实度与弹性模量、检测混凝土的抗压强度、抗折强度、检测路基路面的厚度与空隙，以及路基快速测湿等。因此，超声波测试技术在道路检测中有着较为广阔的应用与开发前景。

超声波法检测应用在道路桥梁的桩基质量检测中，技术已比较成熟，其主要是根据实测波速、波幅、频率、波型、畸变程度等特征，利用PSD判据法等分析技术，分析判断混凝土的参考强度和内部存在缺陷的性质大小及空间位置。

超声波在路面探伤检测方面的应用尚处于起步探索阶段，但随着高等级公路的发展，超声波法在路面检测中的应用已越来越广泛，无损检测的地位与重要性在实践中也逐渐得到体现。

2.2.3　雷达检测技术

1. 概述

雷达无损检测是一种高新技术，其检测设备目前有两种，一种是车载式，适用于高速、大面积检测；另一种是便携式，适宜于野外与局部检测。雷达检测的实质是一种特高频电磁波发射与接收技术。雷达波由自身激振产生，直接向检测物发射射频电磁波，通过波的反射与接收获得检测物的采样信号，再经过硬件与软件及图文显示系统，得到检测结果。雷达所用的采样频率一般为数兆赫，而发射与接收的射频频率有的要达到吉赫以上。射频电磁波是依靠一种特制的固体共振腔获得的，就像微波的获得依赖于晶体同轴共振腔一样。雷达波频率很高、波长很短，也遵守波的传播规律，即也有入射、反射、折射与衰变等传播特点。正是利用到雷达检测这些特点，使其为工程质量监控服务，达到无损、快速、高精度的检测要求。美国劳雷工业公司推出的雷达检测设备的检测精度很高，当无取芯标定时，沥青面层检测误差为±5%～±8%，非黏结层路面为±5%～±10%。

2. 雷达检测基本原理

雷达是一种宽带、高频电磁波，一般频幅为 100MHz～1000MHz，频率自激产生，穿透能力很强。当由振源产生脉冲电磁波，并由天线定向成一定角度向路基、路面发射时，波的一部分在第一界面（路面与空气界面）反射，另一部分向下穿透。由于空气的介电常数为 1，而路基、路面材料介质的介电常数均大于 1，有的大得较多，因而穿透波的大部分能量被该种材料吸收，同时，波在其中产生折射，折射角小于波的入射角。当折射波碰到第二界面（面层与基层界层）时，波的一部分在界面反射，穿过面层到空气中，形成波的第一次小循环。另一部分继续向下，穿透界面到基层，一部分能量损耗于该层，同时产生折射，折射角大小主要取决于基层的介电常数。当基层的介电常数大于面层的介电常数时，折射角小于面层至基层的入射角；但当介电常数小于面层的介电常数时，折射角大于面层到基层的入射角。电磁波折射后，又碰到第三界面（基层与路基界面），同样，波一部分向上反射，并穿透面层到空气中，形成波的第一次中循环。同理，波的另一部分继续向下，穿透界面到达底基层，折射角的大小，理论上与上述相同。当检测物均质无限、无异常物时，从理论上说，穿透折射波的剩余能量完全损耗于无限体内，不会向上反射。但实际情况并非如此，检测物中由于种种原因，一些异常界面使这些区域的介电常数发生变异，因而，入射的电磁波就在这些区域的界面处向上反射，穿透路面面层到达空气，形成入射波的第一次大循环。

由上面的分析可以知道，雷达波与其他波一样，具有相同的传播特点与规律。其中一个最突出的特点，就是雷达波碰到界面就要反射。上面所叙述的波的一次循环的大、中、小 3 种循环状态，就体现了波的这种性质。

雷达波（脉冲电磁波）从入射到第一次小循环的旅行时间 t_1 可以完全由仪器的时窗信号记录到，第一次中循环的旅行时间 t_2、大循环的旅行时间 t_3 也可同样得到。由于波所行走的距离完全与波的旅行时间对应，可以根据射入与射出的间距 S_1、S_2、S_3 与折射角 β、γ、θ 以及材料的介电常数 ε 等重要特征参数确定其行走距离。时间与距离确定后，电磁波所行进的速度也可以随之得出。当用仪器天线探测器进行扫描时，还可得到第二次、第三次等多次循环记录。由于检测物物理力学指标以及它们的几何尺寸都与电磁波旅行时间、行程以及行速有密切关系，因而，测知了电磁波的旅行时间、行程与行速后就能很快地算得检测物各项指标的具体参数以及各种异常体的位置。因此，在习惯上把雷达技术的检测称为“时距法”检测。

3. 雷达监测技术的应用

雷达技术用于路基、路面物理力学指标的无损检测开始于20世纪80年代后期，欧、美等国家应用得最早，美国是雷达检测技术的发源地，世界上第一个公路型探地雷达（SIR－10H地质雷达）于1994年在美国发明。我国路用雷达最早出现于20世纪70年代，20世纪80年代后期在设备技术上和应用水平上有了很大的进步，目前国内约有20台路面雷达，主要以美国和欧洲芬兰产品为主，部分产品经过国内科研机构的改进，但测试原理基本相同。

雷达检测技术由于具有无损、快速、简易、精度高的突出优点，因此，在公路工程施工质量监控中应用广泛。目前，雷达检测技术已应用于路面厚度测试、相对高含水区域检测、结构层完整性判定等道路交通检测方面。

2.2.4 激光检测技术

1. 激光检测概述

激光检测技术属于非接触式测量技术，与接触式测量方法相比，具有限制更少、效率更高、不损伤测量表面、不易受被测对象表面状态影响等优点，因此高精度的激光检测技术越来越广泛地应用到科技领域中。激光之所以能被广泛应用，主要由于激光具有以下独特的优点。

1）激光具有很好的相干性与衍射性

所谓相干性，是将两束平行单色光通过全反射镜折射到屏幕上，当两束光的路程差或光程差Δx为该单色光波长λ的整数倍时，即时，则两束光互相加强，在屏幕上将观察到亮点或亮条；当光程差Δx为该单色光波长λ的奇数倍时，即$\Delta x = k\lambda + \frac{\lambda}{2}$时，则两束单色光互相削弱，在屏幕上将出现暗点或暗条；当不断地改变Δx距离，在屏幕上则会出现明亮交替变化。科学证明，光的谱线度（或光的最高波长与最低波长之差）越大，单色性越差，则光的相干性也越差，光点或光条的明显度低；反之，光的谱线度越小，光的单线性越好，则光的相干性也越好，光点或光条越明显。根据这一理论，由于激光具有极高的单色性，它的谱线宽为1×10^{-7} A°，是光的3.6×10^{-15}倍，由此可见，激光产生的明暗度非常清晰。激光不但具有良好的相干性，还有很好的衍射特性。当激光发射遇到障碍物或小孔，其障碍物或小孔大小比光波波长小或差不多大小时，就会发生激光的衍射，即可在屏幕上同样看到明暗相间的条纹，而且十分清晰。可以根据明暗条纹来测量孔径大小，而实际上孔径大小即反映了变形大小。利用这一原理，可以在实际中测量微变弯沉值，因此，激光对路基、路面野外检测十分有用。

2）激光具有极高的亮度

激光的亮度是其他光线的亮度所无法比拟的。有人用“亮得刺眼”来形容激光的实际亮度，是确切的。据科学测算，激光的亮度要比太阳表面光的亮度高出10^{10}倍。这一特点，使激光在晴天阳光下清晰可见。如果用一块板挡在激光的射线上，则能在板上观察到一个很小的光圆点，这一光圆点即激光点，颜色呈红色或紫红色。如果在激光发射器口按需要做成一个矩形小口，则激光在板上的形状是一个相应的图像。这一现象，给野外或现场道路检测提供了实现的条件。

3）激光具有极好的方向性

激光器发出的激光束是几乎只向一个方向射出的一束平行光，光束十分集中，这是别的光线无法实现的。根据科学家的测量，激光的发射角可以小到 0.5 毫弧度左右，如把它发射到 1km 外，则在该处只产生一个直径为 50cm 的光点；如在 100m 外，则产生的光点只有 5cm 大小。若路基、路面常用测量距离以 10m 为基准，则在该处产生的红色或紫红色的小光点只有 5cm 大小。若加上光学聚焦系统，则其光点的大小处于毫米数量级以下。这种大小的光点对路基、路面的物理力学指标检测技术来说十分有用。

4）激光具有很高的光强

所谓光强，是指单位面积上光能的集中程度。激光的亮度是光能强度的表征，因此，从激光的亮度就可判断激光光强的强弱。由于激光的亮度较一般白光（阳光等）的亮度有成万或成亿倍的提高，由此可知激光光强的巨大性。激光光强的这一特点，对在路基、路面检测中，利用激光和硅光电池检测路基、路面强度等方面，有着重要的现实意义与科学价值。

5）激光具有很高的测微精度

在用尺子作测量长度时，尺子的刻度愈多或间隔越小，则读数误差越小，精度越高。如果一把尺子中间没有刻度，那么它的精度只有 0.5 尺；若一把尺子中间有一条刻度，则它的测量精度就达到 0.25 尺。总之，分格越小，精度越高。激光可以用它的波长作为尺子来测量物体长度，其波长为 1μm，则读数精度可以精确到 0.5μm。这样高的精度，对于利用激光作为测微器，可完全满足要求。

6）激光具有很高的时间分辨率

激光的时间分辨率要比声波高 3000 倍。激光每秒行距 30km，即激光通过 1cm 长度只需要 $0.33\times10^{-7}\mu s$，而通过 1mm 长度则需要时间更短，为 $0.33\times10^{-8}\mu s$。这样的级差为用时间因子表示微距离提供了条件。

7）激光具有全息反映能力

全息反映能力是用激光全息照相达到的。所谓全息照相，就是指除了在底片上记录物体反射光线的强弱信息外，还要把物光的相位记录下来，也就是把物光的所有信息都记录下来，并通过一定手续“再现”出物体的立体图像。这种专门技术称为全息照相术。物体的全息技术可以用激光相干技术反映。物光相干时，可从照片上得到物体的形状信息，又可得到明暗相间的条纹。物体的形象信息反映了物体相位情况，而明暗条纹则反映了光束的强弱。光束越强，明暗变化越显著，反差越大。由于激光光强远比一般光大，因此，激光全息摄影效果十分显著。物体的全息摄影对路面的力学性能研究十分有用。一般可利用路面受力状态下的全息照相，研究路面在不同受力状态下的力学变化与物理状态变化，对防止路面破坏与延长路面使用寿命具有重要价值。

激光是由激光发生器（简称激光器）产生的。激光器的种类很多，有固体激光器，如红宝石激光器，波长 0.6943μm；气体激光器，如氦氖激光器，波长 3.39μm；液体激光器，如氧氯化硒加四氯化锡激光器，波长 1.04μm。除此之外，还有一种半导体激光器，如利用砷化镓材料制成的激光器等。一般来说，气体激光器的功率高，发射稳定，但受温度影响较大，因此，技术制作比较复杂；固体激光器制作成熟，功率其次，但工作电压较高，技术处理亦较复杂；液体激光器输出功率较小，受温度影响也较大，技术处理亦比较复杂；半导体激光器虽然输出功率小，但工作电压很低，体积小（如可做成钢笔式激光器），质量小，价格便宜，而且能于常温下工作，对于路基、路面的野外检测意义较大。

2. 激光检测基本原理

激光具有高亮度和分辨率，好的方向性、相干性、衍射性等特点，根据这些特点激光检测技术在道路检测技术应用的原理可归纳为以下3个。

第一类是激光衍射原理。激光在衍射时，屏幕上出现亮暗相间的条纹，而亮暗相干条纹又与之有关。当狭缝变宽时，亮条或暗条增加；狭缝变窄时，亮条或暗条相应减少。这样，根据亮条的数目来确定缝的宽窄，即可得到实际的弯沉位移变形大小。

第二类是光电转化原理。激光光强越高，则光能越大，而光能越大，则说明光电流越强。如果用一个光电转化器，将光能转换成电能（如硅光电池），则当激光光强发生变化时，光电流也随之变化。当事先做好“光电流-位移变形”标定线后，即可根据光电流的变化反算弯沉位移的变化量。

第三类是光时差原理。激光能用反射时间差来记录所测量的极短长度。由于激光能反映极短的时间差，如1mm与1cm的时间差为1/10，如果以mm为基准，则时间差为10时，长度读数为10mm或1cm；同样，时间为5时，所反映的长度读数即为5mm，依此类推。因此，可利用激光所走路程的时间差来反求实际长度，这对测量路面结构纹理、纹理深度以及评价平整性能比较有效。

3. 激光检测技术的应用

在道路交通检测中，激光检测技术主要用于道路交通参数检测与道路基础设施质量检测两大方面。在道路交通参数检测方面主要用于车辆速度、交通密度等参数的检测；在道路基础设施质量检测中，激光主要应用于道路工程路基、路面的距离测定，纹理深度测定，弯沉测定，车辙深度及平整度测定等几个主要方面。

2.2.5 瞬态瑞雷面波检测技术

1. 概述

瑞雷面波是沿地表传播的一种弹性波。早在19世纪，英国科学家就预言了它的存在，近10年来，瑞雷面波勘探方法已在工程中得到广泛的应用，特别是最近几年，国内外许多学者进行了瑞雷面波勘探技术的理论与应用研究。与传统方法相比，瞬态瑞雷面波法具有检测速度快、效率高等优点，该技术在路面结构质量无损检测中有着广阔的应用前景，并具有重大的理论价值和工程实用价值。

2. 瞬态瑞雷面波无损检测基本原理

对于均匀的弹性半空间分层介质，其结构表面受到瞬态冲击作用时，将产生瞬态振动。振动组分中包括纵波、横波和瑞雷面波。在一次冲击产生的波能中，瑞雷面波占67%，即从一个振源向一个半无限介质表面辐射的总能量的2/3形成瑞雷型表面波；而纵波和横波只占有少量能量，并且随着波传播距离的增大，其在表面的衰减比瑞雷面波大得多。确切地说，纵波和横波引起的位移振幅沿表面随着距离的平方衰减，而瑞雷面波是随着距离的平方根而衰减。因此，在地基表面的瞬态振动中，瑞雷面波的衰减比纵波和横波的衰减慢得多，瞬态表面波主要是由瑞雷面波组成。瑞雷面波的传播速度 v_R 与路面各分层介质的剪切波速 v_S 有近似关系，即

$$v_R = \frac{0.87 + 1.12\mu}{1 + \mu} v_S \tag{2.21}$$

式中 μ——路面结构分析介质的泊松比。

剪切波速与路面结构各分层的刚度模量关系可用式(2.22)计算。

$$E = 2\rho v_S^2 (1 + \mu) \tag{2.22}$$

式中　ρ——路面结构各分层介质的质量密度(可由试验确定)。

路面结构各分层介质的强度与剪切波速 υ_S 也具有一定的相互关系。通过工程试验测试和进行相关分析,可以确定其相关系数,那么根据路面介质的剪切波速可以相当准确地估算出路面各分层介质的强度。

最大剪切模量可用式(2.23)计算。

$$G_{max}=\rho\upsilon_S^2 \tag{2.23}$$

由此可以看出,测量路面结构层物理力学参数刚度、强度、厚度以及最大剪切模量的关键技术在于剪切波速 υ_S 的测量,而剪切波速 υ_S 与瑞雷面波传播速度 υ_R 之间存在着如式(2.21)所示的关系,所以可以认为测量瑞雷面波传播速度 υ_R 是计算各分层介质的刚度、强度、厚度和最大剪切模量的关键技术。

因此,可由实测的瑞雷面波速度频散曲线,达到测试不同深度分层介质力学参数的目的,进而对路面结构质量作出评价。同时,通过相干分析,还可以检测路面结构各分层介质均匀性及其层间的接触情况。

利用瞬态冲击瑞雷面波频谱分析法,无损检测路面结构质量系统的主要工作原理如图 2-14 所示。其中垂向检测波器选择压电加速度传感器。

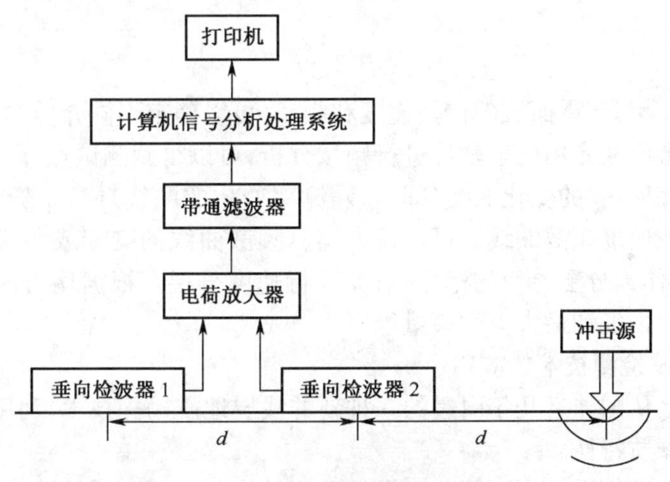

图 2-14　检测系统原理图

用力锤对路面施加冲击振动,把等距的两个垂向检测波安放在离振源一定距离的路面表面。第一个检波器到冲击源的距离设为 d,第二个检波器和第一个检波器之间的距离应视测试的路面深度而定。一般应使间距大于路面深度的一半以上,并且取冲击源到最近的传感器的距离等于两传感器之间的距离,以便获得最大的灵敏度。将两个垂向检测波器记录的两个小时域信号 $x(t)$、$y(t)$,采用计算机信号分析系统,通过快速傅立叶变换成频域信号,求出其互谱密度函数,再由互谱密度函数曲线确定出各频率成分的相位差和滞后时间 τ。由下式可以计算出两个检测器之间信号传播的时间。

$$\tau=\frac{\Delta\varphi_{xy}(f)}{2\pi f} \tag{2.24}$$

或

$$\tau=\frac{\Delta\varphi_{xy}(f)}{\omega} \tag{2.25}$$

式中 $\Delta\varphi_{xy}(f)$——互谱的相位因子，表明了系统在频率 f 处的相位差；

τ——瑞雷面波从振源经检波器 1 到检波器 2 之间的传播时间。

用两个检波传感器之间的距离 d 除以传播时间 τ 可以获得瑞雷面波的传播速度：

$$v_{\mathrm{R}}=\frac{d}{\tau} \tag{2.26}$$

再计算得出相应的波长：

$$\lambda=\frac{v_{\mathrm{R}}}{f} \tag{2.27}$$

式中 λ——波长；

f——频率。

根据波动理论，瑞雷面波的能量主要集中在一个波长深度内，其传播特性也主要受该深度内介质特性的控制，通常它的垂直振幅大于水平方向的振幅。

根据探测实践经验，可以近似认为瞬态瑞雷面波的有效探测深度为其半波长，可由下式求得相应深度：

$$h_i=\frac{v_{\mathrm{R}i}}{2f} \tag{2.28}$$

由此可见，利用瞬态瑞雷面波的传播速度和频率，可以确定不同介质的穿透深度。

通过计算机瑞雷面波专用处理软件进行频域分析，可以得到测试点(段)每一频率 f 对应的平均瑞雷面波传播速度 v_{R} 的变化曲线(即 v_{R} 随频率变化的曲线)或 v_{R} 随波长变化的曲线，通常将其称为瑞雷面波速度频散曲线。可以认为实测频散曲线的突变或曲线拐点是由路面分层界面引起的，可将其作为分层界面的标志，对其进行速度分层。根据瑞雷面波频散曲线可计算各分层的厚度、刚度、强度和最大剪切模量等。

3. 瞬态瑞雷面波检测技术的应用

面波测试技术是从国外近几年引进的一种新的浅层地震勘探技术，利用面波的频散特性可以来测试分析地下介质特性。

利用瞬态瑞雷面波频谱分析法能测量常见路面结构各分层介质的刚度、强度，基层、垫层压实度，评价复合地基承载力以及诊断各种病害体(如下沉、裂缝、缺陷、脱空等)。同时它还可用于地基勘察、地基加固效果评价、人工洞穴以及岩溶洞穴探测的工作以及机场工程勘探、浅层煤田勘探、地下煤巷探测、地基检测，堤坝防渗墙质量检测等方面。此技术已成功地用于某工程大坝建基岩体质量和爆破松动层厚度等检测。

2.3 交通信息传输技术

随着科技的快速发展，交通信息技术已经日益关键。正是交通信息的采集、传输、存储、分析处理及应用，实现了交通管理从简单静态管理到智能动态管理的转变，便于交通静态及动态信息在最大范围内、最大限度地被出行者、驾驶员、交通管理者、交通研究人员及政府机构所共享和利用，从而实现了交通系统的动态优化运行，有效地满足了人们对交通系统发展的需求。

在 ITS 的信息链中，交通信息的采集和传输是非常重要的两个环节，是 ATMS 正常运行的基础。没有交通信息检测技术和交通信息传输技术（通信技术）就没有智能交通系统的建立。在将道路、车辆、行人整合的过程中，通信系统起到了关键的作用，是组成智能交通系统的基本要素，是智能交通的三大支柱之一。因此，对基础交通信息传输技术的研究是非常必要的。

2.3.1　交通信息传输需求

道路交通运输特定的工作方式就是大范围、高速度移动，这一特点决定了 ITS 的通信方式必然是采用以无线电移动通信和数字通信为主的通信技术。

根据实际情况，应用在智能交通系统中的通信系统主要分为以下 3 部分。

(1) 以路网基础设施为主的信息传输系统，它是利用沿高速公路（或城市道路）铺设的电缆或光纤，将沿线的收费站、管理站、货运站、客运站、交叉路口等基础设施连接而成的一个通信网。

(2) 路网与车辆之间的通信系统（Road Vehicle Communication，RVC），它主要是利用无线通信技术（广播或专用短距离通信等方式）完成路与车之间的信息交换。

(3) 车辆之间的通信（Inter Vehicle Communication，IVC），它是利用无线电或红外线完成车与车之间的信息传输。

交通信息系统由许多部分组成，其中包括现场设备部分以及中心设备部分，为了使智能交通系统能够正常运行，各组成部分之间的信息交换是非常重要的，信息传输网络就是为这些信息的传输提供了传输通路。

信息系统实现的功能如下。

(1) 向现场设备，如可变信息板、公路路况广播、闭路电视 CCTV、匝道控制机、交通信号控制机和交通检测器等发出指令。

(2) 在现场设备收到指令并对其进行应答后，接收现场设备发出的确认信息。

(3) 从各种交通检测器获取交通数据。

(4) 监视现场设备的工作状态。

信息传输技术的选择是否恰当，将影响到信息传输的有效性和可靠性，最终影响到 ITS 系统的性能。接下来先介绍现场设备的通信需求，在了解了信息的各种接入方式、交通信息传输系统模型的基础上，根据具体需求来选择不同的信息传输技术。

1. 现场设备的通信需求

1) 交通检测站与匝道控制机

交通检测站与闸道控制机一般使用多路轮询方式，一个通信通道内可有多部控制机。其传输速率一般为 1200Baud。因为采用轮询方式，需要保证设备运行及通信的全天可用性。

2) 其他检测器

除了安装用于检测流量、占有率和速度的交通检测器外，沿高速公路还安装了用于检测车辆分类和道路状况（如路面的干湿程度、结冰状况等）的检测器。每种类型的检测器与控制中心或网络分中心之间的通信通过多个低速信道进行传输，采用轮询方式。因此，也要保证设备运行及通信的全天可用性。

3）可变信息板(VMS)

可变信息板要使用现场控制设备,现场控制设备采用的通信协议要与控制中心系统的VMS协议和数据格式兼容。一般地,VMS通信使用与检测器和匝道控制机所用信道类型相同的信道。为了能迅速确认,可变信息板的信息显示要非常快。

4）视频设备

视频设备一方面主要应用于交通事件的确认,仅仅需要持续时间较短的视频图像。而且,在交通事件确认的过程中,要保证视频图像的稳定性和清晰度。虽然摄像机真正用于交通事件确认的时间很短(这与交通事件的发生频率有关),但要保证摄像机有全天的可用性。而且,在交通事件检测器出现故障时,检测区域内的摄像机要保证设备运行及通信的全天可用性,以进行车辆堵塞时的交通管理和交通事件检测。另一方面视频设备主要用于交通拥塞的监视,它要求摄像机设备能较实时地将现场交通图像传输到控制中心,视频图像的数据量大,因而要求传输速率足够高。

视频图像传输时还应考虑视频图像是通过动态图像模拟信号传输,还是通过多媒体数字信号编解码器(CODEC)转化为数字信号传输。这需要综合考虑图像质量、费用和图像压缩技术的发展等多个因素。就目前趋势来说,随着光纤技术的应用和图像转换技术的发展,由模拟的图像转化为数字图像,并通过光纤传输的过程,实现起来将会更加简单、高效。

2. 通信信道

一条通信信道提供了在两至多点间传送数据的通道。多部设备可以共用一条通信信道传输数据。

在光纤通信系统的设计中,光纤的分配是需要重点考虑的问题。各种类型的设备的光纤分配如下所述。

数据设备——双向数据通信,每条通信信道分配两条光纤。每个信道最大支持12个轮询位置,每个轮询位置接一个数据设备(匝道控制机,检测器设备等)。

视频设备——单向视频通信,双向数据控制通信。每部摄像机仅需要一条光纤以进行数据和视频通信。

2.3.2 交通信息传输媒介

1. 交通信息传输媒介

在20世纪80年代,交通信息传输媒质主要采用双绞线和租用的电话线。为了减少投资费用,有些交通控制系统也采用租用的电话线路。然而,租用线路费用的提高使得租用线路的使用减少。后来,因为同轴电缆较宽的带宽可以满足传输闭路电视(CCTV)视频图像的需要,许多交通控制系统,特别是高速公路交通管理系统,开始使用同轴电缆。

交通信息传输媒介是交通通信系统中发送端(信源)和接收端(信宿)之间的物理通路。传输媒介可分为两大类:有线传输媒介和无线传输媒介。有线介质包括双绞线、同轴电缆和光缆;无线介质是以大气层、电离层或对流层作为传输媒介,包括微波、卫星、无线电、红外线等。双绞线用于局域网内,直接连接到计算机,同轴电缆也用于局域网,光缆用于通信子网中主干网的连接,卫星用于跨国界传输。

近年来,光纤通信成为交通控制系统的主要通信媒介。另外,还有区域无线广播网络、地面微波链路、展布频谱无线网络、蜂窝无线网络、分组无线网络和卫星系统等,如表2-5所列。

表2-5　交通系统中的传输媒介

有线方式	光纤、自备的双绞线、租用的电话线路、同轴电缆
无线方式(自备)	区域无线广播网络、地面微波链路、展布频谱无线网络
无线方式(租用)	蜂窝无线网络、分组无线网络、卫星系统

1）有线传输媒质

(1) 双绞线。双绞线是一种常用的通信媒质，常见的电话线就是双绞线，它是由铜线（直径为0.4mm，0.5mm，0.6mm，0.7mm或0.9mm）或钢线采用塑料绝缘并呈螺旋状绞合在一起组成的，其目的是减少电磁干扰，提高传输质量。双绞线既可用于传输模拟信号，又可用于传输数字信号，比较适合短距离传输。在低频传输时，其抗干扰能力比同轴电缆高，但传输信号频率高于10kHz～1000kHz时，双绞线的抗干扰能力不如同轴电缆。

在计算机局域网传输中，双绞线是一种较为廉价的传输介质，包括无屏蔽双绞线(Unshielded Twisted Pair，UTP)和屏蔽双绞线(Shielded Twisted Pair，STP)两类。每一类又分为若干等级，如UTP分为3类、4类和5类，传输带宽分别为16MHz，20MHz，100MHz。因此，在100Mbit/s的高速网络中，通常使用5类UTP或STP作为其传输媒质。

双绞线用于模拟信号传输时，大约每5km～6km需设置放大器；用于数字信号传输时，大约每2km～3km需设置中继器。

屏蔽双绞线(STP)分立的绝缘导体通常以特定的间隔扭绞90°，因而称为扭绞线对。这种扭绞处理通过围住线对内部的电磁场来提高媒体的性能，因而，电磁能量的辐射减少，线内信号的强度提高。屏蔽双绞线的线对周围有可以或不可以扭绞的金属屏蔽层或栅网层。线对可以分别屏蔽，也可以用一个单独屏蔽层包在多对线的电缆周围。屏蔽层常用金属铀，或用铝、钢或铜制成的编织网，而且是电接地的，如表2-6所列。

表2-6　屏蔽双绞线的优缺点

优　点	缺　点
减少了辐射和电磁干扰，信号损失减少，信号强度可维持更长的距离； 辐射的减少提供了附加的安全性，将对邻近线对或电缆产生干扰的潜在影响降到最小	产品的成本比非屏蔽双绞线高； 施工成本加大，因为附加的体积和屏蔽层的质量使其较难施工； 屏蔽层的电接地需较多的时间和精力； 必须保证端到端屏蔽层的连续性，弯曲或较大的弯曲半径将影响到屏蔽层的整体性

(2) 同轴电缆。同轴电缆是非常坚韧的屏蔽铜线，其由内外两条导线构成，共享同一中心轴，内导线是单股铜线或多股细铜线；外导线是一层屏蔽金属，其形状是网状或密集状的空心圆柱体，以降低信号衰减和提高整体性能。内外导线之间有一层绝缘材料，最外层是绝缘保护层外壳，两端需有终端器，用50Ω或70Ω的电阻连接内外导体。

根据同轴电缆的特征阻抗不同，分为基带(Baseband)同轴电缆和宽带(Broadband)同轴电缆。

同轴电缆适用于点到点和点到多点的应用，基带同轴电缆最大传输距离限制在数千米，宽带同轴电缆最大传输距离可达数十千米。其优缺点如表2-7所列。

表 2-7 同轴电缆的优缺点

优　　点	缺　　点
可用带宽的范围较双绞线大； 传输距离较双绞线远，误码率也更低； 具有良好的抗干扰性； 适用于短途、大带宽的数据应用缺点	生产、施工以及重新设置的成本较高； 屏蔽体端到端的整体性不易达到

(3) 光缆。光缆(Optical Fiber Cable)也称光导纤维电缆，即通常所说的“光纤”，光缆传输的是光信号。光纤是用纯石英拉制而成的一个实心玻璃棒，呈圆柱状，由纤芯和包层组成，直径为 125μm，其中纤芯的折射率略高于包层的折射率。在光纤通信中，光纤的纤芯完成光信号的传输；光纤的包层负责将光封闭在纤芯内并保护纤芯，增加光纤的机械强度，光线从光纤断面射入后被束缚在纤芯内，在纤芯和包层的边界面不断地发生全反射，直至传输到另一端。光纤在通信中，具有低损耗和极高的信息传输带宽等特点，码速容量比同轴电缆大 5 个数量级，是通信的重要传输媒质之一。

在 20 世纪 80 年代后期，闭路电视(CCTV)视频图像的传输要求交通系统的传输媒介有较高的传输带宽，所以在各个系统开始采用光纤通信。目前安装及维护光纤通信网的费用大幅降低，使光纤通信成为交通通信系统的首选，光纤的优缺点如表 2-8 所列。

表 2-8 光纤的优缺点

优　　点	缺　　点
对环境变化和电磁干扰不敏感； 较低的维护费用； 在光纤特性和结合点数量合适的情况下，可布设 8km～16km 而不需要频率转发器	安装和维护需要熟练的技术人员； 多路复用和多路分解设备比较昂贵； 安装需要较高的资金投入； 道路重修的时候可能会破坏埋设好的光纤

2) 无线传输媒质

(1) 区域无线广播网络。区域无线广播网络是指向一个区域而不是某个特定的地点发送信号的自备的无线互联系统，其优缺点如表 2-9 所列。

表 2-9 区域无线广播网络的优缺点

优　　点	缺　　点
可以在街头信号控制机及其他交通控制设备上使用； 可向高速公路维修车辆提供话音通信； 可以向建筑内部传播信号； 支持 9600 波特率； 实践表明，具有较高的性价比	地形可能会限制传播范围； 城区中只有有限的频道可用； 每个控制单元都需要天线； 在某些应用中，信号的发射接收周期较长； 可能达不到某些系统要求的服务可靠性

(2) 地面微波链路。地面微波链路是自备的无线通信媒介。微波主要用作点对点通信的主干媒介(Trunk)，传输音频信息和数据及有限的闭路电视(CCTV)视频信息，其优缺点如表 2-10所列。

表2-10　地面微波链路的优缺点

优　点	缺　点
可用于点对点传输的主干媒介； 可传输数据及一定数量的视频信息； 可对多个交通控制设备进行群组控制； 可传输模拟信号和数字信号	需要天线有清晰的视线； 在某些应用中需要 FCC 许可； 有限的频道可用； 可选的工作频率范围较小； 雨、雪及气流变化会对其造成干扰； 可能需要天线塔； 可用的带宽有限

(3) 展布频谱无线网络。展布频谱无线网络又叫展频无线网络、多频广播，展布频谱无线网络是另一种自备的无线通信媒介。发送方将信息分成多个频率进行传输，在接收方将这些不同频率的信号压缩为原来的频率的单一信号。展布频谱无线网络同时使用多种频率，以提供可靠的抗干扰的数据传输，使用多种频率可以确保传输更加安全，其优缺点如表2-11所列。

表2-11　展布频无线网络的优缺点

优　点	缺　点
安装灵活； 不需线路安装和维护； 902MHz～928MHz 波段，不需要 FCC 频道使用许可； 在高干扰噪声的环境下工作尤为出色； 在许多工业过程控制中获得应用； 发射能量较低； 可用在含有有线或无线互联控制机的混合系统中； 设备花费较低； 可用于分布较广的交通控制系统	受地形影响，覆盖范围变化较大(0.5km～10km)； 比固定频率无线广播网络所需的带宽高； 需要外部天线和线路； 需要较复杂的设备和专门的技术； 不受保护的频道空间

(4) 蜂窝无线网络。租用的蜂窝无线网络是另一种可用的无线互连媒介。迄今为止，蜂窝无线网络只是在一些小规模和短期的交通系统中应用。然而，模拟蜂窝无线网络技术的出现使得蜂窝无线网络技术在交通系统中得到更广泛的应用，其优缺点如表2-12所列。

表2-12　蜂窝无线网络的优缺点

优　点	缺　点
不连续的通信连接可能会提高性价比； 对控制便携式可变信息板非常有效； 在临时安装的情况下非常有效； 专用的调制解调器技术成熟	采用连续的通信连接方式时性价比不高； 协议的通信字节开销会较低于实际的数据传输量； 可能覆盖不到偏远地区

(5) 分组无线网络。分组无线网络是另一种可用于交通系统的租用的无线媒介。与蜂窝无线网络的话音通信功能不同，分组无线网络是专门用于数据传输的，其优缺点如表2-13所列。

表 2－13　分组无线网络的优缺点

优　点	缺　点
专门为数据传输设计； 对短消息有较高的性价比； 无需使用租用或自备的线路	采用连续的通信连接时，性价比不高； 长文件传输的性价比不高； 只在有限的地区开通了此种服务； 传输时的时间延迟

(6) 卫星通信系统。卫星通信系统属于租用的无线通信系统。就现在的卫星设备及其提供的服务来说，在相对小的区域(如交通控制系统)内使用卫星通信系统还不能取得令人满意的成本效益，但是可以考虑卫星通信系统在较大区域内的应用，其优缺点如表 2－14 所列。

表 2－14　卫星通信系统的优缺点

优　点	缺　点
信息传输的花费不依赖于信息传输的距离； 远距离传输有较高的性价比； 下行链路的信号可被较广的区域所接收； 上行链路的信号可来自于一个较广的区域； 点对多点传输时有较高的性价比； 适用于快速启动和移动	在小区域(距离较近)的通信系统中性价比不高； 有限数量的服务提供者； 频道租用费用有上涨的趋势

卫星通信系统通过地面站来向地球同步卫星发射信号并接收信号，地面站将基带信号调制为具有适当能量和传输频率的信号，然后向地球同步卫星发射。卫星改变所接收信号的频率，并进行放大处理，然后将信号发射回其覆盖区域内的地面站。

2. 交通信息传输类型

ITS 的信息传输设备按工作方式可分为两种类型：模拟传输和数字传输。传输的信息可分为 3 类。

(1) 数据信息：来自系统检测站、匝道控制机和可变信息板，这部分信息传输时的数据包较小，所需的带宽较窄；

(2) 声音信息：来自紧急救援、调度等，可通过有线和无线方式传播。

(3) 视频图像信息：来自 CCTV 摄像机的动态图像，可用于交通事件确认和交通监控，传输时需要较宽的宽带。

3. 交通通信媒质的选择

交通通信媒介的性能特性对传输速度、通信距离、可连接的网络节点数目、数据传输的可靠性等都有影响，所以选择什么样的传输媒介非常关键，应根据交通信息传输的要求而定。

在选用通信媒质时，要考虑到通信媒质的特性对交通通信质量的影响，对特定的应用来说，选择最有效的传输系统必须考虑许多关键的设计因素。相关因素如下。

(1) 一般的传输特性，如带宽和差错性能，二者均影响系统的吞吐量。

(2) 设备之间的可容许距离，以及传播时长、安全性、机械长度和物理尺寸等问题。

(3) 本地可用性和成本，包括生产成本、施工成本、操作与维护成本以及升级换代成本。

总之，在智能交通系统的信息传输中，交通通信媒质的选择，应该根据交通通信的实际需求，综合考虑包括带宽(频带宽度或位速率)、通信距离(可稳定传送信号的最大距离)、覆盖区域

(可稳定传输信号的最大区域)、延时(信息传输时间,包括链路协议建立时间)、方向性(单向和双向)及移动性的需求、本地可用性及成本等参数。

为了较低通信成本并使 ITS 能利用通信领域的持续性技术发展,可以选择所有已有或待建的基础通信设施(固定或移动)为 ITS 服务。

2.3.3　交通信息接入方式

交通信息接入方式主要分为有线接入和无线接入两大类,如表 2-15 所列。

表 2-15　交通信息接入方式分类

有线接入	铜线接入、光纤接入
无线接入	移动蜂窝接入、专用短程通信、固定无线接入

1. 有线接入

1) 铜线接入

(1) 电话音频线接入。电话线路上传输的是话音信息,也就是说普通的电话与交换机之间传输的是模拟信号。PSTN 交换机只接收 0～3.4kHz 左右的频宽的信号,则在这么窄的载波上面,用户如果要传输交通监控、检测数据的话,需要在用户端加 Modem。

(2) 专线 E1/T1 接入。专线 El/T1 可以高速接入网络,E1/T1 都是通过两对电话线路为用户提供高速的专线接口标准。E1 是欧洲标准速率为 2Mb/s,T1 是美洲标准速率为 1.5Mb/s,我国支持 E1 标准。2Mb/s 的带宽平均分配为 32 个 64Kb/s 的信道,可以由多个用户分别使用其中的某个信道,也可以由某个用户使用其中的多个信道或全部信道。虽然 El/T1 能够为用户提供很宽的传输带宽,由于电信公网对于这种服务的收费十分昂贵,因而基于该方式的信息接入用户却十分有限。

(3) xDSL。目前流行的铜线接入主要是采用 xDSL(Digital Subscriber Line)技术。xDSL 即所谓的数字用户环路。DSL 技术是基于普通电话线的宽带接入技术,它在同一铜线上分别传送数据和语音信号,数据信号并不通过电话交换机设备,减轻了电话交换机的负载;并且不需要拨号,一直在线,属于专线上网方式,这意味着使用 xDSL(包括 HDSL,SDSL,ADSL,RADSL,VDSL 等)上网并不需要缴付另外的电话费。ADSL、HDSL/SHDSL 等基于铜线传输的 xDSL 接入技术已经使铜线成为宽带用户接入的一个重要手段,并成为宽带接入的主流技术,为广大用户所采用。由于 xDSL 技术的宽带接入优势,现有许多交通诱导系统、交通监控系统以及监控点与分中心或区域中心之间信息传输都采用该接入方式。

(4) 以太网电缆接入。基于以太网的局域网(LAN)是以五类线作为传输媒介实现办公自动化、企业管理现代化和工业过程控制自动化的基础。将交通管理部门或控制中心的局域网接入到整个网络是实现最终的 ITS 共有信息平台不可缺少的。以太网的最大优点是廉价。但是因其作为接入方式接入公众网,然后作信息传输及发布还存在安全管理、业务管理等问题。所谓安全管理指的是接入网需要保障用户数据的安全性,隔离携带有用户个人信息的广播消息(如 ARP(地址解析协议)、DHCP(动态主机配置协议)消息等),防止关键设备受到攻击,能使个人用户的信息得到保护。所谓业务管理指的是以太网接入需要支持组播业务(如信息发布),需要为保证服务质量 QoS 提供一定手段,因为组播业务是未来 Internet 上的重要业务。

为了识别用户的合法性,可以将用户的 IP 地址与该用户所连接的端口标识号 VID 进行绑定，这样设备可以通过核实 IP 地址与 VID 来识别用户是否合法，但是这种解决方案带来的问题是用户 IP 地址与所在端口捆绑在一起，只能进行静态 IP 地址的配置。另一方面，因为每个用户处在逻辑上独立的网内，所以对每一个用户至少要配置一个子网的 4 个 IP 地址，即子网地址、网关地址、子网广播地址和用户主机地址，这样会造成地址利用率极低。

(5) 同轴电缆线。同轴电缆作为传输介质，其相对于对绞线的优点是传输衰减小，抗干扰能力强。一般信号需要中等距离传输时，可以采用同轴电缆传输。

2) 光纤接入

现阶段光纤接入设备的成本相对较大，所以将光纤作为接入方式的用法还不是很普遍，但是随着技术的发展、光设备成本的降低，光纤作为一种主要的接入方式具有很大的发展潜力。在高速公路收费系统、高速公路监控系统中，由于其信息传输距离较长，一般都采用光纤接入方式。

2. 无线接入

无线接入是指从交换节点到用户终端部分或全部采用无线作为传输媒介的接入技术，用无线传输手段来代替接入网的部分甚至全部，从而达到降低成本改进灵活性和扩展传输距离的目的。无线接入技术可以分为移动接入和固定接入两大类。

1) 移动蜂窝无线接入

通过移动蜂窝网进行数据业务的接入技术有基于第一代模拟蜂窝 AMPS 系统的 CDPD 技术和基于第二代数字蜂窝 GSM 系统的 GPRS 技术。

(1) 蜂窝数字分组数据(CDPD)。CDPD 技术是在 AMPS 系统上开发出来的，完全使用 AMPS 原有的频谱和设施，既可以采用专用频率方式，在规定的信道传送数据，也可以采用跳频方式，利用移动电话通话中的闲置信道传送数据。使用 CDPD 时，用户移动数据终端发出的数据经调制后，首先通过无线电波传送到移动数据基站，由移动数据基站完成对无线信道的管理、无线信号的接收与解调，然后再将解调后得到的数据传送到移动数据中介系统，由该数据中介系统完成 CDPD 网内数据包的交换、路由以及对用户移动位置的跟踪、漫游，发往 CDPD 网外的数据将通过路由器完成与其他公网的连接。鉴于以上特点，CDPD 对于点多、面广、信息短、量大而频次较密的突发性业务具有优势，可用于交通智能调度、远程监控、信息查询等领域。

(2) 通用分组无线业务(GPRS)。GPRS 是按 GSM 标准定义的分组交换协议，它在移动终端和网络之间实现了“永远在线”的连接，网络容量只有在实际进行传输时才被占用。它是一种基于分组交换传输数据的方式，是在 GSM 网络中增加分组交换功能，在 GSM 平台上运用 X. 25 和 TCP/IP 协议的分组交换数据通信。它可以提供高达 115kbps 的空中接口传输速率。GPRS 使若干移动用户能够同时共享一个无线信道，一个移动用户也可以使用多个无线信道。实际不发送或接收数据包的用户仅占很小一部分网络资源。其数据率是现有 GSM 的 10 倍以上，巨大的吞吐量改变了单一面向文本的无线应用，使得包括图片、话音和视频的多媒体业务得以实现。

GPRS 的特点包括：充分利用频谱资源、传输带宽，适用于突发性业务。GPRS 技术呼叫建立时间短、支持点到点、点到多点、上下行链路非对称传送。从有效地利用网络资源和降低用户费用方面考虑，GPRS 非常适合于互联网业务等突发性、面向大众的业务。

2) 专用短程通信

专用短程通信(Dedicated Short Range Communication，DSRC)采用无线通信技术，由车载

单元(On-Board Unit,OBU)、路旁单元(Roadside Unit,RSU)、专用短程通信协议以及后台计算机网络组成,在智能交通系统中实现路、车之间信息传输。

(1) 车载单元主要由车载及电子标签组成,电子标签中存储了该车的有关信息,如车号、车型、所有者等。

(2) 路旁单元有车道单元、车道设备,主要是车道通信设备——读写器,包括车道天线和天线控制器。

(3) 专用短程通信系统主要是利用专用短程通信技术,通过路旁单元的信号发射和接收装置识别通过车辆的相关信息,自动对车辆进行身份鉴别、实时监控、动态引导等智能化管理,完成车辆相关信息的动态采集工作

专用短程通信协议是DSRC的基础,目前欧洲、日本和美国都建立起了自己的DSRC标准。相对于开放系统互连体系(OSI)7层协议模型而言,专用短程通信规范一般按物理层、数据链路层和应用层3个层次制定。

物理层(Physical Layer):规定了无线通信标准,包括载波频率、上下行数字编码方式、信号调制方式等。其中载波频率是一个关键参数,它造成了目前世界上微波专用短程通信协议及专用短程通信系统的主要差别,就目前发展趋势而言,基于5.8GHz的微波通信将成为未来DSRC的唯一标准。

数据链路层(Data Link Layer):定义数据链路通信协议,制定了介质访问和逻辑链路控制方法。定义了进入共享物理介质、寻址和出错控制的操作。

应用层(Application Layer):提供了一些专用短程通信应用的基础性工具。应用层中的过程可以直接使用这些工具,例如通信初始化过程数据传输和擦去操作等。另外,应用层还提供了支持同时多请求的功能。

3) 固定无线接入

(1) 无线局域网(WLAN)。无线局域网是一种能支持较高数据速率(2Mb/s～11Mb/s)、采用微蜂窝、微微蜂窝结构的、自主管理的计算机局部网络。它可采用无线电或红外线作为传输媒质,并采用码分多址(CDMA)的扩展频谱技术,移动的终端可通过无线接入点来实现对Internet的访问。在无线局域网这个领域中有这样两个主要标准:IEEE 802.11和HIPERLAN(High Performance Radio Local Area Network)。

WLAN利用常规的局域网(如(10/100/1000)Mb/s以太网)及其互连设备(路由器)构成骨干支撑网,利用无线接入点(AP)和无线接入服务器(WAS)来支持移动终端(MT)的移动和漫游。无线接入服务器的作用是提供无线终端的接入管理和移动性管理。在无线接入服务器管辖的范围内(称为服务区)可支持多个小区。无线接入点的作用是完成WLAN和LAN之间的桥接,实现无线空中接口协议到LAN协议的转换,并实现小区的移动用户管理。在无线接入服务器中运行移动IP服务器软件,在移动终端上运行移动IP客户机便可支持移动IP功能。

(2) 蓝牙技术(Bluetooth)。蓝牙技术是一种无线数据与语音通信的开放性全球规范,它以低成本的近距离无线连接为基础,为固定与移动设备通信环境建立一个特别连接。蓝牙工作在全球通用的2.4GHzISM(即工业、科学、医学)频段。蓝牙的数据速率为1Mb/s,采用TDD-CDMA时分双工传输方案被用来实现全双工传输。与其他工作在相同频段的系统相比,蓝牙跳频更快,数据包更短,这使蓝牙比其他系统更稳定。前向纠错(FEC)的使用抑制了长距离链路的随机噪音。应用二进制调频(FSK)技术的跳频收发器来抑制干扰和防止衰落。

蓝牙基带协议是电路交换与分组交换的结合。在被保留的时隙中可以传输同步数据包，每个数据包以不同的频率发送。一个数据包名义上占用一个时隙，但实际上可以被扩展到占用5个时隙。蓝牙可以支持异步数据信道、多达3个的同时进行的同步话音信道，还可以用一个信道同时传送异步数据和同步话音。每个话音信道支持64Kb/s同步话音链路。异步信道可以支持一端最大速率为721Kb/s，而另一端速率为57.6Kb/s的不对称连接，也可以支持4.2Kb/s的对称连接。

2.4 交通信息处理技术

交通信息一方面是采集到的信息繁杂多样，要想利用这些不同类别的信息，需采用不同的处理方法；另一方面，交通信息的一个显著特征是它的空间性和随机性，因此对它的研究和分析需要建立在广泛统计的基础上，应用各类信息处理技术和统计分析方法来探索它的规律性。目前交通信息的处理技术非常多，这里主要介绍数据压缩处理技术，这个利用在实际交通运输和系统中起着重要的作用。

2.4.1 数据压缩处理技术

如果没有数据压缩技术的发展，多媒体信息传输将难以实现。若要实时地综合处理声音、图像、视频、文字等多媒体信息，其数据量是非常大的。图像的数字化表示使得图像信号可以高质量地传输，并便于图像的检索、分析、处理和存储。传输图像的数据量要大得多，它决定于每帧画面的尺寸和分辨率。例如一帧640像素、480线、24bit编码的画面，其数据量就要27Mb/帧，它在680M容量的CD-ROM光盘上只能存储25帧，也就是只能存储1s活动图像。要传输或存储这样大的数据量是非常困难的，必需对其进行压缩编码，在满足实际需要的前提下，尽量减少要传输或存储的数据量。虽然数字图像的数据量巨大，但图像数据是高度相关的。一幅图像的内部相邻像素之间、相邻行之间的视频序列中相邻图像之间有大量冗余信息——空间相关性和时间相关性，可以使用各种方法尽量去除这些冗余信息，减少图像的数据量。

除了时间冗余和空间冗余外，在一般的图像数据中还存在信息熵冗余、结构冗余、知识冗余和视觉冗余。各种冗余就是压缩图像数据的出发点。图像编码的目的就在于采用各种方法去除冗余，以尽量少的数据量来表示和重建图像。

数据压缩主要依靠信源编码技术。一般地，图像压缩技术可分为两大类：无损压缩技术和有损（率失真）压缩技术。无损压缩利用数据的统计冗余进行压缩，可完全恢复原始数据而不引入任何失真，但压缩率受到数据统计冗余度的理论限制，一般为2∶1到5∶1。这类方法广泛用于文本数据、程序和特殊应用场合的图像数据（如指纹图像、医学图像等）的压缩。由于压缩比的限制，仅使用无损压缩方法不可能解决图像和数字视频的存储和传输问题。有损压缩方法利用了人类视觉对图像中的某些频率成分不敏感的特性，允许压缩过程中损失一定的信息；虽然不能完全恢复原始数据，但是所损失的部分对理解原始图像的影响较小，却换来了大得多的压缩比。有损压缩广泛应用于语音、图像和视频数据的压缩。在多媒体应用中常用的压缩方法有PCM（脉冲编码调制）、预测编码、变换编码（主成分变换或K-L变换、离散余弦变换等）、插值和外推法（空域亚采样、时域亚采样、自适应）、统计编码（Huffman编码、算术编码、Shannon-

Fano 编码、行程编码等)、矢量量化和子带编码等。新一代的数据压缩方法,如基于模型的压缩方法、分形压缩和小波变换方法等也已经接近实用化水平。

在图像和语音信号压缩编码方面已经制定了一些国际标准,下面主要介绍一下用于静态图像(抓拍图像)压缩的 JPEG 标准和动态图像(如视频监控)压缩的 MPEG 标准。

1. JPEG 标准

20 世纪 70 年代末 80 年代初,研究工作开始着眼于新的图像压缩类型,希望能够大大地优于如脉冲编码调制 PCM 等一般的压缩技术。到 20 世纪 80 年代末,开始可为桌面系统的图像处理而寻找应用的工作,大多是为 UNIX 和 Macintosh 工作站加入的协处理器卡的形式,这些卡的图像质量在没有任何可见退化的情况下,能以 95%的比率执行图像的有损压缩。同时,另一部分人开始发展一个国际标准,它能够包括这些新的压缩的种类。如果标准允许方便的图形格式的互换,那么,显然,对于各方面都是有利的。JPEG(Joint Photographic Experts Group)是国际标准化组织 ISO 和国际电工委员会 IEC 两个组织机构联合组成的一个专家组,负责制定静态的数字图像数据压缩编码标准,这个专家组开发的算法称为 JPEG 算法,并且成为国际上通用的标准,因此又称为 JPEG 标准。JPEG 是既可用于灰度图像又可用于彩色图像的静态图像数据压缩标准。

JPEG 算法必须满足以下要求:① 算法独立于图像的分辨率;② 具有低于 1bit/像素的编码率,并且能够在 5s 内建立图像,以满足实时要求;③ 在压缩比大约是 2 的情况下能够无失真地恢复原图像;④ 支持顺序编解码和渐进编解码;⑤ 对各种图像成分及数据精度的自适应能力;⑥ 要求编解码设备简单易实现。

JPEG 专家组开发了两种基本的压缩算法,一种是采用以离散余弦变换 DCT(Discrete Cosine Transform)为基础的有损压缩算法,另一种是采用以预测技术为基础的无损压缩算法。使用有损压缩算法时,在压缩比为 25:1 的情况下,压缩后还原得到的图像与原始图像相比较,非图像专家难于找出它们之间的区别,因此得到了广泛的应用。为了在保证图像质量的前提下进一步提高压缩比,近年来 JPEG 专家组正在制定 JPEG 2000 标准,这个标准中将采用小波变换(Wavelet)算法。

JPEG 中允许 4 种编解码模式。

(1) 基于 DCT 的顺序编码模式(Sequential DCT - based)。

(2) 基于 DCT 的递增编码模式(Progressive DCT - based)。

(3) 无失真编码模式(Lossless)。

(4) 分层编码模式(Hierarchical)。

其中,(1)和(2)是基于 DCT 的有损压缩;(3)是基于线性预测的无损压缩;(4)可以是 DCT 与线性预测的分层混合。

JPEG 压缩是有损压缩,它利用了人的视觉系统的特性,使用量化和无损压缩编码相结合来去掉视觉的冗余信息和数据本身的冗余信息。

压缩编码大致分为 3 个步骤。

(1) 使用正向离散余弦变换(Forward Discrete Cosine Transform,FDCT)把空间域表示的图变换成频率域表示的图。

(2) 使用加权函数对 DCT 系数进行量化,这个加权函数对于人的视觉系统是最佳的。

(3) 使用霍夫曼可变字长编码器对量化系数进行编码。

译码或者叫作解压缩的过程与压缩编码过程正好相反。JPEG 算法与彩色空间无关，因此“RGB 到 YUV 彩色空间变换”和“YUV 到 RGB 彩色空间变换”不包含在 JPEG 算法中。JPEG 算法处理的彩色图像是单独的彩色分量图像，因此它可以压缩来自不同彩色空间的数据，如 RGB，YCbCr 和 CMYK。

JPEG 压缩编码算法的主要计算步骤如下。

(1) 正向离散余弦变换(FDCT)。

(2) 量化(Quantization)。

(3) Z 字形编码(Zigzag scan)。

(4) 使用差分脉冲编码调制(Differential Pulse Code Modulation，DPCM)对直流系数(DC)进行编码。

(5) 使用行程长度编码(Run - length Encoding，RLE)对交流系数(AC)进行编码；

(6) 熵编码(Entropy encoding)。

2. MPEG 标准

MPEG(Moving Pictures Experts Group，运动图像专家组)压缩技术已是目前视频压缩的重要技术之一。它解决了以往硬盘容量有限及计算机总线瓶颈效应，因而扩大了多媒体应用空间的自由度及灵活度。它开拓了很多不同的数字影像应用，高速公路监控图像传输处理、VCD 节目制作就是运用了 MPEG 压缩技术。VCD 盘上存储的影视图像和声音是采用 MPEG 算法压缩的数字信息，并按 MPEG 的格式交错存放在 VCD 盘上。

MPEG 的任务是开发运动图像及其声音的数字编码标准，专家组最初的任务有 3 个：实现 1.5Mb/s，10Mb/s，40Mb/s 的压缩编码标准，即 MPEG - 1，MPEG - 2，MPEG - 3。但因为 MPEG - 2 的功能已使 MPEG - 3 为多余，所以 MPEG - 3 于 1992 年撤销。MPEG - 4 项目是 1991 年 5 月建议并于 1993 年 7 月确认。到现在为止，MPEG 公布的标准如下。

(1) MPEG - 1 标准：1993 年 8 月公布，用于传输 1.5Mb/s 数据传输率的数字存储媒体运动图像及其伴音的编码。

(2) MPEG - 2 标准：1994 年 11 月公布，其全称为：“运动图像及其伴音的编码”，主要针对高清晰度电视(HDTV)所需要的视频及伴音信号，传输速率为 10Mb/s，与 MPEG - 1 兼容，适用于 1.5Mbit/s～60Mbit/s 甚至更高的编码范围。

(3) MPEG - 4 标准：2002 年 10 月公布。该标准的目标为：支持多种多媒体应用(主要着重于多媒体信息内容的访问)，可根据应用的不同要求现场配置解码器。

1) MPEG - 1 标准

在 MPEG 出现之前，关于图像压缩已经有两个标准，即用于静态图像数据压缩的 JPEG 和用于电视电话、会议电视图像压缩的 H.261，但是它们都与计算机数据标准无关。这就要求制定一个图像、伴音、存储和传输 4 个方面的计算机系统和广播电视都统一的标准，从而有利于各种媒体广泛交流，因此，MPEG 就应运而生了。

MPEG - 1 标准完成的基本任务就是质量适当的图像(包括伴音)数据必须成为计算机数据的一种，和已有的数据(如文字、绘图等数据)在计算机内兼容，并且这些数据必须在现有的计算机网络和广播电视等通信网络中兼容传输。MPEG - 1 标准有 3 个组成部分：MPEG 视频、MPEG 音频、MPEG 系统。MPEG - 1 标准可以处理各种类型的活动图像，其基本算法对于压缩水平方向 360 个像素、竖直方向 288 个像素的空间分辨力，每秒 24 幅～30 幅画面的运动图像有很好的效果。与JPEG不同,它没有定义产生合法数据流所需的详细算法,而是在编码器设计中提供了大量的灵活性,另外定义已编码位流和解码器的一系列参数都包含在位流本身当中,这些特点允许算法可以用于不同大小和宽度比的图像,也可以用在工作速率范围很大的信道和设备上。

MPEG-1标准压缩首先对色差信号进行亚采样,减少数据量,采用运动补偿技术,减少帧间冗余度,利用二维DCT变换去除空间相关性,对DCT分量进行量化,舍去不重要的信息,将量化后DCT分量按照频率重新排序,将DCT分量进行变字长编码,最后对每个数据块的直流分量(DC)进行预测差分编码。

MPEG-1的压缩目标是先对分辨率为30帧·s^{-1}(NTSC制式)或704×576、25帧·s^{-1}(PAL制式)的视频图像在水平方向和垂直方向上使像素减少一半,即变成352×240(NTSC制式)或352×288(PAL制式)的SIF图像格式,再对其与立体声伴音进行压缩。

MPEG-1将图像的帧分成3种:内帧(I)、预测帧(P)和内插帧(B)(双向预测)。

I帧采用与JPEG相类似的编码方法进行编码,并且在编码时不必参照其他的帧,其压缩比是比较低的,I帧可作为随机访问点及其他图像编码帧的参照帧。

P帧需要利用前面的I帧或P帧信息进行编码和解码,同时又是后续P帧的参照帧。它利用瞬时冗余特性,可获得较高的压缩比。然而只有对所参照的I帧和P帧完成解码后才能访问P帧。

B帧需要利用前面和后面的I帧、P帧信息进行编码和解码,但它本身不可作为参照帧。由于B帧使用了双向运动补偿预测技术,故它的压缩比是最高的。

这3种帧的相互关系为:每8个图像帧中有一个I帧,B帧与其他两种图像帧的比率为3∶1。它的显示次序是:(I,B,B,B,P,B,B,B,I),而它的传输次序是:(I,P,B,B,B,B,I,B,B,B)。

MPEG-1视频的编码过程如下。

(1) 每个图像组GOP的第一帧总是内帧(I帧),它是按块顺序编码的,即使用DCT变换、量化过程和熵编码方法进行中度压缩,并作为参照帧和随机访问点。

(2) 当GOP中出现B帧或P帧时,将启动运动补偿预测过程,以获取最佳的压缩比。

(3) 对于P帧的编码,运动补偿预测算法使用最近一个I帧或P帧作为参照帧。如果当前帧的宏块与参照帧的宏块之间找到一个较好的匹配,则对当前帧的宏块的运动向量和所得到的预测误差进行编码;否则,只对该宏块进行帧内编码。

(4) 对于B帧的编码,其处理过程比较复杂,因为必须考虑4种可能性:正向预测、反向预测、插值和宏块中的帧内编码。如果使用插值方法,则必须使用前、后两个最近的I帧或P帧作为参照帧,并产生两个运动向量和一个预测误差块,并且应当首先传输P帧和B帧的参照帧。

(5) MPEG-1标准采用了两种结构的量化器,根据帧内编码和帧间编码不同的DCT系数性质采用不同的量化矩阵,通过Q系数来控制编码,以适应编码器的输出数码率。由于预测误差块主要是高频信号,可以采用粗粒度的量化器,以降低数码率;帧内编码块的信号频率范围较宽,则应当采用细粒度的量化器进行精确编码;否则,对于那些光滑边界的块,很小的误差都会产生可察觉的块边界。因此,为了适应人的视觉特性,必须对量化器进行修正,重点对图像中视觉效应敏感部分进行精确编码,以消除块效应现象。这样,既可以满足图像数码率的要求,又能改善图像质量。

(6) MPEG-1的熵编码过程可分成两步:首先,进行可变长行程编码(对出现概率较小的代码)和定长行程编码(对出现概率最大的代码);然后,使用带有预定义表的霍夫曼编码。通过熵编码进一步提高了 DCT 的压缩比,同时减少运动信息对总数码率的影响。

MPEG-1 标准对解码过程(而不是解码器)作了规定,实现解码的方法有许多种,但该标准并没有作具体的规定。典型的解码过程是:先对位流进行解码,将位流分解成运动信息、量化器步长、块和量化 DCT 系数几部分。量化 DCT 系数经过解码后送入 IDCT,从 IDCT 输出的重建波形还要叠加上预测结果。

2) MPEG-2 标准

MPEG-2 标准全称为“运动图像及其伴音的编码”,它是对 MPEG-1 视频标准的扩展,主要针对高精晰度电视(HDTV)所需要的视频及伴音信号,传输速率为 10Mb/s。

MPEG-2 标准统称为 ISO/IEC 1318 国际标准,分为 8 个部分:第一部分,系统,描述多个视频、音频和数据基本码流合成传输码流和节目码流的方式;第二部分,视频,描述视频编码方法;第三部分,音频,描述与 MPEG-1 音频标准反向兼容的音频编码方法;第四部分,符合测试,描述测试一个编码码流是否符合 MPEG-2 标准的第一、二、三部分的软件实现方法;第五部分,数字存储器体命令与控制,描述交互式多媒体网络中服务器与用户间的会话信令集;第六部分,非向后兼容的音频,规定不与 MPEG-1 音频反向兼容的多通道音频编码;第七部分,10bit 视频,现已停止;第八部分,实时接口,规定了传送码流的实时接口。

MPEG-2 和 MPEG-1 很相似,只是 MPEG-2 标准所覆盖的应用领域更加广泛。

3) MPEG-4 标准

MPEG-4 的特点是其更适于交互 AV(音频视频)服务以及远程监控,是一个有交互性的动态图像标准。

(1) MPEG-4 标准的构成。

① 多媒体传送整体框架(DMIF):主要解决交互网络中、广播环境下以及磁盘应用中多媒体应用的操作问题。通过 DMIF,MPEG-4 可以建立起具有特殊品质服务(QoS)的信道和面向每个基本流的带宽。

② 数据平面:MPEG-4 中的数据平面可以分为传输关系和媒体关系两部分,并引用了对象描述(OD)和流图桌面(SMT)的概念,使基本流和 AV 对象在同一场景中出现。

③ 缓冲区管理和实时识别:MPEG-4 定义了一个系统解码模式(SDM),该解码模式描述了一种理想的处理比特流句法语义的解码装置,它要求特殊的缓冲区和实时模式。通过有效的管理,可以更好地利用有限的缓冲区空间。

④ 视频编码:MPEG-4 支持对自然和合成的视觉对象的编码,合成的视觉对象包括 2D、3D 动画和人面部表情动画等。

⑤ 音频编码:MPEG-4 不仅支持自然声音,而且支持合成声音。它将音频的合成编码和自然声音的编码相结合,并支持音频的对象特征。

⑥ 场景描述:场景描述主要用于描述各 AV 对象在具体 AV 场景下,如何组织与同步等问题,同时还有 AV 对象与 AV 场景的知识产权保护等问题。

(2) MPEG-4 编解码原理。

① 基本思想。MPEG-4 编解码的基本思想是基于图像内容的第二代视频编解码方案,并将基于合成的编码方案也结合在标准中。它根据图像的内容将图像分割成不同的视频对象 VO(Video Object),在编码过程中对前景对象和后景对象采用不同的编码策略,对于人们所关

心的前景对象，则尽可能地保持对象的细节及平滑，而对不大关心的后景对象采用大压缩比的编码策略。

② 编解码的数据结构。MPEG-4 按照如下 5 个层次组织要编码的图像，从上至下依次为：视频段 VS(Video Session)、视频对象 VO(Video Object)、视频对象层 VOL(Video Object Layer)、视频对象组层 GOV(Group of Video Object Plane)、视频对象平面 VOP(Video Object Plane)。

在 MPEG-4 中，VO 主要被定义为画面中分割出来的不同物体，每个 VO 由 3 类信息来描述：运动信息、形状信息、纹理信息。VO 的构成依赖于具体应用和系统实际所处环境，在要求超低比特率的情况下，VO 可以是一个矩形帧(即传统 MPEG-1 中的矩形帧)，从而与原来的标准兼容。

对基于内容的表示要求较高的应用来说，VO 可能是场景中的某一物体或某一层面，如新闻节目中的解说员的头肩像；VO 也可能是计算机产生的二维、三维图形等。

③ VOP 编码器结构。编码器主要由两部分组成：形状编码和传统的运动纹理编码，其中形状编码是 MPEG-4 在编码任意形状的 VOP 时所必须的。

④ MPEG-4 的编解码流程及框架。MPEG-4 的编码流程：第一步是 VO 的形成，先要从原始视频流中分割出 VO，之后由编码控制机制为不同的 VO 以及各个 VO 的 3 类信息分配码率，之后各个 VO 分别独立编码，最后将各个 VO 的码流复合成一个位流。其中，在编码控制和复合阶段可以加入用户的交互控制或由智能化的算法进行控制。现在的 MPEG-4 包含了基于网格模型的编码和 Sprite 视频编码技术。在进行图像分析后，先考察每个 VO 是否符合一个模型，典型的如人头肩像，如果是就按模型编码；再考虑背景能否采用 Sprite 技术，如果是则将背景生产一幅大图，为每帧产生一个仿射变换和一个位置信息即可；最后才对其余的 VO 按上述流程编码。MPEG-4 的解码流程则基本上为编码器的反过程，这里不再赘述。

(3) MPEG-4 的主要应用场合。

从目前的情况看，MPEG-4 主要被用于 3 个领域：数字电视、交互式的图形应用(包括内容上的合成技术)、交互式多媒体领域，如监控系统等。

(4) MPEG-4 的特点及优势。

① MPEG-4 是作为一个国际化的标准来制定研究的，因而具有很好的兼容性及开放性。

② MPEG-4 提供高压缩比的同时，对数据的损失很小，达到以最小的数据获得最佳的图像质量的目的。

③ MPEG-4 是个开放标准，因其高质量的数字影像，以及允许内容创建者从 MPEG-2 质量一直到极低带宽的 Internet 流式内容全程进行品质和带宽的均衡，而被全世界的无线、电脑及娱乐公司广泛采用。

④ 正如 MPEG-2 将使数字电视最终完全取代现有的模拟电视那样，随着 MPEG-4 新标准的不断推出，数据压缩和传输技术必将趋向更加规范化。

2.4.2 数字图像处理技术

图像技术就是对视觉图像获取与加工处理技术的总称。根据抽象程度和处理方法的不同，图像技术可分为 3 个层次：图像处理、图像分析和图像理解。这 3 个层次的有机结合也称为图像工程。

图像处理是较低层的操作，主要在图像像素级上进行处理。比较狭义的图像处理主要包括对图像分割以改善视觉效果，或对图像压缩编码以减少传输时间或存储容量。图像分析则是进入中层的操作，分割和特征提取是把原来以像素描述的图像转变成简洁的非图形形式的符号描述，即图像分析是一个输入图像而输出数据的处理，数据可以是对某一特征测量所得的结果，或是基于测量的符号表示。图像理解也经常被称为计算机视觉，主要是高层操作。图像理解进一步研究图像中的目标和它们之间的联系，其处理过程和方法与人类的思维推理有不少类似之处。

数字图像处理是在以计算机为中心，包括各种输入、输出设备在内的系统上进行的，它是将连续的模拟图像信号转变为离散的数字图像信号，并利用某种特定的物理模型，通过编制程序、控制进程并实现各种要求的处理。当前，图像处理研究的发展趋势是以数字处理为主，这主要是因为此类方法的处理精度高、灰度阶多(256 级以上)，并能进行复杂的非线性运算，处理非常灵活，功能齐全，同时具有使用简单、保存方便、通用性强等优点。

1. 图像的数字化描述

具有视觉效果的画面都可以称为图像。模拟图像是通过某种物理量(光照度，电压等)的强弱变化来记录图像上各点的灰度信息。而数字图像完全是用数字信号来记录图的灰度信息。灰度信息是指图像上各点处的颜色深浅程度信息。数字图像比模拟图像易于保存，不会因时间过长而发生失真现象。

图像有单色与彩色、平面与立体、自发光与反射等区别，但无论怎样，对于任一幅图像，根据它的光强度(亮度、密度或灰度)的空间分布，均可用下面的函数来表示，即

$$I=f(x,y,z,t,\lambda) \tag{2.29}$$

式中 x、y、z——空间坐标；

t——时间；

λ——波长。

单色、某一时刻的平面图像可表示为二维函数：

$$I=f(x,y) \tag{2.30}$$

并能满足有限非负条件，即 $0\leqslant f(x,y)<\infty$。对于彩色图像，可以用三原色(红、绿、蓝)的 3 幅单色图像来表示，即 $f_R(x,y)$、$f_G(x,y)$、$f_B(x,y)$；或用彩色的三要素(色度、饱和度、亮度)的 3 个二维连续函数 $f_H(x,y)$、$f_S(x,y)$、$f_B(x,y)$来描述。通常情况下，为了计算机处理方便，首先要将连续图像离散化为数字图像，也就是通常所谓的数字化图像。

要将模拟图像数字化成数字图像有两个过程：① 采样；② 量化。平面图像 $f(x,y)$的数字化被称为图像采样，颜色深浅幅度的数字化被称为灰度级量化。

因为图像是二维平面上的强度分布，所以，为了把图像数字化，必须进行在空间点阵上的采样和灰度量化。

所谓数字图像就是灰度值的二维数组。将数字图像表示为 $f(i,j)$，它既表示图像 f 的像素的位置(i,j)，又表示该点的灰度值。灰度值是对应于原始模拟图像在该点处的亮度。

1) 采样

空间坐标的离散化叫做空间采样。它是把时间和空间上连续的图像变换成为离散点集(像素)的一种操作。

一般是对图像 $f(x,y)$用矩形网格采样。在二维平面上按一定间隔从上至下按行扫描，从

而得到灰度值的线扫描，再按一定间隔采样灰度值的扫描线，就可以得到离散点的灰度值。在采样过程中，设横向像素数为 M，纵向像素数为 N，则图像的大小可表示为 $M\times N$，$M\times N$ 也叫图像的空间分辨率。

2）量化

采样后的图像只是在空间上被离散化，成为样本的阵列，每个样本称为像素。由于原图像 $f(x,y)$ 是连续图像，因此，每个像素的灰度值仍然是连续的。把连续的灰度值离散化就叫作量化。

对连续的灰度值进行量化的方法分为均匀量化和非均匀量化。把原图像灰度层次从最暗至最亮均匀分为有限个层次叫均匀量化。反之，不采用均匀分层的就称为非均匀量化。图像亮度的层次的多少称为密度分辨率，也叫灰度级。均匀量化是最简单的量化方法。对于像素灰度值在白到黑的范围里均匀分布一类的图像，量化误差可变得最小。

3）数字图像的表示

连续图像 $f(x,y)$ 经过采样和量化，灰度值必须离散化，离散化后的图像可以用一个矩阵表示，其中行、列交点处表示像素的灰度值，数字图像用如下矩阵表示

$$\boldsymbol{I}=f(x,y)\approx\begin{bmatrix} f(0,0) & f(0,1) & \cdots & f(0,N-1) \\ f(1,0) & f(1,1) & \cdots & f(1,N-1) \\ \vdots & \vdots & \vdots & \vdots \\ f(M-1,0) & f(M-1,1) & \cdots & f(M-1,N-1) \end{bmatrix}=[f(i,j)] \tag{2.31}$$

等式右边的矩阵就代表数字图像，矩阵中的每一个元素称为像素。N 和 M 表示图像的横向像素数和纵向像素数。

量化等级也会影响图像的质量。比如量化等级取 2，则只能得到灰度等级为 2 的二值图像。量化等级取 8，则能得到灰度级从 0～255 级的图像。

式(2.31)中：$f(x,y)$ 表示连续图像，$[f(x,y)]$ 表示数字图像矩阵，它是 $f(x,y)$ 的一种近似化数字表示。对图像任意物理意义上的限制（例如像素灰度值非负、有界等约束条件）也都可以通过数学表达和运算，尤其利用计算机处理则更方便。

2. 相关概念

(1) 像素。又称为“图像的元素”，它是记录图像的最小单元。

(2) 直方图。是图像中像素灰度分布情况的统计图表，表示图像中不同灰度级像素出现的频率。设图像的灰度总级数为 L，直方图统计如下：

$$P(g_k)=\frac{n_k}{M\times N},k=0,1,\cdots,L-1 \tag{2.32}$$

式中　g_k——图像 $f(i,j)$ 的第 k 级灰度值；

n_k——$f(i,j)$ 中具有灰度值为 k 的像素数的个数；

$M\times N$——图像像素总数。

(3) 阈值。分割图像的一个门限值（灰度值），低于此门限值的像素划归为一类，而高于此值的划为另一类。

门限值可以用预先设定的固定数值，也可以利用迭代法、遗传算法等进行计算得到。由于传统遗传算法在进行多峰值函数计算时容易出现遗传漂移问题，一次计算难以完成多峰值的求解，需要进行多次优化，调整相关参数才能得到理想的结果。而先锋遗传算法是专门针对峰值

数值函数优化问题设计的优化算法，改善了传统遗传算法(SGA)的局限性。该算法易于实现，应用效果明显，适用于函数为高维、多峰值的交通图像。

(4) 阈值化。就是将原来的灰度图像转换为只有黑和白两种颜色或几种颜色的图像。其目的是对图像进行简化处理，以便于分析理解和识别并减少计算量。通常，经过阈值化处理后的图像变成了黑白二值图，是灰度图转化为二值图最常采用的方法，进行阈值化只要给出阈值点即可，阈值化亦称图像二值化。

灰度图像的阈值化处理：选择某个阈值 T，将原始图像变换为二值图像

$$f(i,j)=\begin{cases}1, f(x,y)\geqslant T\\0, f(x,y)<T\end{cases}\tag{2.33}$$

二值化就是采用不同的分割方法将图像中感兴趣的目标提取出来，形成二值图形，这是进行图像分析和测量的主要信息来源，包括灰度分割和彩色分割两种方法。

灰度分割：根据图像的亮度信息或 RGB 通道中的某一通道的域值进行分割，有手动和自动两种方式可选。

彩色分割：综合图像的 RGB 三通道信息进行分割，包括单点、生长目标、交互、训练区、区域及空洞等多种分割方式。

二值处理：对分割所得的二值图形进行各种处理，使其更贴近感兴趣目标的真实特征，保证分析和测量所得的结果更加准确，包括图形显示、形态学、图形自动手动处理、图形层间操作、图形编辑、图像与图像变换、图形细化、图形数据的保存与导入。

(5) 图像边缘。图像中具有相同特征各区域之间的边界称为图像边缘。

3. 图像预处理

图像处理和分析是对输入图像作预处理(如灰度校正、噪声滤除和畸变校正等)，并根据提取的特征分割图像中的场景和目标，形成表示目标基元的区域，并得到各区域的特征以及区域间的相互关系。然后，根据场景或目标的模型和知识，对它们作出必要的解释。由此可见，图像处理和分析的目的是为了获得有关场景的重要信息。在目标检测和识别过程中，图像分割、特征提取和图像识别是核心工作。为了能使这些工作迅速有效地进行，可采取一些变换算法，对摄取的图像进行处理，提高图像的质量，以便于对图像的分析和理解。

图像变换包括图像滤波除噪，图像增强，图像锐化，图像压缩编码，图像复原等。图像预处理是图像到图像的处理。图像预处理主要包括滤波除噪处理、对图像进行变换和图像增强处理。其主要作用：一是可以滤掉各种噪声信号，降低噪声信号对图像的干扰；二是改善图像的质量。

1) 图像滤波除噪

滤波除噪处理有两种方式：直接对像素的灰度值进行演算的灰度空间变换；对图像频谱域实行变换的频谱变换技术。

图像噪声常常表现为一些孤立的像素点，其像素灰度和周围点有显著差别的情况下，可以用空间变换中的邻域平均和中值滤波等方法来抑制噪声信号。由于一般图像中的噪声信号的频谱位于高频信号区，因此，可以使用低通滤波器来抑制高频噪声信号。

2) 图像噪声的消除

图像噪声是指在图像生成、保存和传输过程中，由外部干扰加进图像中的冗余信息。如在图像拍摄和数字化过程中，由于摄像设备和拍摄环境等多种因素影响，数字化后的图像或多或

少的带有各种噪声，因此，图像预处理的首要任务就是要消除这些噪声。

噪声分为两大类，一类是点状尖峰状颗粒噪声；另一类噪声是分布噪声，如高斯噪声等。分布噪声的发生模型一般可以预知，因此可以针对这种噪声模型设计滤波器（多为频域内的滤波），就能够有效地消除分布噪声。一般这样的处理被叫作图像复原。

通常噪声的发生是随机的，发生的机理往往也是未知的，有的时候即使知道了噪声产生的机理，也不能将它抽象为数学模型，在这样的情况下，可根据噪声具有的一般性质进行噪声消除的平滑化。

在频域中消除噪声主要采用低通滤波，在空域中消除噪声主要采用线性滤波和非线性滤波（中值滤波）。

3）图像锐化

经过去噪处理的图像，图像边缘可能变得模糊不清。因此，为了改善图像质量，使图像的信息让人易于观看，需要采取一些方法，这就是图像的锐化。通过锐化，去掉了“模糊”，图像变得轮廓分明，为了消除“模糊”，通常采用拉普拉斯算子（二阶差分法）和方向模板两种增强轮廓的算法。

4）对比度的增强

增强对比度一般是通过对图像灰度直方图的变换来实现的。

第3章 道路交通状态参数检测技术

3.1 道路交通状态参数简介

在道路上通行的行人和车辆在整体上具有类似流体的特点和特性，因此将在道路上通行的人流和车流统称为交通流。交通流一般主要指车流。

行驶在道路上的各种车辆，由于出行目的的不同、车型不同、行驶线路各异，其运行状态随着道路条件、交通环境和驾驶员特点而有不同的变化，反映交通流运行状态的定性定量特征为交通流特征，用以描述和反映交通流运行状态特征的物理量称为交通流参数或交通状态参数。

常用的交通状态参数分为宏观参数和微观参数。其中宏观参数用于描述交通流作为一个整体表现出来的运行状态特性，主要参数有交通量、速度、交通密度、占有率、排队长度；微观参数用于描述交通流中彼此相关的车辆间的运行状态特性，主要有车头时距和车头间距。

3.1.1 交通量

1. 概念

交通量是指在单位时间段内，通过道路某一地点、某一断面或某一条车道的交通实体数。按交通类型分，有机动车交通量、非机动车交通量和行人交通量，一般不加说明则指机动车交通量，且指来往两个方向的车辆数。

1）年平均日交通量（$AADT$）

$$AADT=\frac{1}{365}\sum_{i=1}^{365}Q_i \tag{3.1}$$

式中 Q_i——各规定时间段内的日交通量（辆/d）。

2）月平均日交通量（$MADT$）

$$MADT=\frac{1}{30}\sum_{i=1}^{7}Q_i \tag{3.2}$$

3）周平均日交通量（$WADT$）

$$WADT=\frac{1}{7}\sum_{i=1}^{7}Q_i \tag{3.3}$$

2. 交通量的时间分布特性

1）月变化

一年内各月交通量的变化称为月变化，以一年为周期，统计 12 个月的交通量，每个月的交通量均不相同。

2）周变化

交通量的周变化是指一周内各天的交通量变化，也称为日变化。

3）时变化

一天 24h 中，每个小时的交通量亦在不断地变化。

（1）高峰小时交通量（Peak Hour Volume，PHV）。高峰小时内的交通量称为高峰小时交通量。高峰小时交通量占该天全天交通之比称为高峰小时流量比（用%表示）。

（2）高峰小时系数（Peak Hour Factor，PHF）。高峰小时系数就是高峰小时交通量与高峰小时内某一时段交通量扩大为高峰小时后的交通量之比。

$$PHF_t=\frac{\text{高峰小时交通量}}{t\text{时段内统计所得最高交通量}\times\frac{60}{t}} \tag{3.4}$$

3. 交通量的空间分布特性

1）地域分布

由于城乡之间经济发展、生产活动、生活水平不平衡，造成城乡间交通量的显著差别，一般说来，城市道路的交通量大于农村公路的交通量。我国广大农村公路上交通量很小，甚至国道某些线路上交通量也不大，而大城市出入口干道一般大于 5000 辆/d，城市道路交通量就更大，如武汉的航大路日最大交通量达 21300 辆，北京崇文门的日交通量达 27871 辆/d，自行车为 108306 辆/d，南京市中央路小汽车为 33620 辆/d。

2）路段分布

由于路网上各路段的等级、功能、所处的区位不同，在同一时间内，路网上各路段的交通量有很大不同。一般用路网交通量分布图来表示交通量在各路段上的分布。从路网交通量分布图上可以很明显地分辨出路上交通的主要流向、走廊，判断交通量分布的均匀性。

3）方向分布

一条道路往返两个方向的交通量，在很长时间内，可能是平衡的，但在某一短时间内，如一天中某几个小时，两个方向的交通量会有较大的不同。

为了表示这种方向不平衡性，常采用方向分布系数 K_D 表示：

$$K_D=\frac{\text{主要行车方向交通量}}{\text{双向交通量}}\times 100\% \tag{3.5}$$

据国内外的数据，上下班路线 $K_D=70\%$，主要干道 $K_D=60\%$，市中心干道 $K_D=50\%$。城市出入口道路高峰小时中进、出城的交通量有明显的不同，早高峰时出城方向交通量占 60%～70%，晚高峰时相反。

4）车道分布

多车道道路上，因非机动车的数量、车辆横向出入口的数量的不同，各条车道上交通量的分布也是不等的。在交通量不大的情况下，一般右侧车道的交通量比较大，随着交通量增大，左侧的比重也增大。

4. 常见时段交通量调查

交通量调查时间和持续时间的长短主要根据调查目的确定，较为常用的一些调查时段如下。

1) 24h 交通量调查

一般选取星期二～星期四中一天连续 24h 进行观测调查。

2) 16h 交通量调查

通常选择从上午 6:00～22:00,其中包括了含有晚间交通在内的大部分日交通量。

3) 12h 交通量调查

通常从上午 7:00～19:00,其中包含了大部分白天交通量。

4) 高峰小时交通量调查

具体调查时间根据城市规模、交通设施类型(如高速公路、辐射干道等)等确定,通常为上午 7:00～9:00 和下午 17:00～19:00。

5) 周末交通量调查

调查时间为星期五(最晚从下午 18:00)中午至星期一中午(或最早至上午 6:00)。同时,若不是为了调查非正常情况下的交通量,一般交通量调查应该避免以下特殊时间。

(1) 特殊活动日,如节假日、体育比赛、展览会等情况。

(2) 特殊的气候情况,如雨天、雪天等。

(3) 由于临时封闭道路而影响交通量的情况。

3.1.2 速度

1. 分类及概念

(1) 地点车速(Spot speed):车辆通过某一地点时的瞬时车速。

(2) 行驶速度(Running speed):从行驶某一区间所需时间及其区间距离求得的车速。

(3) 运行车速(Operating speed):中等技术水平的司机在良好的气候条件、实际道路状况和交通条件下能保持的安全车速。

(4) 行程车速(Overall speed):车辆行驶路程与通过该路程所需的总时间之比。

(5) 临界车速(Critical speed):道路理论通行能力达到最大时的车速。

(6) 设计车速(Design speed):在道路交通与气候条件良好的情况下仅受道路物理条件限制时所能保持的最大安全车速。

2. 行车速度的统计分布特性

1) 中位车速

中位车速也称 50%位车速,是指在该路段上在该速度以下行驶的车辆数与在该速度以上行驶的车辆数相等。在正态分布的情况下,50%位车速等于平均车速,但一般情况下,两者不等。

2) 85%位车速

在该路段行驶的所有车辆中,有 85%的车辆行驶速度在此速度以下,只有 15%的车辆行驶速度高于此值,交通管理部门常以此速度作为某些路段的限制车速。

3) 15%位车速与速率波动幅度

在该路段行驶的所有车辆中,只有 15%的车辆行驶速度在此速度以下,有 85%的车辆行驶速度高于此值。在高速公路和快速道路上,为了行车安全,减少阻塞排队现象,要规定低速限制,因此 15%位车速测定是非常重要的。85%位车速与 15%位车速之差反映了该路段上的车速波动幅度,同时车速分布的标准偏差 S 与 85%位车速和 15%位车速之差存在着下列近似关系：

$$S \approx \frac{85\%位值-15\%位值}{2.07} \tag{3.6}$$

3. 时间平均车速和空间平均车速

1) 时间平均车速

在单位时间内测得通过道路某断面各车辆的地点车速，这些地点速度的算术平均值，即为该断面的时间平均车速，即

$$\bar{v}_t = \frac{1}{n}\sum_{i=1}^{n} v_i \tag{3.7}$$

式中　v_i ——第 i 辆车的地点车速(km/h)；

n ——单位时间内观测到车辆总数(辆)。

2) 区间平均车速

在某一特定瞬间，行驶于道路某一特定长度内的全部车辆的车速分布平均值，当观测长度为一定时，某数值为地点车速观测值的调和平均值，其计算公式为

$$\bar{v}_s = \frac{1}{\frac{1}{n}\sum_{i=1}^{1}\frac{1}{v_i}} = \frac{ns}{\sum_{i=1}^{n} t_i} \tag{3.8}$$

式中　s ——路段长度(m)；

t_i ——第 i 辆车行驶的时间(s)；

n ——车辆行驶于路段长度 s 的次数；

v_i ——第 i 辆车行驶速度(m/s)。

3) 两者之间的相互关系

时间平均车速可以推算区间平均车速：

$$\bar{v}_s = \bar{v}_t - \frac{\sigma_t^2}{\bar{v}_t} \tag{3.9}$$

式中　σ_t ——时间平均车速观测值的均方差。

由区间平均车速推算时间平均车速：

$$\bar{v}_t = \bar{v}_s + \frac{\sigma_s^2}{\bar{v}_s} \tag{3.10}$$

式中　σ_s ——区间平均车速观测值的均方差。

3.1.3　交通密度

1. 概念

密度是指在一条车道上车辆的密集程度，即在某一瞬时内每单位长度一条车道上的车辆数，又称车流密度，常以 K 表示，其单位为辆/km(如为多车道，则应除以车道换算成单车道的车辆数然后再计算)，于是有

$$K = \frac{N}{L} 或 K = \frac{Q}{\bar{v}_s} \tag{3.11}$$

式中　K ——车流密度(辆/km)；

N ——单车道路段内的车辆数(辆)；

L——路段长度(km)；

Q——单车道上交通量(辆/h)；

$\overline{v_s}$——区间平均车速(km/h)。

2. 空间占有率

车头间距是指一条车道上前后相邻车辆之间的距离，用车辆上有代表性的点来测量，如前保险杠或前轮。在道路的一定路段上，车辆总长度与路段总长度之比称为空间占有率，通常以百分数表示。车流密度只能表示车流的密集程度，而空间占有率则能反映某路段上车队的长度。其表达式为

$$R_s = \frac{1}{L}\sum_{i=1}^{n} L_i \tag{3.12}$$

式中 R_s——车道空间占有率；

L——观测路段总长度；

L_i——第 i 辆车的长度；

n——该路段的车辆数。

3. 时间占有率

车头时距是前后两辆车通过车行道上某一点的时间差，与车头间距类似，也是用车辆上有代表性的点来测量。在道路的任一路段上，车辆通过时间的累计值与观测总时间的比值称为时间占有率，通常以百分数表示。其表达式为

$$R_t = \frac{1}{t_T}\sum_{i=1}^{n} t_i \tag{3.13}$$

式中 t_T——总观测时间；

t_i——第 i 辆车的占用时间；

n——观测时间内通过的车辆数。

3.2 道路交通参数的检测技术

道路交通参数的检测技术可分为接触式交通检测技术和非接触式交通检测技术两大类。接触式交通检测技术有环形线圈交通检测技术、地磁感应交通检测技术、气压管交通检测技术、压电式交通检测技术等。非接触式交通检测技术有视频交通检测技术、超声波交通检测技术、微波交通检测技术、激光交通检测技术等。

3.2.1 接触式交通检测技术

1. 环形线圈交通检测技术

1）原理

环形线圈车辆检测器是一种基于电磁感应原理的车辆检测技术，其传感器是一个埋在地面下、通过一定工作电流的环形线圈。当车辆通过线圈或停在线圈上时，车辆引起线圈回路电感量的变化，检测器检测出变化量就可以检测出车辆的存在，从而达到检测交通流信息的目的。

环形线圈式车辆检测器通常由环形线圈传感器、传输馈线、信号检测处理单元(检测电路及

调谐电路）及背板框架4部分组成。信号检测处理单元的检测电路包括检测信号放大单元、数据处理单元和信息接口；信息检测处理单元的调谐电路由调谐电容、调谐电阻及环形线圈构成。其工作的基本原理是将环形感应线圈连接一个振荡器，维持10Hz～120Hz的激磁电流，产生一个磁场。当车辆的金属车体通过环形线圈检测器时，车体产生感应电流，这一感应电流使得线圈电感量减少。当车辆进入线圈磁场范围时，检测器便可由谐振电路的电感量变化，判断出车辆的通过情况。

2）可检测参数

环形线圈检测器可检测流量、占有率、车速、排队长度等，用于流量检测时，线圈长度应尽可能地小于车辆间距；对于车速和占有率的检测，在实际应用中大多采用两个技术参数完全相同的线圈，既可以用来检测车速，又可用来检测占有率。

3）优缺点

环形线圈车辆检测器的优点是：①技术成熟，易于掌握，计数精确，系统稳定，设备成本较低，目前，国内环形线圈车辆检测器的测速精度和交通量计数精度都在98%左右，完全能满足交通行业产品标准《环形线陶车辆检测器》（JT/T 455—2001）和工程验收标准《公路工程质量检验评定标准（第二册，机电工程）》（JTGF 80/2—2004）的要求；②传真器简单，输出信号易分析，不需复杂计算；③直接测试的量多，且测量精度高；④真正全天候工作（不怕雨、雪、雷、电、风等）。正是这些优点使其在欧美等国家得到广泛应用，至今还在大量使用，并成为精度校验标准。

环形线圈检测器的缺点是：①只能进行单车道检测，多车道情况下需多个检测器；②无大局观，不能实时测量排队长度，大区域内车流密度及车辆拐弯等（若实现上述功能需大量的线圈，成本高，不现实）；③安装过程对检测器可靠性和寿命影响很大，维修或安装需中断交通，破坏路面，影响路面寿命；④线圈易被重型车辆，路面修理等损坏，而且它的维护难度大，不易移植，线圈容易在夏季短路；⑤感应线圈易受冰冻、路基下沉、盐碱等自然环境的影响。

2. 地磁感应交通检测技术

1）原理

地磁式车辆检测器是一种被动式检测器，它本身不发射任何信号，主要由地磁探头和检测电路组成。探头是呈筒状的非金属密闭棒，内有一个带有磁芯的电感线圈。地磁式车辆检测器的工作原理是利用车辆（金属物体）通过时对地磁场的扰动，使探头线圈上产生感应电动势来检测车辆的通过，故该检测器属通过车辆检测器。

当汽车从探头上方通过时（因汽车系金属体），将改变探头上磁力线的分布，即穿过线圈的磁通量将发生变化。鉴于此变化，根据法拉第电磁感应原理，在探头线圈两端感应出30mV～100mV的电动势。因此可见，感应电动势的大小不但与磁通量变化量有关，而且与时间的变化量有关。因此，地磁式车辆检测器对于汽车的速度有一定的要求，汽车的速度越大，所感应的电动势越大；反之，车速越小，感应电动势越小，容易造成漏检。探头有感应电动势产生时，通过检测电路进行放大、整形等处理后输出检测信号。

2）可检测参数

地磁式车辆检测器主要用于郊区公路的交通量观测。它对车速有一定的要求，可检测的车速大于8km/h，因此在车速较低的路段不宜采用。其检测精度可达95%。

3）优、缺点

地磁检测器属无源型检测器，具有电路简单、工作稳定、安装容易、不易损坏、价格便宜等优点；其缺点是：材料易老化，灵敏度差，易逐年衰减；不适合于车速较低的路段等。

3. 气压管交通检测技术

1）原理

气压式检测器是横过车行道上并排放置的两根橡胶管，一端密封，另一端与计数器相连（图3-1）。当车辆通过橡胶管时，管中空气压力发生变化，一次传递来车信息。气压式检测器测得的是通过管子的车轴数而不是车辆数。由于已知并排放置的两根橡胶管之间的距离，计数器中的单片机根据同一车轴通过两根橡胶管的时间差，可以准确地计算出车速和轴距。由于不同类型车辆的轴距和轴数有一定的规律性，根据轴距和轴数的分布规律，计数器记录交通量的同时，可以分辨出车型和流向。

图3-1　气压式检测器

2）可检测参数

气压式检测器可以提供交通流量、车辆类型、车辆行驶速度等基本交通参数，并由软件进行统计、分析和预测，直观地描绘交通流分布、交通流构成以及车辆密度、拥堵情况、排队情况、通行能力、交通恢复情况。

3）优缺点

气压式检测器具有价格便宜，便于移动、安装和维修简单等优点，因此使用较为广泛。其主要缺点是不能直接分出各车道的交通量。由于橡胶管直接放置在路面上，受来往车辆碾压，特别是当受到扫路车、铲雪车、防滑轮胎链、制动链的碾压以及制动滑行时易于损坏。当无人看管时，易于被人偷盗。长期使用，橡胶易于老化，精度降低。冰雪以及温度变化较大时，也影响其精度。

4. 压电式交通检测技术

1）原理

压电薄膜交通传感器由金属编织芯线、压电材料和金属外壳组成。制成过程中，将压电材料置于一个强电场中极化，数量级为每1mm厚的压电材料大约100000V。无护套电缆的电晕场也采这种电场。极化场使非结晶聚合体变成半晶体的形式，同时又保留了许多聚合体的柔韧特性。

压电材料在受机械冲击或振动时产生电荷。在原子层，偶极子(氢一氖偶对)的排列顺序被打乱，并试图使其恢复原来的状态。当有压力能施加到传感器上时，就产生了电荷(电压)，而当去掉负载时，就会产生一个相反极性的信号，但传感器产生的电流比较小。

当正常行驶的车辆，其轮胎压过铺设在车道路面中的压电膜称重传感器时，会产生一个与施加到传感器上的压力成正比的模拟信号，并且输出的周期与轮胎停留在传感器上的时间相同，通过信号线缆传向路侧的中央数据采集控制器。中央数据采集控制器通过高速A/D转换器将模拟信号转换成数字信号，经程序处理，计算出车辆的触发时间、轴载荷及车辆总重；通过前后布置的两条压电膜称重传感器进一步计算出车辆的行驶速度。

2) 可检测参数

压电薄膜交通传感器被用于检测车轴数、轴距、车速监控、车型分类、动态称重(WIM)、收费站地磅、闯红灯拍照、停车区域监控、交通信息采集(道路监控)及机场滑行道。压电薄膜交通传感器的长处是可获取精确的、具体的数据，如精确速度信号、触发和分类信息及长期反馈交通信息统计数据。

3.2.2　非接触式交通检测技术

1. 视频交通检测技术

1) 原理

视频交通检测技术是通过对摄像头采集的视频信息进行分析处理，从而提取出相关交通参数。常见的视频检测系统如图3-2所示。广义上讲静止的图片称为图像(Image)，运动的图像称为视频(video)。视频指时变图像即一组按时间变化的图像序列(Image—sequence)，图像的输入要靠扫描仪、数字照相机或摄像机；而视频的输入只能是摄像机、录像机、影碟机以及电视接收机等可以输出连续图像信号的设备。视频影像是由一系列被称为帧的单个静止画面组成。

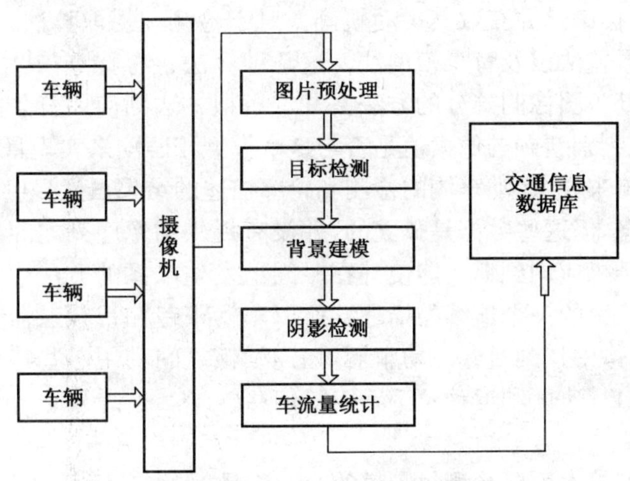

图3-2　常见的视频检测系统

视频交通检测一般需要视频图像预处理、运动目标的检测与跟踪和交通参数的提取3个步骤。

一般情况下，视频系统获取的原始图像由于受到条件限制和随机干扰，往往不能基于视频图像的车辆检测跟踪技术的分析研究直接使用,必须在早期阶段对原始图像进行灰度校正、噪声过滤等图像预处理。即只将图像中感兴趣的特征有选择地突出,衰减不需要的特征。对于基于交通视频的图像处理系统,要准确提取车辆,首先要利用图像预处理排除各种干扰因素的影响,然后对实时视频图像进行边缘提取和图像分割,从而获取车辆的特征数据,进而得到道路交通参数。视频图像预处理通常包括图像灰度化、滤波、二值化、数学形态学处理等步骤。

图像灰度化就是将彩色图像中的彩色信息剔除,只包含亮度信息。计算机中灰度图的表示是把亮度值进行量化等分成 0～255 共 256 个级别,0 最暗(全黑),255 最亮(全白),而在 RGB 模型中,如果 R=G=B,则颜色(R,G,B)就表示灰度色。

一般情况下,由 CCD 摄像头获取的图像经过 A/D 转换、线路传送都会产生噪声污染,图像质量就不可避免地降低了。滤波就是通过一定的算法,将噪声去除。目前较多采用中值滤波算法。中值滤波法(由 Turky 于在 1971 年提出)在某些条件下既能去除噪声(尤其是脉冲噪声)又能保留图像边缘细节,是一种去除噪声的非线性处理方法。

二值化就是通过设定一定的阈值,根据阈值将图像分为两部分:大于阈值的像素群和小于阈值的像素群。利用图像中所要提取的目标与背景在灰度上的差异,把图像视为不同灰度级的两类区域目标和背景的组合。选取一个合适的阈值,以确定图像中的每一个像素点应该属于目标还是背景区域,从而产生相应的二值图像,得到所需要检测的目标。阈值分割不仅可以大量压缩数据,减小存储容量,而且还能大大简化后期的分析和处理步骤。

数学形态学的应用可以简化图像数据,保持它们基本的形状特性,并去除不相干的结构。数学形态学的基本运算有 4 个:膨胀(或扩张)、腐蚀(或侵蚀)、开启和闭合。它们在二值图像中和灰度(多值)图像中各有特点。用这些运算子及其组合可以进行图像形状和结构的分析及处理,包括图像分割、特征提取、边界检测、图像滤波、图像增强和恢复等方面的工作。

所谓目标检测,就是检测视频序列图像中的场景图像的变化,如果图像有变化,则说明有运动目标,就用目标检测技术检测目标,反之则认为没有运动目标。运动目标的跟踪是把运动的物体检测出来后,对目标编号并获取其运动轨迹。对于检测和提取算法,目前的算法可以分为光流法、帧间差法、背景差法以及背景模型法。这几种算法各有特点,其中基于帧间差法、背景差法的方法可以归为基于图像间差分的方法。背景模型方法则使用背景的参数模型来模拟背景图像的像素值,通过判别新到的像素值是否与这个模型相匹配来实现目标像素的检测。

对于道路交通检测来说,运动车辆的检测和轮廓描述的结果虽然提供了道路中运动车辆的位置和形状的基本信息,但这些数据是孤立的,并没有提供图像序列之间的联系,这就是说,必须把运动车辆检测的结果应用到那些能使其在时间上发生联系的方法中,对结果进一步加工,才能得到对运动车辆状况的一个连续的描述。所以车辆跟踪在视频道器交通检测技术中至关重要,其从一段序列图像中找到目标运动车辆,在连续帧之间利用一些特性对目标车辆进行匹配,从而得到车辆的位置、速度和运动轨迹等跟踪信息。

2）可检测参数

通过视频交通检测技术可以检测每车道的交通流量、平均车辆行驶速度、平均车头时距、平均车辆时间间距、按不同车辆类型统计的车流量(按车长划分)、车道占用率等交通信息。

3）优缺点

视频检测可为事故管理提供可视图像及大量的交通管理信息,单台摄像机和处理器可检测多车道。但视频检测的安装条件要求较高,检测过程中大型车辆可能遮挡随行小型车辆而引起检测误差，其他环境因素如阴影、积水反射或昼夜转换也会引起检测误差。

2. 超声波交通检测技术

1) 原理

超声波检测器是通过接收由超声波探头发出并经过车辆反射的超声波来检测车辆的。超声波检测器的工作原理可分为两种：反射波时间差法和多普勒法。

(1) 反射波时间差法检测原理。经调制后的超声波由超声波探头(超声波发生器)向路面发射，再接收从车辆或地面的反射波，根据辨别反射波返回时间的差别，来判断有无车辆通过或存在。也就是说，检测电路将该反射波放大后再通过时差选择电路，就可鉴别出是车顶回波还是地面回波，从而完成检测车辆的功能。由于超声波探头与地面距离是一定的，所以探头发出超声波并接收反射波的时间也是固定的。当有车辆通过时，由于车辆本身的高度，使探头接收到反射波的时间缩短，则表明有车辆通过或存在。根据此特点，超声波车辆检测器既可以检测车辆的存在和通过，又可以检测车辆高度、车流量和车辆的时间占有率。

(2) 多普勒法原理。超声波多普勒式车辆检测器是利用声波的多普勒效应来检测车速的一种仪器。其检测原理与多普勒雷达测速原理相同。不同的是发射波源，雷达采用的是电磁波，而超声波检测器采用的是超声波源(即声波)。如果进行适当的处理，其检测精度与多普勒雷达的检测精度是相当的。

声波(包括超声波)的多普勒效应是指声波接收端以某一相对速度相对于声源移动时，接收到的声波的频率相对于发射的声波频率有一个偏移，这个频率偏移值就叫作多普勒频率(也叫多普勒频差)，它与声波接收端运动的相对速度成正比。

基于声波的多普勒效应，超声波多普勒检测器检测原理描述如下：超声波探头作为声源向正在行驶的车辆发射超声波。超声波波束是迎着车辆的行进方向投射的。投射到车辆上的超声波波束，一部分发射并被超声波探头所接收。此时，检测器信号处理电路对接收到的超声波进行滤波、放大、处理得到多普勒频差信号，然后经计算得到车辆的行驶速度及车辆通过的信息。

2) 优缺点

由于超声波车辆检测器采用悬挂式安装，与路面埋设式检测器(如环形线圈检测器)相比其有许多优点：①不需要开挖路面，不受路面变形的影响；②使用寿命长，可移动，架设方便。不足之处是其检测范围呈锥形，受车型、车高变化的影响，检测精度较差，特别是在车流严重拥挤的情况下。另外，其检测精度易受环境影响尤其是大风、暴雨等的影响。同时，探头下方通过的人或物也会产生反射波，从而造成误检。

3. 微波交通检测技术

1) 原理

微波交通检测器(MDT)是一种工作在微波频段的雷达探测器，它由发射天线、发射器和接收器组成。设在龙门架上或路边立柱上的微波交通检测器通过发射天线向行驶的车辆发射调频微波，微波波束被行驶的车辆阻挡而发生反射，反射波被检测器接收，通过分析接收器接收的波形，可获得车辆出现、车辆经过、车流量、占有率、车速及车辆长度等信息。

微波检测器可进行单车道检测或多车道检测，安装在路侧灯杆上方或车道正上方的微波检测器呈 45°角朝下发射狭窄的微波，在微波束的发射方向上以 2m 为一层面分层而探测物体，MTD 微波束的发射角为 40°，方位角为 15°。安装好以后，它向道路投影形成一个可以分为 32

个层面的椭圆形波束，这个椭圆形波束的宽度取决于选择的工作方式，并因检测器安装角度和安装距离的不同稍有变化，如图 3－3 所示。一般微波的椭圆形波束宽度为 3m～4m，长为 64m，每当车辆通过这个微波投影区（椭圆形波束）时，都会向 MTD 反射一个微波信号。在进行车辆检测时，MTD 接收到微波投影区域内各种表面连续不断的回波，如人行道、栅栏、车辆以及树木等。每一个微波层面内的固定物体的回波信号将形成背景阈值，而车辆的回波信号的强弱取决于车辆的反射面，水平表面（如车顶）将散射微波，回波信号较弱，车辆的垂直表面反射的回波信号最强，实际接收信号是多重反射信号的总和，有时来自各处的信号可能由于不是同一相位而导致信号会低于阈值，此时短暂的低电平信号称为零信号。MTD 接收反射的微波信号，如果回波信号的强度高于该微波层面的背景阈值，则表明有车辆通过或存在，同时计算接收频率和时间的变化参数，以得出车辆的速度和长度，其输出信号与一般常见的检测器兼容，可通过数据接口与控制系统相连或直接替代传统的多个环形线圈检测器。

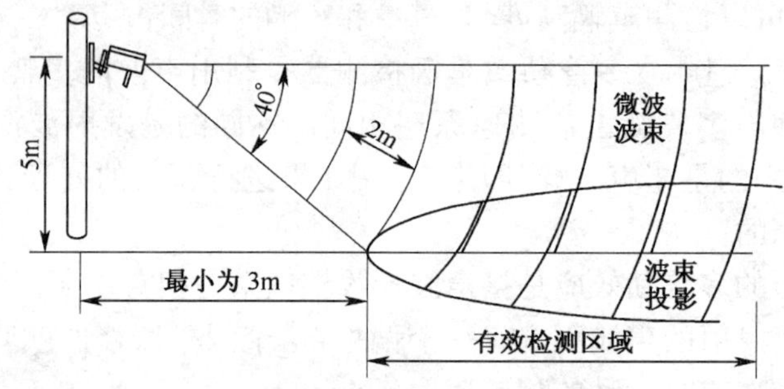

图 3－3　微波交通检测器工作时使用波形

微波交通检测工作时的波形有连续的电磁波和连续频率制式调制波两种。

(1) 连续的电磁波。这种电磁波的频率不随时间而改变。使用这种波形的检测器仅仅能够检测移动的车辆，检测不到静止的车辆。它在可视范围内应用多普勒原理可检侧车辆速度。

(2) 连续频率制式调制波（FMCW）。这种波的形状是锯齿形，可实现对多车道交通的实时检测。

2）优缺点

微波检测器工作在微波波段，它的波段长可不受气候环境的影响，能全天候在不中断交通或关闭车道情况下工作。可以侧向方式检测多车道，直接检测速度。但是安装条件要求较高，不能对车辆进行准确分析。

4. 激光交通检测技术

1）原理

激光检测技术是继脉冲式激光器诞生以后逐渐发展起来的一门集物理学、电子学和计算机应用学于一体的现代化科学技术。激光测速是采用激光测距的原理来测速，即通过对被测物体进行两次有特定时间间隔的激光测距，取得在该时段内被测物体的移动距离，从而计算得到该被测物体的移动速度。激光测距是通过对被测物体发射激光光束，并接收该激光光束的反射波，记录该时间差来确定被测物体与测试点的距离。激光车辆检测器是由激光发射器和接收器组合而成的新型的车辆检测器，通常分为对射式和反射式两种。对射式激光车辆检测器采用激光发射机和接收机相对直射布设的方式通过检测光束是否被阻断的原理，判断车辆的通过或存在，主要用于车辆速度检测、超高检测等场合。反射式激光车辆检测器由发射和接收一体机组成，单体布设通过检测光束是否有反射来判断车辆的状态，主要应用于超高、超长检测、防扭检测和车辆越线等检测。

2）可检测的参数

当接收机接收到阻断信息或反射信息时可以实现对通过车辆的车流量、速度、高度、长度等信息的检测。激光幕帘可同时扫描行驶车辆的三维轮廓，同时可以根据车辆的几何尺寸及外形轮廓特征来确定车型。

3）优缺点

激光光束为射线，因此有效距离可大于 1km；激光测速精度高，误差可小于 ±1km /h。此外，激光检测还具有环境适应性强，计数准确，维修方便等优点。激光检测对测量偏差角度要求高，当被测车辆的距离太远且处于移动状态时，测速难度大，成功率较低。激光测速只能被固定使用，其价格相对昂贵。

3.2.3　道路交通参数检测技术对比

在不同的道路、交通和天气条件下，各种交通参数采集技术在检测精度、成本费用以及检测器的具体安装方式等方面都存在较大的差异。现将各种交通参数检测技术所用的检测器性能及所能提供的交通参数对比如表 3－1 和表 3－2 所列。

表 3－1　典型的交通检测器的特点比较

检测技术	优　点	缺　点
环形感应线圈检测器	技术成熟、易于掌握 检测精度非常高	安装过程对可靠性和寿命影响很大 修理或安装需要中断交通 影响路面寿命 易被重型车辆、路面修理等损坏
视频检测器	可为事故管理提供可视图像 可提供大量交通管理信息 单台摄像机和处理器可检测多车道	大型车辆能遮挡随行的小型车辆 阴影、积水反射或昼夜转换可造成检测误差
微波检测器	在恶劣气候下性能出色 可以侧向方式检测多车道 可检测静止的车辆	检测器安装精度要求较高 道路具有铁质的分隔带时，检测精度下降
超声波检测器	体积小，易于安装 使用寿命较长，可移动	检测精度受环境影响较大
红外线车辆检测器	可以侧向方式检测多车道 可检测静止的车辆	性能随环境和气流影响而降低

表 3－2　典型的交通检测器提供的交通参数

检测技术	交通流量	占有率	车速	车队长度	多车道覆盖	其他参数
环形感应线圈检测器	√	√	△	△	√	车身长度
视频检测器	√	√	√	√	√	车头时距、车型
微波检测器	√	√	√	△	√	车头时距

（续）

检测技术	交通流量	占有率	车速	车队长度	多车道覆盖	其他参数
超声波检测器	√	√	△	△	×	
红外线车辆检测器	√	√	√	△	√	车型、静止车辆
注：√——直接检测；×——不能检测；△——间接检测						

3.3 道路交通参数检测方法

3.3.1 地感线圈检测方法

1. 安装材料

感应线圈，引入线通常采用交/直流低阻抗的12号或14号AWG线。线的粗细是一个重要因素，但更关键的是线的质量和绝缘体的类型。绝缘体可以是橡胶、热塑或聚合物。绝缘体不但要能经受来自起伏不平的街道的磨损和腐蚀，以及潮气、溶液和油剂的侵袭，还须承受酷热的气候和密封剂的高温。线圈一般为矩形，车道上的线圈应与相邻车道上的线圈保持一定的距离，以防止产生对相邻车道上的检测。线圈的宽度一般为1.0m，长度根据车道宽度而定，一般距车道两边分隔带0.3m，前、后两个线圈的间距为3.0m。

建议材料：蜡克线。

封装材料：沥青或环氧树脂。

2. 安装程序

1）开槽

在开槽之前，首先了解环线与馈线安装的施工计划、使用的材料及方法。因为线圈和馈线是极重要而又易损坏的部分，必须给予足够的重视。在开槽前应检查道路的表面是否坚固（有时地面下塌，会使线圈露在外面，要绕开这些地方）。在确定了线圈的方位后，在需开槽的路面根据实际要求的尺寸用明显涂料进行放样，施工时必须按图施工，以便使得槽尽量开直，要注意尽可能避免对现存的信号电缆、电话线电缆等线路的破坏。施工时车辆、行人必须绕行，标志及照明等措施必须具备。

2）开槽的顺序

首先应当开那些距路沿最远的线圈槽和馈线槽，这样安装线圈和馈线就避免了电缆的交叉，减少了电缆的接点（在理论上，应没有接点），允许线圈和馈线做成连续的。

3）槽的几何尺寸

线圈槽的剖视图如图3-4所示。根据要求的尺寸用开槽机开槽，一般槽的深度至少6cm，宽度为7mm～10mm，槽至少离开车道地基的金属加强筋50mm。若在钢筋混凝土车道上埋设线圈，就必须保证槽达到所需的深度，同时又要与加强筋保持一定的距离，尽量做到两者兼顾。

线圈的尺寸按照车道的具体情况而定，槽的尺寸按线圈的尺寸来切割。在槽的拐角处（即矩形槽的四角）沿对角线切槽，锯缝切过拐角，槽的深度也为60mm，如图3-5所示，以免弯度过小，损坏导线。

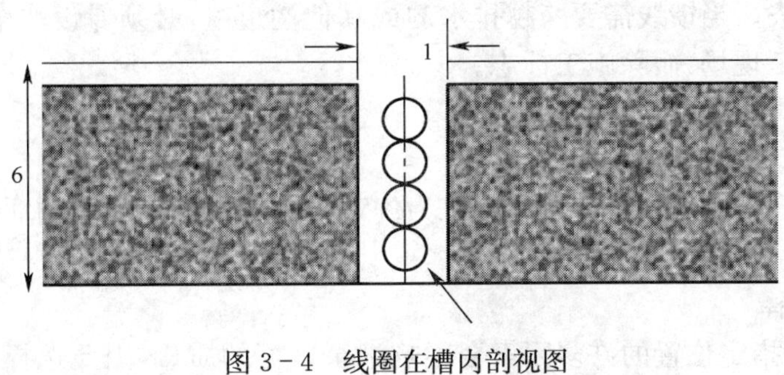

图 3-4　线圈在槽内剖视图

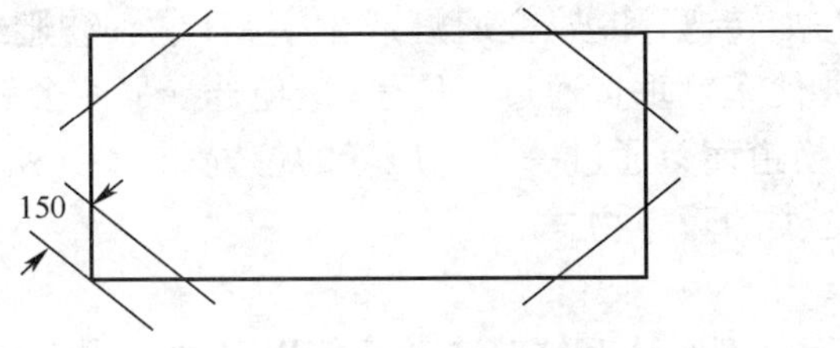

图 3-5　线圈拐角的

4）槽内清理

开槽后，要对槽内进行清理，使槽内无硬渣及灰尘颗粒，有条件时用空压机对槽内进行通风净化，保持槽内清洁、干燥，槽底部齐平。

5）铺设电缆

馈线电缆应尽量避开道路中心线，尽量减少对道路的破坏。铺设时应首先埋设距路边最远的，同时为了保证使埋设在含湿度土壤中的线圈不受影响，铺设在槽边缘的馈线应为铠装。

馈线的长度可达 150m 以上，但不能超过 500m，因为与线圈电感有关的馈线电感变大，会降低线圈的灵敏度，使车辆检测器发生漏检现象。线圈馈线每米至少需要拧 15 个花，以便尽可能减少各线圈馈线间的串扰。馈线由路边接头处起，沿槽顺时针地下线数匝（一般为 4 匝），再将线的另一端引到路边接线处（从环至接线处两线应绞绕并行）。馈线下槽后，用钝物将其压实，不得有线露出地面，不得用螺丝刀等利器捣线，防止损坏线。线圈和馈线尽可能用一根完整、无接点的电缆组成，如果需要用有接点的电缆，接点必须经过焊接，严格封装，封装应具备良好的防水和防腐蚀。

6）槽的回填

回填槽之前，须先封装所埋线圈。线圈封装前进行各项指标测量，符合要求后方可封装。封装时要仔细检查灌注封装材料，封装要灌实，以防止槽内形成空气囊影响线圈的电参数。

回填时要保证槽和电缆的干燥。首先采用冷浇法，用环氧树脂覆盖电缆，使数匝线圈能互相粘合，保证检测器可靠检测，间隔一会后，再采用热浇法，把沥青混合物填入槽内。浇注热沥青时要严格执行生产厂家所规定的加热温度，若是混合物过热，有较强的破坏性，可能导致电缆的绝缘性遭到破坏。由于沥青混合物在停止加热后很快变硬，所以在完成线圈的埋设工作后，只需很少的时间，便可允许车辆使用行车道。

7）电缆保护

馈线引到路边，穿入路边专用检查井或接线管槽。尽量将电缆埋在路面下 30mm 的地方以保证电缆少受损失。当馈线需要跨越排水沟或其他沟道时,必须专设非金属管道,用于保护电缆。最后清理施工现场,撤除施工标志。

3.3.2 气压管检测方法

以 Metro Count5600 车辆分型统计系统为例,系统地介绍基于气压脉冲检测原理的车辆分型交通检测方法。

1. 检测位置选择

选择位置时,被指定位置的许多因素会影响记录数据的质量,因此选择检测位置时要考虑以下几点:①所选位置一定使车辆能够匀速地通过气压管传感器,如果可能,要避免选择那些会让车辆加速或减速的位置,如转弯,陡坡,交通灯或十字路口处;②避免选择车辆会停在气压管传感器上的位置;③一定要使车辆垂直通过气压管,避免选择那些会斜向通过气压管的位置;④避免那些由于突然转向或换道而只通过一个气压管的位置;⑤要为路旁单元选择一个安全合适的位置,避免线杆或树木之类的障碍物。

2. 分型检测方法

Metro Count5600 车辆分型统计系统路旁单元能以多种方式安装,可以使用一个或两个气压管传感器。进行分型交通检测时,一台仪器可以检测一个车道或者两个车道,不同的车辆分型检测主要是通过橡胶气压管不同的布局方案实现。

1) 单台仪器对应单个车道检测方法

单台仪器对应单个车道检测,两条橡胶气压感传感器 A 和传感器 B 采用平行布局,这也是最基本的车辆分型检测方法。如要检测双向两车道时,每条车道应安装一台路旁单元,布局方法如图 3-6 所示。这种方法能够保证在指定位置有最佳的数据检测效果,如分型交通流量。

2) 单台仪器对应双向两车道检测方法

当在双向两车道上安装一台路旁单元时,要充分考虑到数据质量降低所付出的代价。因为任何基于两套平行传感器的车辆分型检测系统都存在一个问题,那就是当两辆车同时通过传感器时,路旁单元难于辨别车轴先后通过传感器的次序。

在双向两车道上安装一台路旁单元的方式没有经验统计,如果同时有两辆车通过传感器的几率很少,那么采集的数据质量仍然会很好。随着同时通过事件的增加,数据质量将会降低。这是评价单台设备使用的条件问题,而不是设备在任意选定位置采集数据的质量问题。

单台仪器检测双向两车道,仪器布局方法如图 3-7 所示。

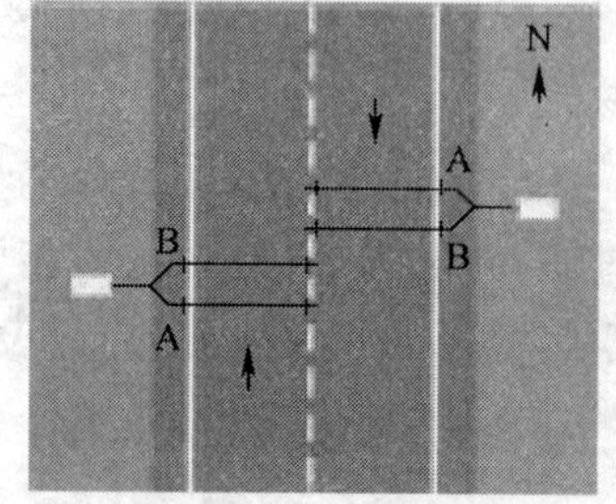

图 3-6 单台仪器单车道车辆分型检测

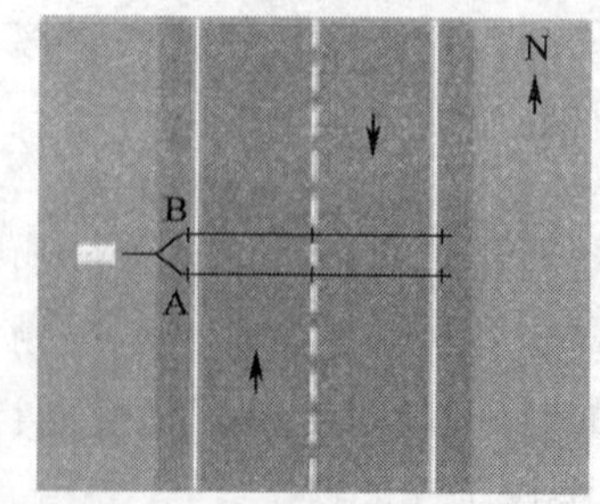

图 3-7 单台仪器双向两车道车辆分型检测

3）单台仪器对应同向两车道检测方法

当用一台仪器检测同向两车道时，将两条橡胶气压管传感器A和B进行交叉布局，这就相当于用一台仪器检测双向两车道，布局方法如图3-8所示。

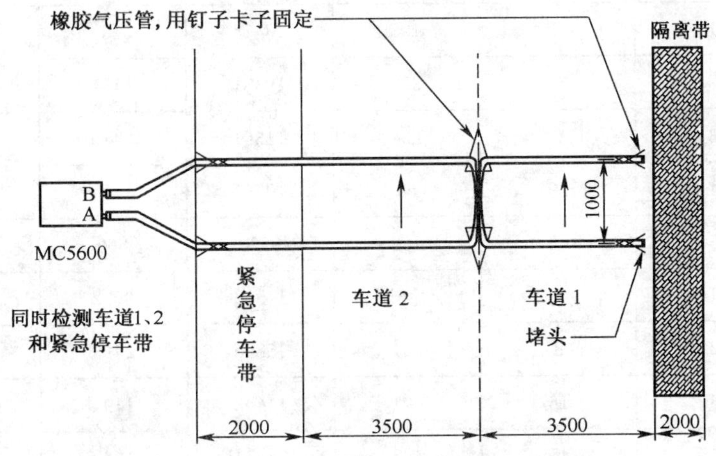

图3-8　单台仪器同向两车道车辆分型检测

3. 分型交通检测方法的实例应用

某大桥分车道分车型检测方案如下。

用Metro Count车辆分型统计系统对某大桥进行了24小时的分车道分车型交通流量检测。该大桥东西走向，共有9个车道，车道示意图如图3-9所示。

由西向东5个车道，采用3台仪器联合检测，其中两台仪器分别检测两个同向车道，另外一台仪器单独检测一个车道；由东向西4个车道，采用两台仪器联合检测，每台仪器均检测两个同向车道。

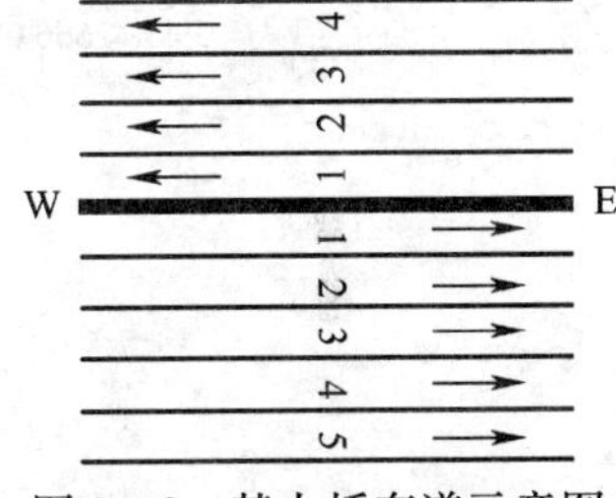

图3-9　某大桥车道示意图

因此，本次分型流量检测主要采用如图3-6和图3-8所示的检测方案，具体实施过程如下。

(1) 参数设定。利用Metro Count交通管理软件对路旁单元工作参数进行设定，设定项目包括气压管车胎接触顺序、气压管车胎反弹时间以及气压管布设间距、检测起始时间、检测车道划分、检测人员安排等。

(2) 现场安装。气压管传感器的布设需要封闭车道，利用4辆大桥路政养护工程车封闭车道，依次将由西向东右侧2个车道、由东向西右侧2个车道、由东向西左侧2个车道、由西向东左侧3个车道临时封闭，分别按照上述检测方案进行气压管传感器的布设与路旁单元的现场安装。

(3) 仪器拆除。工作完后24h后，依次临时封闭车道，拆除仪器。

4. 分车道分车型交通流量统计分析

通过主系统单元的通信端口，上传检测数据至计算机，用该系统专用的数据分析软件对数据进行分析处理，得出分车道分车型交通流量。

根据车型分类标准，由Metro Count交通数据分析软件可以得出该大桥分车道分车型交通流量统计，如表3-3所列。

表 3-3 某大桥分车道分车型 24 小时交通流量统计 (单位:辆)

车道	车型	一	二	三	四	五	六
由西向东	1	2	198	18418	5187	611	0
	2	32	327	19481	4134	1104	1
	3	0	234	11361	2470	491	1
	4	29	58	10297	1481	2493	10
	5	75	252	9233	860	724	2
由东向西	1	2	1443	17519	3932	598	0
	2	8	354	15855	2495	467	4
	3	16	601	14402	1194	2170	32
	4	45	483	17574	1289	2740	51

注:表中给出 6 种车型统计,车型一、二、三、四、五、六分别为摩托车、微型车、小客车、轻型车、中型车、大型车,另 3 种车型七、八、九分别为拖挂车、小型及大型拖拉机。

通过对检测数据的分析处理,根据需要对分析软件进行自定义设置,可以输出多种个性化的数据处理结果,例如可以得出某车道分车型交通流量饼状分析图,如图 3-10 所示。

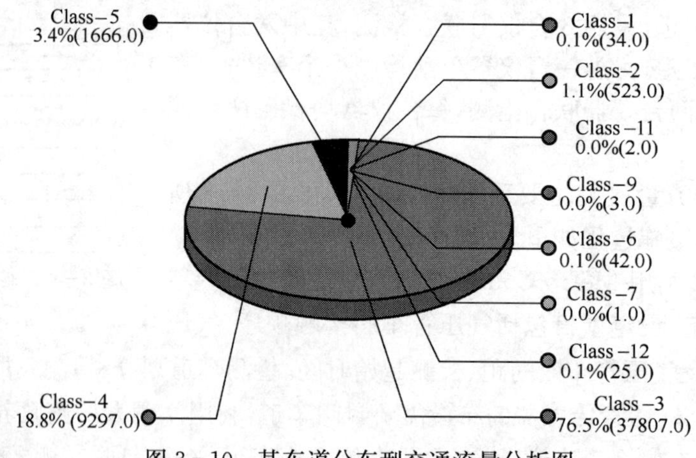

图 3-10 某车道分车型交通流量分析图

3.3.3 微波检测方法

微波交通检测器的安装方式可以分为正向安装和侧向安装。根据微波工作的原理侧向安装检测的速度是每一辆车一段距离内的平均速度,正向安装是利用多普勒效应对每辆车的实时速度进行检测,其他测量参数相同。正向安装每台设备只能检测一条车道的信息,要想检测多车道车辆信息需要多台检测设备。而且正向安装需要安装悬挂门架,在道路中间施工需要中断交通。从安装成本和便利性上综合考虑建议采用侧向安装使用方式。侧向安装需要考虑的因素:需要检测的车道数和立柱的位置,中间隔离带和路肩宽度的影响。

1. 安装设置

1）安装位置的设置

(1) 单点检测器设置，可选择合适的路侧、车道设施，如路侧立柱、灯杆、门架、立交桥、人行过街天桥等。

(2) 同一路段设置多点检测器时，应注意设备间距，以避免同一频段的微波互相干扰。

(3) 检测器的检测区域不应有明显的遮挡，如钢筋混凝土建筑物、金属板、茂密树冠等。

(4) 应保证检测器安装的支护结构的稳定性。

2）安装高度的设置

根据应用需要及检测车道的实际情况，安装高度宜为相对检测路面4.5m～7m。

3）安装角度的设置

安装角度应确保检测器的辐射面覆盖所检测区域。

2. 安装工作模式

1）侧向安装

(1) 检测器侧向设置图如图3-11所示。

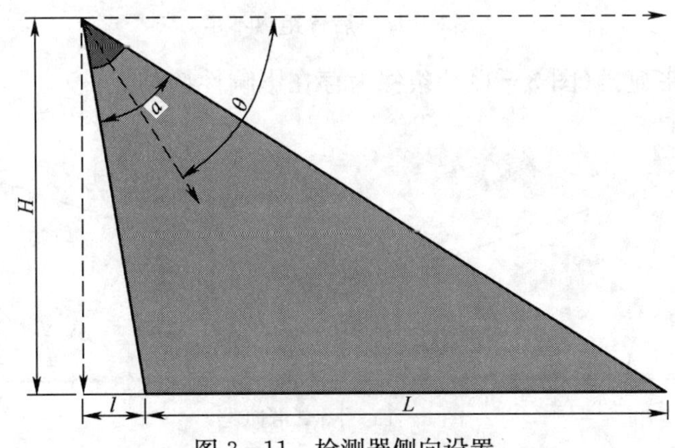

图3-11　检测器侧向设置

$$l = H\cot(\theta + \alpha/2)\ ,\ L = H\cot(\theta - \alpha/2) - l \tag{3.14}$$

式中　H——安装高度；

l——检测第一个车道边界距离；

L——探测的距离；

α——E面波束宽度；

θ——安装角度。

(2) 确定安装位置。

侧向安装的检测器，后置距离应保证波束可覆盖所有需要检测的车道，同时应保证其波束发射方向与车道垂直。

检测车道中间有高大隔离设施或后置距离不足时，应双向安装以避免其对检测器检测效果的影响。

典型设置如下。

① 设置一：检测器侧向检测(图3-12)，条件为有足够后置距离，无影响性遮挡。

② 设置二：后置距离不足(图3-13)，条件为无法检测第一条车道车辆，即后置距离不足。

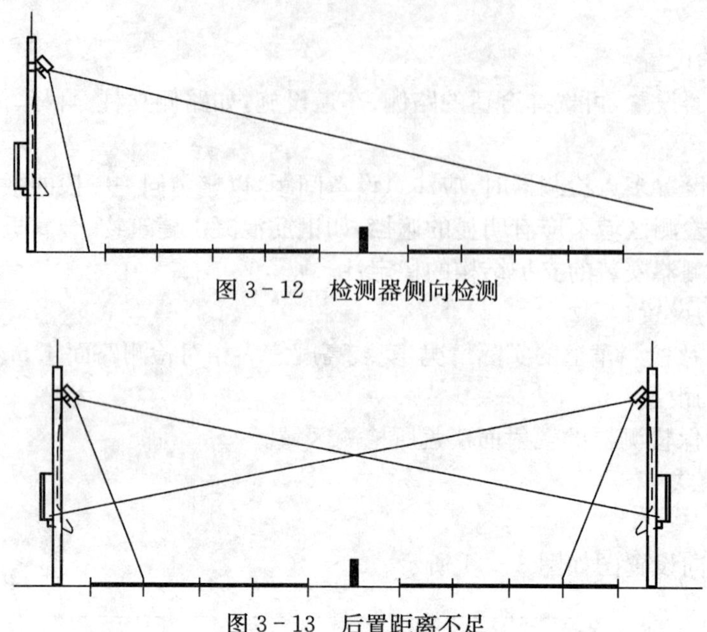

图 3-12　检测器侧向检测

图 3-13　后置距离不足

③ 设置三:隔离带遮挡(图 3-14),条件为存在影响性遮挡。

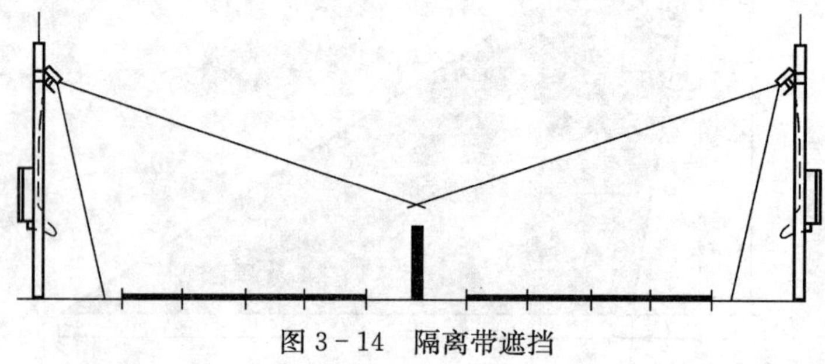

图 3-14　隔离带遮挡

④ 设置四:小位差地段(图 3-15),条件为后置距离 3m～5m、检测车道不大于 8 条、检测车道隔离带与检测器无影响性遮挡。

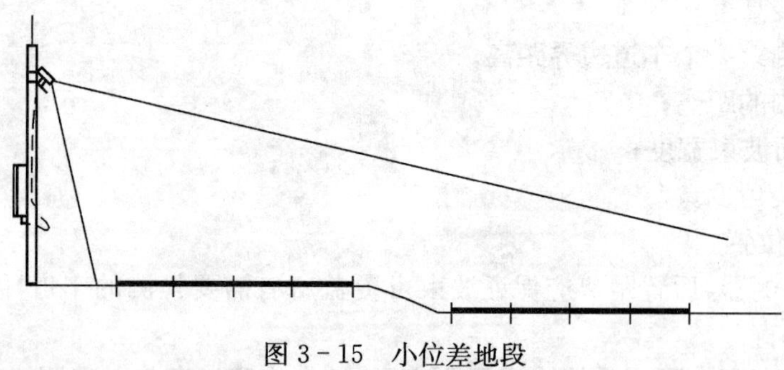

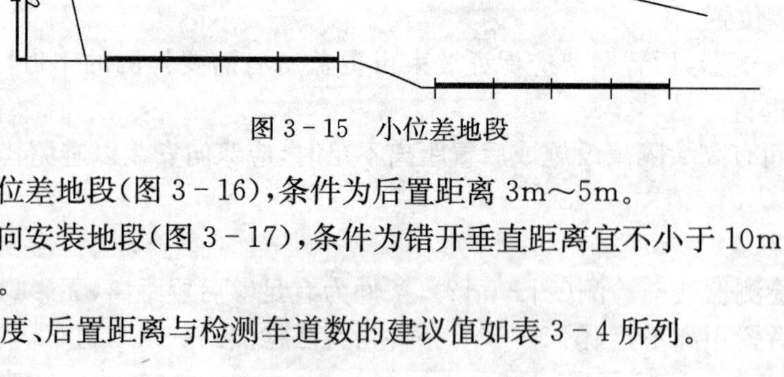

图 3-15　小位差地段

⑤ 设置五:大位差地段(图 3-16),条件为后置距离 3m～5m。

⑥ 设置六:双向安装地段(图 3-17),条件为错开垂直距离宜不小于 10m。

(3) 设置高度。

检测器安装高度、后置距离与检测车道数的建议值如表 3-4 所列。

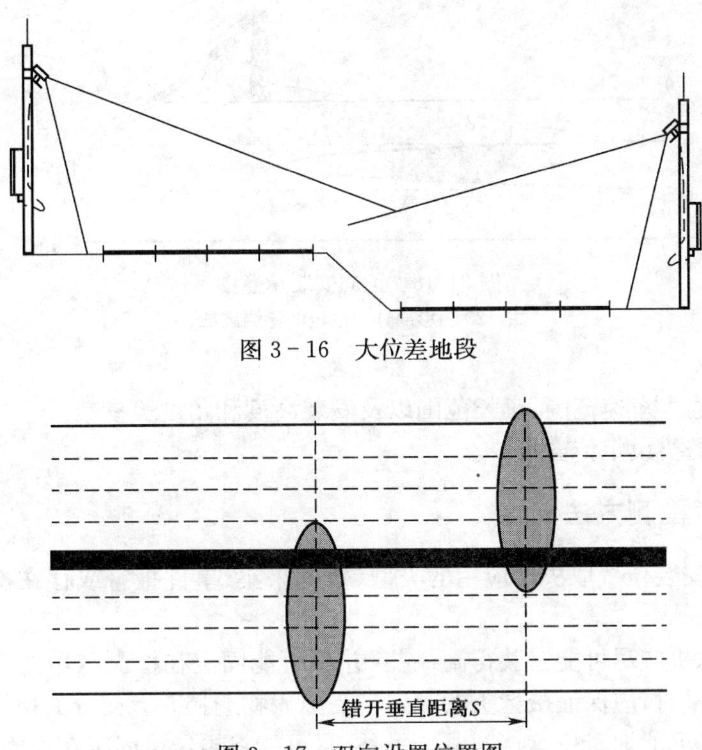

图3-16　大位差地段

图3-17　双向设置位置图

(4) 设置角度。

制约安装角度的因素有：波束宽度 a、后置距离 L_1、高度 H、探测距离 L。根据检测器常用的安装高度、后置距离、检测车道数，且 E 面波瓣宽度 a 不小于 45°时，角度设置如表3-4所列。

表3-4　角度设置

检测车道数/条	后置距离 L_1/m	安装高度 H/m	安装角度 θ/(°)
2～3	≥2	4.5	42～55
4	4.0～4.5	5	50～60
6	4.5～5.0	5.5	55～65
8	5.0～7.0	7	58～65

2) 正向设置

(1) 检测器正向设置图。

检测器正向设置如图3-18所示。

(2) 安装位置。

用于正向设置的检测器应位于车道正上方。

(3) 高度设置。

为保证检测效果，安装高度宜为4.5m～7m。

(4) 角度设置。

应使检测器微波发射方向与检测车道中心线重合或平行。

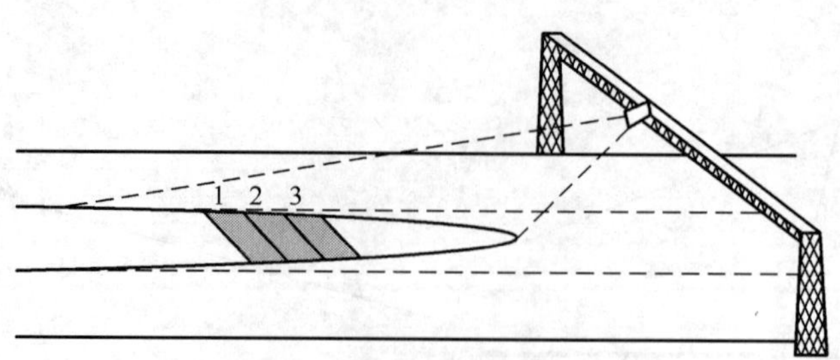

图 3-18 正向安装示意图

注:123 阴影部分为设定的检测区域。

(5) 软件设置。

① 设置参数:输入车速范围、车长范围以及安装高度和角度等参数。

② 输出:根据需要设定传输接口。

3.3.4 视频交通检测方法

摄像机的最佳安装位置取决于应用的类型(数据采集、事件报警或存在检测),并且会受到环境条件的制约。

一般来讲,摄像机应尽可能安装得高一些,并尽可能固定在检测区域的中间位置。在选取视频摄像头安装位置时,应保证摄像头的视线不受障碍物遮挡并有充分的检测视距。如果不能满足这种要求,要尽可能地避免遮挡问题。另外,尽可能将摄像机固定在稳固的立柱上,特别是长期应用时,更应注意。

摄像机视域取决于它的安装高度和镜头,一般摄像机视距为其安装高度的 10 倍,建议安装高度不小于 10m。如果用于隧道内,其检测区域通常限制在 350m 之内,为安装高度的 15 倍。为了保证计数精度,检测器应设置在与车道垂直的地方,但为了保证检测停止或移动车辆存在时的精度,应设置在与车道平行的地方。

视频摄像头设置在中央分隔带或路侧,其安装位置如图 3-19 和图 3-20 所示。

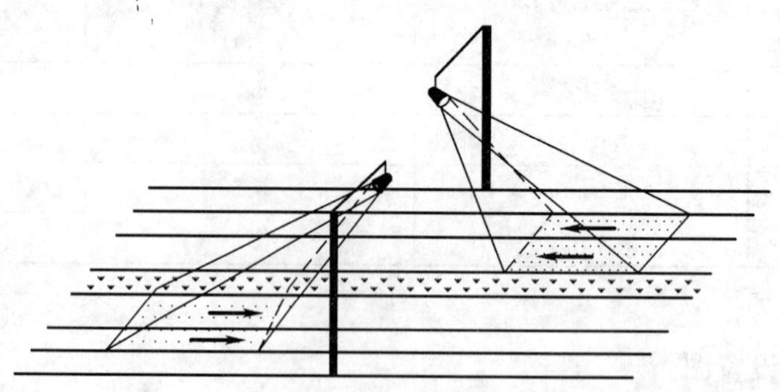

图 3-19 视频摄像头高杆架设在道路两侧

3.3.5 地磁感应交通检测方法

1. 安装位置

常使用 NC-97 HI-STAR 交通流量统计仪,因为它是小型外型设计元件,可在公路表面安装。统计仪应该安装在车道断面的中部,统计仪上的箭头指向交通流动的方向。图 3-21 描述了统计仪安装的典型位置。

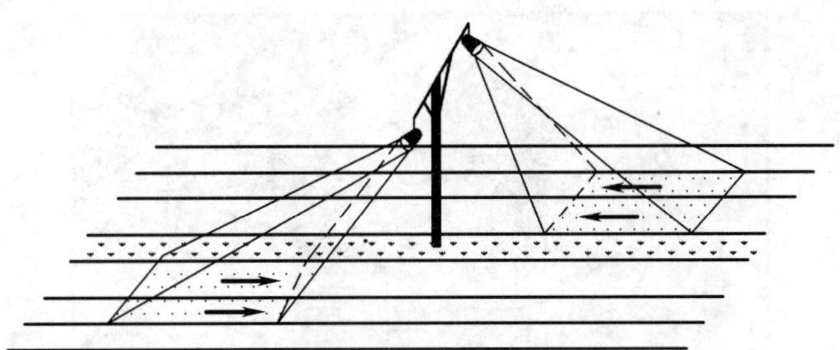

图 3-20　视频摄像头高杆架设在道路中央分隔带上

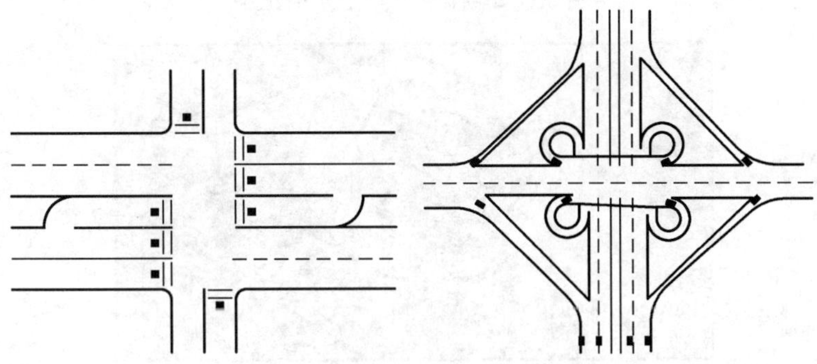

图 3-21　统计仪安装的典型位置

在交通流动自由区域，交通流量统计仪可以安装在任何需要的位置。但是，流量仪的实际安装位置与需要位置并不一定完全相同。一方面，流量统计仪不应安装在路表接近弯曲处，因为在这些地方，司机可能错过流量仪，而这种情况尤其发生在宽广交通路表面上；另一方面，由于流量统计仪不能抵消桥梁金属构造所产生的磁场效应，因此流量统计仪应避免安装在金属桥梁上，假如桥梁测量必须使用的话，则应将流量统计仪安装在桥梁前部或后部，在一些桥梁，可以忽略桥路和弯道的影响，最好进行测试来确定最佳位置。

在车辆趋向停车或低速的位置处，流量统计仪应安装在停车线位置，但停车线在弯道尾部除外。在十字路口时，流量仪的安装在停车线的附近，且在一定间距范围内，以保证车辆的最大磁场接近统计仪。

2. 安装方法

流量计的正确安装是其成功使用的前提。假设流量计未正确安装，它就不能工作。安装前，应利用计算机通过 IP－10A 接口适配卡和 LP 或 HDM－97 软件对流量计进行设置。安装时特别注意 NC－97 外壳上部铸有的一个大箭头，这个箭头应指向车辆流动方向，假如 HI－STAR 安装方向相反，它仍旧能统计车辆数量但却不能对车辆进行分类。同时应注意，在安装或拆卸流量计时，一定要穿着恰当的服装、反光背心，带安全眼镜与安全帽。在交通流被阻止或是分流之前，切勿进入车道。安装步骤如下。

第一步：(1) 把流量计放置于交通流(车道)正中(图 3-22)。注意位置应水平并且平整的。

(2) 进行无线确认(图 3-23)。如果设置流量计进行无线确认，继续第二步 A；如果未选择，则继续第二步 B。

第二步 A：(1) 把天线放入流量计电器插座最左边的针孔(图 3-24)，切记在继续操作前将天线穿过保护外壳。

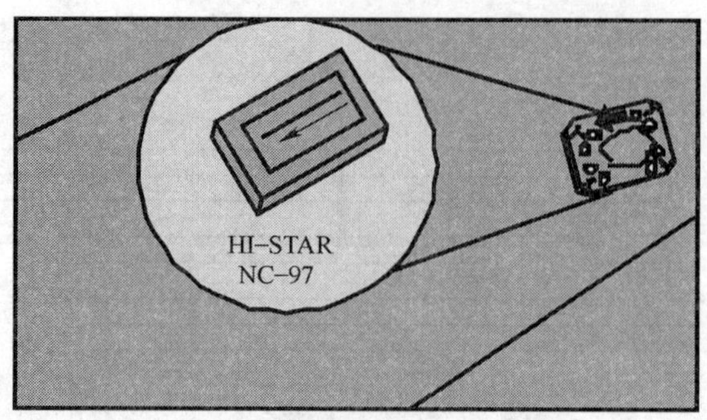

图 3-22 流量计置于车道正中

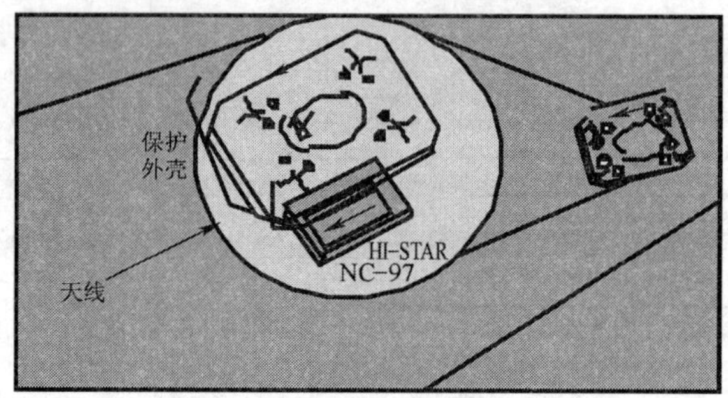

图 3-23 无线确认

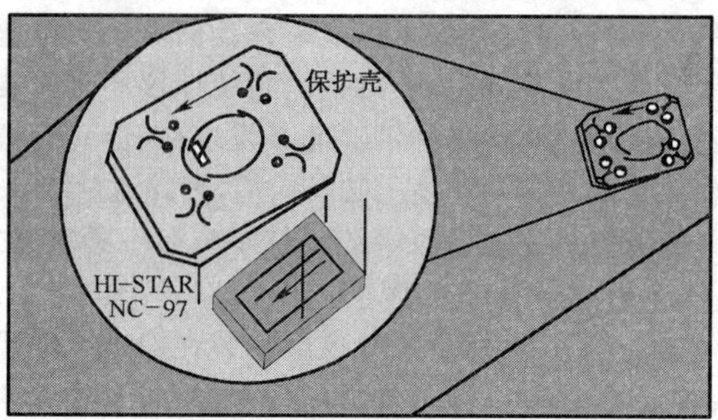

图 3-24 将天线放入针孔

(2) 放大:确保天线连接到正确的针孔,并穿过保护壳上的孔(图 3-25)。绝对不允许天线连接器(铜)接触到 NC—97 的金属外壳。在安装完保护外壳后,天线应 45°折向车辆流动方向,这将帮助防止天线松动。

图 3-25 天线连接

第二步 B:将保护壳盖在流量计上面(图 3-26)。

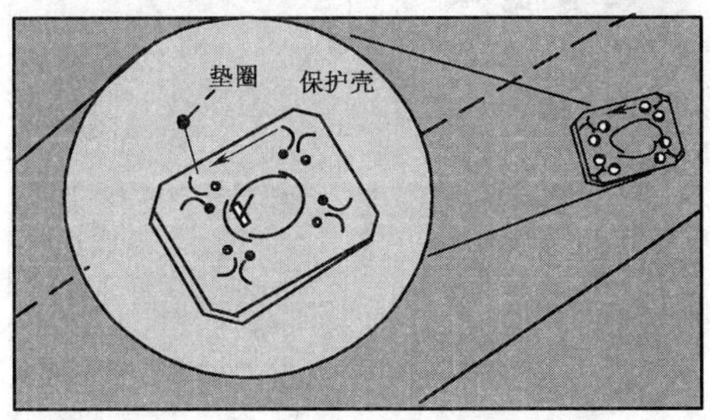

图 3-26　盖保护壳

第三步:在保护壳上的 4 个凹下的圆孔处各放入一个垫圈(图 3-27)。假如本区域车流量较大或地基较松软,可使用 8 个垫圈与钉子。

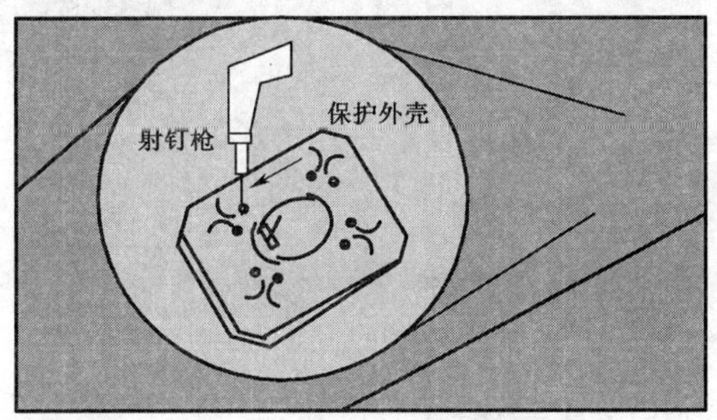

图 3-27　在圆孔放入垫圈

第四步:用射钉枪将保护壳固定于地面(图 3-28),对水泥混凝土路面应进入 1/2 英寸深;而沥青路面则应进入 2 英寸深。注意:使用过强的火药桶会损坏保护壳或是减弱紧固成度。

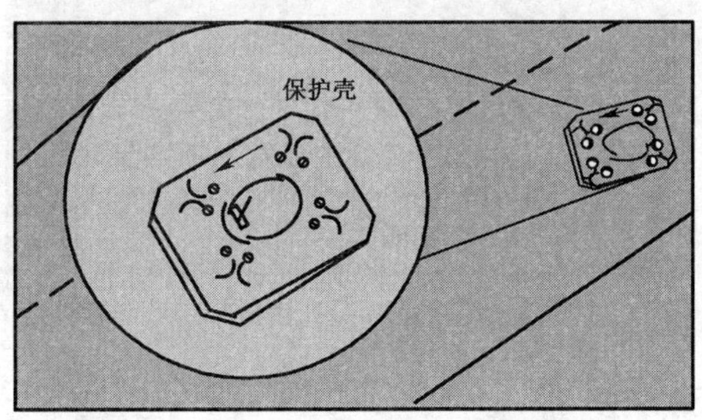

图 3-28　将保护壳固定于地面

第五步:流量计已正确安装完毕。

第六步:(拆卸流量计)在调查完成之后,使用一个扁平的撬杆来撬起保护壳(图 3-29)。

注意:将撬杆放在钉子下边撬起而非保护壳下边,这样可以将对保护壳的损坏降至最小程度。

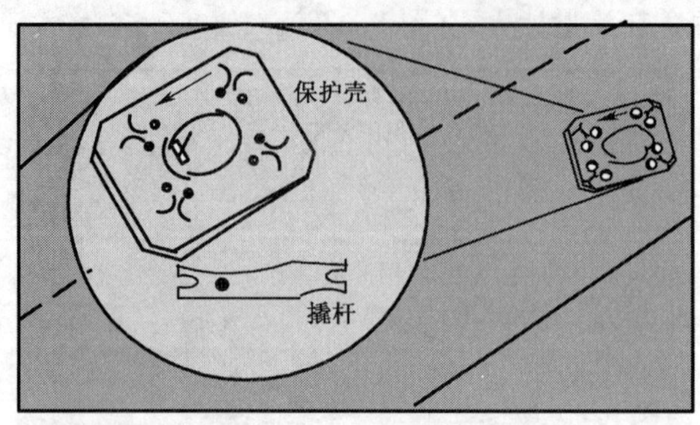

图 3-29　撬保护壳

第七步:完整取回保护壳,保存好以备下次使用(图 3-30)。

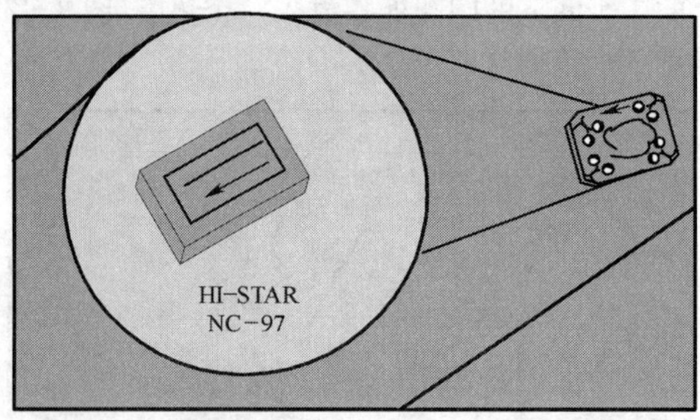

图 3-30　取回保护壳

第八步:由车道中间取回流量计(图 3-31)。

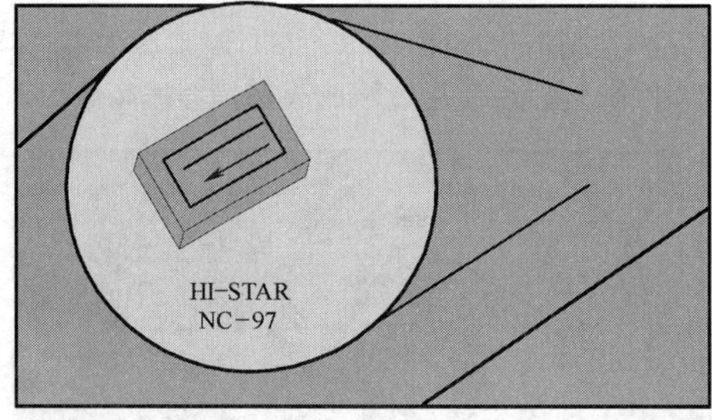

图 3-31　取回流量计

3.3.6　超声交通检测方法

超声波探头通常采用悬挂式安装方式,可以安装在行车道正上方 5m～7m 处(正向安装),也可以安装在路侧的灯杆上或专门的立柱上(侧向安装),有正向安装和侧向安装两种方式。

1. 正向安装方式

超声波探头采用悬挂式安装方式(图 3-32),不仅避免了对路面的破坏,同时也保证了超声波探头自身的使用寿命,并且超声波探头的工作不会因路面状况的变化而受到影响,这正好弥补了环形线圈式车辆检测器及其他磁频车辆检测器破坏路面的缺陷，因而得到广泛的应用。

2. 路侧安装方式

路侧安装方式的检测精度比正向安装方式要差一些，在无法使用正向安装方式的道路环境条件下使用，如图 3－33 所示。

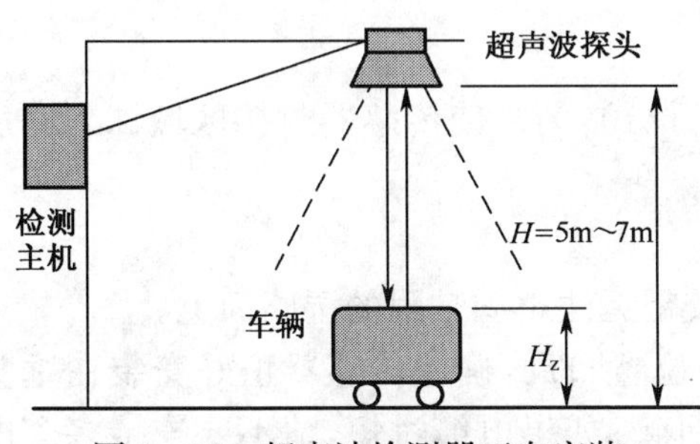

图 3－32　超声波检测器正向安装

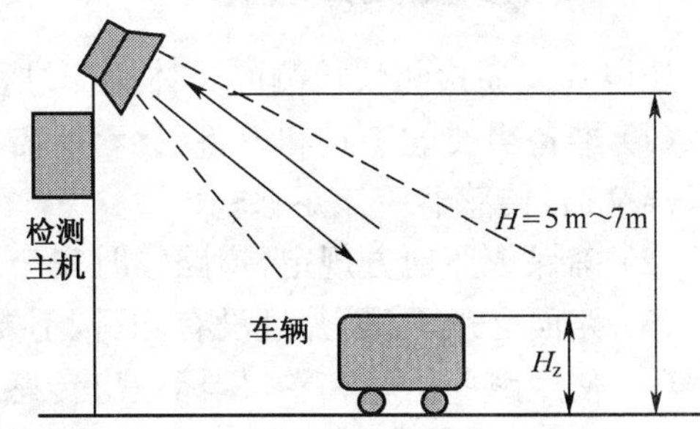

图 3－33　超声波检测器路侧安装

3.3.7　激光检测方法

激光检测是由激光发射器和接收器组合而成的新型车辆检测器。根据不同的工作原理和应用场合，发射机和(或)接收机可以安装在公路旁的立柱上或公路正上方的信号灯柱、高架横梁、过街天桥上。目前，最新的激光车辆交通检测方法是通过路侧激光交通调查仪进行交通检测。下面以 Axle Light RLU11 路侧激光调查仪为例介绍激光检测交通调查方法。

Axle Light RLU11 路旁单元采用两个激光传感器提供信号，由一个锂电池组提供电源，此电池组用户可以自行充电，在进行连续的数据收集时，其使用寿命至少可达 8 小时。如果使用外部电源供电，可以连续工作更长时间。主系统单元采用不锈钢外壳材料，保护内部结构，激光器和采集单元采用完全防水密封设计，路旁单元与外部通信是通过密封的圆形接口进行，此接口采用标准的 RS－232 通信接口以及相应的支持软件。路旁单元能以两种方式安装，可以使用一个或两个激光传感器。但是，最常用的方法是采用车辆分型统计布置方式，这种方法需要平行布置两条距离 0.5m 远的激光传感器。使用一个激光器的方式暂时不建议使用。

1. 检测位置选择

被选定位置的许多因素会影响记录数据的结果质量，因此选择检测位置时要考虑以下几个方面的内容。

(1) 所选择的位置一定使车辆能够匀速地通过激光传感器，避免选择那些会让车辆加速或减速的位置，如转弯，陡坡，交通灯或十字路口。

(2) 一定要避免选择车辆会停在激光传感器光束上的位置。

(3) 一定要使车辆垂直通过激光，避免选择那些会斜向通过激光的位置。

(4) 避免那些由于突然转向或换道而只通过一个激光的位置。

(5) 要为路旁单元选择一个安全合适的位置，避免线杆或树木之类的障碍物。

(6) 路旁单元可以安放在路边，也可以放在路中间的隔离带一侧，但安放在隔离带的设备检测数据时干扰较小，相对精度也高一些。

2. 安装方法

路侧激光可同时检测多条车道，可以通过设置检测范围来检测 1～4 条车道的数据，单向 4

条车道的检测是最常用的一种情况。路侧激光的现场安装较为简单,只需用链锁把设备锁在附近的护栏、杆子上确保安全即可。但必须使用电脑和数据连接线现场调节激光束的角度,确保激光束都打在车轮上。

3.3.8 压电式检测方法

压电式交通检测仪检测的具体操作过程如下。

(1) 准备需要的工具和设备(参看所需工具设备部分),为了使传感器封接区域深入路肩并且远离交通,传感器应该足够长。

(2) 确保依照地方规定,道路临时安全封闭。

(3) 路面必须干燥,并且没有砾石,不要安装在胶带无法牢固粘附的湿路面上。

(4) 使用路面蜡笔和卷尺,标记出传感器安装的位置布局,确保传感器正好安装在垂直于交通流的方向;并核实传感器电缆长度,能够延伸到机箱;如果电缆过短,请不要连接多个电缆以延长长度。

(5) 切一段带腔囊的沥青胶带,其长度大于车道宽度与路肩宽度之和;如果使用没有口袋的沥青胶带,每个传感器用两个等长度的沥青胶带代替。

(6) 将传感器穿入沥青胶带的囊内,并且在囊的末端大约 2 英寸的地方停下来,如果使用无囊的沥青胶带,则按如下步骤进行。

① 切一段比沥青胶带短大约 2 英寸的聚乙烯塑料套管。

② 把传感器穿入管套内。

③ 把一条沥青胶带的黏着面朝上,去除保护层。

④ 把传感器按到胶带的粘着面上使传感器黏着在胶带上,确保传感器沿着胶带中线布置,确保胶带超出传感器的末端 2 英寸。

⑤ 把第二条沥青胶带粘在第一条胶带的黏着面上并按压,使传感器被完全包裹在胶带之间。

(7) 去除胶带黏着面的保护膜,并依照之前的标记把传感器直接安置在路面上。

(8) 按压胶带使传感器能够牢固地黏附在路面上。

(9) 使用钉子和垫圈在胶带的末端把胶带钉在道路上;如果道路路面多孔隙,需要沿着胶带每几尺就钉钉子以使胶带稳固在路面。

(10) 束缚住同轴馈线电缆,然后到设施的位置,依照设备手册的说明连接所有的电线。

(11) 数据记录处理完成后,沿着胶带的一边切开胶带囊,折叠囊壁,取出传感器,保存好传感器以备以后使用。

(12) 如果要完全移除沥青胶带,则需要暖风机和刮刀;否则切掉囊的另一边,然后去除材料的宽松层,留下剩下的沥青胶带黏着在路面上。

第4章 道路交通状态判别技术

第3章阐述了交通流状态参数的检测技术，通过大量的交通检测设备，如环形感应线圈、视频检测设备，以及大量安装有GPS设备的公交和出租车等，可以获取大量的交通信息，这些信息是控制和管理交通系统的有用的资源。同时通过这些交通信息，对交通状态进行实时准确的判断把握，是实现交通系统科学化和智能化管理和决策的必要前提。本章在第3章的基础上，阐述交通状态的分级判别标准及自动判别方法。

4.1 交通状态度量及分级

4.1.1 交通状态度量

交通状态描述的是交通系统的拥挤程度，并且通过交通状态的特征指标进行体现。国内外研究学者在交通状态的分析、判别等方面作了大量的研究提出，交通状态应通过合适的指标来度量，而能反映交通状态的指标体系又以各种交通参数为基础，因此交通状态指标与交通参数本质上是一种映射关系。即可以把交通状态和交通参数看作是两个集合 A 和 B，它们之间通过某种对应法则 f 联系起来。具体如图4-1所示。

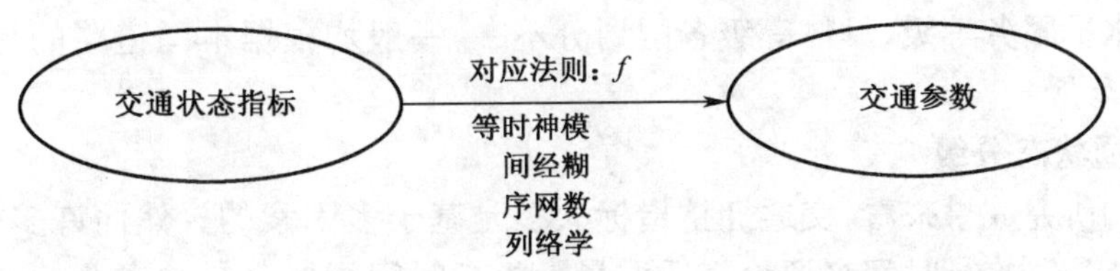

图4-1　交通状态指标与交通参数关系图

国内外许多学者对交通状态的评价标准进行了大量研究，取得了许多有益的成果。有学者将拥挤指标分为HCM指标、队列指标和基于旅行时间指标3组。常用的HCM指标为饱和度(v/c)、平均交叉点延误和服务水平；常用的队列指标为队列长度和道路占用率；基于旅行时间指标为旅行时间、旅行速度和延误。有的学者将交通状态指标归纳为旅行时间、可接受旅行时间、路段、速度、行程率、延迟、总延迟、延迟率和相对延迟率8项。也有学者认为交通指标与价格指数，通货膨胀率或失业率有相似之处，他们提出在考虑交通指标的估算时，为了保证数据的质量，应考虑道路施工、群众活动、传统节日和不良天气对交通的影响，他们认为交通拥挤指标应为由探测器可直接测出的变量—流量、占用率和速度的函数，具体由行驶总距离、平均流量、总时间花费、平均速度、平均旅行时间、总延误、流动性和拥挤密度等几项组成。

4.1.2 交通状态分级

1. 交通状态分级原则

综观国内外交通状态的分级研究，可以得出交通状态分级涉及以下几个主要方面。

(1) 可以接受的交通状态分级不仅依赖于道路方面的情况，而且还受出行者驾驶感觉和对道路熟悉程度的影响。较高的设计速度和较好的地理特征环境设计会使出行者在自由流时速度较高。相反，道路设计如果受地理环境制约很大并且路面条件较差，则会使得出行者认为该路的自由流速度会很低。因此，交通状态的分级结果并不是对每条道路都会达到同样的效果，正确的做法应根据所在道路的情况以及道路上设备所采集的交通流信息，依照科学方法进行交通状态分级。

(2) 通过国内外交通状态的研究，已经得出很多种交通状态分级的方法，但并不是每种方法都适用于各种道路的实际情况。由于交通状态分级的目的(宏观决策或实时检测)不同，交通状态分级的地理范围(城市区域界别，单条道路级别等)不同以及交通状态分级的时间范围不同(实时得出交通状态或延迟得出交通状态)等众多因素的影响，每种参数都不是通用的，因为单个交通参数有时会对应两种不同的交通状态，即某些参数具有二值性，因此交通状态对于某些参数也具有两面性。

(3) 临界时的交通状态对于不同人的感觉有时会不同，这说明交通临界状态具有模糊性。交通状态的分级会因人而异、因道路而异、因环境而异，所以随着时间的变化，交通状态的分级结果并不是从一而终的。当道路、环境和相关因素改变，需要对交通状态的分级进行重新标定或核对。

结合道路交通实际情况，得到的交通状态分级既要符合交通管理者、决策者的要求，也要符合出行者的要求，一般根据选取的指标综合考虑上述因素进行分级。以美国的 LOS 服务水平为例，它与交通状态分级有一定相同之处，用来衡量道路为驾驶员、乘客所提供的服务质量的等级，其质量可以从自由运行、高速、舒适、方便、安全满意的最高水平，到拥挤、受阻、停停开开、难以忍受的最低水平服务等级，具体等级各国划分不一，一般均根据本国道路的具体条件划分为 3 个～6 个服务等级。

2. 常用交通状态分级

从国内外的研究成果来看，交通拥挤指标大多是基于多因素的。然而许多研究认为，在实际生活中人们总是以旅行时间来评价交通质量。旅行时间指标容易被专业的交通机构和出行的公众理解和接受，可以从不同的时间、空间维度上按不同要求描述交通情况；旅行时间指标既能恰当地描述特定地点交通拥挤状况，也能描述整个道路交通拥挤状况，可用于长时间(几年或十年)维度的分析，也可用于短时间(几分钟、几秒)的维度的分析，此外，道路质量、通行条件、交通事故、天气变化、国家政策等因素对交通的影响也可以通过旅行时间表现出来。

旅行时间指标很容易转换成其他指标，如使用者成本，也可以直接用于检验规划模型，比如检验预测出行需求模型。因此，2000 年版的 HCM(美国《道路通行能力手册》)以旅行时间作为通用标准，其他指标以旅行时间为中心构建。下面以北京市综合交通指数及国家相关规程进行阐述。

根据北京市公安交通管理局关于道路通畅的标准，当城市道路车流速度 (v) 不低于 40km/h

时，认为道路是通畅的，此时每千米的旅行时间定为1.5min，将此旅行时间定义为可接受旅行时间。若每千米的旅行时间不大于1.5min，即$v \geqslant 40$km/h时，拥挤指数为0，此时交通状况为“优”。

当30km/h$\leqslant v <$40km/h时，车辆行驶较缓慢，车流状态不稳定。当$v=30$km/h时，每千米旅行时间定为2min，拥挤指数为33，此时交通状况为“一般”。

一般情况下自行车车速为15km/h，若机动车车速在15km/h～30km/h时，即每千米旅行时间为2min～4min时，表明道路交通负荷较大，拥堵比较明显。此时拥挤指数为33～167，交通状况为“较差”。

如果机动车车速小于或等于自行车车速(即$v \leqslant 15$km/h，旅行时间大于每千米4min)时，机动车使用者在心理上会感到交通拥挤非常严重，此时拥挤指数等于或大于168，交通状况为“差”。适用于本交通拥挤指数的交通评价标准如表4-1所列。

表4-1　交通指数评价标准

指数范围	级别	交通状况描述
0	优	车流稳定、车速正常、道路通畅
0～33	一般	车流出现不稳定状态、车速开始不正常
33～167	较差	车流时常出现不稳定状态、车速偏离正常情况较大、交通负荷较大、出现拥堵
≥168	差	车流极不稳定、车速偏离正常情况极大、交通阻塞严重、车速小于自行车正常行驶时的速度

我国公安部2002年公布的《城市交通管理评价指标体系》中规定，用城市主干路上机动车的平均行程速度来描述其交通拥挤程度。

(1) 畅通：城市主干路上机动车的平均行程速度不低于30km/h。

(2) 轻度拥挤：城市主干路上机动车的平均行程速度低于30km/h，但高于20km/h。

(3) 拥挤：城市主干路上机动车的平均行程速度低于20km/h，但高于10km/h。

(4) 严重拥挤：城市主干路上机动车的平均行程速度低于10km/h。

4.2　道路交通状态指标体系

1. 道路交通状态指标体系的设计原则

道路交通状态包括宏观路网交通状态和微观路段和交叉口交通状态两个方面，其中路网的宏观交通状态取决于每个路段和交叉口的微观交通状态。为了便于交通控制管理部门进行交通运行管理决策、交通管理规划决策、路网规划决策和交通参与者出行决策的需要，在确定道路交通状态指标体系时应遵守以下原则。

1) 科学性原则

科学性原则是指交通状态指标体系应建立在科学的基础上。首先，指标体系中的各个指标以及涉及到的各种交通参数的概念、符号、公式的表述应力求准确无误；其次，指标的选取应合理，避免重复或遗漏。

2) 实用性原则

实用性原则是指所设计的指标体系要具有良好的适用性、可行性和可操作性。首先，指标体系要简繁适中，指标的计算方法要简便易行，即指标体系不可设计得太烦琐，在基本保证评价结果的客观性、全面性的条件下，指标体系应尽可能简化，减少或去掉一些对评价结果影响甚微的指标。其次，数据要易于获取。无论是定性评价指标还是定量评价指标，其信息的来源渠道必须可靠，并且容易取得，否则评价工作难以进行或代价太大。再次，整体操作要规范，各项评价指标及其相应的计算方法、各项数据都要标准化、规范化。最后，要严格控制数据的准确性，能够实行评价过程中的质量控制，即对数据的准确性和可靠性加以控制。

3）通用可比性原则

评价指标体系的通用可比性是指指标体系中各项指标、各种参数的内涵和外延保持稳定，用以计算各指标相对值的各个参照值不变。通用可比性原则还包括指标之间的纵向比较和横向比较。

4）层次性原则

层次性原则即把研究的对象根据一定的规则分成不同的层次，针对不同的层次采取不同的指标。

2. 道路交通状态指标体系的构成

根据道路交通状态指标体系的设计原则，提出具有 3 层结构的城市道路交通状态指标体系，如图 4－2 所示。

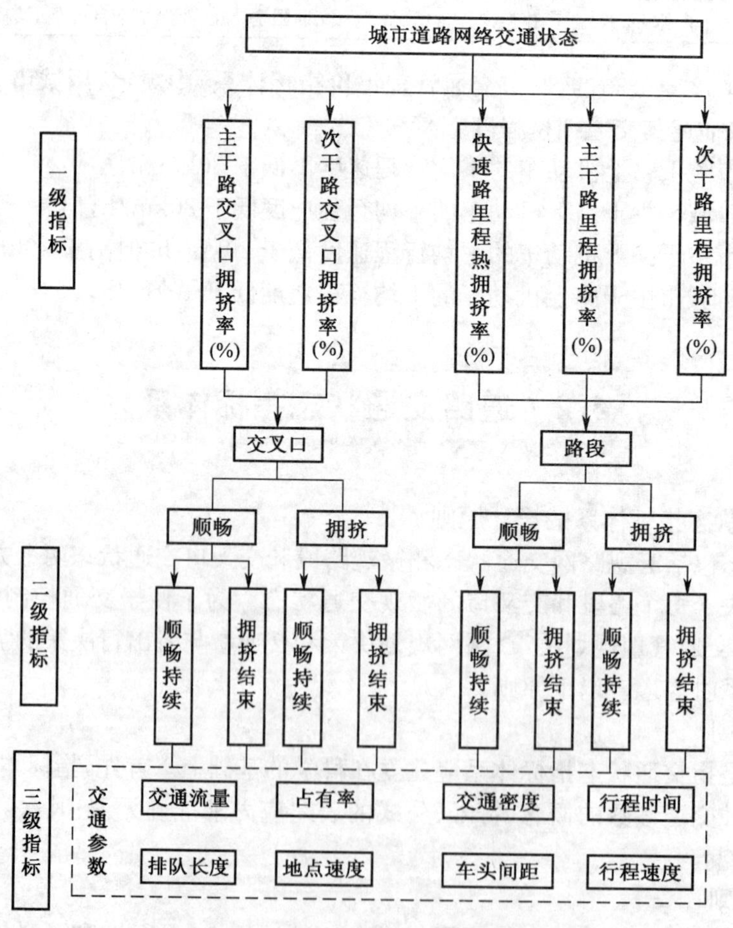

图 4－2　道路交通状态指标体系图

第一层为路网交通状态指标。城市道路网络包括交叉口和路段，与交叉口有关的交通状态指标包括主干路交叉口拥挤率、次干路交叉口拥挤率；与路段有关的交通状态指标包括主干路里程拥挤率、次干路里程拥挤率。各指标的定义如下。

主干路交叉口拥挤率：城区主干路上拥挤路口数量占主干路交叉口总数的比例。

次干路交叉口拥挤率：城区次干路上拥挤路口数量占次干路交叉口总数的比例。

主干路里程拥挤率：城区主干路上拥挤路段长度占主干路总长度的比例。

次干路里程拥挤率：城区次干路上拥挤路段长度占次干路总长度的比例。

第二层为路段、交叉口交通状态指标。以拥挤和顺畅来描述路段和交叉口的交通状态。其中拥挤开始和拥挤持续都属于拥挤状态，而拥挤结束和顺畅持续都属于顺畅状态。另外，拥挤按成因又分为常发性拥挤和偶发性拥挤。这些都属于第二层次的交通状态指标。

第三层次的指标为常用的交通参数，包括交通量、行程车速、地点车速、占有率、交通密度、排队长度等，这些都是交通检测器或数据融合过程可以提供的交通信息。

4.3　道路交通状态判别方法及流程

近年来，随着道路网络的逐步成熟和道路交通需求量的进一步增加，与交通事件无关的常发性交通拥挤越来越严重。交通高峰期的持续时间不断延长，高峰期出现交通拥挤的路段不断增加，严重影响了道路交通的安全性和运行效率，因此，常发性交通拥挤也逐渐成为交通监控的重要内容之一。以发现道路突发交通事件为目的 AID 方法研究，已经扩展成为对道路上所有交通拥挤状态自动判别（Automatic Congestion Identification，ACI）方法的研究。

早期的道路交通状态判别算法主要以突发交通事件为研究对象，大部分都以感应线圈采集的交通流量、占有率和地点速度等交通数据为基础，所采用的数据技术主要包括统计分析、平滑滤波等常规方法。随着时间的推移，道路交通判别的研究内容和研究手段都有了很大的变化。一方面，交通需求和交通供给之间的矛盾不断变化，常发性交通拥挤也成为交通管理的重点之一；另一方面，信息采集技术和信息处理技术的进步，为道路交通状态判别研究提供了更有力的技术基础。除了常规交通检测器能够提供的交通量、地点速度和占有率外，间接算法设计的信息基础还包括车头时距、车辆的瞬时速度与行程时间、交通流的平均行程时间和平均行程速度等。

4.3.1　交通状态判别方法

自 20 世纪 60 年代以来，形成了多种交通状态判别方法，从简单的人工巡逻判别方法到紧急电话、移动电话判别方法，从闭路电视判别方法到全自动电子监视判别方法等。这些方法都能在一定程度、一定范围上发现道路上存在的交通拥挤，对提高道路交通的效率和安全性具有重要意义。常用交通状态判别方法如图 4－3 所示。

上述各种交通状态判别均有其特点和适用范围。一般来说，高速公路和城市快速路的交通状态判别以自动判别方法为主，三、四级公路和城市次干道的交通状态判别以人工判别为主，一、二级公路和城市主干路的交通状态则采用自动判别与人工判别相结合的方法进行。

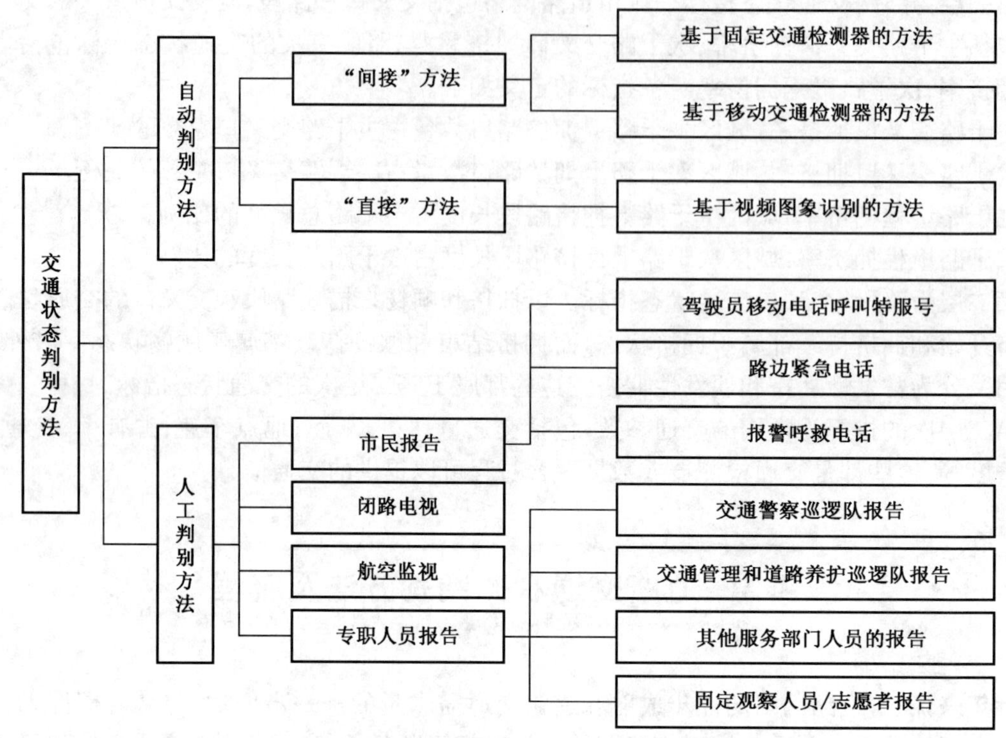

图 4-3　交通状态判别方法分类

4.3.2　交通状态判别流程

交通状态的判别主要经历信息的采集、信息的处理及状态的判别 3 个过程。交通状态判别流程详如图 4-4 所示。

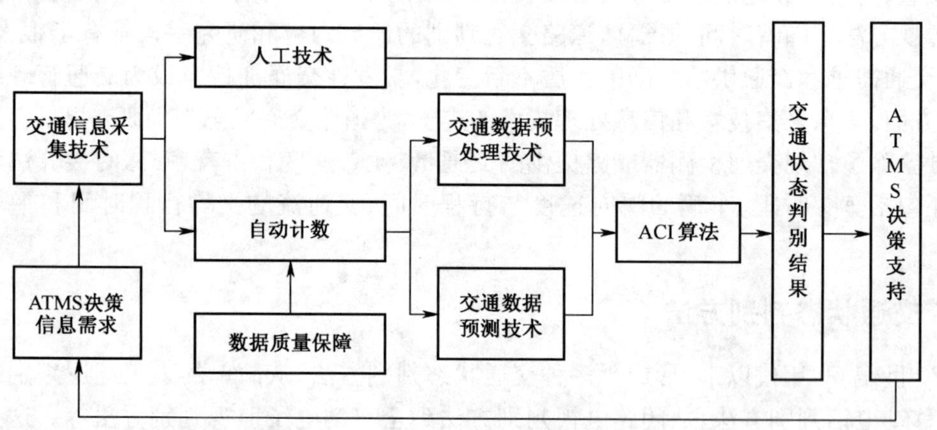

图 4-4　道路交通状态判别的流程图

1. 信息的采集

主要通过交通信息采集技术，对道路信息、相关参数进行采集。

2. 信息的处理

信息处理包括对采集到的数据信息进行预处理以及交通状态判别的算法处理两种。

3. 交通状态的判别

根据交通状态算法处理结果，对交通状态进行结果判别。

4.4　道路交通状态判别算法

4.4.1　基于模糊聚类分析的城市道路交通状态判别

所谓聚类分析就是依据样本间关联的量度标准将其自动分成几个群组，且使同一群组内的样本相似，而属于不同群组的样本相异的一组方法。

{流量，速度，占有率}3个特征值取值范围不同且相差甚远，例如流量有时可以高达几千pcu/h，而占有率相比之下很小。同时在交通基础数据处理过程中发现，即使在同一种交通状态下交通量的范围也不尽相同，并且不同路段有时差别很大。所以将进行评价的数据集定为{速度，占有率}。

K－MeansCluster 聚类分析方法对于大规模数据集的应用占有优势。其中 K－MeansCluster 聚类包括硬 K－均值算法(Hcm)和模糊 K－均值算法(Fcm)。其中 Hcm 算法是 Fcm 算法的一个特例。Fcm 是根据减法聚类得到的数据聚类数目，然后对各个聚类中心进行详细计算。

Fcm 目标函数为

$$J_m(U,V)=\sum_{i=1}^{n}\sum_{j=1}^{c}u_{ij}^{m}\parallel x_i-v_j\parallel^2 \tag{4.1}$$

其约束条件为

$$\begin{cases}\sum\limits_{j=1}^{c}u_{ij}=1\\ u_{ij}\geqslant 0\\ c\geqslant j\geqslant 1\\ n\geqslant i\geqslant 1\end{cases}$$

此时 n 为环形线圈检测器采集的交通信息集经过数据规约后得到3个特征{流量，速度，占有率}的样本个数。c 为聚类中心数，根据前面所述，应该为4。u_{ij} 为矩阵的第 i 行第 j 列，代表第 j 个样本对第 i 个聚类中心的隶属程度。$V=\{v_1,v_2,v_3,v_4\}$ 为聚类中心矩阵。$\parallel x_i-v_j\parallel$ 表示第 j 组数据对于第 i 类聚类中心的距离。m 为模糊指数，目的是加强 x_i 属于各类的从属程度的对比度。

4.4.2　基于 GPS 的浮动车样本数量确定方法研究

1. 满足平均速度估计精度的浮动车样本数量确定方法

对于给定路段 K，在该路段上的车辆速度是随机的，设车辆速度为随机变量 U，由概率论可知，U 服从正态分布。令 $E(U)=\mu$，$\mathrm{Var}(U)=\sigma^2$，即 $U\sim N(\mu,\sigma^2)$。假设该路段上有 n 辆浮动车，其速度分别为 $v_1, v_2, \cdots, v_n$，浮动车速度平均值 $\bar{v}=\frac{1}{n}\sum\limits_{i=1}^{n}v_i$，从正态分布的性质可得：

$\bar{v} \sim N\left(\mu, \frac{\sigma^2}{n}\right)$，将其标准化后得 $\frac{\bar{v}-\mu}{\sigma/\sqrt{n}} \sim N(0,1)$。运用区间估计理论，对于给定置信水平 $1-\alpha$，有 $P\left(\left|\frac{\bar{v}-\mu}{\sigma/\sqrt{n}}\right| \leqslant Z_{1-\frac{\alpha}{2}}\right)=1-\alpha$，即

$$P\left(\bar{v}-\frac{Z_{1-\frac{\alpha}{2}}\sigma}{\sqrt{n}} \leqslant \mu \leqslant \bar{v}+\frac{Z_{1-\frac{\alpha}{2}}\sigma}{\sqrt{n}}\right)=1-\alpha \tag{4.2}$$

若给定速度允许的估计误差值为 $\pm d$km/h，有：$\bar{v}+\frac{Z_{1-\frac{\alpha}{2}}\sigma}{\sqrt{n}}-\left(\bar{v}-\frac{Z_{1-\frac{\alpha}{2}}\sigma}{\sqrt{n}}\right)=2d$，从而 $n=\left(\frac{Z_{1-\frac{\alpha}{2}}\sigma}{d}\right)^2$。

n 即为所需的最少浮动车样本数量，一般来说 $n \geqslant \left(\frac{Z_{1-\frac{\alpha}{2}}\sigma}{d}\right)^2$。引入平均速度估计允许的相对误差 e(%)，$n$ 的值可以表示为

$$n=\left(\frac{Z_{1-\frac{\alpha}{2}}\sigma}{\mathrm{e}v}\right)^2$$

因而，对于交通状况多变地带(如事故多发路段)，所需的浮动车数量要比其他交通状态相对稳定地带要多一些。在分配浮动车时，需要考虑这一点。

2. 满足平均行程时间估计精度的浮动车样本数量确定方法

同样，满足平均行程时间估计精度的浮动车样本数量确定方法与前述方法类似。这里不再赘述。

另外，浮动车的数量还与道路的服务水平有关，一般来说，道路服务水平低，所需的浮动车数量要多一些。

4.4.3 基于路段行程时间的道路交通状态判别算法

路段的行程时间是表征交通拥挤状态的一个最直观、有效的交通流参数。由于交通拥挤的本质是车辆的实际行程时间超过了人们期望的(合理的)行程时间，因此，在能够可靠地获得交通流平均行程时间数据的情况下，通过将其与预定的期望行程时间进行比较，可以实现对道路交通状态的判别。

移动型交通检测器都可以直接获得路段上的行程时间数据，因此在确定了期望行程时间的情况下，可以根据当前的行程时间数据判断出目标路段所处的交通状态，而且通过分析同一路段相邻时段的行程时间数据和不同路段在相同时段的行程时间数据，可以对所发生的拥挤类型进行判别。此类算法的基础，样本车辆的数量确定可以参考 4.4.2 节中建立的满足平均行程时间估计精度的浮动车样本数量确定方法。基于行程时间的道路交通状态判别算法过程如图 4-5 所示。

在上述算法中虽然每个路段期望行程时间 $T_i(0)$ 的确定并不复杂，但由于所涉及的路段数量可能会很多，因此确定所有路段的 $T_i(0)$ 所需要的工作量很大。考虑到通过计算路段长度与路段行程时间的比值得到行程速度数据，而各路段的行程速度是一个可比的参数，因此不需要为每个路段单独确定交通拥挤的判别阈值，同一区域相同等级的道路只需要一个统一的判别阈值即可。

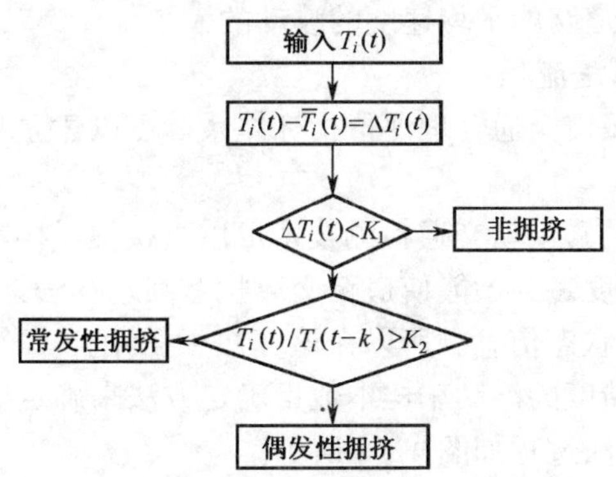

图 4-5　基于行程时间的道路交通状态判别算法流程图

4.4.4　基于路段平均瞬时速度的道路交通状态判别算法

1. 指数平滑法估算路段平均速度

指数平滑法有两个显著的特点，一是利用了全部历史统计数据，二是遵循“重近轻远”的原则加权平均，修匀数据。

设路段平均速度的计算周期为 T，每隔一个周期从地图匹配结果数据库中提取该周期内路段上的样本点信息，进行路段平均车速的估算。在第 k 周期内，假设路段 j 上的交通流平均速度为 $v_i[k]$，路段上浮动车数为 n，其测量值分别为 $v_{pv}^1, v_{pv}^2, \cdots, v_{pv}^n$，则路段平均速度的实时估计

$$v_j[k]=(1-\alpha)\hat{v}_j[k-1]+\alpha\frac{1}{n}\sum_{i=1}^{n}v_{pn}^i \tag{4.3}$$

式中　$\hat{v}_j[k-1]$——第 $k-1$ 周期的路段平均速度估计值；

α——指数平滑系数，$0\leqslant\alpha\leqslant1$。当路段的平均速度变化比较平稳时，$\alpha$ 的值应取大一些；而当路段平均速度变化波动较大时，α 的值应取小一些。α 的具体确定，可以采用最小二乘法。具体过程如下。

假设平均速度估算模型建模时间 T 分为若干个长度为 τ 的周期区间，每个周期内 α 的值相等。在 k 个周期的估计误差为

$$e(k)=\hat{v}_j[k]-v_j[k]=(1-\alpha)\hat{v}_j[k-1]+\alpha\frac{1}{n}\sum_{i=1}^{n}v_{pv}^i-v_j[k] \tag{4.4}$$

其中 $v_j[k]$为实测数据，对两边取平方得

$$e(k)^2=\left[(1-\alpha)\hat{v}_j[k-1]+\alpha\frac{1}{n}\sum_{i=1}^{n}v_{pv}^i-v_j[k]\right]^2$$

要使误差的平方最小，应对上式两端求导并令其为零，可得

$$\frac{\partial e(k)^2}{\partial\alpha}=2\left[(1-\alpha)v_j[k-1]+\alpha\frac{1}{n}\sum_{i=1}^{n}v_{pv}^i-v_j[k]\right]\left(-\hat{v}_j[k-1]+\frac{1}{n}\sum_{i=1}^{n}v_{pv}^i\right)=0$$

得

$$\alpha=\frac{v_j[k]-\hat{v}_j[k-1]}{\frac{1}{n}\sum_{i=1}^{n}v_{pv}^i-\hat{v}_j[k-1]} \tag{4.5}$$

由 α 的大小可以判定该道路的平均速度的波动的大小。

2. 道路交通状态判别算法流程

基于公安部门公布的《城市交通管理评价指标体系》，可以建立基于路段平均瞬时速度的道路交通状态判别算法。

基于 GPS 和 GIS 组合的移动型交通检测技术可以直接提供样本车辆在各个路段上的行程时间或者某个时刻的瞬时速度。为了能使道路交通状态判别算法具有比较高的及时性，能为用户提供比较及时的道路交通状态信息。所以在该算法中采用样本车辆的瞬时速度作为数据基准，使用满足平均速度估计精度的浮动车样本数量确定方法来确定样本车辆的数量。基于瞬时速度的道路交通状态判别算法过程如图 4－6 所示。

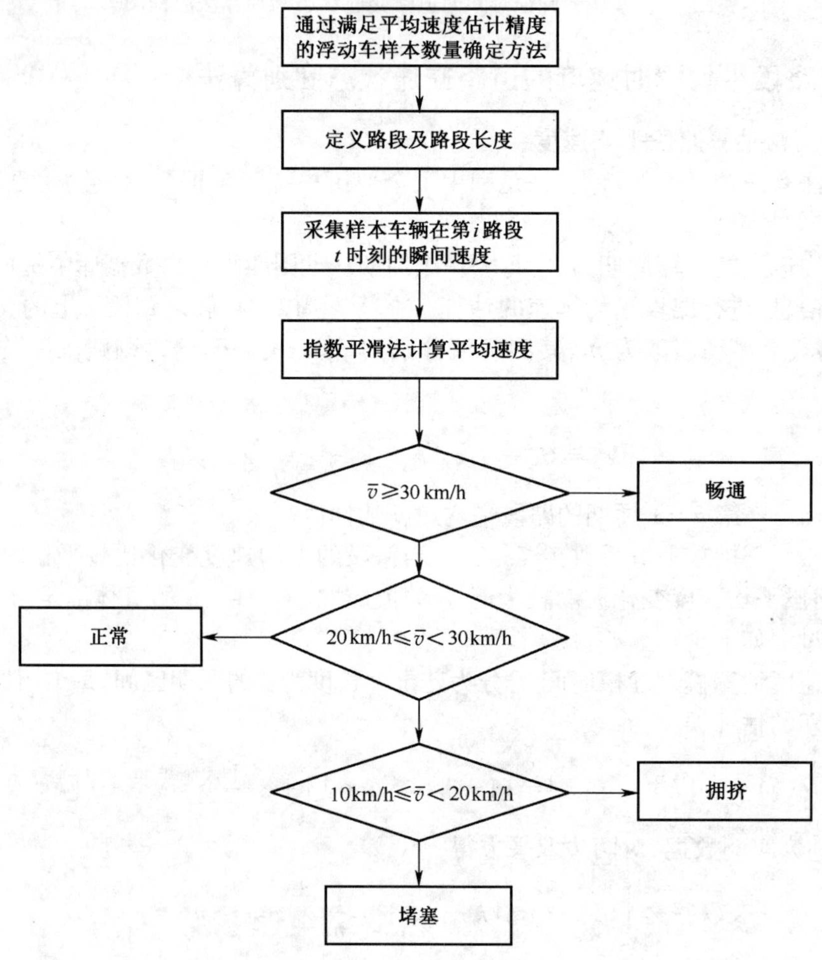

图 4－6　基于瞬时速度的道路交通状态判别

当 $v\geqslant 30$km/h 时，该主干道路段在该时刻的交通状态为畅通。

当 20km/h$\leqslant v<$30km/h 时，该主干道路段在该时刻的交通状态为正常。

当 10km/h$\leqslant v\leqslant$20km/h 时，该主干道路段在该时刻的交通状态为拥挤。

当 $v<$10km/h 时，该主干道路段在该时刻的交通状态为堵塞。

4.4.5　道路交通状态判别算法对比分析

道路交通状态判别算法对比如表 4-2 所列。

表 4-2　道路交通状态判别算法对比分析表

分类	算法	数据要求	需标定的参数	精度	实时性	适用性	综合建议指数
基于固定型交通检测器的道路交通状态判别算法	基于车道交通参数比较的单截面算法	环形线圈检测器数据：流量	2 个（T_1，T_2）	一般	非常好	对事件早期反应敏感	★★★
	基于模糊聚类分析的交通状态判别方法	环形线圈检测器数据：速度、占有率（数据量大）	1 个（TF）	较高	较好	线圈采集数据比较完整	★★
基于移动型交通检测器的道路交通状态判别算法	基于路段行程时间的道路交通状态判别算法	GPS 匹配后数据，包括路段平均行程时间	2 个（K_1，K_2）	较高	较好	满足一定样本量的浮动车数据	★★★
	基于指数平滑法估算路段平均速度的交通状态判别算法	GPS 匹配后数据，包括路段平均行程速度	0 个	很高（同时也依赖于浮动车样本数量）	很好	满足一定样本量的浮动车数据	★★★★

4.4.6　道路交通判别算法的有效性分析

1. 道路交通判别算法的评价指标

目前评价交通状态自动判别方法的常用指标有 3 个：拥挤状态判别率（Identification Rate，IR）、拥挤状态误判率（False Identification Rate，FIR）及拥挤平均判别时间（Mean Time To Identification，MTTI）。拥挤状态判别率是指在特定时间段内，由自动判别算法识别出的拥挤次数占实际发生拥挤次数的百分比；拥挤状态误判率是指在特定时间段内，由自动判别算法识别出的虚假拥挤决策次数占所有决策次数的百分比；拥挤状态平均识别时间是指算法识别出的拥挤发生时刻与拥挤实际发生时刻的差值的算术平均值。这 3 个评价指标的计算公式分别为

$$IR=\frac{NIR}{IT} \tag{4.6}$$

$$FIR=\frac{NFIR}{IR} \tag{4.7}$$

$$MTTI=\frac{1}{n}\sum_{i=1}^{n}[TI(i)-AI(i)] \tag{4.8}$$

式中　NRT ——在时间 t 内检测到的拥挤数；

IT ——相应时间 t 内实际发生的拥挤总数；

$NFIR$ ——相应时间 t 内误报的拥挤数；

$I(i)$ ——被算法识别到的第 i 个拥挤发生的时间；

$AI(i)$ ——第 i 个拥挤实际发生的时间。

2. 道路交通状态判别算法的比较

基于行程时间的道路交通状态判别算法与基于瞬时平均速度的道路交通状态判别算法相比，前者需要计算浮动车通过各路段的平均行程时间，算法的实时性要差一些；后者可以随时计算出各路段的平均瞬时速度，但对系统的要求较高。因此，可以根据实际应用要求，选择不同的算法。

基于指数平滑法的平均瞬时速度的道路交通状态判别算法，在及时性和准确性上比基于行程时间的道路交通状态判别算法更为优异。与基于行程时间的道路交通状态判别算法相比更简洁，更节省人力物力。所以基于指数平滑法的平均瞬时速度的道路交通状态判别算法更适合于判别实际的城市道路交通状态。

4.5 基于交通信息融合技术的交通状态判别

对于交通拥堵的治理，最根本的方法是防患于未然。当道路交通出现拥挤或是有可能发生拥堵时，能事先发出预警信号，采取预防措施，如诱导车辆进行合理道路分配行驶、加强秩序管理等，这样就能防止拥堵的产生与缓解拥堵程度。近几十年来，形成了多种交通拥堵判别方法，但这些方法还停留在通过分析交通流参数来判断是否会发生交通拥堵的阶段，并没有考虑其他一些环境因素（如天气、时间段等）对交通状态的影响。为了解决上述问题，智能交通系统（Intelligent Transportation System，ITS）应运而生，交通诱导与拥堵预警系统（Traffic Guidance and Congestion Warning System）可以根据出行的起止点向用户提供最优路径，引导和丰富实时交通信息；或通过获得的实时交通信息，帮助用户找到一条从出发点到目的地的最优路径；通过实时交通信息，判别下一时段路网拥堵状况，完善智能交通系统的部分功能，帮助出行者和交通管理部门做出正确的决策。

如上所述，安全、便捷、舒适和信息化的交通需求，使智能交通系统的研究和应用取得了快速发展，各种先进的信息采集技术在智能交通系统中得到广泛应用。智能交通系统的交通数据来源广泛、信息表现形式复杂多样，包括动态的交通流数据和智能交通子系统的管理控制数据，以及静态的道路环境数据等。由于智能交通数据的多源性，因此必须运用一种有效的方法合理协调多源数据，充分综合有用信息，提高在多变环境中正确决策的能力。在数据处理方面，数据融合技术是一种可满足该要求的良好工具。

4.5.1 交通信息融合技术

信息融合，又称数据融合，是一门新发展起来的多学科交叉的前沿学科。它是协同利用多源信息，以获得对同一事物或目标的更客观、更本质认识的信息综合处理技术。融合是指采集并集成各种信息源、多媒体和多格式信息，从而生成完整、准确、及时和有效的综合信息。它比直接从各信息源得到的信息更简洁、更少冗余、更有用途。信息融合技术的最大优势在于它能合理协调多源数据，充分综合有用信息，提高在多变环境中正确决策的能力，而这种优势恰恰在ITS领域能够得到充分发挥。

1. 交通数据融合必要性

交通信息数据复杂多样，种类繁多，呈典型的多元异构性。

多元性主要体现在以下方面。

(1) 交通信息时间空间不同。从时间上分，有历史信息，实时信息和预测信息；从空间上看，有节点信息，区间信息，区域信息。

(2) 信息构成要素不同。有交通流信息，道路设施信息，气候、环境信息，人的信息等；按照交通状态来分有间断流、连续流信息，有正常稳定流、拥挤流、非正常流信息等；另外还有管理、规划等信息。

异构性体现在以下方面。

(1) 信息格式不一样。交通数据来自不同检测器，有线圈数据，也有来自视频的图像数据等。

(2) 信息的确定性不同，既有确定信息，也有模糊信息。

(3) 信息表现形式不一样，既有逻辑符号信息，也有数字信息等。

因此，可以看出，信息融合技术涉及交通系统中的多种信息采集装置和各种信息源的有效结合，它包括数据的获取、过滤、综合、相关、合成及推理等过程，以便对交通运行状态进行提取和判别，其最大优势在于能合理协调多源信息，充分综合利用有用信息，提高在交通这个复杂系统中正确判断及决策的能力。

2. 交通信息融合及交通状态特征提取、预测的主要方法

在检测过程中，不仅要了解被测对象的大小，而且还要了解被测对象的综合信息或者某些内在特征信息，因此必须采用多个传感器对同一对象进行多方位、多角度的检测。不仅要通过对交通信息的融合获得更加精确的定量数值信息，提供容错能力及精度，更需要通过融合过程提取被测对象不同层次上的特征，完成识别、判断、分类等定性描述，更好满足交通管理者和出行者的要求。

交通系统中利用多传感器获取的关于对象和环境的全面、完整的信息，主要体现在融合算法上，因此，多传感器系统的核心问题是选择合适的融合算法。多传感器数据融合的常用方法基本上可概括为随机和人工智能两大类，随机方法有加权平均法、卡尔曼滤波法、多贝叶斯估计法、Dempster－Shafer(D－S)证据推理、产生式规则等；而人工智能则有模糊逻辑理论、神经网络、粗集理论、专家系统等。可以预见，神经网络和人工智能等新概念、新技术在多传感器数据融合中将起到越来越重要的作用。

1) 随机方法

(1) 加权平均法。底层融合方法最简单、最直观的方法是加权平均法，该方法将一组传感器提供的冗余信息进行加权平均，结果作为融合值，该方法是一种直接对数据源进行操作的方法。

(2) 卡尔曼滤波法。卡尔曼滤波主要用于融合低层次实时动态多传感器冗余数据。该方法用测量模型的统计特性递推，决定统计意义下的最优融合和数据估计。如果系统具有线性动力学模型，且系统与传感器的误差符合高斯白噪声模型，则卡尔曼滤波将为融合数据提供唯一统计意义下的最优估计。卡尔曼滤波的递推特性使系统处理不需要大量的数据存储和计算。利用卡尔曼滤波理论进行基于空间相关性的交通流量滤波模型以及有相关研究。

但是，采用单一的卡尔曼滤波器对多传感器组合系统进行数据统计时，存在很多严重的问题，例如：①在组合信息大量冗余的情况下，计算量将以滤波器维数的三次方剧增，实时性不能满足；②传感器子系统的增加使故障随之增加，在某一系统出现故障而没有来得及被检测出时，故障会污染整个系统，使可靠性降低。

(3) 多贝叶斯估计法。贝叶斯估计为数据融合提供了一种手段。它使传感器信息依据概率原则进行组合，测量不确定性以条件概率表示，当传感器组的观测坐标一致时，可以直接对传感器的数据进行融合，但大多数情况下，传感器测量数据要以间接方式采用贝叶斯估计进行数据融合。

多贝叶斯估计将每一个传感器作为一个贝叶斯估计，将各个单独物体的关联概率分布合成一个联合的后验的概率分布函数，通过使用联合分布函数的似然函数为最小，提供多传感器信息的最终融合值，融合信息与环境的一个先验模型提供整个环境的一个特征描述。

(4) D-S证据推理方法。D-S证据推理是贝叶斯推理的扩充，其3个基本要点是：基本概率赋值函数、信任函数和似然函数。D-S方法的推理结构是自上而下的，分3级。第一级为目标合成，其作用是把来自独立传感器的观测结果合成为一个总的输出结果(ID)。第二级为推断，其作用是获得传感器的观测结果并进行推断，将传感器观测结果扩展成目标报告。这种推理的基础是：一定的传感器报告以某种可信度在逻辑上会产生可信的某些目标报告。第三级为更新，各种传感器一般都存在随机误差，所以，在时间上充分独立地来自同一传感器的一组连续报告比任何单一报告可靠。因此，在推理和多传感器合成之前，要先组合(更新)传感器的观测数据。

2) 人工智能方法

(1) 模糊逻辑推理。模糊逻辑是多值逻辑，通过指定一个0～1的实数表示真实度，相当于隐含算子的前提，允许将多个传感器信息融合过程中的不确定性直接表示在推理过程中。如果采用某种系统化的方法对融合过程中的不确定性进行推理建模，则可以产生一致性模糊推理。与概率统计方法相比，逻辑推理存在许多优点，它在一定程度上克服了概率论所面临的问题，它对信息的表示和处理更加接近人类的思维方式，它一般比较适合于在高层次上的应用(如决策)，但是，逻辑推理本身还不够成熟和系统化。此外，由于逻辑推理对信息的描述存在很大的主观因素，所以，信息的表示和处理缺乏客观性。

模糊集合理论对于数据融合的实际价值在于它外延到模糊逻辑，模糊逻辑是一种多值逻辑，隶属度可视为一个数据真值的不精确表示。在MSF过程中，存在的不确定性可以直接用模糊逻辑表示，然后，使用多值逻辑推理，根据模糊集合理论的各种演算对各种命题进行合并，进而实现数据融合。

(2) 人工神经网络法。神经网络具有很强的容错性以及自学习、自组织及自适应能力，能够模拟复杂的非线性映射。神经网络的这些特性和强大的非线性处理能力，恰好满足了多传感器数据融合技术处理的要求。在多传感器系统中，各信息源所提供的环境信息都具有一定程度的不确定性，对这些不确定信息的融合过程实际上是一个不确定性推理过程。神经网络根据当前系统所接受的样本相似性确定分类标准，这种确定方法主要表现在网络的权值分布上，同时，可以采用经网络特定的学习算法来获取知识，得到不确定性推理机制。利用神经网络的信号处理能力和自动推理功能，即实现了多传感器数据融合。

通常使用的方法依具体的应用而定，并且，由于各种方法之间的互补性，实际上，常将2种或2种以上的方法组合进行多传感器数据融合。

4.5.2　交通系统状态及信息融合层次性

交通信息融合应该从不同层次上进行。对于交通状态的描述、预测及应用是多方面、多层次的，对数据的要求也不同，智能交通系统的交通数据分布于不同的交通信息系统，完成不同的交通管理和控制功能，具有层次性的特点。

对于交通信息融合的层次性有多种分类方法，这里按照截面交通信息融合及特征提取、区间交通信息融合及特征提取、区域交通信息融合及特征提取来分类。

1. 截面交通信息融合及特征提取

随着电子技术、传感器技术、图像处理技术和计算机技术的飞速发展，地埋式环形线圈车辆检测器、红外车辆检测器、微波车辆检测器、超声波车辆检测器、激光车辆检测器与基于视频图像处理技术的视频交通检测器等产品应运而生。此类所采用的技术均属于截面车辆信息采集技术。

所采集到的原始数据种类和形式各不相同，而且由于各种误差存在，经常是不完整的或存在异常的，因此对这些数据进行残缺数据处理以及数据稳健性处理等过程就显得尤为重要。由于检测器故障、气候或通信系统故障等原因造成的数据丢失，应采用一定的技术方法对其进行修复或者提供替代数据，另外还应该对各个数据进行检验，排除异常数据或者错误数据。以上两个步骤构成了数据预处理过程。

另一方面，按照同一时间、不同断面信息融合，同一时间、同一截面信息融合，不同时间、相同截面信息融合，不同时间、不同截面信息融合，可以对截面的交通数据进行数据层的融合，可以得到流量、流向、速度等一些截面的基础的交通数据信息。

2. 区间交通信息融合及特征提取

在一个路段或者区间，对其中各个截面的交通数据信息进行分类、概括、提炼、抽象和综合，对此区间的交通参数和状态特征进行提取和判别，用于发现交通目标，识别交通状态、现象、事件等，如此区间是否拥堵，行人和车辆比例，交通环境是否异常等。在很大程度上反映此区间交通客观态势在主观上是否可以接受和容忍的程度，具体指标反映在畅通性、快捷性、安全性、舒适性、可靠性、经济性等指标上。

这个层次上信息融合和特征提取的主要方法有贝叶斯决策论、证据推理、模式识别、人工神经网络等。

3. 区域交通信息融合及特征提取

这个层次的交通信息融合和特征提取是高层次的融合，主要是对一个区域交通状态的分析认识，其结果为监测、控制、指挥、决策提供依据。充分利用各个区间融合的结果，研究各个路段区间以及交叉口之间的相关关系，对区域内部各区间的交通流量以及行程时间进行预测，基于这个区域交通状态的识别和可用的资源，进行行动方案的决策。

此层次的融合涉及区域内各个区间的交通状态预测以及区域整体交通环境和状态的判别和预测，融合结果直接影响决策水平，主要方法有专家系统、黑板模型、模糊逻辑、聚类分析等。

以上 3 种交通信息融合及交通状态的特征提取、预测互相依托，在不同层次上进行，前一层次的融合结果可作为下一层次融合的输入，各层对应于不同应用，协同进行信息融合处理。

今后的 ITS 系统应该是在各类交通信息融合下的智能系统，综合利用当前各种最新算法和技术，研究复杂多样交通信息的融合，提取交通系统各个层次上的特征，判别交通状态，面向交通出行者和交通管理者，研究和发展交通智能预报和预警系统，交通参与出行者由传统的凭经验、随机出行逐渐转变为在已知路网运行状态条件下理性地自主选择，交通管理者根据实时交通状态，从具体决策问题出发，直接针对具体决策作出反映，从而为交通的有序化奠定了基础，路网的通行能力也将会大大提高。

4. 交通信息融合系统模型结构

如上所述，交通信息融合系统可分为几个层次进行，如图 4-7 所示。

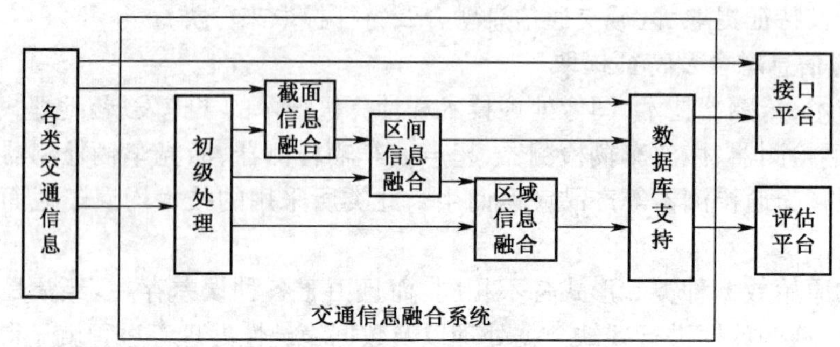

图 4-7　交通信息融合系统模型结构图

第一层，进行截面的基本交通参数融合，把各个截面采集的信息进行预处理，得到一些基本的、可靠的基础交通参数，为需要这些交通参数的子系统服务，并为下一层的区间交通信息融合提供输入服务。

第二层，把上一层基本交通参数与其他交通参数（如区间路段静态交通信息）相融合，对这些交通参数及其他交通信息进行进一步处理，进行区间交通状态融合，提取区间的交通特征，得到交通状态估计以及交通事件估计等更高层次的交通信息。

第三层，利用以上两层提供的融合数据以及其他交通数据，在整个区域内进行进一步的融合处理，得到整个交通区域内的各个区间之间相关关系并进行整个区域内交通状态的判别和预测，为交通管理者和交通出行者进行交通预报和预警。

研究交通数据融合系统结构组成，建立基于系统功能的融合系统结构，有利于实现多层次协同处理信息，可以分散各个融合中心的数据处理负担，提高系统效率，有利于建立面向管理者和出行者的交通信息预报与预警平台。

第5章 道路交通事件自动检测技术

5.1 道路交通事件概述

交通事件(Traffic Incident)是指任何偶发性的能引起车道通行能力减少或需求增加的非正常事件。这样的事件包括交通事故、停滞的车辆、货物抛落、道路正常维护、重建项目、大型集会、游行或特殊的非紧急事件等,这些交通事件会给当事人和道路使用者带来直接损失,然而,它更大的潜在损失是在于二次事故的诱发以及交通阻塞的出现,尤其在城市交通高峰期,交通事件持续的时间越长,其造成的交通阻塞会在临近路网甚至整个路网上扩散,严重的时候可能会使局部路网甚至城市整个路网陷于瘫痪状态。

交通事件的基本特征可以概括为成因多样性、发生时间和地点的随机性。因其发生的时间或地点不能准确预测,事件发生后容易导致道路的通行能力急剧降低,当交通需求超过事件点的实际通行能力时,即造成道路上的拥挤发生、车辆延误、诱发二次事件等。

Holmes 和 Leonard 按照事件发生的不确定性将事件分为 3 类。

第一类为一般性的普遍能够接受的交通事件,如路边停车引起道路通行能力的下降,这类事件对驾驶员而言是可以容忍的,也可以算是正常交通条件。

第二类为可以预料的交通事件,如道路建造和维护活动,这类事件对于管理者而言是可预见或者计划中的,但对于驾驶员则不一定能预料到。

第三类为完全不能预料的交通事件,如车辆抛锚、撞击事故等,这类事件因为其发生是不可预见的,所以交通管理者和驾驶员都不能提前做准备,并且很可能导致交通阻塞的发生。由于事件地点、时间以及事件本身的性质的不可预知性,事件性交通阻塞的影响程度及持续时间也就比较难以预测,同时由于事件本身信息的缺乏,不仅会导致驾驶员选择错误路径,并且信号配时也容易不合理。这类事件是国内外学者研究的重点。

此外,交通事件还可以根据其他要素来进行分类,比如事件发生的时间、事件发生的位置、事件的严重程度等。

1. 按事件发生时间分类

按事件是否发生于交通量高峰期,将事件分为高峰时间事件和非高峰时间事件。

2. 按事件发生位置分类

根据道路的区段位置可将事件粗略地分为路段事件和交叉口事件两种基本类型。发生在交叉口区域的事件称为交叉口事件,发生于路段区域的事件则称为路段事件。对路段事件还可以细分为路段上游事件、路段中游事件、路段下游事件和展宽段事件。

3. 按事件严重程度分类

按照事件严重程度的大小可分为小型事件(Minor Incident)和大型事件(Major Incident)。小型事件是城市道路中发生最多的类型,如车辆抛锚或小型事故等。在流量比较低的情况小,这类事件产生的影响较小,但流量高时,聚集影响也不容忽视。大型事件在整个事件比例中相对较小,一旦发生则可能造成灾难性影响和引发死锁。

4. 按照是否可预测分类

根据交通事件是否可以预测,将其分为可预测性交通事件和不可预测性交通事件,其分类见表5-1所列。

表5-1 交通事件的分类

可预测性交通事件	不可预测性交通事件
道路养护 道路建筑 大型活动(体育比赛、游行、音乐会等)	交通事故 车辆抛锚 恶劣的天气(雨、雪、冰、雾) 桥梁或道路坍塌 货物散落

本书所指的交通事件主要为道路网造成暂时性通行能力降低的常发性事件,主要包括车辆抛锚、车辆碰撞、危险物品泄漏、紧急道路维护等。

5.2 道路交通事件检测方法

5.2.1 概述

交通事件的管理主要有事件检测、事件确认、事件响应、驾驶员信息发布、事件交通管理与控制、事件现场管理、事件清除、排队消散等过程,各过程之间的时间分布如图5-1所示。

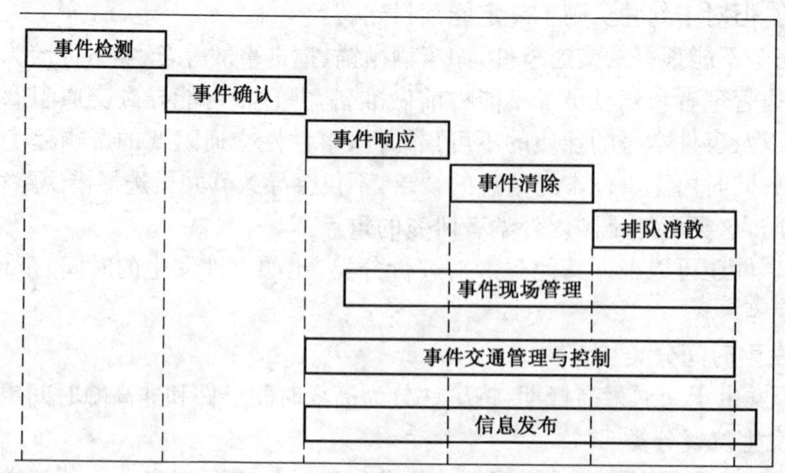

图5-1 事件管理各阶段的时间分布

从图 5-1 可看出,事件检测是事件管理最初的持续性工作,这一过程主要通过系统设备获取的数据或驾驶员提供的信息来判别常发性交通阻塞及事件的发生。它主要依赖于事件侦察区域的各种可用资源,常用的事件检测方法有:手机报警、闭路电视、交通检测设备(如线圈检测器、雷达检测器、红外检测器等)、电话报警、公路巡逻、空中监视、浮动车检测等。

5.2.2　交通事件检测方法分类

早期的城市道路交通管理部门依靠人工方式来发现道路上的交通事件,交通管理的主要目的是快速疏导由事件引起的交通阻滞。由于当时路网规模较小、交通需求与供给矛盾尚未激化,因此这种依据人工方法发现道路交通运行故障的管理模式在很长时期内能够维持道路交通的正常运转。随着社会经济的快速发展,城市道路网络的不断扩大,道路需求的迅速增长,依据人工发现道路上的交通事件的方法已经不能满足交通管理的需要。因此,各个国家开始研究城市道路交通事件自动检测方法(Automatic Incident Detection, AID)对城市道路交通运行状态进行监控。归纳起来,交通事件检测方法有非自动检测方法和自动检测方法两类。

1. 非自动检测方法(人工检测方法)

非自动检测方法是最早的、最容易实施的也是最常用的方法,在日常生活中主要用于向事件管理中心报告事件信息。由于非自动检测方法主要依靠人的行为来完成,通常也称为人工检测方法。常用的有市民报告、专职人员报告等。从整体上看,非自动检测方法具有方便、直接、经济、效率比较高的优点,但这种方法一般运行成本较高,受时间和天气影响较大,检测时间较长,检测率较低。因此,人们都倾向使用运行成本低,能够全天候、全程地发挥作用,且检测率高的事件自动检测方法(或算法)。

2. 自动检测方法

常用的事件自动检测方法如图 5-2 所示。

在大交通流量下发生的交通事件,既可以通过对交通流参数的检测来达到事件自动检测的目的,还可以通过对车辆的特性进行检测实现交通事件的自动判别。对于小交通流量下发生的交通事件,一般不会对整体交通流造成太大的影响。因而,不能通过对交通流参数的检测来实现自动判别,需要通过对车辆的信息进行判别来实现交通事件的自动检测。其中,基于宏观交通流参数的判别方法又可以分为间接 AID 方法和直接 AID 方法、单截面 AID 方法和双截面 AID 方法。

1) 间接 AID 方法和直接 AID 方法

绝大多数的 AID 方法都是通过识别由交通检测器得到的交通流参数的非正常变化来间接地判断交通拥挤和交通事件的存在,因此被称为间接 AID 方法。而直接 AID 方法则是指使用图像处理来判别是否存在缓行或停止的车辆从而实现对交通事件检测的方法,这类方法实际上是“看到”发生了交通拥挤和交通事件,而不是通过对交通流特征参数数据的分析来检测到它们的存在。从潜在的意义上看,直接 AID 方法在判别速度方面远远胜于间接 AID 方法,特别是在交通量较低的情况下也能对突发交通事件进行良好的检测,但需要密集地设置交通视频检测器才能保证其判别的可靠性,而且气象条件对其有较大影响。

2) 单截面 AID 方法和双截面 AID 方法

交通拥挤产生的原因是路段上存在交通瓶颈(包括固定瓶颈和临时瓶颈),一旦瓶颈上游的交通需求大于瓶颈处的通行能力,拥挤将不可避免。此时,瓶颈上下游检测站处的交通流参数

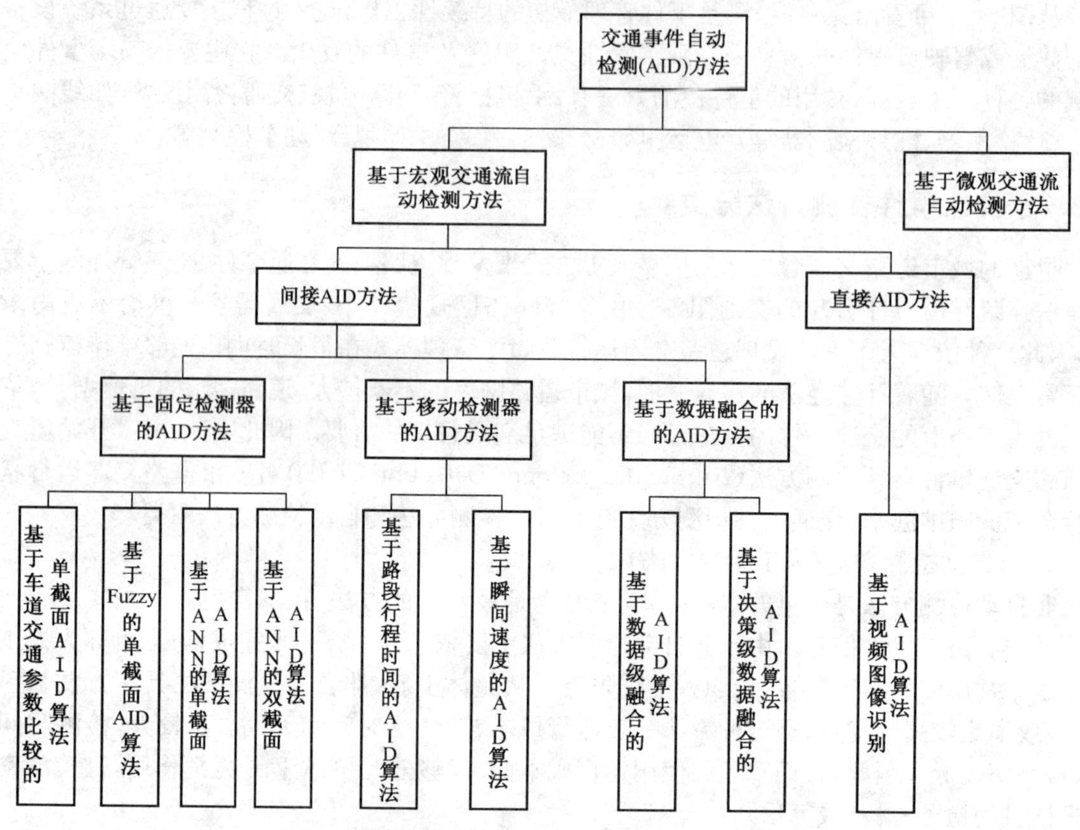

图 5-2　交通事件自动检测方法

数据会有较大的变化。将以瓶颈处上游密集的交通流参数数据作为交通状态判别依据的 AID 算法称为单截面 AID 方法,将同时考虑上游密集交通参数数据和下游稀疏交通流参数数据开发的 AID 算法称为双截面 AID 方法,它们都属于间接 AID 方法。

5.3　道路交通事件自动检测系统

5.3.1　交通事件自动检测系统的组成结构

在智能交通系统体系结构中,事件检测系统是作为先进的交通管理系统的重要组成部分,具有非常重要的地位。交通事件检测系统主要作用是及时检测出道路上发生的交通事件,使之能得到及时处理,以尽量减少由于交通事件所带来的道路堵塞、人员伤亡、财产损失等影响,并且避免二次事件的发生。

交通事件自动检测系统有硬件和软件部分,分为信息采集、信息传输、信息处理和信息发布 4 个子系统,如图 5-3 所示。外场(包括采集设施和信息发布设施)设备用来收集和发布各种交通信息,接收来自监控中心的控制命令;监控中心主要负责对采集的数据进行收集处理以及上下传达监控命令,对道路进行直接控制,并向道路管理人员和使用者发布交通信息,传输系统主要实现信息的转移和传送。

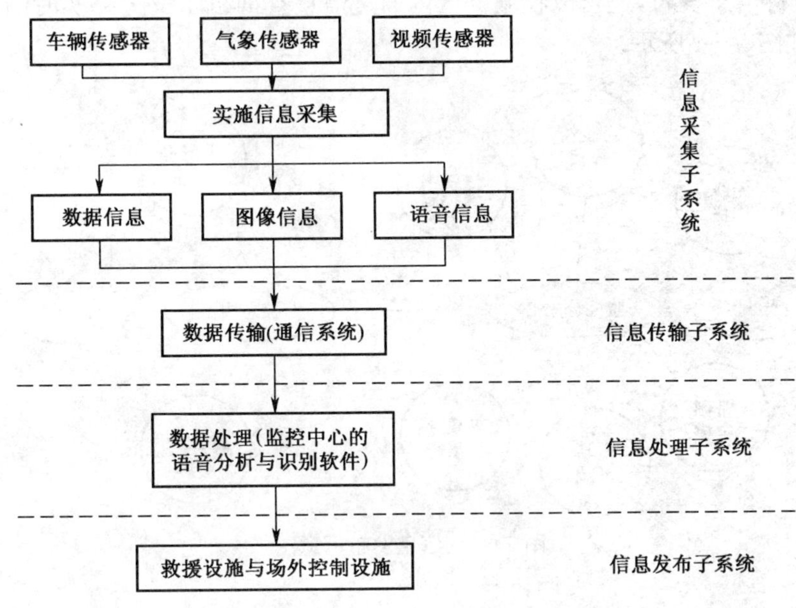

图 5-3　交通事件自动检测系统结构

1. 信息采集子系统

交通信息采集在实现智能交通系统中起着非常重要的作用,智能准确地采集交通信息具有重要意义。交通信息采集包括交通参数采集(磁感应检测器、微波探测器、超声波探测器、视频检测器等),交通监视(闭路电视系统),车辆分类等,实际交通数据的来源主要有 3 种:①固定型交通检测器;②移动型交通检测器;③语音报告。

2. 信息传输子系统

信息传输子系统的主要功能是将采集的数据送至高速公路控制中心,以便数据的进一步处理。传输系统包括数据传输、图像传输以及语音传输。信息传输方式主要如下。

(1) 数据传输:一种方案是直接传输,即采用一对一的方式,通过金属电缆或光缆加上辅助设备直接传入监控中心,另一种方案是经过通信系统传输,此种方案又有集中传输和分散传输两种方式。

(2) 高速公路监控系统的图像传输包括摄像机至监控中心及监控总中心的传输。图像传输技术有多种:① 图像的光缆传输和电缆传输;②图像的数字传输和模拟传输;③控制信号的传输。

(3) 语音传输:主要由紧急电话系统组成。目前公用移动通信网的覆盖范围越来越广,随着高速公路的建设,电信营业商在沿线增加基站或直放站,信号可覆盖高速公路全线。可以利用公用移动通信网络这种新的方式来实现紧急电话功能。

3. 信息处理子系统

信息处理子系统的主要功能是对信息采集子系统得到的数据进行处理及分析,从而对事件的过程加以说明和确定。其中,信息处理子系统最重要的部分是事件检测算法。

4. 信息发布子系统

信息发布子系统主要功能就是在确认时间发生后能够及时对事件进行控制,并能对发生事件的道路进行管理。信息发布子系统可以通过多种方式实时发布交通信息,也可以利用

Internet 网络进行信息发布,还可以在服务区内通过信息查询机了解道路实时的状况。信息发布子系统组成如图 5-4 所示。

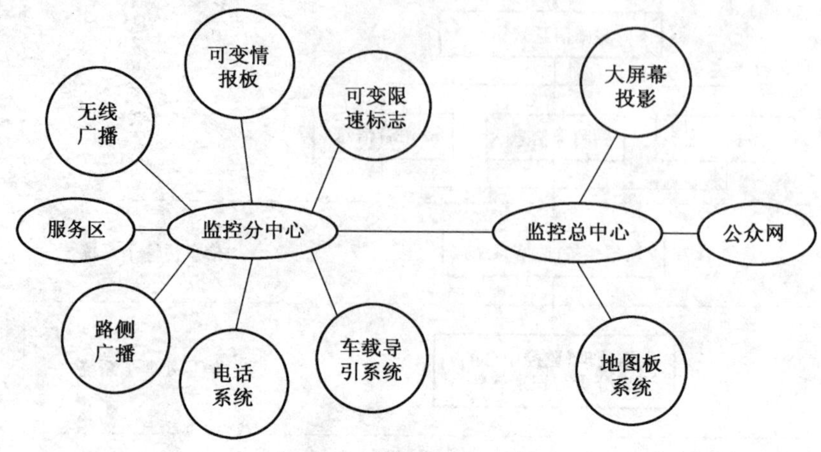

图 5-4　信息发布示意图

5.3.2　交通事件自动检测系统工作原理

交通异常事件导致道路上交通流的变化,可以通过实时监测道路上不同位置的交通流参数变化值加以识别。所以,交通异常事件自动检测并不是直接检测异常事件本身,而是发生交通异常事件所引起的交通流特征变化(如事发路段上游会发生交通拥挤)。当发生异常交通事件后,交通流参数会发生突变(表现在车道占有率、流量、速度、密度等参数上),若变化程度超过了预设的阈值,则判别为发生了异常事件。AID 技术的本质就是模式识别问题,一般均涉及确定某些交通流参数的变化(如交通流、速度、车道占有率或它们的各种组合)。AID 系统工作流程如下:①通过各种检测器实时采集道路交通信息及自然环境信息;②对采集到的原始交通数据进行消噪处理,以保证检测的准确率;③利用一定的检测算法对数据进行分析,以确定事件的发生情况;④对检测到的事件进行分类识别,根据其类型及其严重程度采取不同的补救措施及给出报替信号;⑤将这些信息输入交通运输数据库。从 AID 系统工作流程可以看出,事件自动检测的关键技术包括数据采集、检测算法和事件识别。

5.4　道路交通事件自动检测算法

道路交通事件检测既是道路交通事件管理中的初始部分,也是持续工作的环节。事件检测的准确性(通过误报率和检测率)和及时性(通过检测时间)取决于事件检测方法的有效性。故国内外许多学者对此也倍加重视。事件检测算法的研究早从 20 世纪 70 年代开始,主要依靠各类车流运行数据进行事件检测。事件检测的算法大体分为五大类:比较算法、统计算法、时序和过滤算法、基于交通理论的算法和高级算法。检测算法的优劣的通过检测率、误报率以及检测时间 3 个参数来进行综合衡量。

5.4.1　道路交通事件自动检测常用算法

1. 比较算法

比较算法是通过比较跟踪变量与确定的阈值来辨别非常态，跟踪变量通常为交通参数或者从交通参数演变而来的参数，占有率是最为常用的跟踪变量。典型的比较算法有 California 算法。

California 算法又称加州算法，它于 20 世纪 60 年代由美国加州运输部开发，并得到广泛认可和应用，一般作为评价新 AID 算法的参考。该 AID 算法属双截面 AID 算法，它基于事件发生时上游检测截面占有率增加和下游检测截面占有率下降这一事实。利用时刻 t 从检测站 $i=1,2,3,\cdots,n$ 得到的平均占有率 $OCC(i,t)$ 来判断是否发生交通事件。该 AID 算法使用公式(5.1)、(5.2)、(5.3)3 个条件来判断是否发生交通事件。

$$OCCDF=OCC(i,t)-OCC(i+1,t)\geqslant K_1 \tag{5.1}$$

$$OCCRDF=\frac{OCC(i,t)-OCC(i+1,t)}{OCC(i,t)}\geqslant K_2 \tag{5.2}$$

$$DOCCTD=\frac{OCC(i+1,t-2)-OCC(i+1,t)}{OCC(i+1,t-2)}\geqslant K_3 \tag{5.3}$$

式中　$OCCDF$ ——事件路段上下游占有率的差值；

$OCCRDF$ ——事件路段上下游占有率的相对差值；

$DOCCTD$ ——拥挤开始时下游占有率的相对差值；

$OCC(i,t)$ ——第 i 个检测站 t 时刻所测得的占有率；

K_1、K_2、K_3 ——分别为相应条件的阈值。

其判别逻辑流程如图 5-5 所示。

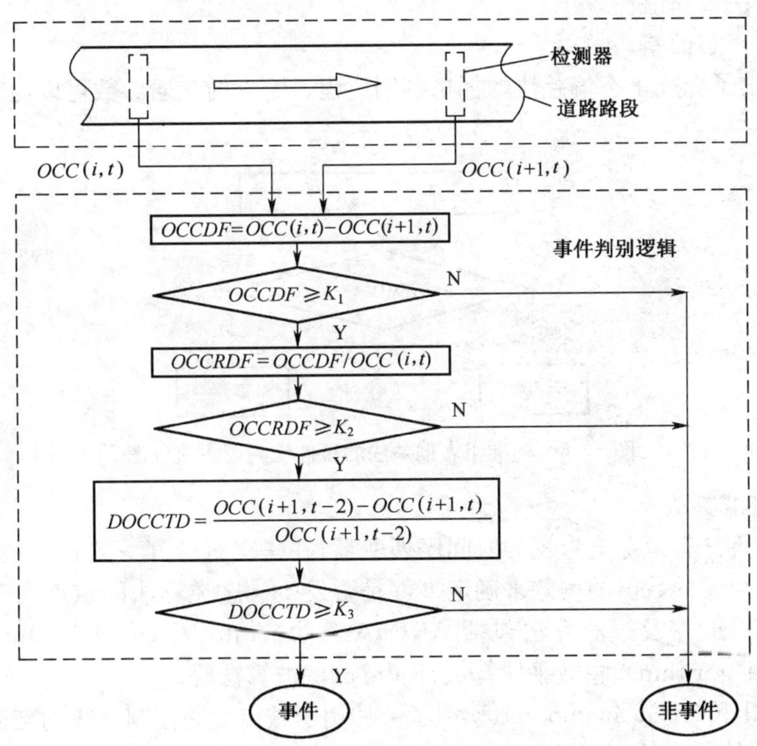

图 5-5　California 算法的事件判别逻辑流程图

如果同时满足式(5.1)～式(5.3)这3个条件，则可以判断发生了交通事件。

2. 统计算法

统计算法是利用标准的统计技术来识别变量的突然变化和其他非正常行为。这种算法认为，多数情况下交通参数符合正常统计行为，而非正常变化则预示着事件的发生。一般而言，流量平均速度、车道占有率以及从这些基本交通参数演变而来的其他参数都可以作为统计算法的跟踪变量。统计算法包括标准偏差算法(Standard Normal Deviate，SND)、Bayesian算法等，这里主要介绍标准偏差算法。

标准偏差(SND)算法

标准偏差法也称正常偏离S算法，该AID算法利用时刻t前n个采样周期的交通参数值(流量或占有率)的算术平均值来预测时刻t的交通参数值，再用标准正态偏差来度量交通参数相对于其以前平均值的改变程度，当它超过预设阈值时，则认为发生交通事件。

设时刻t交通参数的实际值为$x(t)$，时刻t之前n个采样周期的交通参数实际为$x(t-n)$，$x(t-n+1)$，…，$x(t-1)$，则检测公式用式(5.4)来表示。

$$SND(t)=\frac{x(t)-\bar{x}(t)}{S}\geqslant K \tag{5.4}$$

其中

$$\bar{x}(t)=\frac{1}{n}\sum_{i=1}^{n}x(t-i),S=\left[\frac{1}{n}\sum_{i=1}^{n}(x(t-i)-\bar{x}(t))^2\right]^{1/2}$$

式中　$x(t)$——交通参数的当前预测值；

S——前n个采样周期交通参数的标准差；

K——决策阈值；

SND——正态偏差。

图5-6给出了标准正态偏差法的拥挤判别流程。输入的交通参数可以为交通流量和占有率等。

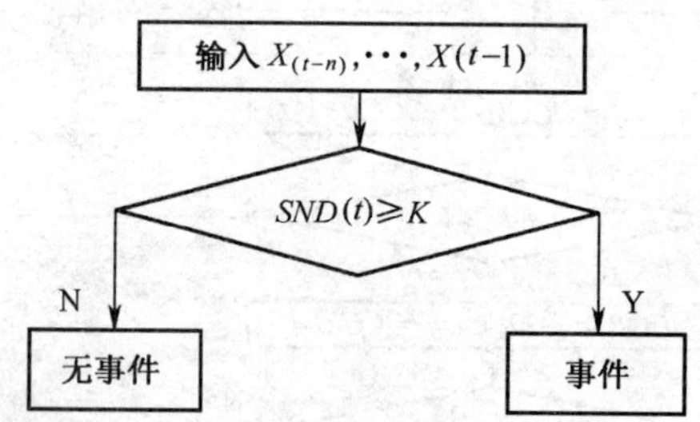

图5-6　标准正态偏差法的事件检测逻辑流程图

3. 时序及过滤算法

时序及过滤算法将跟踪变量视为时间序列变量，并建立符合其一般行为的时间序列模型，根据变量与模型得到的数值的偏差来确定事件是否发生。这类算法的重点在于区分出受事件影响的随机变量。时序及过滤算法包括ARIMA算法(Auto－Regressive Integrated Moving Average Based Algorithm)、指数平滑算法、Kalman滤波算法等。

1988年，Bell和Thancanamootoo研究了一种用于城市交通控制系统的交通事件自动检测算法。在该AID算法中使用了基本的指数平滑方法，用于更新一个交通控制变量，即一个信号周期时间间隔内累加的循环占有率变量。占有率的变化也同时需要指数平滑，并且当新得到的循环变量占有率超出了某个指定的置信度范围时，表明事件的发生。如果超出了上限，怀疑有事件发生，一旦下游检测站下限被破坏，证明事件的确发生了。

该 AID 算法的判别流程如图 5-7 所示。输入的交通参数为上下游截面处的占有率。

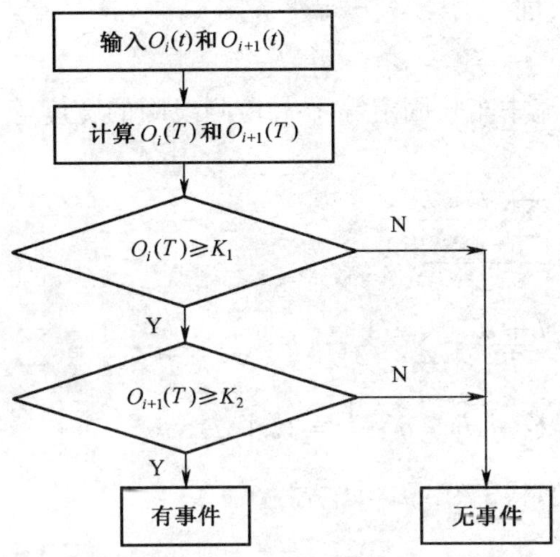

图 5-7　Bell 算法的事件判别逻辑流程图

图 5-7 中：$O_i(t)$ 是采样时间间隔内的占有率；$O_i(T)$ 和 $O_{i+1}(T)$ 为计算周期内上下游检测器的循环占有率；K_1 和 K_2 为决策阈值。

4. 模式识别算法

其原理是：当事故发生时，事故发生地点及其上游车辆占有率上升，而下游的占有率下降，从它们之间的差值判断事故发生与否。

在路网中行进的车流，由于道路上交通流的复杂性，车流运行状态随着时间的变化而时刻改变着。在运行行为上，可以用畅通、拥挤、堵塞和消散 4 个状态来简单描述。通常采用车流的排队队长 L、平均排队延误 D、速度的变化率 ΔV 等指标来反应车流拥挤和消散过程。这些指标在一定程度上确实能够反应出车流的运行状态，但往往不是难以计算求得，就是不能够快速地反映出交通状态的瞬息变化。在如图 5-8 所示的城市道路网中两相邻交叉口之间的路段上，一旦发生交通拥挤事件，则在上游检测器 A 处的流量减少，占有率增加；同时下游检测器 B 处的流量和占有率都将相对减少。但仅根据流量或者占有率的增减来对交通拥挤事件作判断，往往不能反映出拥挤过程的实质。

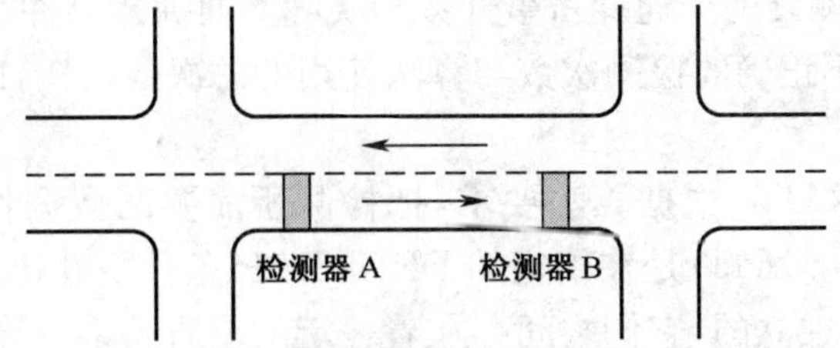

图 5-8　城市道路路段上检测器的布设

比如，上游检测器在单位时间内(分)检测到流量从 3 辆增加到了 16 辆，占有率也从 2%增加到了 8%，这样的过程属于哪种状态呢？事实上，由于在单位时间内检测到的车辆数增加，必然导致占有率的增长，但如果流量的相对增量大于占有率的相对增量，则可以判断出车流在这一时间内是处于消散状态，反之可以判断出处于拥挤形成的状态。假设交通流是不间断的连续流，则交通流基本模型成立，即

$$q=k\cdot\bar{v} \tag{5.5}$$

为了便于讨论，假定车流中车长固定等于 l，检测线圈的宽度等于 d，则根据占有率的基本定义：

$$\begin{aligned} occu &= \frac{\sum_i \frac{l+d}{v_i}}{T} \\ &= \frac{l+d}{T}\cdot\sum_i\frac{1}{v_i} = (l+d)\cdot\frac{n}{T}\cdot\frac{1}{n}\cdot\sum_i\frac{1}{v_i} \\ &= (l+d)\cdot q\cdot\frac{1}{\bar{v}} = (l+d)\cdot k \end{aligned} \tag{5.6}$$

把式(5.6)代入式(5.5)，得

$$q=\frac{occu}{l+d}\cdot\bar{v} \tag{5.7}$$

由式(5.7)可以看出，当速度不变时，流量和占有率成正比，且变化率相等。因此，可以得出的结论如下。

(1) 流量的相对增量大于占有率相对增量车流趋于消散。

(2) 流量的相对增量小于占有率相对增量车流趋于拥挤。

显然，上面结论成立的必要条件是车流在正常运行状态下：流量的相对增量 $\Delta q_A(j)$ = 占有率相对增量 $\Delta OCC_A(j)$。

5. 高级算法

事件检测算法的最新趋势是利用各种先进的技术来实现，检测算法中包含了模糊和随机的理论，如神经网络算法、图像处理算法、模糊逻辑算法等。另外，对于事件检测这个过程，许多学者看好手机的利用，并提出有关手机信息检测事件的方法，这个方法的使用条件是手机普及。

5.4.2 常用算法评价指标

常用的算法评价指标主要如下。

(1) 检测率(DR)：检测到的交通拥挤事件数与实际交通拥挤事件数之比，以百分数表示。

(2) 误报率(FAR)：不正确的检测次数与算法使用的总次数之比，以百分数表示，也可以表示为每段时间的误报次数。

(3) 平均检测时间(MTD)：根据算法要求，把检测所需要的数据代入算法，直到判断出结果所需要花费的平均时间。MTD 是在给定的 DR 和 FAR 条件下获得的。

上述 3 个指标并不是独立的，它们之间存在着一定的矛盾关系。算法在追求检测大范围的事件发生时，必须具有很高的敏感性，同时也会产生大量的误报次数；类似地，较低敏感性的检测算法产生较低的误报率，但事件检测率却提不高。如果检测时间变长，允许算法分析更多的

数据，那么则可降低误报率，提高检测率的准确率。所以检测算法的性能体现在对DR、FAR和MTD指标的综合评价而没有必要强调某一指标的最优。在具体应用中，事件检测的逻辑机理决定了DR、FAR和MTD之间的平衡关系。

5.4.3　检测算法性能的评估方法

算法评估是指在不同的评价指标取值下对算法进行测试，直到取得一个综合的最优性能值。因为参数值彼此间具有矛盾性，所以很难找到最佳值。通常将检测率的增长不会导致误报率的很大增长的点确定为最优的参数点。当需要校准的参量多于两个时，需要进行优化处理。在评估过程中通常应用性能指标(PI)来评估算法的性能，较低的PI值表明更好的特性。当DR<100%，FAR>0%，及MTD>0时，可以用式(5.8)来进行评估：

$$PI = [(100 - DR)/100]^m \times FAR^n \times MTd^p; m > 0, n > 0, p > 0 \tag{5.8}$$

PI方程中的系数m，n，p分别代表了DR、FAR和MTD的重要性，一般取值为$m=1$，$n=1$和$p=1$，取值越大代表该参数越重要。

5.5　道路交通事件预警技术

5.5.1　道路交通事件预警概念

城市道路交通事件预警系统是指在正常状态下，对道路交通运行状态参数进行检测和评估的基础上，对城市道路运行状态接近交通事件程度前所作出的早期预报。其目的是使道路交通管理部门及参与者及时采取相关措施，避免交通事件的发生。

5.5.2　道路交通事件预警流程

从交通事件检测到最后发出预警，一般要经过以下流程(图5-9)。

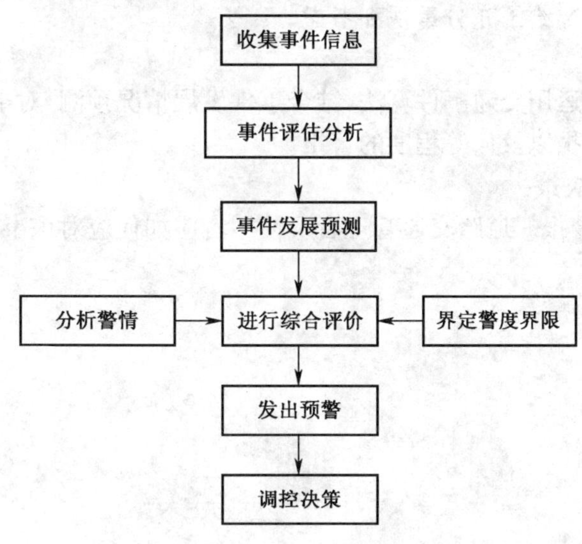

图5-9　交通事件预警流程

1. 收集事件信息

通过交通检测装置,收集全面的交通信息,是道路交通事件预警的基础。

2. 事件评估分析

评估分析是对突发事件当前影响的评价,通过综合以上所获取的各类因素,分析和确定各要素之间的深层联系,最终得到交通、救援、经济、社会等态势的直观量化估计。态势分析包括对以下几个方面的评估。

(1) 路网通行能力评估:根据天气、道路类型以及基础设施损坏情况等,对交通事件发生后的路网通行能力给予评价,作为预案生成与调度的重要依据。

(2) 交通拥堵程度评估:根据道路滞留车辆及行人的数量等情况,对道路交通拥堵程度给予评价,从而确定事件对交通流的影响。

(3) 救援处理难度评估:根据救援资源的相关信息如数量、距离等,以及天气、周边道路等情况评价救援处理难度。

(4) 疏散处理难度评估:根据疏散点的相关信息如数量、距离等,以及天气、周边道路等情况评价救援处理难度。

3. 事件发展预测

突发事件是一个不断变化的发展过程,具有很大的随机性和不确定性,事件所造成的影响也是不断扩展和传递的。因此,态势评估系统必须能够根据当前事件信息,对事件影响进行快速有效的预测。预测内容如下。

(1) 事件影响持续时间预测:预测事件所造成的影响能够持续多长时间,是判断事件威胁程度的一个重要环节。

(2) 事件引起交通延误预测:预测事件对交通的后续影响,为之后的交通控制、诱导等方案提供决策支持。

(3) 人员安全潜在威胁预测:预测事件对人员安全的后续影响,为之后救援力量和人员疏散工作的部署提供决策支持。

(4) 经济社会潜在威胁预测:城市突发事件可能造成财产损失,损害城市形象和声誉等后果,因此也需要对这类情况给予充分重视和考虑。

4. 综合评价

根据收集相关信息,运用交通事件算法,结合事件发展情况预测,对事件进行综合分析与评价,据以判断是否发出警报以及何等程度的警报。

5. 预警发出及调控决策

参与何种形式发出警报。道路交通管理者及使用者应如何应对该事件。

第6章 道路交通基础设施检测技术

6.1 道路交通基础设施的分类

交通基础设施包括道路、桥梁、隧道、轨道4大类。①道路基础设施.是指以车辆、行人通行为主要功能的通道,包括车行道、人行道、广场、公共停车场、隔离带、路肩、路堤、挡土墙、护坡、护堤、边坡、边沟、已经征用的道路建设用地及其附属设施。从管理隶属关系又分为公路和城市(市政)道路。②桥梁设施,是指架设在水上或陆地连接道路供车辆、行人通行的构造物,包括跨越河海的桥梁、车行立交桥、人行天桥、高架桥、涵洞以及桥梁附属设施。从桥梁的交通特点及管理隶属关系而言,又分为公路桥梁、城市(市政)桥梁和铁路桥梁等。其养护管理的要求及方法均有所不同。③隧道设施,是指在既有的建筑或土石结构中开挖出来的通道,供交通立体化、穿越山岭、地下通道、越江、过海、管道运输、电缆地下化、水利工程等使用。隧道不一定全是地下通道,仅位于地面下的称作地下隧道。大部分隧道的功能是供行人、自行车、一般道路交通、机动车、铁路交通或运河使用,也有少数隧道只运送水、石油或其他特定服务,包括军事及商业物流等。本书所讨论的主要是公路隧道和铁路隧道。④铁路及轨道设施,简称路轨、铁轨、轨道等,主要用于铁路上,并与转辙器合作,令火车无需转向便能行走。轨道通常由两条平衡的钢轨组成。钢轨固定于轨枕上,轨枕之下为路砟。上述4类交通基础设施,根据交通特点及所属行业主管的不同分别隶属于原铁道部行政主管部门、交通运输部、住房和城乡建设部三部委的行业管理,其养护管理分别依据所属部委的行业规范和标准。

6.2 路面工程检测

为了保证车辆行驶的安全与舒适,降低运输成本和延长道路使用寿命,路面必须具有足够的强度和刚度。路基路面的强度可以由抗剪强度、CBR值、回弹模量等很多指标反映。目前国内外普遍采用回弹弯沉值来表征路基路面的承载能力。路面弯沉测定比较方便,不仅能够反映路面各结构层及土基的整体强度和刚度,而且能够反映出路面的使用状态。所以在我国现行的沥青路面设计规范中采用设计弯沉作为路面整体刚度的设计指标。

路面弯沉检测与分析是路面承载力评估的基础,对工程质量控制和检验至关重要,因此在我国回弹弯沉值广泛用于新建路面结构的设计、施工控制和验收、旧路改造等各个方面,在回弹弯沉值的使用方面有着丰富的经验。

6.2.1 路面综合强度测定

1. 基本概念

1）弯沉

弯沉是指在规定的标准轴载作用下，路基或路面表面轮隙位置产生的总垂直变形（总弯沉）或垂直回弹变形值（回弹弯沉），一般以 0.01mm 为单位。

弯沉值的大小能够直接反映路基路面的强弱，在相同车轮荷载下，路面的弯沉值越大，则路面抵抗垂直变形的能力越弱，说明路面强度越弱，反之则说明路面强度越强。影响路面弯沉的因素有很多，路基路面结构层的材料特性、压实程度、干湿状况、温度环境、结构类型、气候条件、交通组成、检测时的环境条件以及所使用的仪器设备等因素均会对弯沉值产生较大的影响。

2）容许弯沉

大量的实践表明，对于回弹弯沉值大的路面，在经受较少次数轮载的重复作用后，即呈现出某种形态的破坏；而回弹弯沉值小的路面，能经受较多轮载次数重复作用才能达到这种破坏状态。这说明在达到相同程度的破坏时，回弹弯沉大小与该路面的使用寿命大致成反比关系。根据该种路面所要求的使用寿命可以确定路面容许的最大弯沉值，这个弯沉值通常被称作容许弯沉值。

路面容许弯沉值是指路面在使用期末的不利季节，在设计标准轴载作用下容许出现的最大回弹弯沉值。

3）设计弯沉

路面设计弯沉值是根椐公路等级、面层和基层类型、设计年限内每个车道上预测通过的累计当量轴次确定的，相当于路面竣工后第一年不利季节在标准轴载 100kN 作用下，测得的最大回弹弯沉值。经过大量的测试和分析，可以得到路面设计弯沉值计算公式如下：

$$L_d = 600N_e^{-0.2}A_cA_sA_b \tag{6.1}$$

式中 L_d ——路面设计弯沉值（0.01mm），该值是在标准温度、标准轴载作用下，测定的路表回弹弯沉值，对半刚性基层一般采用 5.4m 弯沉仪，对柔性基层采用 3.6m 弯沉仪，若用自动弯沉车或落锤式弯沉仪测定时，应建立相应的换算关系进行换算；

N_e ——设计年限内一个车道上累计当量轴次；

A_c ——公路等级系数，高速公路、一级公路为 1.0，二级公路为 1.1，三、四级公路为 1.2；

A_s ——面层类型系数，沥青混凝土面层为 1.0，热拌沥青碎石、乳化沥青碎石、上拌下贯或贯入式路面为 1.1，沥青表面处值为 1.2，中低级路面为 1.3；

A_b ——基层类型系数，对半刚性基层、底基层总厚度等于或大于 20cm 时，$A_b=1.0$，若面层与半刚性基层之间设置等于或小于 15cm 级配碎石层、沥青贯入碎石、沥青碎石的半刚性基层结构时，A_b 仍为 1.0，柔性基层、底基层或柔性基层厚度大于 15cm，底基层为半刚性下卧层时 A_b 为 1.6。

4）竣工验收弯沉值

竣工验收弯沉值是检验路面是否达到设计要求的指标之一。当路面厚度计算以设计弯沉值为控制指标时，则验收弯沉值应小于或等于设计弯沉值；当厚度计算以层底拉应力为控制指标时，应根据拉应力计算所得的结构厚度，重新计算路面弯沉值，该弯沉值即为竣工验收弯沉值。

2. 弯沉值的测试方法

弯沉值的测试方法有很多，目前主要有贝克曼梁法、自动弯沉仪、落锤式弯沉仪、激光弯沉仪等测试方法，各种测试方法的主要特点如下。

1）贝克曼梁法

贝克曼梁法始于 20 世纪 50 年代，其优点是仪器结构简单，技术要求低，使用范围广，技术成熟，目前属于标准方法。该方法缺点是属于静态测试方法，只能测定最大回弹值，除此之外该方法测试精度较差，对于弯沉小于 0.1mm 的路面测试比较困难。而且该方法属于人工测定方法，测试效率低且受人为因素及环境因素影响较大。

2）自动弯沉仪

自动弯沉仪是在贝克曼弯沉梁的基础上发展起来的连续采集设备，该方法可以记录弯沉盆的形状并测定最大总弯沉，测量精度和采样频率相对贝克曼梁法有了较大的提高。但是该方法仍属于静态测试方法，由于测定的是总弯沉，在使用时需使用贝克曼梁进行标定换算。

3）落锤式弯沉仪

落锤式弯沉仪是利用重锤自由落下时瞬间产生的冲击荷载测定弯沉，属于动态弯沉概念，该方法测试速度快、精度高（一般分辨率为 1μm）、测试过程受外界干扰少。该方法可以测定路面结构的动态弯沉盆，因此可以更好地模拟行车荷载对路面结构的动力冲击作用。在使用时也需应用贝克曼梁法进行标定换算。

4）激光弯沉仪

激光弯沉仪属于动态弯沉测试方法，采用行驶采样方式，是目前世界上最先进的弯沉测试装置，它在高速行驶过程中利用激光多普勒技术测试地面在荷载作用下的垂直下沉速度，再通过数据分析程序计算出最大弯沉。该方法采用非接触检测方式，因此一般可以达到 70km/h 的速度精确测试地面弯沉值。该方法是目前高速公路弯沉检测设备的最佳选择，检测效率相比其他方法要高很多，但是价格比较昂贵。如图 6－1 所示为 JG－2005 型激光自动弯沉车，如图 6－2所示为 JG－2005 型激光自动弯沉车测量臂。

图 6－1　JG－2005 型激光自动弯沉车

图 6－2　JG－2005 型激光自动弯沉车测量臂

3. 贝克曼梁弯沉测定法

1）目的和适用范围

该方法适用于测定各类路基、路面的回弹弯沉，用以评定其整体承载能力，可供路面结构设计使用及交工和竣工验收使用。同时,通过对路面结构分层测定所得的回弹弯沉值,根据弹性层状体系垂直位移理论解可以反算路面各结构层的材料回弹模量值。

需要注意的是,沥青路面的弯沉以沥青面层平均温度 20℃时为准,当路面平均温度在 20±2℃范围以内时可不修正;在其他温度测试时,对厚度大于 5cm 的沥青路面,弯沉值应予温度修正。

2) 主要仪器和设备

(1) 实验用标准测试车:在我国规范中采用后轴 100kN 的 BZZ－100 的汽车作为标准车,如图 6－3 所示。该载重车为双轴、后轴双侧 4 轮的,其标准轴荷载、轮胎尺寸、轮胎间隙及轮胎气压等主要参数如表 6－1 所列。

表 6－1 弯沉测定用标准车参数

标准轴载等级	BZZ－100
后轴标准轴载 P/kN	100±1
一侧双轮荷载	50±0.5
轮胎充气压力	0.70±0.5
单轮传压面当量圆直径	21.30±0.5
轮隙宽度	应满足能自由插入弯沉仪测头的测试要求

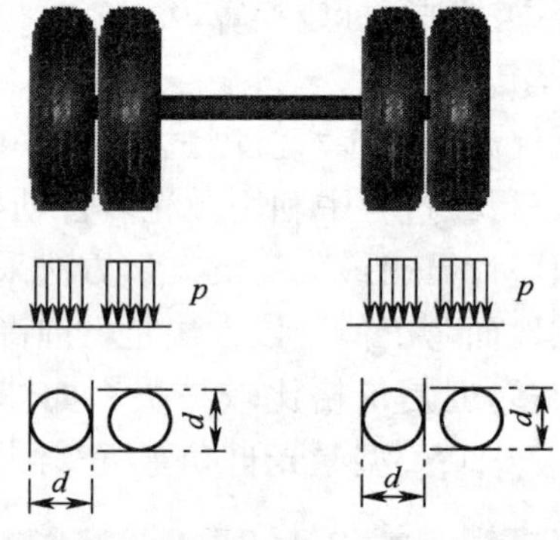

图 6－3 标准测试车

(2) 路面弯沉仪:常见图 6－4 所示贝克曼路面弯沉仪,构造如图 6－5 所示,由贝克曼梁、百分表及表架组成,贝克曼梁由铝合金制成,上有水准泡,其前臂(接触路面)与后臂(装百分表)长度比为 2∶1。弯沉仪长度有两种:一种长 3.6m,前后臂分别为 2.4m 和 1.2m;另一种加长的弯沉仪长 5.4m,前后臂分别为 3.6m 和 1.8m。当在半刚性基层沥青路面或水泥混凝土路面上测定时,宜采用长度为 5.4m 的贝克曼梁弯沉仪;对柔性基层或混合式结构沥青路面可采用长度为 3.6m 的贝克曼梁弯沉仪。弯沉值采用百分表量得,也可用自动记录装置进行测量。

(3) 接触式路面温度计:端部为平头,分度不大于 1℃。

(4) 其他:皮尺、口哨、白油漆或粉笔、指挥旗等。

3) 试验方法与步骤

(1) 车辆准备。检查并保持测定用标准车的车况及刹车性能良好,轮胎内胎符合规定充气压力值。

图 6-4　贝克曼梁弯沉仪

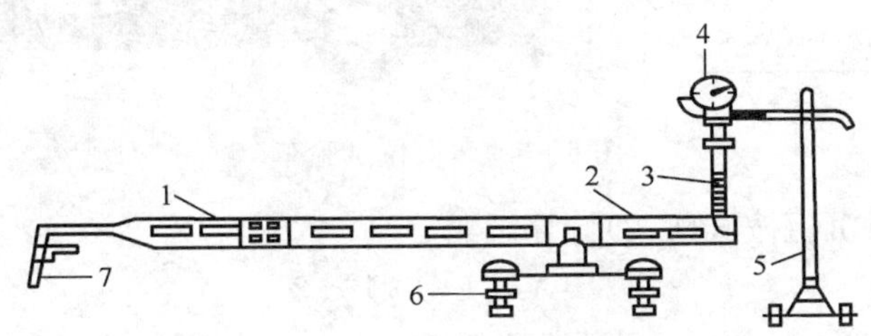

图 6-5　路面弯沉仪的构造

1,2—前后杠杆;3—立杆;4—百分表;5—表架;6—支座;7—测头。

(2) 称量汽车后轴重量。向汽车车槽中装载(铁块或集料),并用地中衡称量后轴总质量及单侧轮荷载,相关参数应符合规范要求的轴重规定,在汽车行驶及测定过程中,轴重不得变化。

(3) 测定轮胎接地面积。在平整光滑的硬质路面上用千斤顶将汽车后轴顶起,在轮胎下方铺一张新的复写纸和一张方格纸,轻轻落下千斤顶,即在方格纸上印上轮胎印痕。然后顶起后轮取出方格纸,注明左右轮,用求积仪或数方格的方法测算轮胎接地面积,精确至 $0.1cm^2$。

(4) 布置测点。在测试路段布置测点,其距离随测试需要而定,测点应在路面行车车道的轮迹带上,并用白油漆或粉笔划上标记。一般路段可在行车带上每隔 50m～100m 选一测点,如情况特殊可适当加密。

(5) 检查弯沉仪百分表测量灵敏情况,量测温度并记录路面现场工程资料。当在沥青路面上测定时,用路表温度计测定试验时气温及路表温度(由于一天中气温不断变化,应随时测定),并通过气象台了解前 5 天的平均气温(日最高气温与最低气温的平均值)。记录沥青路面修建或改建时材料、结构、厚度、施工及养护等情况。

(6) 测定弯沉。

目前我国测定弯沉值一般都采用“前进卸载法”,弯沉仪测试车如图 6-6 所示。具体操作程序如下:首先将试验车后轮轮隙对准测点后约 3cm～5cm 处的位置上。然后将弯沉仪插入汽车后轮之间的缝隙处,与汽车方向一致,梁臂不得碰到轮胎,弯沉仪测头置于测点上(轮隙中心前方 3cm～5cm 处),并安装百分表于弯沉仪的测定杆上,百分表调零,用手指轻轻叩打弯沉仪,检查百分表是否稳定回零。

测定者吹哨发令指挥汽车缓缓前进,百分表随路面变形的增加而持续向前转动。当表针转动到最大值时,迅速读取初读数 L_1。汽车仍在继续前进,表针反向回转,待汽车驶出弯沉影响半径(约 3m 以上)后,吹口哨或挥动红旗指挥停车。待表针回转稳定后读取终读数 L_2。汽车前进的速度宜为 5km/h 左右。

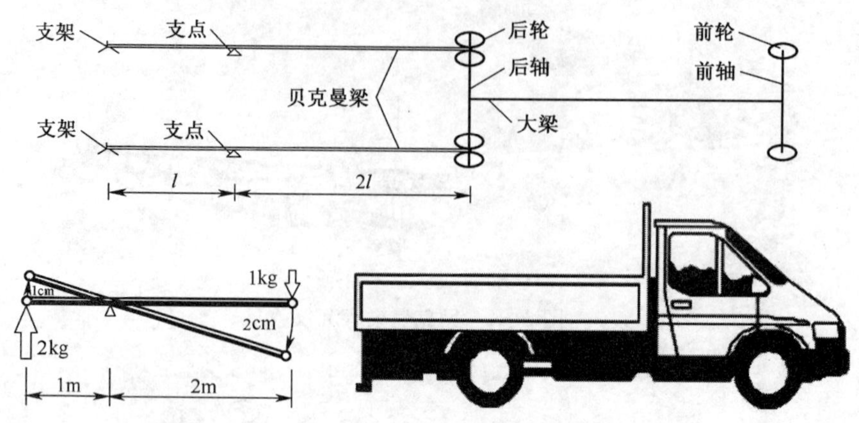

图 6-6　弯沉仪试验车

路面测点的回弹弯沉值按式(6.2)计算。

$$l_t=(L_1-L_2)\times 2 \tag{6.2}$$

式中　l_t——在路面温度 t 时的回弹弯沉值(0.01mm)；

L_1——车轮中心临近弯沉仪测头时百分表的最大读数(0.01mm)；

L_2——汽车驶出弯沉影响半径后百分表的最终读数(0.01mm)。

常见回弹弯沉测量结果记录表如表 6-2 所列。

表 6-2　常见回弹弯沉测量结果记录表

××高速公路回弹弯沉试验记录表							
承包单位：					合同号：		
监理单位：					编号：		
试验单位		测试时间				试验车型	
容许弯沉值(0.01mm)		天气温度				后轴重	
仪器型号	贝克曼梁	检验车道				后胎气压	
检验路段		路面层次			路面面层	检测方向	
测点桩号	百分表读数值(0.01mm)				弹弯沉值(0.01m)		测点弯沉描述
	初读数		终读数				
	左轮	右轮	左轮	右轮	左轮	右轮	
总测点数 n=	(点)		平均值 L=			(0.01mm)	
标准差 s=			代表弯沉 Lr=			(0.01mm)	
结论：				备注：			
弯沉合格					弯沉合格		
试验：		复核：				监理：	

4）弯沉仪的支点变形修正

当采用长度为 3.6m 的弯沉仪对半刚性基层沥青路面、水泥混凝土路面等进行弯沉测定时，有可能引起弯沉仪支座处变形，因此测定时应检验支点有无变形。如果有变形，此时应用另一台检测用的弯沉仪安装在测定用的弯沉仪的后方，其测点架于测定用弯沉仪的支点旁。当汽车开出时，同时测定两台弯沉仪的弯沉读数，如检测用弯沉仪百分表有读数，即应该记录并进行支点变形修正。当在同一结构层上测定时，可在不同的位置测定 5 次，求平均值，以后每次测定时以此作为修正值。修正原理如图 6－7 所示。

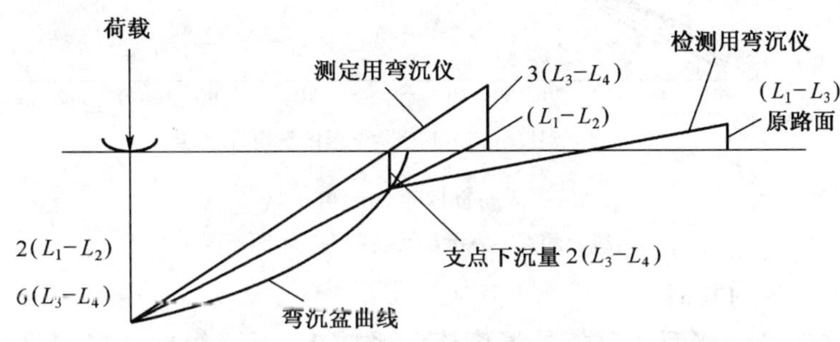

图 6－7　弯沉仪支点变形修正原理

当需要进行弯沉仪的支点变形修正值时，弯沉值可按式(6.3)计算：

$$l_t=(L_1-L_2)\times 2+(L_3-L_4)\times 6 \tag{6.3}$$

式中　l_t——在路面温度 t 时的回弹弯沉值(0.01mm)；

L_1——车轮中心临近弯沉仪测头时测定用弯沉仪百分表的最大读数(0.01mm)；

L_2——汽车驶出弯沉影响半径后测定用弯沉仪百分表的最终读数(0.01mm)；

L_3——车轮中心临近弯沉仪测头时检验用弯沉仪百分表的最大读数(0.01mm)；

L_4——汽车驶出弯沉影响半径后检验用弯沉仪百分表的最终读数(0.01mm)；

一般情况下，当采用长 5.4m 的弯沉仪测定时，可以不进行支点变形修正。

5）温度修正

对于沥青路面结构，沥青路面面层厚度、温度、路基湿度等是影响路面弯沉测定结果的重要因素，其中最主要的是温度因素。现行规范给出了贝克曼梁弯沉的温度修正方法，规范中规定当沥青面层厚度大于 5cm 时，回弹弯沉值应进行温度修正。温度修正及回弹弯沉的计算可按下列步骤进行。

(1) 计算测定时沥青层的平均温度，计算公式为

$$T=\frac{T_{25}+T_{\mathrm{m}}+T_{\mathrm{e}}}{3} \tag{6.4}$$

式中　T——测定时沥青层的平均温度(℃)；

T_{25}——根据 T_0 由图决定的路表下 25cm 处的温度(℃)；

T_{m}——根据 T_0 由图决定的沥青层中间深度的温度(℃)；

T_{e}——根据 T_0 由图决定的沥青层底面处的温度(℃)；

T_0——为测定时路表温度与测定前 5 天平均气温的平均值之和，日平均气温为日最高气温与最低气温的平均值(图 6－8)。

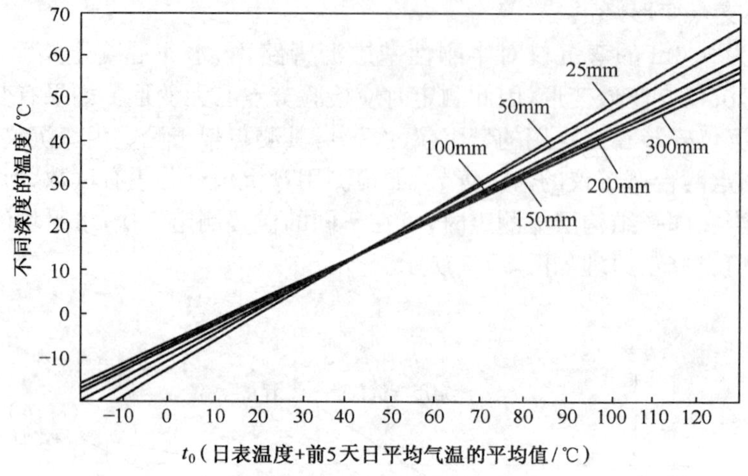

图 6-8　沥青层平均温度的决定

注:线上的数字表示从路表向下的不同深度

(2) 温度修正系数的取值

采用不同基层的沥青路面弯沉值的温度修正系数 K,可以根据沥青层平均温度 T 及沥青层厚度在图 6-9 和图 6-10 中查得。

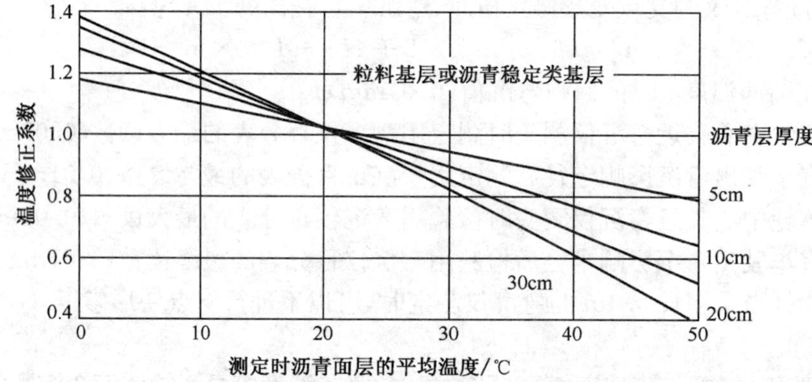

图 6-9　路面弯沉温度修正系数曲线(适用于粒料基层及沥青稳定基层)

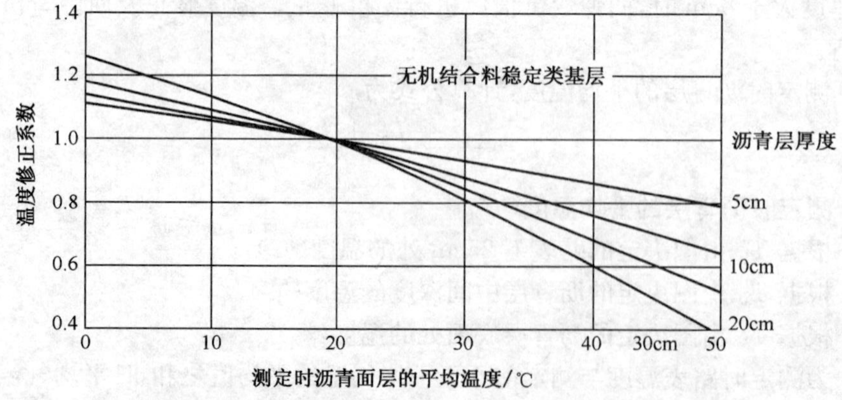

图 6-10　路面弯沉温度修正系数曲线(适合用于无机结合料的半刚性基层)

(3) 沥青路面考虑温度修正时弯沉值计算可按式(6.5)进行，即

$$L_{20}=L_T\times K \tag{6.5}$$

式中　L_{20}——换算为 20℃时的沥青路面回弹弯沉值(0.01mm)；

L_T——测定时沥青面层的平均温度为 T 时的回弹弯沉值(0.01mm)；

K——温度修正系数。

6) 路面弯沉值的评定

路面弯沉的测定结果可点绘成弯沉断面图。由于影响承载能力的变量较多，导致各测点的弯沉值会有较大的变异。因此，通常采用统计方法对每一路段的弯沉值进行统计处理，以路段的代表弯沉值表征该路段的承载能力。

路段的代表弯沉值 L_r 为弯沉测量值的上波动界限，可按式(6.6)确定，即

$$L_r=\overline{L}+Z_aS \tag{6.6}$$

式中　L_r——弯沉代表值(0.01mm)；

$\overline{L}$——实测弯沉的平均值(0.01mm)；

S——标准差，即 $S=\sqrt{\dfrac{\sum\limits_{i=1}^{n}(L_i-\overline{L})^2}{n-1}}$；

Z_a——与保证率有关的系数，取值如表 6-3 所列。

表 6-3　保证率系数 Z_a 的取值表

层位	Z_a	
	高速公路、一级公路	二、三级公路
沥青面层	1.645	1.5
路基	2.0	1.645

在计算平均值和标准差时，应将超过 $\overline{L}\pm(2\sim4)S$ 的弯沉特异值舍弃。对舍弃的弯沉值过大的点，应找出其周围界限进行局部处理。

当弯沉代表值不大于设计要求的弯沉值时得满分；大于时得零分。若在非不利季节测定时，应考虑季节影响系数。

例：某新建高速公路竣工后，在不利季节测得某段路面的弯沉值如表 6-4 所列，路面设计弯沉值为 40(0.01)，试判断该路段的弯沉值是否符合要求(保证率系数 $Z_a=2.0$)。

表 6-4　某段路面的弯沉值

序号	1	2	3	4	5	6	7	8	9	10	11
L_i	30	29	31	28	27	26	33	32	30	30	31
序号	12	13	14	15	16	17	18	19	20	21	22
L_i	29	27	26	32	31	33	31	30	29	28	28

解：经计算，$\overline{L}=29.6$(0.01mm)，$S=2.09$(0.01mm)

代表弯沉值为弯沉检测值的上波动界限，即

$$L_r=\overline{L}+Z_aS=29.6+2\times2.09=33.8(0.01\text{mm})$$

因为代表弯沉值 $L_r<L_d=40$(0.01mm)，所以该路段的弯沉值是满足要求的。

4. 自动弯沉仪测定法

自动弯沉仪的工作原理与贝克曼梁的原理基本是相同的，是一种在贝克曼梁的基础上发展起来的连续采集设备。自动弯沉仪的工作原理是测定车在检测路段以一定速度行驶，将安装在测试车前后轴之间底盘下面的弯沉测定梁放到车辆底盘的前端并支承在地面保持不动，当后轴双轮隙通过测头时，通过位移传感器装置将弯沉值自动记录下来。这时测定梁被拖动，以 2 倍的汽车速度拖到下一测点，周而复始地向前连续测定。

1）适用范围

自动弯沉仪测定法主要适用于我国新建、改建路面工程的质量验收中，在无严重孔槽、车辙等病害的正常通车条件下连续采集沥青路面的弯沉数据。

2）主要仪器和设备

自动弯沉仪测定法所采用的图 6－11 所示的 Lacroix 型自动弯沉测试车，主要由测试汽车、测试机构和数据处理 3 个部分组成。自动弯沉仪的承载车辆参数与贝克曼梁测试法中的 BZZ－100 测试车相同，是单后轴、单侧双轮组的载重车。测试机构如图 6－12 所示，测试系统的位移传感器分辨率一般为 0.11mm；位移传感器的量程≥3mm，要求距离标定误差≤1%；工作环境温度为 0～60℃。

图 6－11　Lacroix 型自动弯沉测试车

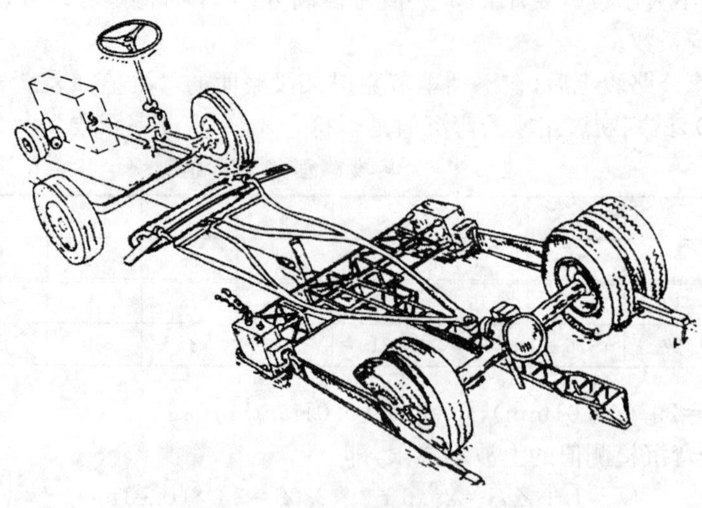

图 6－12　自动弯沉仪的测量机构

自动弯沉仪测定车的主要技术参数如下。

测试车轴距　6.75cm

测臂长度　1.75m～2.40m

后轴荷载　100kN

测定车轮对路面的压强　0.7MPa

最小测试步距 4m～10m

测试精度　0.01mm

3）试验方法与步骤

（1）试验前准备工作。

① 位移传感器标定及检查承载车轮胎气压。每次测试之前均须按规定方法进行位移传感器的标定，同时每次测试之前都必须检查后轴轮胎气压值是否满足 0.70MPa±0.05MPa 的要求。

② 检查承载车的轮载。一般每年检查一次，后轴载应满足 100kN±1kN 的要求。

③ 检查测量架易损部件的情况，并打开电源检查各部分是否正常工作，在正式测试之前可开动承载车试测 2 个～3 个步距以观察测试机构是否正常。

（2）测试步骤。

① 在开始测试前对测试系统通电预热，时间不少于设备手册要求。

② 将测量架在测试路段前方约 20m 处路面上，并检查各机构是否能正常工作。

③ 驾驶人员缓慢加速到正常测试速度，沿正常行车轨迹驶入测试路段。

④ 操作人员将测试路段起终点、桥涵等特殊位置的桩号输入到记录数据中。

⑤ 当测试车辆驶出测试路段后，操作人员停止数据采集和记录，驾驶员缓慢停止承载车并提起测量架。

⑥ 检查数据文件，文件应完整，数据应正常，否则应重新测试。如数据正常关闭测试系统电源并进行数据处理，数据组中左臂测值、右臂测值按单独弯沉处理，对原始弯沉测试数据进行温度、坡度和相关性修正。

4）弯沉值的横坡修正

为了方便排水，路面一般都有横坡，当横坡比较小的时候横坡对自动弯沉仪测试车后轮荷载的影响相对较小。但随着路面横坡的增加，两侧轮重的变化会逐渐加剧，采用自动弯沉仪测得的弯沉值也会受到影响。图 6-13 为横坡上两侧轮重受力示意图，高位点 A 和 B 随着横坡的增加轮重会有较大不同。

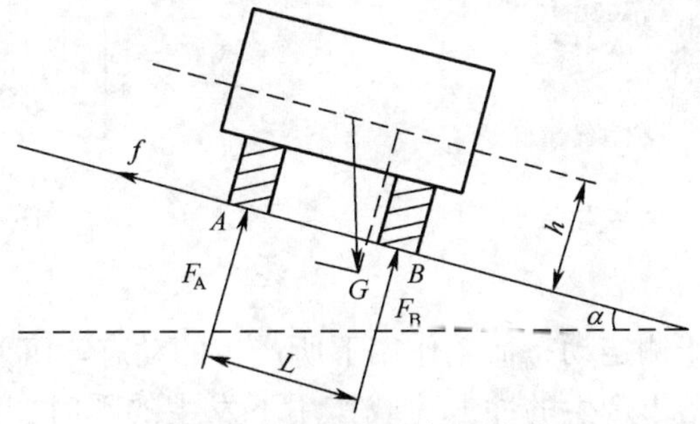

图 6-13　自动弯沉仪受力模型

图中：G 为重力；L 为轮距；h 为测试车重心距路面距离；α 为路面倾角；

F_A、F_B 为路面对后轮的支持力；f 为摩擦力。

规范规定当路面横坡不超过4%时,不进行超高影响修正;当横坡超过4%时,需进行横坡修正,修正系数如表6-5所列。

表6-5　横坡修正系数

横坡范围	高位修正系数	低位修正系数
≥4%	$\frac{1}{1-i}$	$\frac{1}{1+i}$

5) 自动弯沉仪与贝克曼梁弯沉测值对比试验

为将自动弯沉仪测定的总弯沉换算成贝克曼梁测定的回弹弯沉值,需要进行两种测定方法的对比试验。一般按弯沉值不同范围选择不少于4段路面结构相似的路段,所选测定路段的长度一般为300m～500m。对比实验路段的路面应清洁干燥,温度应在10～35℃范围内,并选择温度变化不大的时间,宜选择晴天无风的天气条件,试验路段附近没有重型交通和振动。

对比试验步骤具体如下。

(1) 采用同一辆自动弯沉仪测定车,以保证测定车型、荷载大小和轮胎作用面积完全相同。

(2) 用油漆标记出对比路段起点位置。

(3) 用自动弯沉仪按规定的方法进行弯沉值测定,同时用油漆标出每一测点的位置。

(4) 在每一标记位置用贝克曼梁定点测定回弹弯沉,测点范围应准确至$10cm^2$以内。

(5) 逐点对应计算两者的相关关系,得出回归方程式$L_b=a+bL_a$,式中L_b、L_a分别为贝克曼梁和自动弯沉仪测定的弯沉值,相关系数R不得小于0.95。

5. 落锤式弯沉仪试验方法

落锤式弯沉仪(Falling Weight Deflectometer,FWD)是目前国际上比较先进的一种无损路面的弯沉强度检测设备,如图6-14所示。FWD的工作原理如图6-15所示,是在计算机控制下通过液压系统把落锤装置提升到一定高度,然后释放使落锤自由落下,对路面产生一个脉冲荷载来模拟行车荷载所产生的冲击作用。产生的冲击力通过承载板传递到路面使路面产生变形,形成弯沉盆。一般落锤式弯沉仪有拖车式、内置式和车载式3种,如图6-16所示。

图6-14　FWD测试装置

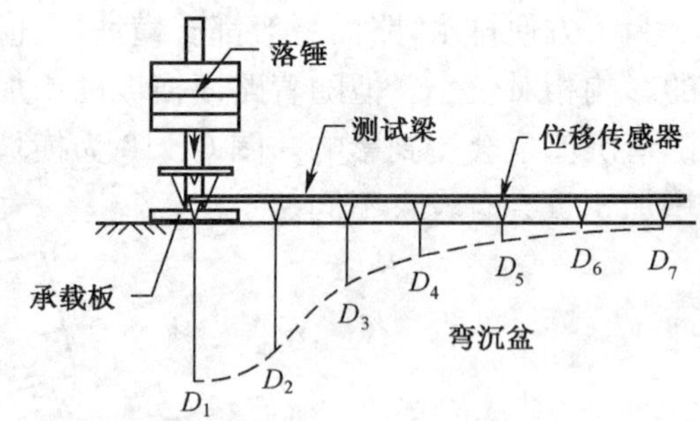

图6-15　FWD测试原理

1) 目的和适用范围

落锤式弯沉仪主要用于测定动态荷载作用下所产生的动态弯沉及弯沉盆,即测定路基或路面表面在重锤从一定高度落下产生的冲击荷载作用下发生的瞬时变形。同时根据所测弯沉可反算出路基路面各层材料的动态弹性模量,以便为设计提供参考和依据。所测动态弯沉结果可以转换为回弹弯沉值,用于评价道路承载能力。

(a)

(b)

(c)

图6-16　落锤式弯沉仪
(a) 拖车式;(b) 内置式;(c) 车载式。

2) 主要仪器和设备

落锤式弯沉仪主要由冲击荷载发生装置、弯沉检测装置、运算控制系统与车辆牵引系统等组成。

冲击荷载发生装置主要由重锤和弹簧组成。重锤的质量及落高一般根据使用目的与道路等级选择。承载板可采用直径为300mm十字对称分开成4部分且底部固定有橡胶片的承载板。冲击荷载大小与落锤质量、下落高度及弹簧的关系为

$$F_{\max}=\sqrt{2MgHR} \tag{6.7}$$

式中　M——重锤的质量(kg);

g——重力加速度(m/s^2);

R——弹簧常数(N/m);

H——下落高度(m)。

弯沉检测装置由一组高精度位移传感器组成,传感器一般为差动变压器式位移计或地震检波器。在布置时自承载板中心开始,沿道路纵向每隔一定距离布设一组传感器,传感器总数不少于7个,建议布置在0～250cm范围内,必须包括0、30、60、90四点。

运算控制系统主要用于记录冲击荷载及各个传感器所在位置在冲击荷载作用瞬间的测点动态变形。

车辆牵引系统:牵引落锤式弯沉仪并安装控制系统的车辆。

3) 试验方法与步骤

(1) 试验前准备工作。

① 调整重锤的质量及下落高度以保证重锤的质量及产生的冲击荷载符合规范要求。

② 在测试路段的路基或路面表面布置测点。当在路面表面测定时,测点宜布置在行车车道的轮迹带上,测试时可利用距离传感器定位。

③ 检查FWD的车况及使用性能,并对位移传感器按使用说明书进行标定,将FWD牵引至测定地点,将仪器打开,进入工作状态。

(2) 测试步骤。

① 将承载板中心位置对准测点,然后让承载板落下,同时放下弯沉装置的各个传感器。

② 启动落锤装置,让落锤自由落下,冲击力作用于承载板上后又立即自动提升至原来位置固定。同时,各个传感器可以测得结构层的表面变形,记录系统将位移信号输入计算机,并得到峰值,即路面弯沉,同时得到弯沉盆。每一测点重复测定应不少于3次,除去第一个测定值,取

以后几次测定值的平均值作为计算依据。

③ 将传感器及承载板提起，牵引车前行移动至下一个测点，重复上述步骤，继续进行测定。

4）落锤式弯沉仪与贝克曼梁弯沉仪对比试验步骤

(1) 路段选择。

为将落锤式弯沉仪测定的动弯沉换算成贝克曼梁测定的回弹弯沉值，需针对不同地区选择某种路面结构的代表性路段，对两种测定方法测得的弯沉值进行对比试验。一般选择的对比试验路段长度为 300m～500m。

(2) 对比试验步骤。

① 在进行对比试验时应采用与实际使用相同且符合要求的落锤式弯沉仪及贝克曼梁弯沉仪测定车，并且落锤式弯沉仪的冲击荷载应与贝克曼梁弯沉仪测定车的后轴双轮荷载相同。

② 用油漆标记对比路段起点位置。

③ 布置测点位置，首先用贝克曼梁定点测定回弹弯沉值。测定车开走后，用粉笔以贝克曼梁测点为圆心，在周围画一个半径为 15cm 的圆。如果在水泥混凝土路表面布置测点，当为调查水泥混凝土路面的接缝的传力效果时，测点应布置在接缝的一侧，位移传感器分开在接缝两边布置；当为探查路面板下的空洞时，测点布置位置随测试需要而定。

④ 将落锤式弯沉仪的承载板对准圆圈，外置偏差不应超过 30mm。两种仪器对同一点弯沉测试的时间间隔不应过大，一般不超过 10min。

逐点对应计算两者之间的相互关系。通过对比试验可以得出二者之间的回归方程为 $L_b = a + bL_{FWD}$，式中 L_b 和 L_{FWD} 分别为贝克曼梁和落锤式弯沉仪测定的弯沉值，回归方程式的相关系数 R 应不小于 0.95。

5）计算注意点

在检测时应按桩号记录各测点的弯沉及弯沉盆数据，计算一个评定路段的平均值、标准差、差异系数。当为调查水泥混凝土路面接缝的传力效果时，利用分开布置在接缝两边的位移传感器测定值的差异及弯沉盆的形状对比进行判断。当为探查路面板下的空洞时，可利用在不同位置测定的测定值差异及弯沉盆的形状进行判断。

6.2.2 路面平整度测定

平整度是路面施工质量与服务水平的重要指标之一，直接反映了道路通车后的整体效果，是评价路面使用品质与行车舒适性重要的外观指标。平整度是指以规定的仪器设备间断地或连续地量测路表面的凹凸情况，即不平整度的指标。路面的平整度一般是各结构层平整效果累积反映到路面表面后的结果，表面越不平整，行车阻力就越大，同时还会使车辆产生附加振动作用。这种振动作用会造成行车颠簸，从而影响行车的速度及行驶的舒适性，同时这种振动作用还会加剧路面和汽车部件损坏和轮胎的磨损，并增大油耗。随着平整度的恶化，路面在冲击作用下容易形成坑槽、搓板等病害，如果积水后更会加剧路面的破坏。因此平整度的检测与评定是公路施工与养护的一个非常重要的环节。

平整度的测试一般可分为断面类及反应类两大类。断面类平整度测定是直接沿行驶车辆的轮迹量测路面表面的高程，得到路表纵断面，通过数学分析后采用综合统计量作为平整度指标。常见的方法主要有水准测量、梁式断面仪和惯性断面仪 3 种方式。如最常用的 3m 直尺及连续式平整度仪就是断面类平整度测试方法。反应类测定路面凹凸引起车辆振动的颠簸情况。

反应类指标是司机和乘客直接感受到的平整度指标，因此它实际上是舒适性能指标，最常用的测试设备是车载式颠簸累积仪。现已有更新型的自动化测试设备，如纵断面分析仪，路面平整度数据采集系统测定车等。

1. 平整度评价指标

平整度测定的方法和仪器很多，相应采用的指标也各不相同，主要包括纵向和横向平整度。一般纵向平整度对道路的使用影响比较大，因此平整度指标以纵向平整度为主，主要有平均调整坡 ARS、纵断面平整度指标和国际平整度指数 IRI 这 3 种。

1）平均调整坡

对于反应类平整度仪测定的结果，通常以车辆行驶一段距离(1km)后的累积数值表示。如果把每一种反应类平整度仪的平整度数值用相应的悬挂系统竖向位移量表示，测定结果可以表示为 m/km，这个定义类似坡度的概念，因此称为平均调整坡 ARS。采用 ARS 作为指标可以方便地对不同平整度仪的测定结果建立相关关系。需要注意的是这种相关关系只能在相同测定速度下才能成立，测试速度不同则相应的相关关系也不同。因此平均调整坡指标一般用速度作为下标，如 ARS_{80} 。

2）纵断面平整度指标

断面类平整度测定系统测到的是轮迹带路表面的纵断面，需要对测得的数据进行统计分析才能得到平整度的好坏。

(1) 功率谱分析(PSD)。

路面平整度通常都是表现出随机的性质，对于随机信号数据功率谱是表征其特点的重要参数。

随机过程理论中功率谱是自协方差函数的傅立叶变换，计算公式为

$$S(f)=\int_{-\infty}^{+\infty}C(\Delta)\mathrm{e}^{-\mathrm{i}2\pi f\Delta}\mathrm{d}\Delta \tag{6.8}$$

式中　$S(f)$——功率谱；

$C(\Delta)$——自协方差函数；

f——频率；

Δ——抽样间隔。

式(6.8)进行傅里叶逆变换，得

$$C(\Delta)=\int_{-\infty}^{+\infty}S(f)\mathrm{e}^{\mathrm{i}2\pi f\Delta}\mathrm{d}f \tag{6.9}$$

当 $\Delta=0$ 时，有

$$C(0)=\int_{-\infty}^{+\infty}S(f)\mathrm{d}f$$

对于路面平整度检测时 $C(\Delta)$可以用式(6.10)表示，即

$$C(\Delta)=\frac{1}{n}\sum_{x=1}^{n-\Delta}(y_x-\bar{y})(y_{x+\Delta}-\bar{y}) \tag{6.10}$$

式中　y_x——路面断面的高程；

$\bar{y}$——路面断面的高程的平均值，$\bar{y}=\frac{1}{n}\sum_{x=1}^{n}y_x$。

当 $\Delta\to0$ 时，式(6.10)可变换为

$$C(0)=\frac{1}{n}\sum_{x=1}^{n}(y_x-\bar{y})^2=\sigma^2 \tag{6.11}$$

式中 σ——均方差。

由式(6.9)和式(6.11),联立得

$$C(0)=\sigma^2=\int_{-\infty}^{+\infty}S(f)\mathrm{d}f \tag{6.12}$$

式(6.12)表明,功率谱曲线下方所包围的面积等于路面纵断面的方差。

对于离散情况下,样本的功率谱 $S(f)$ 可根据式(6.13)计算,得

$$S(f)=\Delta\sum_{k=1}^{n}C(k\Delta)\mathrm{e}^{-\mathrm{i}2\pi fk\Delta} \tag{6.13}$$

(2) 竖向加速度均方根(*RMSVA*)。

竖向加速度均方根是指相邻断面坡度变化与抽样点间距的比值的均方根。断面坡度即抽样点的高程差与抽样点间隔的比值。

A 的坡度 $=\dfrac{Y_\mathrm{B}-Y_\mathrm{A}}{\Delta S}\approx\theta_\mathrm{A}$

B 的坡度 $=\dfrac{Y_\mathrm{C}-Y_\mathrm{B}}{\Delta S}\approx\theta_\mathrm{B}$

则坡度变化 $\Delta\theta=\theta_\mathrm{B}-\theta_\mathrm{A}=\dfrac{(Y_\mathrm{C}-Y_\mathrm{B})-(Y_\mathrm{B}-Y_\mathrm{A})}{\Delta S}$

坡度变化与抽样点间距的比值:$\left(\dfrac{\Delta\theta}{\Delta S}\right)_\mathrm{B}=\dfrac{(Y_\mathrm{C}-Y_\mathrm{B})-(Y_\mathrm{B}-Y_\mathrm{A})}{\Delta S^2}$

因此竖向加速度的均方根为

$$RMSVA=\sqrt{\sum_{i=2}^{n-1}\frac{(\Delta\theta/\Delta S)_i^2}{n-2}}=\sqrt{\sum_{i=2}^{n-1}\frac{\{(Y_{i+1}-Y_i)-(Y_i-Y_{i-1})\}^2/\Delta S^4}{n-2}} \tag{6.14}$$

式中 n——断面抽样点的个数;

ΔS——抽样点的间距。

3) 国际平整度指数

对于路面平整度的评价指标各个国家曾分别采用了统计型指标、振动型指标、3m 直尺型指标、颠簸累积指标和舒适型指标等几种。为了使采用不同的方法和仪器测定的结果可以相互比较,需要寻找一个标准的(或通用的)平整度指标,它同其他平整度指标有良好的相关关系。同时采用反应类平整度仪测定时,为使测定结果具有时间稳定性,必须经常进行标定,而标定曲线的精度取决于标定路段采用的平整度指标同反应类测定系统的相关性。

为了解决上述问题,世界银行于 1982 年组织了有巴西、英、美、法等国专家参加的国际研究小组,在巴西首都巴西利亚进行了大规模的路面平整度试验,在此基础上提出了采用国际平整度指数(IRI)作为评价标准的建议。

国际平整度指数(IRI)是一项标准化的平整度指标,是标准车身悬架的总位移(m)与行驶距离(km)之比。它同反应类平整度测定系统类似,但是采用的数学模型模拟 1/4 车(即单轮)以规定速度行驶在路面断面上,分析行驶距离内动态反应悬挂系的累积竖向位移量。标准的测定速度规定为 80km/h,其测定结果的单位为 m/km,实际上是一无量纲的量值,人们经常也将 IRI 称作参考平均调整坡 ARS_{80}。

国际平整度指数 IRI 作为通用指标，为不同平整度测定方法的测定结果的评价对比提供了依据。

2. 平整度指标间相互关系

我国常用的平整度测试方法有 3m 直尺、连续式平整度仪和车载式颠簸累积仪 3 种方法。3m 直尺法主要采用最大间隙 L_s(mm)来反映平整度好坏，连续式平整度仪采用标准差 σ(mm)作为技术指标，车载式颠簸累积仪的技术指标为单向累计值 VBI(cm/km)。

随着测试设备的发展，我国大量的研究单位对各指标之间的相关关系进行了研究，其中江西省公路局和同济大学建立的关系式为

$$IRI = 4.73 + 0.000898VBI\text{（相关系数 } R = 0.98\text{）} \tag{6.15}$$

$$L_s = -7.38 + 0.11IRI \tag{6.16}$$

$$L_s = 5.02 + 0.002503VBI \tag{6.17}$$

河北省石家庄市公路管理处建立的关系式为

$$IRI = 1.1207362589 + 6.2113392175 \times 10^{-2} VBI$$

$$L_s = 3.4986180034 + 2.1233927166 \times 10^{-2} VBI$$

$$C = 1.128080204 - 2.0671881084 \times 10^{-3} VBI$$

1993 年 4 月山西太原 IRI 与 3m 直尺的关系式为

$$IRI = 1.4713L_s + 2.323\text{（相关系数 } R = 0.9908\text{）} \tag{6.18}$$

式(6.15)～式(6.18)中 VBI——车载式颠簸累积仪测试值(cm/km)；

IRI——国际平整度指数(m/km)；

L_s——3m 直尺测试最大间隙(mm)；

C——3m 直尺测试所得合格率(%)。

3. 3m 直尺测定平整度的试验方法

3m 直尺测定法有单尺测定最大间隙和等距离(一般 1.5m)连续测定两种。两种方法都可以用于施工质量控制与检查验收，前一种方法一般要计算出所测定段的合格率，而等距离连续测试需算出标准差，用标准差的大小来表示路面平整程度。对于第一种方法规范里面定义用 3m 直尺基准面距离路表面的最大间隙表示路基路面的平整度，以 mm 计。

主要的仪具有用于测量基准面长度的 3m 直尺、楔形塞尺、深度尺、皮尺或钢尺、粉笔等。具体测试方法与步骤如下。

1) 在测试路段路面上选择测试点

该方法用于沥青路面施工过程中的质量检测时，测试地点应选择接缝处；除高速公路以外，该方法可用于其他等级的公路路基路面工程质量检查验收或进行路况评定，每 200m 测 2 处，每处连续测量 10 尺。对旧路已形成车辙的路面，应取车辙中间位置为测定位置。

2) 测试步骤

① 在施工过程中检测时，按根据需要确定的方向，将 3m 直尺摆在测试地点的路面上。

② 目测 3m 直尺底面与路面之间的间隙情况，确定间隙为最大的位置。

③ 用有高度标线的塞尺塞进间隙处，测量最大间隙的高度(mm)；或者用深度尺在最大间隙位置量取测量直尺上顶面距地面的深度，该深度减去尺高即为测试点的最大间隙的高度，精确至 0.2mm。

④ 施工结束后检测时，按规定每 1 处连续检测 10 尺，按上述步骤测记 10 个最大间隙。

3) 计算

单杆检测路面的平整度计算，以 3m 直尺与路面的最大间隙为测定结果；连续测定 10 尺时，判断每个测定值是否合格，根据要求计算合格百分率，并计算 10 个最大间隙的平均值。

4. 连续式平整度仪法

连续式平整度仪法基本原理是通过测量路面不平整度的标准差来表示平整度，该方法主要用于测定路表面的平整度，评定路面的施工质量和使用质量，应注意的是该方法不适用于在已有较多坑槽、破损严重的路面上测定。

该方法主要的仪器设备是连续式平整度仪，如图 6－17 所示，连续式平整度仪的标准长度为 3m。中间为一个 3m 长的机架，机架可缩短或折叠，前后各有 4 个行走轮，前后两组轮的轴间距离为 3m。机架中间有一个能起落的测定轮。机架上装有蓄电源及检测箱。测定轮上装有位移传感器，自动采集位移数据时，测定间距为 10cm，每一计算区间的长度为 100m，并输出一次结果。机架头装有一牵引钩及手拉柄，可用人力或汽车牵引。

图 6－17　连续式平整度仪

该种方法除连续式平整度仪外，还需要牵引车、皮尺或测绳等进行辅助测量。主要测试步骤如下所示。

(1) 选择测试点。当为施工过程中的质量检测需要时，测试地点根据实际需要确定；当为路面工程质量检查验收或进行路况评定需要时，通常以行车道一侧车轮轮迹作为连续测定的标准位置。对旧路已形成车辙的路面，应取车辙中间位置为测定位置。在测试路段路面上确定测试位置，当以内侧轮迹带（IWP）或外侧轮迹带（OWP）作为测定位时，测点位置距车道标线 0.8m～1.0m。

(2) 将连续式平整度测定仪置于测试路段路面起点上。

(3) 在牵引汽车的后部，将平整度的挂钩挂上后，放下测定轮，启动检测器及记录仪，随即启动汽车，沿道路纵向行驶、横向位置保持稳定，并检查平整度检测仪表上测定数字显示、打印、记录的情况。牵引平整度仪的速度应均匀，速度宜为 5km/h，最大不得超 12km/h。如果测试路段较短，亦可用人力拖拉平整度仪测定路面的平整度，但拖拉时应保持匀速前进。

连续式平整度测定仪测定后，可按每 10cm 间距采集的位移值自动计算得到每 100m 计算区间的平整度标准差（mm），同时还可以记录测试长度（m）、曲线振幅大于某一定值（3mm、5mm、8mm、10mm 等）的次数、曲线振幅的单向（凸起或凹下）累计值及以 3m 机架为基准的中点路面偏差曲线图，并打印输出。

当为人工计算时，在记录曲线上任意设一基准线，每隔一定距离（宜为 1.5m）读取曲线偏离基准线的偏离位移值 d_i。每一计算区间的路面平整度以该区间测定结果的标准差表示，计算可按式（6.19）进行，即

$$\sigma_i = \sqrt{\frac{\sum d_i^2 - (\sum d_i)^2/n}{n-1}} \tag{6.19}$$

式中　σ_i——各计算区间的平整度计算值（mm）；

d_i——以 100m 为一个计算区间，每隔一定距离（自动采集间距 10cm，人工采集间距为 1.5m）采集的路面凹凸偏差位移值（mm）；

n——计算区间用于计算标准差的测试数据个数。

5. 车载式颠簸累积仪法

车载式颠簸累积仪法适用于在新建、改建路面工程质量验收和无严重坑槽、车辙等病害的正常行车条件下连续采集路段平整度数据。

该种方法的主要测试系统由承载车辆、距离测量装置、颠簸累积仪测试装置和主控制系统组成。主控制系统对测试装置的操作实施控制，完成数据采集、传输、存储与计算过程。

该测试系统仪器的测试速度一般在 30km/h～80km/h，垂直位移分辨率为 1mm，最大测试幅值为±20cm，距离标定误差<0.5%，系统工作环境温度为 0～60℃。

1）车载式颠簸累积仪法主要测试步骤

（1）准备工作。测试车辆在正常状态下行驶超过 20000km，或标定的时间间隔超过 1 年，或减震器、轮胎等发生更换、维修等情况时，都应进行仪器测值与国际平整度指数 *IRI* 的相关性标定，相关系数 R 应不低于 0.99。

在测试前应检查测试车轮轮胎气压，应保证车辆轮胎达到规定的标准气压；车胎应清洁，车上载重、人数以及分布应与仪器相关性标定试验时一致。

同时还应检查测试系统是否有明显的可视性破损，最后打开系统电源，启动控制程序，检查系统各部分的工作状态。

（2）测试步骤。测试开始之前应让测试车以测试速度行驶 5km～10km，按照设备操作手册规定的预热时间对测试系统进行预热。测试车停在测试起点前 300m～500m 处，启动平整度测试系统程序。驾驶员在进入测试路段前应保持车速在规定的测试速度范围内，沿正常行车轨迹驶入测试路段。

进入测试路段后，测试人员启动系统的采集和记录程序。在测试过程中必须及时准确地将测试路段的起终点和其他需要特殊标记点的位置输入测试记录中。当测试车辆驶出测试路段后，仪器操作人员停止数据采集和记录，并恢复仪器各部分至初始状态。

操作人员检查数据文件，文件应完整，内容应正常，否则需要重新测试。关闭测试系统电源，结束测试。

（3）计算。颠簸累积仪直接测试输出的颠簸累积值 *VBI*，结果应按照相关性标定试验得到相关关系式，并以 100m 为计算区间换算成 *IRI*（以 m/km 计）。

2）颠簸累积仪测值与国际平整度指数 *IRI* 相关关系对比试验

由于颠簸累积仪测值受测试速度等因素影响较大，因此测试系统的每一种实际采用的测试速度都应单独进行标定，建立相关关系公式。

(1) 试验条件。试验时一般按照每段 *IRI* 值变化幅度不小于 1.0 的范围选择不少于 4 段不同平整度水平且有足够加速或减速长度的路段。一般每段路长度不小于 300m，每一段内的平整度应均匀。在选择时应选择坡度变化较小、路段交通量小的直线路段。

(2) 试验步骤。

① 距离标定。

a) 依据设备供应商建议的长度，选择坡度变化较小的平坦直线路段，标出起终点和行驶轨迹。

b) 标定开始前应让测试车以测试速度行驶 5km～10km 对测试系统进行预热。

c) 将测试车的前轮对准起点线，启动距离校准程序，然后令车辆沿着路段轨迹直线行驶，避免突然加速或减速。接近终点时，看指挥人员手势减速停车，确保测试车的前轮对准终点线，结束距离校准程序。重复此过程，确保距离传感器测试结果的准确性，应在允许误差范围之内。

② 采用车载式颠簸累积仪法令所标定的纵断面高程传感器对准测线重复测试 5 次，取其 *IRI* 计算值的平均值作为该路段的测试值。

③ *IRI* 值的确定。

以精密水准仪作为标准仪具，测量标定路段上测线的纵断面高程，要求采样间隔为 250mm，高程测试精度为 0.5mm，然后用 *IRI* 标准计算程序对纵断面测量值进行模型计算，得到标定线路的 *IRI* 值。

(3) 试验数据处理。用数理统计的方法将各标定路段的 *IRI* 值和相应的平整度仪值进行回归分析，建立相关关系方程式，相关系数 R 不得小于 0.99。

6.2.3 路面抗滑性能测定

路面抗滑性能是影响交通安全的重要参数，英国在 1985 年研究表明，横向力系数每提高 0.1，雨天事故率可降低 13%。随着公路等级和设计车速的提高，路面抗滑性能得到越来越多的重视。

1. 路面抗滑性能

路面抗滑性能是指车辆轮胎受到制动时沿表面滑移时能够产生足够的摩阻力以使车辆能在安全合理的距离内停住。因此抗滑性一般看作是路面的表面特性，通常用轮胎与路面间的摩阻系数 f 来表示，即

$$f=\frac{F}{W} \tag{6.20}$$

式中 f——摩阻系数；

F——在路表面运动的摩阻力；

W——垂直于路面的荷载大小。

一般影响路面抗滑性能的因素有路面表面特性、路面潮湿程度和行车速度等因素。

2. 路面抗滑性能评价指标

表征路面抗滑能力的评价指标一般包括抗滑性能和抗滑耐久性能。常见的描述抗滑性能的指标有摩擦系数、制动距离、滑移指数、制动力系数和构造深度等，描述抗滑耐久性能的指标主要有石料磨光值。

目前路面抗滑能力检测主要通过路面摩擦系数、抗滑值和路表构造深度等指标反映。我国现行规范中提出的评价当前路面抗滑性能测试方法有制动距离法、偏转轮拖车法（横向力系数测试）、摆式仪法、构造深度测试法（手工铺砂法、电动铺砂法、激光构造深度仪法）。

1）抗滑值

路面的抗滑值 F_B，又称抗滑摆值，是指用标准的手提式摆式摩擦系数测定仪测定的路面在潮湿条件下对摆的摩擦阻力。摆式摩擦系数仪是我国目前最常用的路面纵向抗滑性能检测设备，如图 6－18 所示。

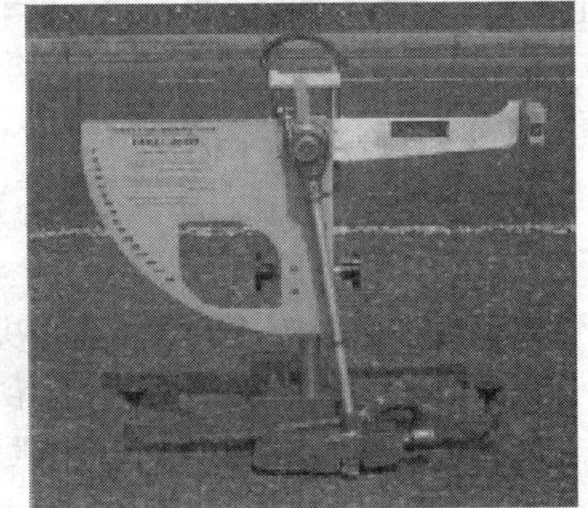

图 6－18　摆式摩擦系数仪

2）制动距离数

制动距离数是指以一定速度在潮湿路面上行驶的四轮小客车制动时，车辆开始减速滑移到停止的距离，其计算公式为

$$SDN=\frac{V^2}{225L_s} \tag{6.21}$$

式中　L_s——车辆滑移到停止的距离（m）；

V——刹车开始作用时的速度（km/h）。

3）横向摩擦系数 SFC

横向摩擦系数是指试验轮与行车方向成一定角度前进时，与轮胎面垂直的横向力与车轮荷载之比，计算公式为

$$SFC=\frac{F_s}{W} \tag{6.22}$$

式中　F_s——作用在试验轮胎上的横向摩擦力（N）；

W——作用在车轮上的垂直荷载（N）。

我国《公路沥青路面设计规范》中规定高速、一级公路在竣工后第一个夏季测定的横向力系数验收值应不小于 54。

4）纵向摩擦系数 PFC

纵向摩擦系数是指试验轮与行车方向平行前进时，与轮胎面垂直的纵向力与车轮荷载之比，计算公式与横向摩擦系数类似，表示的是道路沿行车方向的路面抗滑能力。

5）路表构造深度

路表构造深度是指一定面积的路表面凹凸不平的开口孔隙的平均深度。路表构造深度实际上是反映路表宏观纹理粗构造的指标，主要的测试方法有手工铺砂法、电动铺砂法和激光构造深度仪法等。铺砂法主要原理是将已知容量的标准砂摊填在干净而干燥的路表面空隙内，然后量测标准砂的覆盖面积和体积，即可算出铺砂的等效深度，即

$$TD=\frac{4V}{\pi d^2} \tag{6.23}$$

式中　V——砂样容量（mm³）；

d——砂摊面积的平均直径（mm）。

我国《公路沥青路面设计规范》（JTG D50）的抗滑标准建议值如表 6－6 所列，道路的横向力系数及构造深度均应符合表中所列要求。

表 6-6　我国《公路沥青路面设计规范》(JTG D50)的抗滑标准建议值

年平均降雨量/mm	交工检测指标值	
	横向力系数 *SFC*60	构造深度 *TD*/mm
>1000	⩾54	⩾0.55
500～1000	⩾50	⩾0.50
250～500	⩾45	⩾0.45
注:1. 横向力系数 *SFC*60——用横向力系数测试车,在(60±1)km/h 车速下测得的横向力系数。 2. 路面宏观构造深度 *TD*(mm)—用铺砂法测定。		

6) 石料磨光值 *PSV*

石料磨光值 *PSV* 是按规定的试验方法测得的石料抵抗轮胎磨光作用的能力,即石料磨光后用摆式仪测得的摩擦系数,是表征抗滑耐久性的重要指标,反映了路表表面细构造。细构造是在车辆低速时对路表抗滑能力起决定作用的因素。

高速、一级公路的路面应具有良好的抗滑性能,其沥青路面抗滑性能应符合规范要求,二级及三级公路应根据各路段的具体情况采取必要的技术措施,以提高路面抗滑性能。在设计高速、一级公路的沥青表面层时,应选用抗滑、耐磨石料,其石料磨光值应大于42。高速、一级公路的摩擦系数宜在竣工后第一个夏季采用摩擦系数测定车,以(50±1)km/h 的车速测定横向力系数(*SFC*);宏观构造深度应在竣工后第一个夏季用铺砂法或激光构造深度仪测定,此时的测定值应符合规定的竣工验收值的要求。对于水泥混凝土路面抗滑标准用构造深度表示:高速、一级公路,构造深度 *TD* 为 0.8mm;其他公路 *TD* 为 0.6m。

上述抗滑标准仅为设计阶段的抗滑标准。公路在养护过程中,也有养护的具体标准。

3. 构造深度测试方法

路面抗滑性能测试方法较多,下面仅介绍常见的试验方法。

1) 手工铺砂法

手工铺砂法主要用于测定沥青路面及水泥混凝土路面表面构造深度,用以评定路面表面的宏观粗糙度、路面表面的排水性能及抗滑性能。

(1) 仪具与材料。

① 人工铺砂仪:由圆筒、推平板组成。

a) 量砂筒:如图 6-19 所示,一端是封闭的,容积为(25±0.15)mL,可通过称量砂筒中水的质量以确定其容积 *V*,并调整其高度,使其容积符合要求。此外还带有一专门的刮尺将筒口量砂刮平。

b) 推平板:推平板应为木制或铝制,直径 50mm,底面粘一层厚 1.5mm 的橡胶片,上面有一圆柱把手,如图 6-20 所示。

c) 刮平尺:可用 30cm 钢尺代替。

② 量砂:足够数量的干燥洁净粒径为 0.15mm～0.3mm 的匀质砂。

③ 量尺:钢板尺、钢卷尺,或采用将直径换算成构造深度作为刻度单位的专用的构造深度尺。

④ 其他:装砂容器(小铲)、扫帚或毛刷、挡风板等。

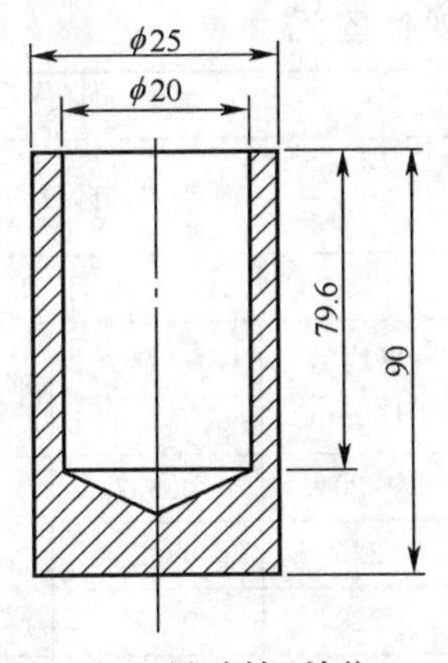

图 6-19　量砂筒(单位:mm)

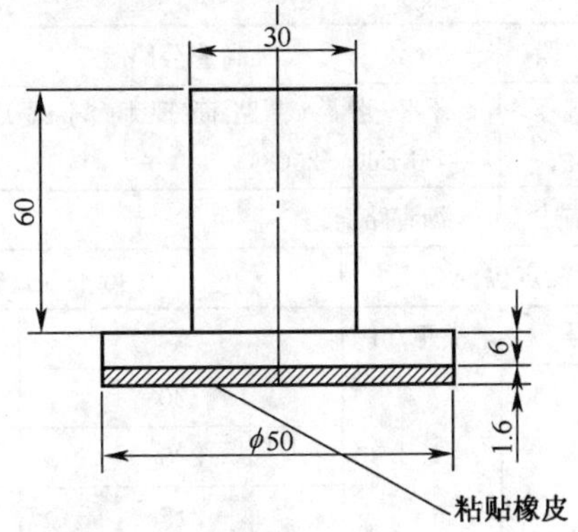

图 6-20　推平板(单位:mm)

(2) 方法与步骤。

① 量砂准备:取洁净的细砂晾干、过筛,取 0.15mm～0.3mm 的砂放在适当的容器中备用。量砂只能在路面上使用一次,不宜重复使用。回收砂必须经干燥、过筛处理后方可使用。

② 对测试路段按随机取样选点的方法,决定测点所在横断面位置。测点应选在行车道的轮迹带上,距路面边缘应不小于 1m。

③ 用扫帚或毛刷子将测点附近的路面清扫干净,面积不小于 30cm×30cm。

④ 用小铲向圆筒中注满砂,手提圆筒上方,在硬质路面上轻轻地叩打 3 次,使砂密实,最后用钢尺将补足砂面一次刮平。不可直接用量砂筒装砂,以免影响量砂密度的均匀性。

⑤ 将砂倒在路面上,用底面粘有橡胶片的推平板,由里向外重复做摊铺运动,稍稍用力将砂细心地、尽可能地向外摊开;使砂填入凹凸不平的路表面的空隙中,尽可能将砂摊成圆形,并不得在表面上留有浮动余砂。注意摊铺时不可用力过大或向外推挤。

⑥ 用钢板尺测量所构成圆的两个垂直方向的直径,取其平均值,准确至 5mm。

⑦ 按以上方法,同一处平行测定不少于 3 次,3 个测点均位于轮迹带上,测点间距 3m～5m。该处的测定位置以中间测点的位置表示。

(3) 计算。

① 计算路面表面构造深度测定结果。

$$TD=\frac{4V}{\pi d^2} \tag{6.24}$$

式中　V——砂样容量(mm^3);

d——砂摊面积的平均直径(mm)。

② 每一处均取 3 次路面构造深度的测定结果的平均值作为试验结果,精确至 0.01mm。

③ 计算每一个评定区间路面构造深度的平均值、标准差、变异系数。

(4) 试验记录。

手工铺砂法测定路面构造深度试验记录示例如表 6-7 所列。

2) 电动铺砂法测路面构造深度

电动铺砂法可以用于测定沥青路面及水泥混凝土路面表面构造深度,用以评定路面表面的宏观粗糙度及路面表面的排水性能和抗滑性能。

表 6-7 手工铺砂法测定路面构造深度试验记录表

施工路段	某高速公路			环境条件	温度 24℃	
试验规程及方法	《公路路基路面现场测试规程》(JTG E60—2008)			试验设备及编号	手工铺砂仪	
样品描述	沥青路面			试验日期	2012 年 5 月 21 日	
测点位置		摊平砂直径 D/mm		平均值 D/mm	TD/mm	平均值 TD/mm
桩号	横距/m	1	2			
K0+500	1.2	220	215	220	0.657	0.65
		225	225	225	0.628	
		215	220	220	0.657	
/	/	/	/	/		/
			/	/		
			/	/		
/	/	/	/	/		/
			/	/		
			/	/		
备注:						

(1) 仪具与材料。

① 电动铺砂仪:利用可充电的直流电源将量砂通过砂漏铺设成宽度 5cm、厚度均匀一致的器具。

② 量砂:足够数量粒径为 0.15mm～0.3mm 的干燥洁净的匀质砂。

③ 标准量筒:容积 50mL。

④ 玻璃板:厚 5mm 面积大于铺砂器。

⑤ 其他:直尺、扫帚、毛刷等。

(2) 方法与步骤。

① 准备工作。

a) 量砂准备:取洁净的细砂,晾干并过筛,取 0.15mm～0.3mm 的砂放在适当的容器中备用。已在路面上使用过的砂如回收重复使用时应重新过筛并晾干。

b) 对测试路段按随机取样选点的方法,决定测点所在横断面的位置、测点应选在行车道的轮迹带上,距路面边缘不应小于 1m。

② 电动铺砂器标定。

a) 将铺砂器平放在玻璃板上,将砂漏移至铺砂器端部。

b) 将灌砂漏斗口和量筒口大致齐平。通过漏斗向量筒中缓缓注入准备好的量砂至高出量筒成尖顶状,用直尺沿筒口一次刮平,其容积为 50mL。

c) 将漏斗口与铺砂器砂漏上口大致齐平。将砂通过漏斗均匀倒入砂漏,漏斗前后移动,使砂的表面大致齐平。但不得用任何其他工具刮动砂。

d) 开动电动马达,使砂漏向另一端缓缓运动,量砂沿砂漏底部铺成宽 5cm 的带状,待砂全部漏完后停止。

e) 按图 6-21 所示计算 L_1 及 L_2 的平均值所决定量砂的摊铺长度 L_0，精确至 1mm。

f) 重复标定 3 次，取平均值决定 L_0，精确至 1mm。标定应在每次测试前进行，用同一种量砂，由同一试验员承担测试。

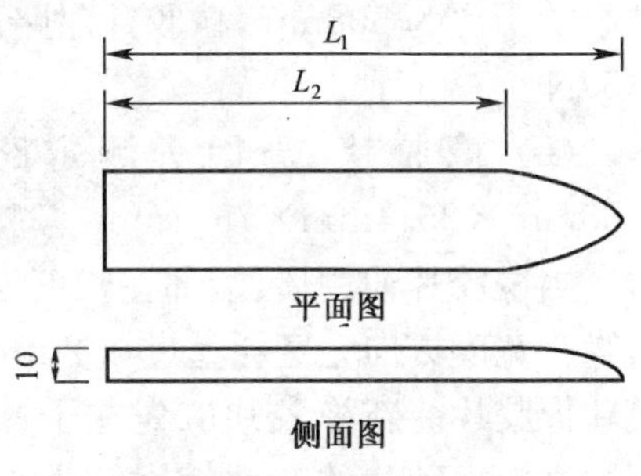

图 6-21　L_0 的确定方法

③ 测试步骤。

a) 将测试地点用毛刷刷净，面积大于铺砂仪。

b) 将铺砂仪沿道路纵向平稳地放在路面上，将砂漏移至端部。

c) 按上述电动铺砂器标定 b)～e)相同的步骤，在测试地点摊铺 50mL 量砂，量取摊铺长度 L_1 及 L_2。计算 L，准确至 1mm。

d) 按以上方法，同一处平行测定不少于 3 次，3 个测点均位于轮迹带上，测点间距 3m～5m，该处的测定位置以中间测点的位置表示。

④ 计算。

a) 计算铺砂仪在玻璃板上摊铺的量砂厚度 t_0。

$$t_0 = \frac{V}{B \times L_0} \times 1000 = \frac{1000}{L_0} \tag{6.25}$$

式中　t_0——量砂在玻璃板上摊铺的标定厚度(mm)；

V——量砂体积(50mL)；

B——铺砂仪铺砂宽度(50mm)；

L_0——玻璃板上 50mL 量砂摊铺的长度(mm)。

b) 计算路面构造深度 TD：

$$TD = \frac{L_0 - L}{L} \times t_0 = \frac{L_0 - L}{L \times L_0} \times 1000 \tag{6.26}$$

式中　t_0——量砂在玻璃板上摊铺的标定厚度(mm)；

V——量砂体积(50mL)；

B——铺砂仪铺砂宽度(50mm)；

L_0——玻璃板上 50mL 量砂摊铺的长度(mm)。

应当注意，每一处均取 3 次路面构造深度的测定结果的平均值作为试验结果，精确至 0.1mm。计算每一个评定区间路面构造深度的平均值、标准差、变异系数。在出具报告时应列表逐点报告路面构造深度的测定值及 3 次测定的平均值，当平均值小于 0.2mm 时，试验结果以＜0.2mm表示。

4. 摆式仪测定路面抗滑值试验方法

1) 目的和适用范围

摆式仪测定路面抗滑值试验方法适用于以摆式摩擦系数测定仪(摆式仪)测定沥青路面及水泥混凝土路面的抗滑值，用以评定路面在潮湿状态下的抗滑能力。

2) 仪具与材料

(1) 摆式仪：如图 6-22 所示，摆及摆的连接部分总质量为(1500±30)g，摆动中心至摆的重心距离为(410±5)mm，测定时摆在路面上滑动长度为(126±1)mm，摆上橡胶片端部距摆动中心的距离为508mm，橡胶片对路面的正向静压力为(22.2±0.5)N。

(2) 橡胶片：当用于测定路面抗滑值时的尺寸为6.35mm×25.4mm×76.2mm，橡胶质量应符合表6-8的要求。当橡胶片使用后，端部在长度方向上磨耗超过1.6mm或边缘在宽度方向上磨耗超过3.2mm，或有油类污染时，即应更换新橡胶片。新橡胶片应先在干燥路面上测试10次后再用于测试。橡胶片的有效使用期为1年，橡胶物理性质技术要求见表6-8。

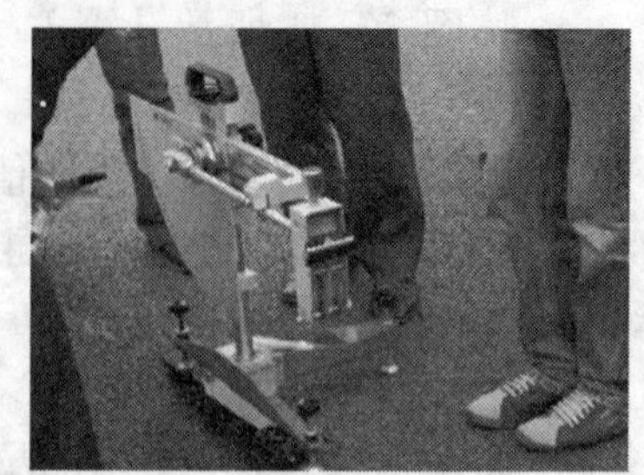

图6-22 摆式仪

表6-8 橡胶物理性质技术要求

性质指标	温度/℃				
	0	10	20	30	40
弹性/%	43～49	58～65	66～73	71～77	74～79
硬度	55±5				

(3) 标准量尺：长126mm。

(4) 洒水壶。

(5) 橡胶刮板。

(6) 路面温度计：分度不大于1℃。

(7) 其他；皮尺式钢卷尺、扫帚、粉笔等。

3) 方法与步骤

(1) 准备工作。

a) 检查摆式仪的调零灵敏情况，并定期进行仪器的标定。当用于路面工程检查验收时，仪器必须重新标定。

b) 对测试路段按随机取样方法，决定测点所在横断面位置。测点应选在行车车道的轮迹带上，距路面边缘不应小于1m，并用粉笔作出标记。测点位置宜紧靠铺砂法测定构造深度的测点位置，并与其一一对应。

(2) 试验步骤。

① 仪器调平。

a) 将仪器置于路面测点上，并使摆的摆动方向与行车方向一致。

b) 转动底座上的调平螺栓，使水准泡居中。

② 调零。

a) 放松上、下两个紧固把手，转动升降把手，使摆升高并能自由摆动，然后旋紧紧固把手。

b) 将摆向右运动，按下安装于悬臂上的释放开关，使摆上的卡环进入开关槽，放开释放开关，摆即处于水平位置，并把指针抬至与摆杆平行处。

c) 按下释放开关，使摆向左带动指针摆动，当摆达到最高位置后下落时，用左手将摆杆接住，此时指针应指向零。若不指零时，可稍旋紧或放松摆的调节螺母，重复本项操作，直至指针指零。调零允许误差为±1BPN。

③ 校核滑动长度。

a) 用扫帚扫净路面表面，并用橡胶刮板清除摆动范围内路面上的松散粒料。

b) 让摆自由悬挂，提起摆头上的举升柄，将底座上垫块置于定位螺丝下面，使摆头上的滑溜块升高，放松紧固把手，转动立柱上升降把手使摆缓缓下降。当滑块上的橡胶片刚刚接触路面时，即将紧固把手旋紧，使摆头固定。

c) 提起举升柄，取下垫块，使摆向右运动。然后，手提举升柄使摆慢慢向左运动，直至橡胶片的边缘刚刚接触路面。在橡胶片的外边摆动方向设置标准尺，尺的一端正对准该点。再用手提起举升柄，使滑溜块向上抬起，并使摆继续运动至左边，使橡胶片返回落下再一次接触地面，橡胶片两次同路面接触点的距离应在 126mm（即滑动长度）左右。若滑动长度不符合标准时，则升高或降低仪器底正面的调平螺丝来校正，但需调平水准泡，重复此项校核直至滑动长度符合要求，而后将摆和指针置于水平释放位置。

校核滑动长度时应以橡胶片长边刚刚接触路面为准，不可借摆力量向前滑动，以免标定的滑动长度过长。

d) 用喷壶的水浇洒试测路面，并用橡胶刮板刮除表面泥浆。

e) 再次洒水，并按下释放开关，使摆在路面滑过，指针即可指示出路面的摆值。但第一次测定，不作记录。当摆杆回落时，用左手接住摆，右手提起举长柄使滑溜块升高，将摆向右运动，并使摆杆和指针重新置于水平释放位置。

f) 重复 e)的操作测定 5 次，并读记每次测定的摆值，即 BPN，5 次数值中最大值与最小值的差值不得大于 3BPN。如差数大于 3BPN 时，应检查产生的原因，并再次重复上述各项操作，至符合规定为止。取 5 次测定的平均值作为每个测点路面的抗滑值（即摆值 FB），取整数，以 BPN 表示。

g) 在测点位置上用路表温度计测记潮湿路面的温度，精确至 1℃。

h) 按以上方法，同一处平行测定不少于 3 次，3 个测点均位于轮迹带上，测点间距 3m～5m。该处的测定位置以中间测点的位置表示。每一处均取 3 次测定结果的平均值作为试验结果，精确至 1BPN。路面抗滑性能试验数据记录表如表 6－9 所列。

表 6－9　路面抗滑性能试验记录表

<table>
<tr><td colspan="6" rowspan="2">摩擦系数检测</td><td>路面温度 T/℃</td><td></td></tr>
<tr><td>温度修正值</td><td rowspan="9">结论</td></tr>
<tr><td rowspan="2">桩　号</td><td colspan="5">摆值</td><td rowspan="2">平均值
F_{BT}/BPN</td></tr>
<tr><td>1</td><td>2</td><td>3</td><td>4</td><td>5</td></tr>
<tr><td></td><td></td><td></td><td></td><td></td><td></td><td></td></tr>
<tr><td></td><td></td><td></td><td></td><td></td><td></td><td></td></tr>
<tr><td></td><td></td><td></td><td></td><td></td><td></td><td></td></tr>
<tr><td></td><td></td><td></td><td></td><td></td><td></td><td></td></tr>
<tr><td></td><td></td><td></td><td></td><td></td><td></td><td></td></tr>
<tr><td></td><td></td><td></td><td></td><td></td><td></td><td></td></tr>
</table>

4) 抗滑值的温度修正

当路面温度为 T(℃)时测得的摆值为 F_{BT}，必须按式(6.27)换算成标准温度 20℃的摆值 F_{B20}。

$$F_{B20}=F_{BT}+\Delta F \tag{6.27}$$

式中 F_{B20}——换算成标准温度20℃时的摆值(BPN)；

F_{BT}——路面温度 T 时测得的摆值(BPN)；

T——测定的路表潮湿状态下的温度(℃)；

ΔF——温度修正值，按表6-10采用。

表6-10 温度修正值

温度 T/℃	0	5	10	15	20	25	30	35	40
温度修正值 ΔF	−6	−4	−3	−1	0	+2	+3	+5	+7

精密度与允许差：同一个测点，重复5次测定的差值应不大于3BPN。

5) 抗滑性能检测中应注意的问题

(1) 在使用摆式仪前必须按照说明书或者按照《公路工程集料试验规程》(JTG E42—2005)中附录A的方法对摆式仪进行标定，否则所测数据缺乏可靠性。

(2) 用摆式仪法测定时"标定滑动长度"是一个非常重要的环节，标定时应取滑溜块与路面正好轻轻接触的点进行量取。切不可给摆锤一个力，让它有滑动后再量取，这样标定，则滑动长度偏长，所测摆值偏大。

(3) 在用手工铺砂法测路面构造深度时，不同的人进行测试，所测结果往往差别较大，其原因较多，例如装砂的方法不标准，摊砂用的推平板不标准，最主要的是砂摊开到多大程度为止，各人掌握得不一。为了使测试结果准确可靠，在前面介绍时对容易产生误差的地方都有明确的规定，且摊开时用"尽可能向外摊平使砂填入凹凸不平的路表面空隙中，在地表面上形成一薄层"的提法。测试时应严格掌握操作方法中的细节问题。

6.3 桥梁工程检测

6.3.1 桥梁工程检测的意义

近年来我国桥梁数量的迅猛增长，在使用荷载、环境因素以及结构本身缺陷等诸多因素共同作用下，总会发生不可逆转的损坏现象，严重时甚至会致使桥梁出现安全事故。桥梁试验检测是大跨径桥梁施工控制，桥梁竣工验收，旧桥承载力及使用性能评估，新桥型性能研究，桥梁施工质量事故鉴定等的重要手段。认真做好桥梁试验检测工作，对推动我国桥梁建设水平，确保桥梁工程施工质量，提高建设投资效益，保障人民生命财产安全，都具有十分重要的意义。

桥梁试验检测是以实桥结构或人工制作的桥梁模型进行科学试验。桥梁模型试验相对成本较低，而且可以做破坏性试验；而对于检验设计和施工质量、检查现有桥梁健康状况，一般需以实桥结构开展的试验，以掌握桥梁结构在试验荷载作用下的实际工作状态。

在实际工作中，桥梁试验按照试验的目的与要求可分为科学研究性试验和生产鉴定性试验。研究性试验一般采用模型结构，在专门的实验室内进行，利用特定的加载装置对结构或构件的主要影响因素进行研究。生产鉴定性试验，通常也称之为桥梁检测，一般在现场进行试验且以原型结构作为试验对象。实际操作时根据国家规范、标准的要求，按照设计文件，通过试验确定结构的实际承载能力、使用性能。

根据试验荷载作用的性质，桥梁试验可分为静荷载试验和动荷载试验。桥梁静荷载试验是将静止的车辆等荷载作用在桥梁上的指定位置测试结构的静位移、静应变、裂缝等量值，以此判断桥梁结构的健康状态。动荷载试验是利用某种强迫激振的方法激起桥梁结构的振动模态，以一定的仪器测定结构的固有频率、阻尼比、振型、动力冲击系数、行车响应等参数，以此确定判断桥梁结构的结构动力特性。

除荷载试验外，桥梁检查作为进行桥梁评定、维修和改造的前期工作的重要手段也是非常重要的。桥梁检查工作主要目的在于掌握桥梁的基本状况、查明缺陷或潜在损伤的性质、部位、严重程度及其发展变化态势，以便建立、健全桥梁技术档案，主要包括桥梁技术资料的调查和桥梁现场的外观检查两个方面工作。

总之，结合具体的试验目的及试验周期，可选用一种或几种试验方法来检验桥梁结构的性能。在选择时，应讲求经济成本，一般能用模型代替的，就不搞大规模原型试验，通过非破坏性试验可以达到目的的，就不做破坏性试验。

6.3.2　桥梁工程定期检测技术

1. 桥梁检查的一般规定

我国交通部颁布的行业规范《公路桥涵养护规范》(JTG H11—2004)中规定一般桥梁的检查工作根据时间间隔可以分为经常检查、定期检查和特殊检查3种形式。

经常检查，主要是指对桥梁结构及其附属物的技术状况进行的日常巡视检查，周期一般每月不少于一次，恶劣天气及汛期应缩短检查周期。主要检查桥梁外观及桥面附属设施检查是否符合要求、桥梁结构是否变形、支座是否符合要求、基础是否有病害等。经常检查采用目测方法或配以简单工具进行测量，当场填写"桥梁经常检查记录表"，现场要登记所检查项目的缺损类型，估计缺损范围及养护工作量，提出相应的小修保养措施。经常检查中发现桥梁重要部件存在明显缺损时，应及时向上级提交专项报告。

定期检查是按规定的周期对桥梁主体结构及其附属物进行全面检查，以为评定桥梁使用功能、制定养护计划提供基本数据。一般定期检查的周期最长不超过3年，新建桥梁交付一年后应进行一次全面检查，临时桥梁定期检查周期不超过1年。定期检查以目测观察结合仪器观测进行，必须接近各部件仔细检查其缺损情况。定期检查的主要工作有：现场校核桥梁基本数据、当场填写"桥梁定期检查记录表"、实地判断缺损原因、对难以判断损坏原因和程度的部件提出特殊检查，对损坏严重、危及安全运行的危桥提出限制交通或改建的建议等。

特殊检查是指采用特定的物理、化学或无损检测方法查清桥梁病害、破损程度、承载能力等的工作。特殊检查一般可分为针对病害进行的专门检查和桥梁受灾后的应急检查两种，特殊检查应委托有相应资质和能力的单位承担。桥梁遭受洪水、滑坡、地震、风灾、漂流物或船舶撞击、超重车辆通过或其他异常情况影响造成损害时，应进行专门应急检查。特殊检查一般通过采用仪器现场测试、荷载试验及其他辅助试验，针对桥梁现状进行检算分析，形成鉴定结论。桥梁特殊检查主要对桥梁结构材料缺损状况和桥梁结构承载能力等方面问题做出鉴定。

2. 桥梁定期检测的内容及方法

定期检测时应首先观察桥梁结构是否有异常变形、振动或摆动，如上部结构竖向线形是否平顺、拱轴线的变位状况、桥跨结构有无异常振动或摆动等状况；然后检查各部位的技术状况，寻找发生异常的原因。规范中对定期检查一般按照桥面系、上部结构、下部结构三大部分进行。

1）桥面系构造的检查

桥面系构造的外观调查主要内容如下。

(1) 桥面铺装层的检查。

桥面铺装是桥梁易损部位，桥面铺装裂缝、桥头跳车、防水层漏水等情况是常见的病害。桥面铺装产生缺陷或损伤后会使车辆对桥梁的冲击力增大，加快行车道板的破坏。不同类型的桥面铺装病害通常不同，对于沥青桥面铺装常见的主要缺陷有轻微裂缝、严重裂缝、坑槽、车辙、拥包、磨光和起皮等。对于混凝土桥面铺装的主要缺陷有裂缝、剥落、坑洞、磨光等。

(2) 伸缩缝的病害。

伸缩缝装置的缺陷主要表现在伸缩缝本身的损伤、锚固件损坏、接头部位后铺料的剥落或凹凸不平等。在检查时可采用目测和水准仪测量。

(3) 人行道构件、栏杆、护栏、桥面横纵坡、桥面排水设施等的病害。

人行道构件、栏杆和护栏是否有断裂、错位、缺件、剥落、锈蚀等状况，桥面积水状况，桥面排水设施是否因损坏或尘土、淤泥等堵塞泄水孔致使桥面排水不畅。

(4) 桥上交通标志、避雷针装置、照明通信设施及线路检查。

桥上交通信号、标志、标线是否损坏，照明设施是否能正常工作，桥上避雷针装置是否完善，桥上通信及供电线路是否完好。

2）支座的检查

主要检查支座组件是否完整、清洁，有无断裂、错位和脱空现象。具体的检查内容有：活动支座是否灵活，实际位移量是否正常；支座垫石是否有破碎、腐蚀；简易支座的油毡是否老化、破裂或失效；钢板滑动支座和弧形支座是否干涩、锈蚀；摆柱支座各组件相对位置是否正确，受力是否均匀；四氟板支座是否脏污、老化；橡胶支座是否老化、有无过大的变形；盆式橡胶支座的固定螺栓是否有剪断，螺母是否松动；辊轴支座的辊轴是否出现不允许的错位；摇轴支座的辊轴是否倾斜；支座上、下钢垫块是否有锈蚀；球形支座是否灵活、有效。

3）墩台与基础检查的内容

墩台与基础的主要检查内容为：墩台与基础有无滑动、倾斜、下沉等现象；台背填土有无沉降或挤压隆起；混凝土墩台及盖梁有无冻胀、风化、腐蚀、开裂、剥落、露筋等；石砌墩台有无砌块断裂、脱开、变形，砌体泄水孔是否堵塞，防水层是否破坏；墩台顶面是否清洁，有伸缩缝处是否漏水；墩台防震设施是否有效；基础是否发生冲刷或掏空现象；扩大基础的地基有无侵蚀；桩柱在水位涨落、干湿交替变化处有无磨损、露筋、环裂和水的腐蚀现象。

4）钢筋混凝土与预应力混凝土桥的检查

钢筋混凝土与预应力混凝土桥的主要检查内容为：混凝土构件有无大于 0.2mm 的裂缝；是否存在腐蚀、渗水、表面风化、疏松、剥落、露筋和钢筋锈蚀等现象；有无整体龟裂和混凝土强度降低现象；预应力钢束锚固区段混凝土有无开裂，沿预应力筋的混凝土表面有无纵向裂缝；对于梁、板结构主要检查梁、板的跨中、支点、变截面处、悬臂端牛腿或中间铰部位；梁与梁之间的接头处以及纵向裂缝处混凝土表面有无裂缝；梁（板）接缝混凝土有无开裂和钢筋锈蚀；横向连接构件有无开裂；连接钢板的焊缝有无锈蚀、断裂；边梁有无横移或向外倾斜；预应力拼装结构拼装缝有无较大开裂等现象。

5）拱桥的检查

拱桥主要检查主拱圈的拱脚、1/4拱肋、拱顶和拱上结构是否有较大变形，混凝土是否开裂与钢筋是否锈蚀，以及有无缺损。比如拱上立柱上下端、盖梁和横系梁以及拱腹的混凝土有无开裂、剥落、露筋和锈蚀；下、中承式拱桥的吊杆上下锚固区的混凝土有无开裂、渗水等，吊杆锚头附近有无锈蚀或断裂现象；双曲拱桥应检查拱肋间横向连接拉杆是否松动或缺损，拱波与拱肋结合处是否开裂，拱波之间砂浆有无松散脱落，拱肋及拱波顶是否开裂、渗水等。

对于系杆拱桥应检查套管或吊杆的外包防护层是否破损；吊杆钢丝束的防水情况及阻尼垫圈式减振器橡胶的老化变质情况；吊杆钢丝有无锈蚀，吊杆索力是否正常；锚具的封锚混凝土有无裂缝、腐蚀；系杆锚固区附近的混凝土有无开裂、剥落；锚固端结构是否异常；吊杆的锚夹具是否松弛和锈蚀；吊杆锚头及吊杆与横梁节点区密封处是否漏水、积水和脱漆、锈蚀；桥面高程、拱肋轴线有无变化，桥墩桥台有无沉降；对于钢拱肋或钢管混凝土拱肋，应检查钢管与混凝土是否存在脱空现象，涂装层是否脱落。

6）悬索桥的检查

悬索桥主要检查索塔有无异常的沉降、倾斜，柱身、横系梁有无开裂、渗水和锈蚀；主索、吊杆和拉索的防护层有无破损、老化和漏水；悬索桥的索鞍、缆索股锚头和吊杆锚头及钢索出口密封处有无漏水、积水和脱漆、锈蚀。拉索及阻尼垫圈式减振器有无漏水、漏胶和老化；主缆的索力和及高强螺栓紧固力是否异常等。

7）斜拉桥的检查

斜拉桥主要检查的方面有：斜拉索受力是否正常，减振器的防水情况和橡胶老化变质情况；斜拉索两端的锚固处及锚头是否锈蚀，拉索出口密封处是否完好，主梁纵、横向限位装置是否工作正常；设有辅助墩时，应检查基础有无不均匀沉降；对于主梁应检查结构表面的破损情况；索塔应检查是否发生较大位移，表面是否开裂。

3. 桥梁检测评定

1）桥梁质量检验的依据

桥梁的评定是对已建桥梁的使用状况和承载能力进行综合的评价。通过评定可以鉴定桥梁是否达到原设计的使用性能和承载能力。对于公路工程质量检验和等级评定是依据原交通部颁布的《公路工程质量检验评定标准》(JTG F80/1—2004)（以下简称《质量检验标准》）进行的，该标准是公路桥梁工程质量等级评定的标准尺度，是公路质量监督部门进行质量鉴定、监理工程师进行质量检查认定与施工单位质量自检，以及工程交竣工验收质量评定的依据。按照《质量检评标准》对公路桥涵进行质量检验时，具体试验检测还要以设计文件和《公路桥涵施工技术规范》(JTJ 041—2000)的有关规定为依据。

2）桥梁质量等级评定方法

桥梁质量等级评定首先应进行工程划分，然后按照“两级制度、逐级评定、按分定质”的原则进行评定。

《质量检评标准》按桥涵工程建设规模大小、结构部位和施工工序将建设项目划分为单位工程、分部工程和分项工程。工程质量检验的评分是以分项工程为基本单位，采用100分制进行。在分项工程评分的基础上，然后逐级计算各相应分部工程、单位工程、合同段和建设项目评分值。根据分值大小划分为优良、合格、不合格3个等级。详细的质量评分过程及等级划分可参考其他书籍或资料，本节不再赘述。

6.3.3 桥梁工程结构混凝土现场检测技术

1. 概述

结构混凝土现场检测技术主要是对混凝土的抗压强度、施工质量进行检验，同时对混凝土结构内部的缺陷进行分析。由于无损检测技术可以在不影响结构构件受力性能和其他使用性能的前提下对混凝土的强度、均匀性、耐久性、连续性等进行检测，因此无损检测技术在现场检测中受到越来越多的青睐。目前无损检测方法主要有混凝土强度无损检测和混凝土缺陷无损检测两大类。

1）混凝土强度无损检测

混凝土强度无损检测可以分为半破损法、非破损法和综合法三大类。

(1) 半破损法主要是以不影响构件的承载能力为前提，在构件上直接进行局部的破坏性试验或者是直接钻取芯样进行试验。常见的方法有钻芯法、拔出法和射击法。

(2) 非破损法是以混凝土与某些物理量之间的相关性为基础，在不对混凝土性能产生影响的前提下对混凝土的有关物理量进行测试，然后推算出混凝土的强度。常见的方法有回弹法、超声脉冲法、射线吸收与散射法等。

(3) 综合法是指综合以上两种或两种以上方法进行检测，以获得多种物理量，以便从多个角度对混凝土的强度进行评价。常见的方法有超声回弹综合法、超声钻芯综合法、超声衰减综合法等。

2）混凝土缺陷无损检测

混凝土的缺陷主要是指那些在宏观材质不连续、性能参数有明显变异，且对结构的承载能力或使用性能有影响的区域。在实际工程中即使整个结构的混凝土的强度均达到设计要求，这些缺陷的存在也会降低结构整体的承载能力。常见的缺陷有内部空洞、蜂窝麻面、疏松、断层、裂缝、碳化、化学腐蚀等。混凝土缺陷主要检测的方法超声脉冲法、脉冲回波法、雷达法、红外热谱法、声发射法等。

2. 混凝土结构抗压强度检测

下面主要介绍几种常用的混凝土结构无损检测方法。

1）钻芯法检测混凝土强度

钻芯法是一种简便、直观，检测精度较高的局部破损的检测方法，它作为一种出色的微破损检测方法，在生产施工中被广泛应用。

钻芯法是利用专用钻机直接从结构或构件上钻取芯样，进行抗压试验，根据芯样的抗压强度推定结构或构件混凝土强度的一种局部微破损现场检测方法。由于钻芯法的测定值就是圆柱状芯样的抗压强度，与立方体试件抗压强度之间，除了进行必要的形状修正外，无需进行某种物理量与强度之间的换算。因此，普遍认为这是一种较为直观、可靠、精度高的检测手段。

用钻芯法进行现场检测具有直观、准确的特点，因而广泛应用于工业和民用建筑、水工大坝、桥梁、公路、机场跑道等混凝土结构或构筑物的质量检测。它主要用于老建筑物鉴定，检测遭受冻害、火灾、化学腐蚀等超声－回弹综合法或回弹法无法检测的结构混凝土强度，对非破损检测结果进行校核修正。同时钻取的芯样除可进行抗压强度试验外，也可进行抗劈强度、抗冻性、抗渗性、吸水性及容重的测定，还可检查混凝土的内部缺陷。

(1) 钻芯法原理。

钻芯法试验是利用钻机在结构上钻取所设计的试验芯样，将芯样锯切、磨平、晾干后，在压力机上进行抗压试验，获得芯样的极限抗压强度。在我国，大量的试验研究表明：直径、高度均为 100mm 的大芯样试件抗压强度与边长 150mm 立方体试块强度基本上是一致的，所以以高度与直径的比为 1，直径 100mm 的圆柱体作为标准试件，其强度可认为是构件混凝土的实际强度；直径 75mm，高径比为 1 的小芯样作为非标准试件，其强度认为是试件的检测强度。通过寻找高径比均为 1 的大、小芯样之间的强度换算关系，即可推定结构混凝土强度。

(2) 钻芯法芯样选取。

钻芯位置的选取，原则上应随机抽样选取，但为考虑对结构的损伤，应布置在结构或构件受力较小的部位，也不宜在构件的接头、边缘或应力复杂的部位取芯；对于预应力混凝土，应远离应力集中区；基础或桩基承台混凝土，一般宜选择上表面或侧面，当为侧面时应将侧面土方挖开，具有一定的操作空间；当在有钢筋的部位取芯时，应借助钢筋扫描仪等设备避开结构的钢筋(尤其是主筋)，预埋件或管线；选取混凝土强度质量应具有代表性，避开有蜂窝、麻面等有缺陷的部位。

钻取芯样时应选取适宜的钻头，芯样的直径与混凝土粗估料粒径之间应保持一定的比例关系，一般直径为粗估料粒径的 3 倍。在钢筋比较密时芯样直径可以为粗估料直径的 2 倍。一般按单个构件检测时，每个构件的钻芯数量不少于 3 个，较小的构件钻芯数量可取 2 个。

(3) 混凝土强度的推定。

芯样试件的抗压强度为试件破坏时的最大压力除以截面积所得数值。在我国以边长 150mm 立方体试块抗压强度为标准构件，因此钻芯法所测强度应换算成标准尺寸的立方体抗压强度。

芯样试件的混凝土换算强度可按式(6.28)计算：

$$f_{cu}^{c}=\alpha\frac{4F}{\pi d^2} \tag{6.28}$$

式中　f_{cu}^{c}——芯样试件的混凝土换算强度(MPa)；

F——芯样试件抗压试验得到的最大压力(N)；

d——芯样的直径(mm)；

α——不同高径比芯样事件混凝土强度换算系数，可按表 6-11 选用。

表 6-11　芯样试件混凝土强度换算系数

高径比/(h/d)	1.0	1.1	1.2	1.3	1.4	1.5	1.6	1.7	1.8	1.9	2.0
系数 α	1.00	1.04	1.07	1.10	1.13	1.15	1.17	1.19	1.21	1.22	1.24

2) 回弹法检测混凝土强度

(1) 回弹法的检测原理及特点。

① 原理。

由于混凝土的抗压强度与其表面硬度之间存在某种相关关系，而回弹仪的弹击锤被一定的弹力打击在混凝土表面上，其回弹高度(通过回弹仪读得回弹值)与混凝土表面硬度成一定的比例关系。因此以回弹值反映混凝土表面硬度，根据表面硬度则可推求混凝土的抗压强度。

② 特点。

用回弹法检测混凝土抗压强度，虽然检测精度不高，但是设备简单，操作方便，测试迅速，以及检测费用低廉，且不破坏混凝土的正常使用，故在现场直接测定中使用较多。影响回弹法准确度的因素较多，如操作方法、仪器性能、气候条件等。为此，必须掌握正确的操作方法，注意回弹仪的保养和校正。《回弹法检测混凝土抗压强度技术规程》(JGJ/T 23—2001)中规定：回弹法检测混凝土的龄期为7d～1000d，不适用于表层及内部质量有明显差异或内部存在缺陷的混凝土构件和特种成型工艺制作的混凝土的检测，这大大限制了回弹法的检测范围。另外，由于高强混凝土的强度基数较大，即使只有15%的相对误差，其绝对误差也会很大而使检测结果失去意义。

(2) 回弹仪。

测量回弹值使用的仪器为回弹仪。由于回弹仪的质量及其稳定性是保证回弹法检测精度的技术关键。回弹仪按回弹冲击能量大小分为重型、中型和轻型。普通混凝土抗压强度不大于C50时，通常采用中型回弹仪；混凝土抗压强度不小于C60时，宜采用重型回弹仪。传统的回弹仪是通过直接读取回弹仪指针所在位置读数来测取数据的，为一直读式。目前已有的新产品有带微型工控机的自动记录及处理数据等功能的回弹仪。

HT—225型混凝土回弹仪(冲击能量2.207J)如图6-23所示；GZ16型钢砧。

(3) 主要测试步骤。

① 工程资料准备。

用回弹法检测前，应全面正确了解被测结构的情况，结构或构件混凝土强度检测宜具有下列资料。

a) 工程名称及设计施工监理(或监督)和建设单位名称。

b) 结构或构件名称、外形尺寸、数量及混凝土强度等级。

c) 水泥品种、强度等级、安定性、厂名、砂石种类、粒径外加剂或掺合料品种、掺量、混凝土配合比等。

d) 施工时材料计量情况、模板浇筑养护情况及成型日期等。

e) 必要的设计图纸和施工记录。

f) 检测原因。

② 回弹仪率定及测点测区布置。

回弹仪使用前应定期在洛式硬度为HRC60±2的钢砧上进行率定，率定的目的是为了保证回弹仪弹击动能的恒定。率定宜在气温为20℃±5℃条件下进行，率定时，将钢砧置于刚性较好的基础上，摆放平稳，然后回弹仪在钢砧上垂直向下进行弹击率定，率定时弹击杆应旋转4次，每次旋转90°左右，弹击3次～5次，取连续3次稳定值计算回弹平均值，弹击杆每旋转一次的率定平均值应符合80±2的要求。不符合要求时，可通过顶部调整螺栓20来实现。

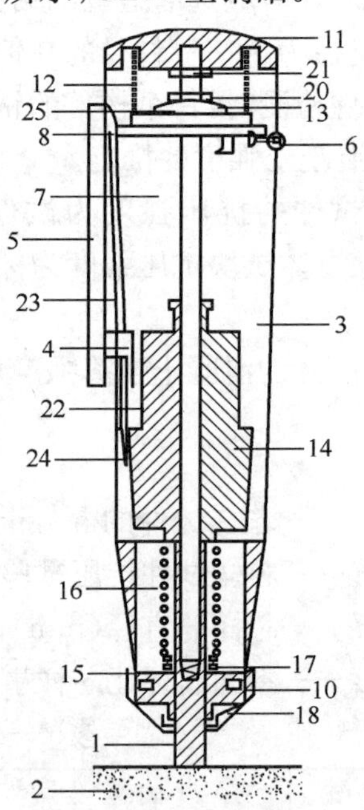

图6-23 HT—225型混凝土回弹仪
(冲击能量2.207J)

1—弹击杆；2—混凝土构件试面；3—仪器壳；4—指针滑块；5—刻度尺；6—按钮；7—中心导杆；8—导向法兰；9—盖帽；10—卡环；11—尾盖；12—压力弹簧；13—挂钩；14—冲击杆；15—缓冲弹簧；16—弹击弹簧；17—弹簧座；18—密封毡圈；19—压力弹簧；20—调整螺栓；21—紧固螺母；22—弹簧片；23—指针轴；24—固定块；25—挂钩弹簧。

根据需要布置测区，一般每测区面积约 20×20cm²，每测区弹击 16 点。每一构件的测区，应符合下列要求。

a）每一结构或构件测区数不应少于 10 个，对某一方向尺寸小于 4.5m 且另一方向尺寸小于 0.3m 的构件其测区数量可适当减少但不应少于 5 个。

b）相邻两测区的间距应控制在 2m 以内，测区离构件端部或施工缝边缘的距离不宜大于 0.5m 且不宜小于 0.2m。

c）测区应选在使回弹仪处于水平方向检测混凝土浇筑侧面，当不能满足这一要求时可使回弹仪处于非水平方向检测混凝土浇筑侧面表面或底面。

d）测区宜选在构件的两个对称可测面上也可选在一个可测面上且应均匀分布在构件的重要部位及薄弱部位必须布置测区并应避开预埋件。

e）测区的面积不宜大于 0.04m²。

f）检测面应为混凝土表面并应清洁平整不应有疏松层浮浆油垢涂层以及蜂窝麻面，必要时可用砂轮清除疏松层和杂物且不应有残留的粉末或碎屑。

g）对弹击时产生颤动的薄壁小型构件应进行固定。

结构或构件的测区应标有清晰的编号，必要时应在记录纸上描述测区布置示意图和外观质量情况。

③ 回弹值的测量。

回弹仪使用时的环境温度应为－4℃～＋40℃。检测时，将弹击杆 1 垂直对准具有代表性的被测位置，然后使仪器的冲锤借弹簧的力量打击冲杆，根据与冲杆头部接触处的混凝土试件表面的硬度，冲锤将回弹到一定位置，可以按刻度尺上的指针读出回弹值。回弹仪的轴线应始终垂直于结构或构件的混凝土检测面，缓慢施压，准确读数，快速复位。测区测区、测点布置见《回弹法检测混凝土抗压强度技术规程》(JGJ/T 23—2001)，每测区面积不宜大于 0.04m²，共弹击 16 点，同一测点只应弹击一次。

回弹值的测量的具体步骤如下。

a）指针复零位操作。将回弹仪的弹击杆 1 顶住混凝土试面，轻压尾盖 11，按钮 6 脱开导向法兰 8，此时双手应使回弹仪抬离原先顶住的混凝土试面，弹击杆 1 伸出仪器壳体 3，挂钩 13 与弹击锤 4 尾部勾连上，指针滑块 4 被导向法兰 8 带到刻度尺“0”位。

b）弹击操作过程。将已伸出的弹击杆 1 对准混凝土试件测面的测点，并保持回弹仪的中心轴线垂直于测面，然后握住仪器壳体 3，一手缓慢均匀地握压尾盖 11，继续施压，挂钩 13 与弹击锤 4 脱开，由于弹击拉簧 16 的作用，弹击锤 4 沿着中心导杆 7 向弹击杆飞速冲击，动能由弹击杆 1 传递给混凝土试件。

c）回弹值的读取。在弹击锤 4 与弹击杆 1 碰撞后，第一次回弹时将指针滑块 4 带到一定位置，此时继续扶握和压住回弹仪，保持弹击杆 1 抵住测面，并从刻度尺 5 上读取指针滑块 。

d）上刻度线所对的数值——回弹值 R。如果光线微弱或狭窄处不便立即读数，可在弹击完毕，即锤与杆碰撞声终止后，按入按钮 6 锁住机芯，使指针滑块 4 保持所在位置，然后再将仪器拿到便于观察处读取回弹值，每一测点的回弹值估读至 1。

④ 碳化深度测量。

a）回弹值测量完毕后，应在有代表性的位置上测量碳化深度值。测点不应少于构件测区数的 30%，取其平均值为该构件每测区的碳化深度值。当碳化深度值级差大于 2.00mm 时，应在每一测区测量混凝土的碳化深度。

b) 用合适的工具在测区表面钻直径约 15mm 的孔洞，其深度略大于碳化深度，将孔洞中的粉末和碎屑除净，不得用水清洗，然后用 1%酚酞酒精溶液滴在孔洞内壁边缘处。已碳化部分不变色，未碳化部分混凝土变成紫红色，当已碳化与未碳化界限清楚时，再用深度测量工具测量已碳化和未碳化混凝土交界面到混凝土表面的垂直距离，测量次数不少于 3 次，取其平均值，每次读数精确到 0.5mm。

(4) 实验结果及分析。

回弹值的计算如下。

测区回弹值的原始记录格式见附录 A，每测区共弹击 16 点，16 个回弹值中，分别剔除 3 个最大值和最小值，取余下 10 个回弹值的平均值为测区代表值：

$$R_m = \frac{1}{10}\sum_{i=0}^{10} R_i \tag{6.29}$$

式中 R_m——测区平均回弹值，计算至 0.1；

R_i——第 i 个测点的回弹值。

当回弹仪非水平方向测度混凝土浇筑侧面时，应按下式换算为水平方向测试时的测区平均回弹值。

$$R_m = R_{ma} + R_{aa} \tag{6.30}$$

式中 R_{ma}——回弹仪与水平方向成 α 角测试时测区的平均回弹值，计算到 0.1；

R_{aa}——按表 6-12 查出不同测试角度 α 的回弹值修正值，计算到 0.1。其取值可按《回弹法检测混凝土抗压强度技术规程》(JGJ/T 23—2001)附录 C 采用。

表 6-12 《回弹法检测混凝土抗压强度技术规程》(JGJ/T 23—2001)回弹值取值

R_{ma}	检测角度							
	向下				向上			
	90°	60°	45°	30°	−30°	−45°	−60°	−90°
20	−6.0	−5.0	−4.0	−3.0	+2.5	+3.0	+3.5	+4.0
21	−5.9	−4.9	−4.0	−3.0	+2.5	+3.0	+3.5	+4.0
22	−5.8	−4.8	−3.9	−2.9	+2.4	+2.9	+3.4	+3.9
23	−5.7	−4.7	−3.9	−2.9	+2.4	+2.9	+3.4	+3.9
24	−5.6	−4.6	−3.8	−2.8	+2.3	+2.8	+3.3	+3.8
25	−5.5	−4.5	−3.8	−2.8	+2.3	+2.8	+3.3	+3.8
26	−5.4	−4.4	−3.7	−2.7	+2.2	+2.7	+3.2	+3.7
27	−5.3	−4.3	−3.7	−2.7	+2.2	+2.7	+3.2	+3.7
28	−5.2	−4.2	−3.6	−2.6	+2.1	+2.6	+3.1	+3.6
29	−5.1	−4.1	−3.6	−2.6	+2.1	+2.6	+3.1	+3.6
30	−5.0	−4.0	−3.5	−2.5	+2.0	+2.5	+3.0	+3.5
31	−4.9	−4.0	−3.5	−2.5	+2.0	+2.5	+3.0	+3.5
32	−4.8	−3.9	−3.4	−2.4	+1.9	+2.4	+2.9	+3.4
33	−4.7	−3.9	−3.4	−2.4	+1.9	+2.4	+2.9	+3.4
34	−4.6	−3.8	−3.3	−2.3	+1.8	+2.3	+2.8	+3.3
35	−4.5	−3.8	−3.3	−2.3	+1.8	+2.3	+2.8	+3.3

（续）

R_{ma}	检测角度							
	向下				向上			
	90°	60°	45°	30°	−30°	−45°	−60°	−90°
36	−4.4	−3.7	−3.2	−2.2	+1.7	+2.2	+2.7	+3.2
37	−4.3	−3.7	−3.2	−2.2	+1.7	+2.2	+2.7	+3.2
38	−4.2	−3.6	−3.1	−2.1	+1.6	+2.1	+2.6	+3.1
39	−4.1	−3.6	−3.1	−2.1	+1.6	+2.1	+2.6	+3.1
40	−4.0	−3.5	−3.0	−2.0	+1.5	+2.0	+2.5	+3.0
41	−4.0	−3.5	−3.0	−2.0	+1.5	+2.0	+2.5	+3.0
42	−3.9	−3.4	−2.9	−1.9	+1.4	+1.9	+2.4	+2.9
43	−3.9	−3.4	−2.9	−1.9	+1.4	+1.9	+2.4	+2.9
44	−3.8	−3.3	−2.8	−1.8	+1.3	+1.8	+2.3	+2.8
45	−3.8	−3.3	−2.8	−1.8	+1.3	+1.8	+2.3	+2.8
46	−3.7	−3.2	−2.7	−1.7	+1.2	+1.7	+2.2	+2.7
47	−3.7	−3.2	−2.7	−1.7	+1.2	+1.7	+2.2	+2.7
48	−3.6	−3.1	−2.6	−1.6	+1.1	+1.6	+2.1	+2.6
49	−3.6	−3.1	−2.6	−1.6	+1.1	+1.6	+2.1	+2.6
50	−3.5	−3.0	−2.5	−1.5	+1.0	+1.5	+2.0	+2.5

注：①R_{ma}小于20或大于50时，均分别按20或50查表；

②表中未列入的相应于R_{ma}的修正值可用内插法求得，精确至0.1。

当回弹仪水平方面测试混凝土浇筑表面或底面时应按下式换算为测试混凝土浇筑侧面的测区平均回弹值。

$$R_m = R_m^t + R_a^t \tag{6.31}$$

$$R_m = R_m^b + R_a^b \tag{6.32}$$

式中　R_m^t、R_m^b——回弹仪测试混凝土浇筑表面或底面时的测区平均回弹值，计算到0.1；

R_a^t、R_a^b——混凝土浇筑表面、底面回弹值的修正值，计算至0.1。其取值按《回弹法检测混凝土抗压强度技术规程》(JGJ/T 23—2001)附录D采用，如表6-13所列。

如测试时仪器既非水平方向而测区又非混凝土浇筑侧面，则应对回弹值先进行角度修正，然后再进行浇筑面修正。

碳化深度值计算如下。

测区的平均碳化深度值按该测区所有测点的碳化深度算术平均取值。计算出的平均碳化深度值$\bar{L}$如小于或等于0.4mm，则按无碳化(即平均碳化深度0)处理，如等于或大于6mm，则平均碳化深度值$\bar{L}$等于6mm计算。此时可根据回弹值和碳化深度查《回弹法检测混凝土抗压强度技术规程》(JGJ/T 23—2001)附录A，查表可得出测区混凝土强度。

(5) 混凝土实测强度评定。

根据工程实际情况及结构或构件混凝土强度检测评定的要求，对同批结构或构件(强度等化合比、生产工艺相同，龄期相近)可抽样评定，对单个结构或构件可单个评定。

表 6-13 《回弹法检测混凝土抗压强度技术规程》(JGJ/T 23—2001)
混凝土浇筑表面、底面回弹值的修正值

R_m^t 或 R_m^b	表面修正值(R_a^t)	底面修正值(R_a^b)	R_m^t 或 R_m^b	表面修正值(R_a^t)	底面修正值(R_a^b)
20	+2.5	−3.0	36	+0.9	−1.4
21	+2.4	−2.9	37	+0.8	−1.3
22	+2.3	−2.8	38	+0.7	−1.2
23	+2.2	−2.7	39	+0.6	−1.1
24	+2.1	−2.6	40	+0.5	−1.0
25	+2.0	−2.5	41	+0.4	−0.9
26	+1.9	−2.4	42	+0.3	−0.8
27	+1.8	−2.3	43	+0.2	−0.7
28	+1.7	−2.2	44	+0.1	−0.6
29	+1.6	−2.1	45	0	−0.5
30	+1.5	−2.0	46	0	−0.4
31	+1.4	−1.9	47	0	−0.3
32	+1.3	−1.8	48	0	−0.2
33	+1.2	−1.7	49	0	−0.1
34	+1.1	−1.6	50	0	0.0
35	+1.0	−1.5			

注:① R_m^t 或 R_m^b 小于或大于 50 时,均分别按 20 或 50 查表;
② 表中有关混凝土浇筑表面的修正系数,是指一般原浆抹面的修正值;
③ 表中有关混凝土浇筑表面的修正系数,是指构件底面与侧面采用一类模板在正常浇筑情况下的修正值;
④ 表中未列入的相应于 R_m^t 或 R_m^b 的(R_a^t)和(R_a^b)值,可用内插法求得,精确至 0.1。

试样混凝土强度平均值 $m_{f_{cu}^c}$(MPa)按下式计算:

$$m_{f_{cu}^c}=\frac{1}{n}\sum_{i=1}^{n}f_{cu,i}^c \tag{6.33}$$

$$S_{f_{cu}^c}=\sqrt{\frac{\sum_{i=1}^{n}(f_{cu,i}^c)^2-n(m_{f_{cu}^c})^2}{n-1}} \tag{6.34}$$

式中 $f_{cu,i}^c$——试样第 i 测区混凝土强度值(MPa),精确至±0.1MPa,它同该测区平均回弹值 R_m 和平均碳化深度 $\bar{L}$ 有关;

n——对单个检测的构件,取一个构件的测区数;对批量检测的构件,取被抽检测区数之和;

$S_{f_{cu}^c}$——结构或构件测区混凝土强度的标准差(MPa),精确到 0.01 MPa。

测区混凝土强度换算值是指按检测的回弹值和碳化深度值,换算成相当于被测结构或构件的测区在该龄期下的混凝土抗压强度值。

结构或构件混凝土强度推定值 $f_{cu,e}$ 应按下列公式确定。

① 当该结构或构件测区数少于10个时：

$$f_{cu,e}=f^c_{cu,\min} \tag{6.35}$$

式中　$f^c_{cu,\min}$——该批每个构件中最小的测区混凝土强度换算值的平均值。

② 当该结构或构件混凝土强度值中出现小于10MPa时：

$$f_{cu,e}<10\text{MPa} \tag{6.36}$$

③ 当该结构或构件测区数不少于10个或按批量检测时，应按下列公式计算：

$$f_{cu,e}=m_{f^c_{cu}}-1.645S_{f^c_{cu}} \tag{6.37}$$

构件混凝土强度推定值是指相应于强度换算值总体分布中保证率不低于95%的强度值。

对于按批量检测的构件，当该批构件混凝土强度标准差出现下列情况之一时，则该批构件应全部按单个构件检测。

当该批构件混凝土强度平均值小于25MPa时：$S_{f^c_{cu}}>4.5$MPa

当该批构件混凝土强度平均值不小于25MPa：$S_{f^c_{cu}}>5.5$MPa

检测完后应填写检测报告，并应符合《回弹法评定混凝土抗压强度技术规程》(JGJ 23—2001)附录F的规定。结构或构件混凝土强度计算表可参照其附录C，有关回弹法测强的详细规定可参看《回弹法评定混凝土抗压强度技术规程》(JGJ 23—2001)。

3) 超声-回弹综合法检测混凝土强度

(1) 概述。

超声-回弹综合法是以混凝土试块的抗压强度(f)与超声声速值(v)、回弹值(R)为参数，选择相应的数学模型来拟合它们之间的相关关系建立测强曲线。由于混凝土波速V、混凝土回弹值R与强度之间有较好的相关性，强度越高，波速越快，回弹值越高，当率定出关系曲线后，在同一测区分别测声时和回弹值，然后用已建立的测强曲线就可以推算出测区强度。

通常选用指数方程为

$$f_{cu,i}=aV^bR^c \tag{6.38}$$

式中　a——常数项系数；

b、c——回归常数；

$f_{cu,i}$——抗压强度换算值；

V——测区修正后的超声声速值；

R——测区修正后的回弹值平均值。

超声回弹综合法具有以下优点。

① 减少龄期和含水率的影响。

混凝土含水率大：超声波声速偏高，推算强度提高；回弹值偏低，推算强度下降。

混凝土的龄期长：超声波声速的增长率下降，推算强度下降。而回弹值则因混凝土碳化程度增大而提高，推算强度提高；因此，二者综合起来测定混凝土强度就可以部分减少龄期和含水率的影响。

② 弥补相互不足。

回弹值主要以表面砂浆的弹性性能来反映混凝土中强度，当构件截面尺寸较大或内外质量差异较大时，回弹值很难反映结构的实际强度，超声波声速是以整个断面的动弹性来反映混凝土强度；混凝土强度较低、塑性变形较大时，回弹法反映不太敏感，超声波法测量强度较高的混凝土，相应其声速随强度变化的幅度不大；综合测定，内外结合，在较低或较高的强度区间相互弥补，较全面地反映结构混凝土的实际质量。

③ 提高测试精度。

由于综合法测试能减少一些因素的影响程度，较全面地反映整体混凝土质量，所以对提高无损检测混凝土强度的精度具有明显的效果，这已经通过大量试验所证明。

(2) 检测准备与测量。

① 检测准备。

a) 工程名称、设计、施工、建设和委托单位名称。

b) 施工图纸，结构或构件名称及混凝土设计强度等级。

c) 水泥的品种、用量，石子、砂品种规格、粒径，外加剂或掺合料品种、掺量等；混凝土配合比。

d) 模板类型，混凝土成型日期，以及浇筑和养护情况。

e) 结构或构件检测原因说明。

② 被测结构或构件准备。

按单个构件检测，构件上均匀布置测区，每个构件上测区数不少于 10 个；如某一方向尺寸<4.5m，且另一方向尺寸≤0.3m，其测区数不少于 5 个。

按批构件抽样检测，构件抽样数量不少于同批构件 30%，且不少于 10 个构件，同批构件要符合下列条件：混凝土强度等级相同；混凝土原材料、配合比、成型工艺、养护条件及龄期基本相同；构件种类相同；施工阶段所处状态相同。

③ 测区布置要求。

a) 条件允许，测区优先布置在构件混凝土浇筑方向的侧面，测区可在构件的两个对应面、相邻面(角测)或同一面上(平测)布置，测区布置示意图如图 6-24 所示。

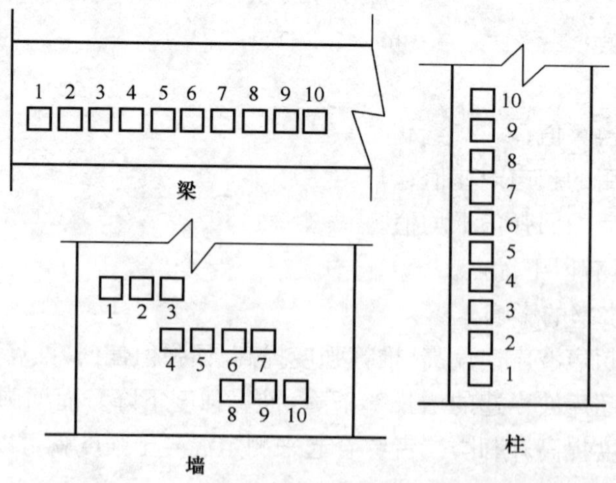

图 6-24　超声回弹法的测区布置示意图

b) 均匀分布，相邻两测区间距不宜大于 2m。

c) 避开钢筋密集区和预埋件。

d) 测区尺寸宜为 200mm×200mm；平测时宜为 400mm×400mm。

e) 测试面应清洁、平整、干燥，不应有接缝、施工缝、饰面层、浮浆和油垢，并避开蜂窝、麻面部位，必要时可用砂轮片清除杂物和打磨不平处，并擦净残留粉尘。

f) 结构或构件上的测区注明编号，记录测区位置和外观质量情况。

④ 回弹值测量与计算。

a) 测区内应先回弹测试，后进行超声测试。

b) 回弹值测量及回弹值计算同《回弹法检测混凝土强度》要求，需要角度修正、浇筑面修正（碳化不需要考虑）和计算平均值。

⑤ 超声声速测量与计算。

a) 超声测点布置在回弹测试的同一测区内，每个测区布置 3 个测点，如图 6-25 所示。

b) 优先采用对测或角测，无条件时，采用单面平测。

c) 换能器应与混凝土耦合良好。

d) 测试的声时值应精确至 0.1μs。超声测距的测量精确到 1.0mm，误差不大于 ±1%，声速计算精确到 0.01km/s。

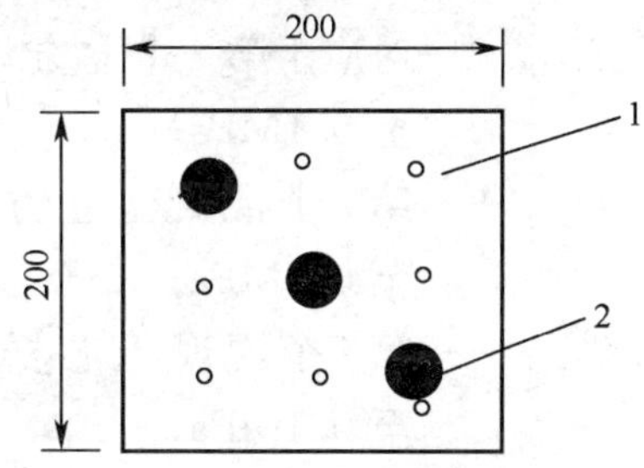

图 6-25　测区测点分布

混凝土浇筑方向侧面对测，测区混凝土中声速代表值计算公式为

$$v=\frac{1}{3}\sum_{i=1}^{3}\frac{l_i}{t_i-t_0} \tag{6.39}$$

式中　v——测区砼中声速代表值声速值(km/s)；

l_i——第 i 个测点的超声测距(mm)；

t_i——第 i 个测点的声时读数(μs)；

t_0——声时初读值。

测试面修正：在混凝土浇筑顶面或底面测试时，测区声速代表值需要修正。由于粗骨料的离析下沉以及表水浮浆等原因，声速在上下侧面测得的声速较侧面测得的声速低。回弹值也由于使用方向造成误差。

$$v_a=\beta v_i \tag{6.40}$$

式中　v_a——修正后的测区混凝土中声速代表值(km/s)；

β——超声测试面修正系数。在混凝土浇筑顶面、底面对测或斜测时，$\beta=1.034$。在混凝土浇筑侧面时 $\beta=1$。

4) 混凝土强度的推定

(1) 混凝土抗压强度换算值计算。

构件第 i 个测区的混凝土强度换算值应采用修正后的测区声速值，优先采用专用或地区测强曲线。当无专用或地区测强曲线时，可按下式进行混凝土抗压强度换算值计算。

当粗骨料为卵石时：

$$f_{cu,i}^{c}=0.0056V_{ai}^{1.439}R_{ai}^{1.179} \tag{6.41}$$

当粗骨料为碎石时：

$$f_{cu,i}^{c}=0.0162V_{ai}^{1.656}R_{ai}^{1.410} \tag{6.42}$$

式中　$f_{cu,i}^{c}$——结构或构件第 i 个测区混凝土抗压强度换算值(MPa)，精确至 0.1MPa。

当结构或构件所采用的材料及其龄期与测强曲线有较大差异时，采用同条件立方体试件或从结构或构件测区中钻取的混凝土芯样试件(数量不应少于 4 个)的抗压强度进行修正。

采用同条件立方体试件修正时：

$$\eta=\frac{1}{n}\sum_{i=1}^{n}\frac{f_{cu,i}^{0}}{f_{cu,i}^{c}} \tag{6.43}$$

采用混凝土芯样试件修正时：

$$\eta=\frac{1}{n}\sum_{i=1}^{n}\frac{f_{c0r,i}^{0}}{f_{cu,i}^{c}} \tag{6.44}$$

式中　η——修正系数，精确至小数点后两位；

$f_{cu,i}^{c}$——对应于第 i 个立方体试件或芯样试件的混凝土抗压强度换算值(MPa)，精确至 0.1MPa；

$f_{cu,i}^{c}$——第 i 个混凝土立方体(边长 150mm)试件的抗压强度实测值(MPa)，精确至 0.1MPa；

$f_{c0r,i}^{0}$——第 i 个混凝土芯样($\phi100\times100$mm)试件的抗压强度实测值(MPa)，精确至 0.1MPa；

n——试件数。

(2) 构件混凝土抗压强度推定值。

构件混凝土强度推定值 $f_{cu,e}$公式确定。

① 当该结构或构件测区数少于 10 个时：

$$f_{cu,e}=f_{cu,\min}^{c} \tag{6.45}$$

② 当该结构或构件的测区强度值中出现小于 10.0MPa 时：

$$f_{cu,e}<10.0\text{MPa} \tag{6.46}$$

③ 当该结构或构件测区数不少于 10 个或按批量检测时：

$$f_{cu,e}=m_{f_{cu}^{c}}-1.645S_{f_{cu}^{c}} \tag{6.47}$$

④ 对于按批量检测的构件，当一批构件的测区混凝土抗压强度标准差出现下列情况之一时，则该批构件应全部按单个构件检测。

当该批构件混凝土强度平均值小于 25MPa 时：$S_{f_{cu}^{c}}>4.5$MPa

当该批构件混凝土强度平均值介于 25MPa～50MPa 时：$S_{f_{cu}^{c}}>4.5$MPa

当该批构件混凝土强度平均值大于 50MPa：$S_{f_{cu}^{c}}>6.50$MPa

5) 实例

北京某工程采用卵石、中砂配制的混凝土强度等级为 C30 的混凝土，浇筑了 5 根断面为 350mm×350mm 混凝土柱。混凝土试块受冻，28d 龄期抗压强度未达到设计要求，现场已无试块。天气回暖后采用综合法对柱子进行检测。(测试角度为 0°；测试面为侧面)，计算推定 3－D 柱混凝土强度，构件混凝土强度计算表如表 6－14 所列。

表 6－14　构件混凝土强度计算表

计算项目		测区									
		1	2	3	4	5	6	7	8	9	10
回弹值	测区平均值	41.4	41.6	39.9	44.7	42.6	43.2	46.3	42.6	41.1	42.8
	角度修正值	0.0	0.0	0.0	0.0	0.0	0.0	0.0	0.0	0.0	0.0
	角度修正后	41.4	41.6	39.9	44.7	42.6	43.2	46.3	42.6	41.1	42.8
	浇筑面修正值	0.0	0.0	0.0	0.0	0.0	0.0	0.0	0.0	0.0	0.0
	浇筑面修筑后	41.4	41.6	39.9	44.7	42.6	43.2	46.3	42.6	41.1	42.8
声速	测区声速值	4.31	4.42	4.19	4.54	4.54	4.55	4.48	4.40	4.11	4.42
	修正值	1.0	1.0	1.0	1.0	1.0	1.0	1.0	1.0	1.0	1.0
	声速修正后	4.31	4.42	4.19	4.54	4.54	4.55	4.48	4.40	4.11	4.42
强度修正值		1.0	1.0	1.0	1.0	1.0	1.0	1.0	1.0	1.0	1.0
测区强度修正后		32.7	34.1	32.3	40.5	36.6	38.0	42.8	35.5	33.2	36.0
强度计算/MPa $n=10$		$M_{f^c_{cu}}=36.1$MPa			$S_{f^c_{cu}}=3.47$MPa			$f_{cu,e}=30.4$MPa			

检测结果表明：3－D 柱强度推定值为 30.4MPa，达到混凝土设计强度等级 C30 的 101％。

此类型属现场既无混凝土试块，又无混凝土芯样试件的情况，如果所测的其他构件能达到 30.0MPa 左右，说明此情况是正常的。若结构混凝土的试验状态与测强曲线基本一致，那么可不进行修正。否则需要从构件中钻取芯样进行修正，最后进行构件混凝土强度推定。

3. 混凝土结构缺陷的检测

1）概述

(1) 超声波法简介。

采用超声脉冲波检测结构混凝土缺陷的基本原理是利用脉冲波在的原材料、配合比、龄期和测试距离一致的混凝土中传播的时间（或速度）、接受波的振幅和频率等声学参数的相对变化，来判定混凝土的缺陷。

超声脉冲波传播的速度的快慢，与混凝土的密实程度有直接关系，对于原材料、配合比、龄期及测试距离一定的混凝土来说，混凝土密实则声速高，相反混凝土不密实则声速低。当有空洞或裂缝存在时，超声脉冲波只能绕过空洞或裂缝传播到接收换能器，因此传播的路程增大，测得的传播时间必然偏长即声速降低。

另外，由于空气的声阻抗率远小于混凝土的声阻抗率，脉冲波在混凝土中传播时，遇着蜂窝、空洞或裂缝等缺陷，便在缺陷界面发生反射和散射，声能被衰减，其中频率较高的成分衰减更快，因此接收信号的波幅明显降低，频率明显减小或者频率谱中高频成分明显减少。此外经缺陷发射或绕过缺陷传播的脉冲波信号与直达波信号之间存在声程和相位差，叠加后互相干扰，致使接收信号的波形发生畸变。

根据上述原理，可以利用混凝土声学参数测量值和相对变化综合分析、判别其缺陷的位置和范围，或者估算缺陷的尺寸。

(2) 常用的测试方法。

由于混凝土非匀质性，一般利用超声脉冲波透过混凝土的信号来判别缺陷状况，根据被测结构或构件的形状、尺寸及所处环境，确定具体测试方法。常有的测试方法大致分为以下几种。

① 平面测试(用厚度振动式换能器)。

a) 对测法。该方法适用于被测部位具有两对相互平行表面的构件。将一对发射(T)、接收(R)换能器，分别置于被测结构相互平行的两个表面，且两个换能器的轴线位于同一直线上。

b) 斜测法。该方法适用于被测部位具有一对相互平行表面的构件。将 T、R 换能器分别置于被测结构的两个表面，但两个换能器的轴线不在同一直线上。

c) 单面平测法。该方法适用于被测部位只有一个表面可供测试的结构。将一对 T、R 换能器置于被测结构同一个表面上进行测试。

② 钻孔或预埋管测试(采用径向振动换能器)。

a) 孔中对测：一对换能器分别置于两个对应钻孔中，位于同一高度进行测试。

b) 孔中斜测：一对换能器分别置于两个对应钻孔中，但不在同一高度而是在保持一定高程差的条件下进行测试。

c) 孔中平测：一对换能器置于同一钻孔中，以一定的高程差同步移动进行测试。

③ 平面和钻孔混合测试(采用一个厚度振动和一个径向振动式换能器)。

厚度振动式换能器置于结构表面，径向振动式换能器置于钻孔中进行对测和斜测。

(3) 超声法检测混凝土缺陷的主要影响因素。

超声法检测混凝土缺陷，同超声法检测混凝土强度一样，也受许多因素的影响。在工程检测中如不采取适当措施，尽量避免或减小其影响，必然给测试结果带来很大误差。试验和实践表明，影响超声检测缺陷的主要因素大致有以下几种。

① 耦合状态的影响。

由于脉冲波接收信号的波幅值，对混凝土缺陷反映最敏感，所以测得的波幅值(A_i)是否可靠，将直接影响混凝土缺陷检测结果的准确性和可靠性。对于测距一定的混凝土，测试面的平整程度和耦合剂的厚薄是影响波幅测值的主要原因，如果测试面凹凸不平或粘附泥砂，发射和接收换能器与测试面之间只能通过局部接触点传递脉冲波，使其大部分声能被损耗，造成波幅降低。因此，要求超声测试必须具备良好的耦合状态。

② 钢筋的影响。

由于脉冲波在钢筋中的传播速度比混凝土中的传播速度快，在发射和接收换能器的连线上或其附近存在主钢筋时，必然影响混凝土声速测量值，其影响程度取决于钢筋相对于测试方向的位置及钢筋的数量和直径。为避免其影响，必须使发射和接收换能器的连线离开钢筋一定距离或与钢筋轴线形成一定夹角。

③ 水分的影响。

由于水的声速和声阻抗率比空气的声速和声阻抗率大许多倍，如果混凝土缺陷中的空气被水取代，则脉冲波的绝大部分在缺陷界面不再反射和绕射，而是通过水耦合层穿过缺陷直接传播至接收换能器，使得有无缺陷的混凝土声速、波幅和频率测量值得差异不明显，给缺陷测试和判断带来困难。为此，在进行缺陷检测时，要力求混凝土处于自然干燥状态。

2) 混凝土裂缝深度的检测

超声法检测混凝土裂缝深度，一般根据被测裂缝所处部位的具体情况，采用单面平测法、穿透斜测法或钻孔测法。

(1) 单面平测法。

当结构的裂缝部位只有一个可测表面且预估计裂缝深度又不大于 500mm 时可采用单面平测法测量。平测时应在裂缝的被测部位以不同的测距按跨缝和不跨缝布置测点，布置测点时应避开钢筋的影响，具体进行检测其检测步骤如下。

① 不跨缝的声速测量：将 T 和 R 换能器置于裂缝附近同一侧以两个换能器内边缘间距(l'_i)等于 100mm、150mm、200mm、250mm，…分别读取声时值 t_i，以 l'_i 为纵轴，以 t 为横坐标绘制时距坐标图，如图 6-26 所示，或用回归分析方法求出两者之间的回归直线方程：$l=a+bt$，波速为 $v=b$。

每测点超声波实际传播距离 l_i 为

$$l_i=l'_i+|a| \tag{6.48}$$

式中　l_i——第 i 点的超声波实际传播距离(mm)；

l——第 i 点的 R、T 换能器内边缘间距(mm)；

a——“时一距”图中 l' 轴的截距或回归直线方程的常数项(mm)。

② 跨缝的声速测量：将两个换能器分别置于以裂缝为轴线的对称两侧，两换能器中心连续垂直于裂缝走向，l'_i 等于 100，150，200，250，300，…，分别读声时值 t_i^0，如图 6-27 所示。

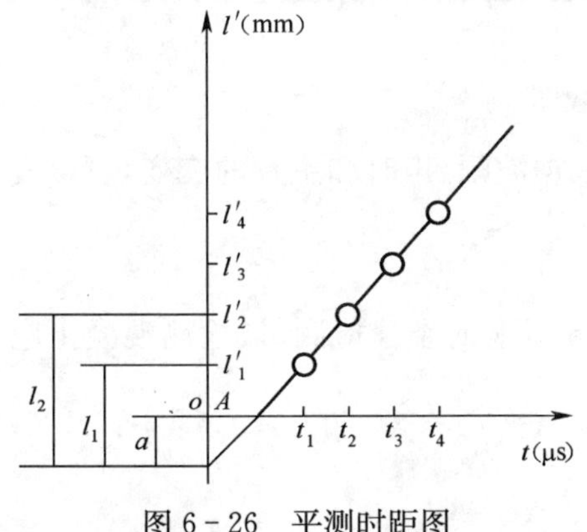

图 6-26　平测时距图

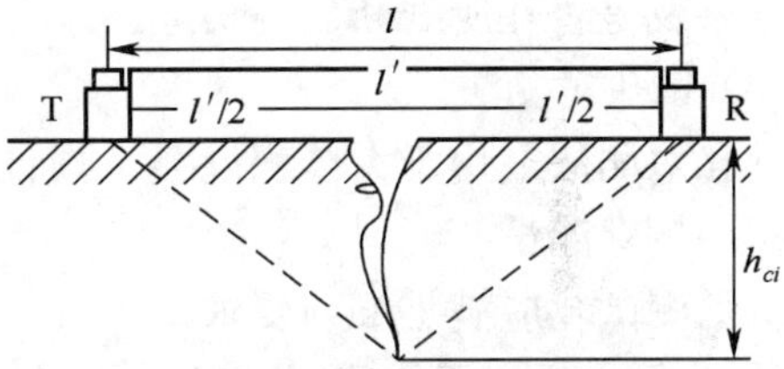

图 6-27　单面平测法检测裂缝深度

③ 裂缝深度：

$$h_{ci}=l_i/2\cdot\sqrt{(t_i^0\cdot v/l_i)^2-1} \tag{6.49}$$

④ 取 h_{ci} 的平均值，如测距 l'_i 小于平均值和大于 3 倍平均值，应剔除该组数据，剩余的 h_{ci} 取平均。

$$m_{hc}=1/n\cdot\sum_{i=1}^{n}h_{ci} \tag{6.50}$$

式中　l_i——不跨缝平测时第点的超声波实际传播距离(mm)；

h_{ci}——第 i 点计算的裂缝深度值(mm)；

t_i^0——第 i 点跨缝平测的声时值(μs)；

m_{hc}——各测点计算裂缝深度的平均值(mm)；

n——测点数。

裂缝深度的确定方法如下。

① 跨缝测量中当在某测距发现首波反相时可用该测距及两个相邻测距的测量值按式(6.49)计算 h_{ci} 值,取此三点 h_{ci} 的平均值作为该裂缝的深度值(h_c)。

② 跨缝测量中如难于发现首波反相则以不同测距计算 h_{ci} 及其平均值(m_{hc})。将各测距 l' 与 m_{hc} 相比较,凡测距 l' 小于 m_{hc} 和大于 $3m_{hc}$,应剔除该组数据,然后取余下 h_{ci} 的平均值,作为该裂缝的深度值(h_c)。

(2) 双面斜测法。

当结构的裂缝部位具有两个相互平行的测试表面时,可采用双面穿透斜测法检测。测点布置如图 6-28 所示,将 T、R 换能器分别置于两测试表面对应测点 1、2、3、…的位置,读取相应声时值 t_i、波幅值 A_i 及主频率 f_i。

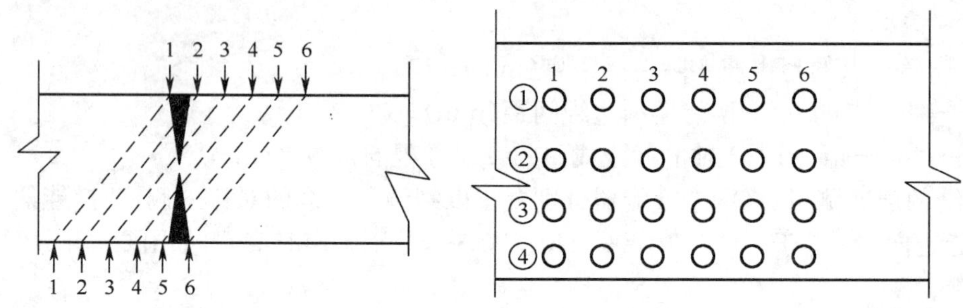

图 6-28 测点布置图

裂缝深度判定:当 T、R 换能器的连线通过裂缝,根据波幅、声时和主频的突变,可以判定裂缝深度以及是否在所处断面内贯通。

(3) 钻孔对测法。

钻孔对测法适用于大体积混凝土预计深度 500mm 以上的裂缝检测,被检测混凝土应允许在裂缝两侧钻测试孔。

所钻测试孔应满足下列要求。

① 孔径应比所用换能器直径大 5mm~10mm。

② 孔深应不小于比裂缝预计深度深 700mm。经测试如浅于裂缝深度,则应加深钻孔。

③ 对应的两个测试孔(A、B),必须始终位于裂缝两侧,其轴线应保持平行。

④ 两个对应测试孔的间距宜为 2000mm,同一检测对象各对测孔间距应保持相同。

⑤ 孔中粉末碎屑应清理干净。

⑥ 如图 6-29 所示,宜在裂缝一侧多钻一个孔距相同但较浅的孔(C),通过 B、C 两孔测试无裂缝混凝土的声学参数。

裂缝深度检测应选用频率为 20kHz~60kHz 的径向振动式换能器。

测试前应先向测试孔中注满清水,然后将 T、R 换能器分别置于裂缝两侧的对应孔中,以相同高程等间距(100mm~400mm)从上到下同步移动,逐点读取声时、波幅和换能器所处的深度。

以换能器所处深度(h)与对应的波幅值(A)绘制 $h-A$ 坐标图,如图 6-30 所示。随换能器位置的下移,波幅逐渐增大,当换能器下移至某一位置后,波幅达到最大并基本稳定,该位置所对应的深度便是裂缝深度值 h_c。

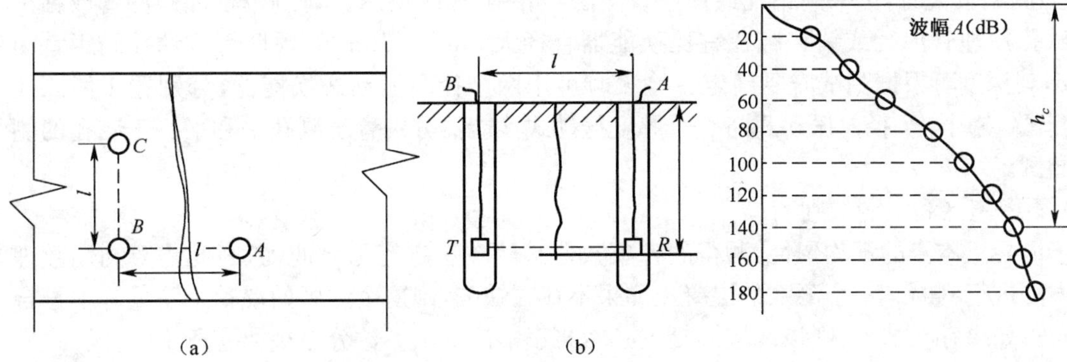

图 6-29　钻孔对测法检测裂缝深度

(a) 平面图（C 为比较孔）；(b) 剖面图。

图 6-30　h—A 坐标图

3）不密实区和空洞的检测

（1）测试方法。

① 当构件具有两对相互平行的测试面时，可采用对测法，如图 6-31 所示。在测试部位两对相互平行的测试面上，分别画出等间距的网格（网格间距工业与民用建筑为其他大型结构物可适当放宽），并编号确定对应的测点位置。

② 当构件只有一对相互平行的测试面时可采用对测和斜测相结合的方法。在侧面两个相互平行的测试面上分别画出网格线，可在对测的基础上进行交叉斜测，如图 6-32 所示。

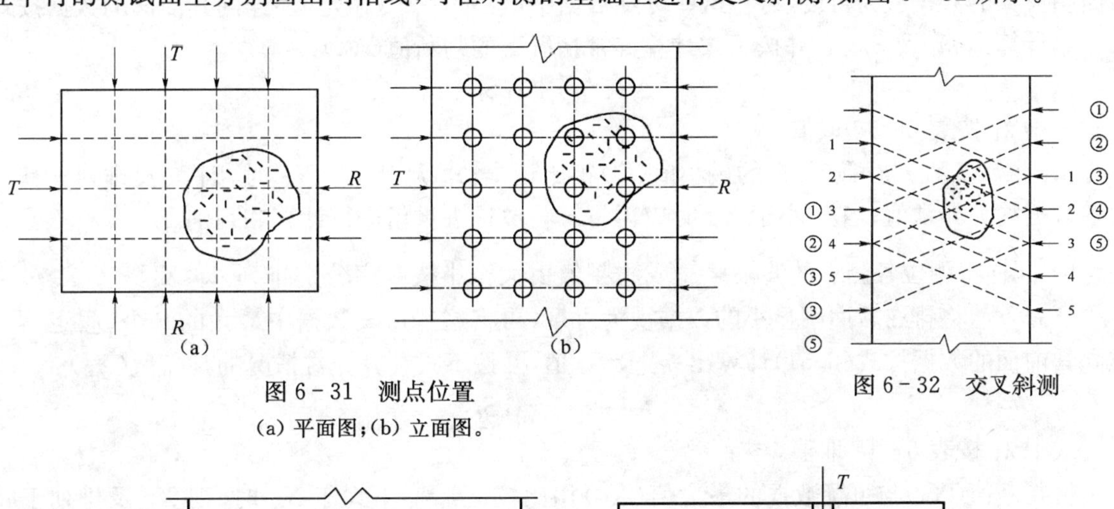

图 6-31　测点位置

(a) 平面图；(b) 立面图。

图 6-32　交叉斜测

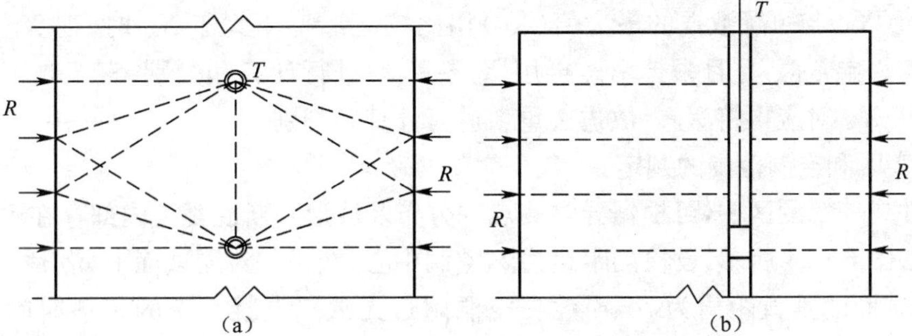

图 6-33　钻孔或预埋管测法

(a) 钻孔测法；(b) 预埋管测法。

③ 当测距较大时，可采用钻孔或预埋管测法，如图 6－33 所示。在测位预埋声测管或钻出竖向测试孔预埋管内径或钻孔直径宜比换能器直径大 5mm～10mm，预埋管或钻孔间距宜为 2m～3m，其深度可根据测试需要确定。检测时可用两个径向振动式换能器，分别置于两测孔中进行测试，或用一个径向振动式与一个厚度振动式换能器分别置于测孔中和平行于测孔的侧面进行测试。

(2) 不密室区和空洞的判断。

由于混凝土本身的不均匀性，测得的各项数值必然在一定范围内波动，因此需要利用数理统计的方法进行判断。一个测区的混凝土如果不存在缺陷，则这个测区的混凝土质量基本符合正态分布。如果存在缺陷，则该区域混凝土必然与正常混凝土参数分布规律有所不同。

① 测区内混凝土声学参数的统计计算。

测区内混凝土声时、波幅、频率测量值的平均值(m_s)和标准差(s_x)应按下式计算：

$$m_x = \sum X_i / n$$

$$s_x = \sqrt{(\sum X_i^2 - nm_{ux}^2)/(n-1)} \tag{6.51}$$

式中 X_i——测区中第 i 点的声学参数测量值；

n——参与统计的测点数。

② 异常数据的判别方法。

a) 将测位各测点的声时值由小到大按顺序分别排列，即 $t_1 \leqslant t_2 \leqslant \cdots \leqslant t_n \leqslant t_{n+1} \cdots$，将排在后面明显大的数据视为可疑，再将这些可疑数据中最小的一个(假定 t_n)连同其前面的数据按式(6.51)计算出 m_t 及 S_t 值，并按下式计算异常情况下的判断值(X_0)：

$$X_0 = m_t + \lambda_1 S_t \tag{6.52}$$

式中 λ_1 按表 6－15 取值。

将判断值(X_0)与可疑数据的最小值(t_n)相比较，当 t_n 大于等于 X_0 时，则 t_n 及排列于其后的各数据均为异常值；当 t_n 小于 X_0 时应再将 t_{n+1} 放进去重新进行计算和判别。

b) 同样将测位各测点的波幅声速或主频值由大至小按顺序分别排列，即 $X_1 \geqslant X_2 \geqslant \cdots \geqslant X_n \geqslant X_{n+1} \cdots$，将排在后面明显小的数据视为可疑，再将这些可疑数据中最大的一个(假定 X_n)连同其前面的数据按式(6.51)计算出 m_t 及 S_t 值，并按下式计算异常情况的判断值(X_0)：

$$X_0 = m_x - \lambda_1 S_t \tag{6.53}$$

式中 λ_1 按表 6－15 取值。

将判断值(X_0)与可疑数据的最大值(X_n)相比较，当 X_n 不大于 X_0 时，则 X_n 及排列于其后的各数据均为异常值，并且去掉 X_n，再用 $X_1 \sim X_{n-1}$ 进行计算和判别，直至判不出异常值为止；当 X_n 大于 X_0 时应再将 X_{n+1} 放进去重新进行计算和判别。

③ 不密实区和空洞范围的判定。

一个构件或一个测区中，可根据异常测点的分布及波形判断混凝土内部存在不密实区和空洞的范围。如图 6－34 所示，设检测距离为 l，空洞中心(在另一对测试面上，声时最长的测点位置)距一个测试面的垂直距离为 l_h，声波在空洞附近无缺陷混凝土中的传播时间的平均值为 m_{ta}，绕空洞传播的时间为 t_h，空洞半径为 r。根据 l_h/l 值和 $(t_h - m_{ta})/m_{ta} \times 100\%$ 值，可根据表 6－16 查得空洞半径 r 与测距 l 的比值，再计算空洞的大致尺寸 r。

如果被测部位只有一对可供测试的表面，空洞尺寸可用下式计算，空洞半径 r 与测距 l 的比值如表6-16所列。

表 6-15　统计数的个数 n 与对应的 λ_1 值

n	14	16	18	20	22	24	26	28	30
λ_1	1.47	1.53	1.59	1.64	1.69	1.73	1.77	1.80	1.83
n	32	34	36	38	40	42	44	46	48
λ_1	1.86	1.89	1.92	1.94	1.96	1.98	2.00	2.02	2.04
n	50	52	54	56	58	60	62	64	66
λ_1	2.06	2.07	2.09	2.10	2.12	2.13	2.14	2.16	2.17
n	68	70	74	78	80	84	88	90	95
λ_1	2.18	2.19	2.20	2.23	2.24	2.26	2.28	2.29	2.31
n	100	105	110	115	120	125	130	135	140
λ_1	2.32	2.34	2.36	2.38	2.40	2.41	2.42	2.43	2.45
n	145	150	155	160	170	180	190	200	210
λ_1	2.46	2.48	2.49	2.50	2.52	2.54	2.56	2.57	2.59

$$r=\frac{l}{2}\sqrt{\left(\frac{t_h}{m_{ta}}\right)^2-1} \tag{6.54}$$

式中　r——空洞半径(mm)；

l——T、R 换能器之间的距离(mm)；

t_h——缺陷处的最大声时值(μs)；

m_{ta}——无缺陷处的平均声时值(μs)。

当测位中某些测点的声学参数被判为异常值时可结合异常测点的分布及波形状况确定混凝土内部存在不密实区和空洞的位置及范围。

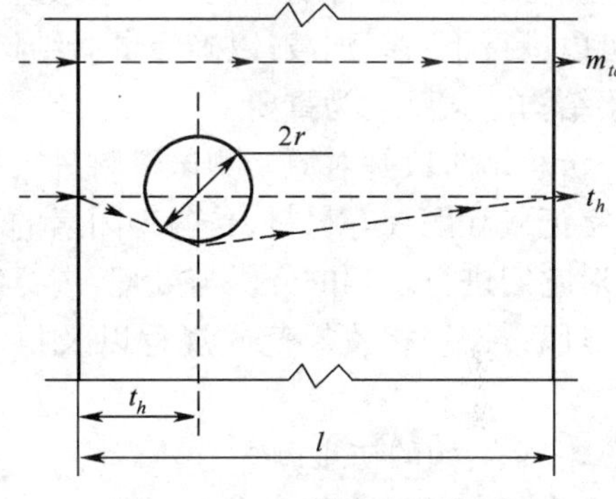

图 6-34　空洞尺寸估算原理

表 6-16　空洞半径 r 与测距 l 的比值

z / x / y	0.06	0.08	0.10	0.12	0.14	0.16	0.18	0.20	0.22	0.24	0.26	0.28	0.30
0.1(0.9)	1.42	3.77	6.26	—	—	—	—	—	—	—	—	—	—
0.1(0.85)	1.00	2.56	4.06	5.97	8.39	—	—	—	—	—	—	—	—
0.2(0.8)	0.78	2.02	3.18	4.62	6.36	8.44	10.90	13.90	—	—	—	—	—
0.2(0.75)	0.67	1.72	2.69	3.90	5.34	7.03	8.98	11.20	13.80	16.80	—	—	—
0.3(0.7)	0.60	1.53	2.40	3.46	4.73	6.21	7.91	9.38	12.00	14.40	17.10	20.10	23.60
0.3(0.65)	0.55	1.41	2.21	3.19	4.35	5.70	7.25	9.00	10.90	13.10	15.50	18.10	21.00
0.4(0.6)	0.52	1.34	2.09	3.02	4.12	5.39	6.84	8.48	10.30	12.30	14.50	16.90	19.60
0.4(0.55)	0.50	1.30	2.03	2.92	3.99	5.22	6.62	8.20	9.95	11.90	14.00	16.30	18.80
0.50	0.50	1.28	2.00	2.89	3.94	5.16	6.55	8.11	9.84	11.80	13.30	16.10	18.60

6.3.4 桥梁结构静载试验

桥梁荷载试验是对桥梁结构工作状态进行直接测试的一种检定手段。桥梁结构现场荷载试验分为静载试验和动载试验。桥梁静载试验是将静止的荷载作用于桥梁上的指定位置，通过试验仪器测试出结构的静应变、静位移以及裂缝等，从而推断桥梁结构在荷载作用下的工作状态和使用性能。本章将详细介绍桥梁静载试验的检测过程。

1. 静载试验概述

1）静载试验工程

一般情况下，桥梁静载试验可分为3个阶段，即桥梁结构的考察与试验准备阶段、加载试验与观测阶段、测试结果的分析总结阶段。

桥梁结构的考察与试验方案设计阶段是桥梁检测顺利进行的必要条件。桥梁结构检测的准备工作包括技术资料的收集、桥梁现状检查、理论计算、试验方案制定、现场准备等一系列工作。检测工作的顺利与否很大程度上取决于检测前的准备工作。

加载与观测阶段是整个检测工作的中心环节。这一阶段的工作是在各项准备工作就绪的基础上，按照预定的试验方案与试验程序，利用适宜的加载设备进行加载，运用各种测试仪器观测试验结构受力后的各项性能指标，如挠度、应变、裂缝宽度、加速度等。对于静载试验，应根据当前所测得的各种指标与理论计算结果进行现场分析比较，以判断受力后结构行为是否正常，是否可以进行下一级加载，以确保试验结构、仪器设备及试验人员的安全，这对于存在病害的既有桥梁结构的试验尤为重要。

分析总结阶段是对原始测试资料进行综合分析的过程。原始测试资料包括大量的观测数据、文字记载和图片等材料，受各种因素的影响，原始测试数据一般显得缺乏条理性与规律性。因此，对它们进行科学的分析与处理，进行综合分析比较，从中提取有价值的资料。测试数据经分析处理后，按照相关规范或规程以及检测的目的要求，对检测对象做出科学准确的判断与评价。

2）桥梁结构的初步调查

(1) 桥梁技术资料的收集。

收集桥梁结构的总体和各截面尺寸、桥面标高、设计荷载等级、行车道标准、下部结构尺寸及材料的物理力学参数资料。

(2) 实桥现状检查。

桥梁检查主要包括桥面平整度、排水情况、纵横坡的检查；承重结构开裂与否及裂缝分布情况、有无露筋现象及钢筋锈蚀程度、混凝土碳化剥落程度等情况的检查；支座是否老化、河流冲刷情况、基础有无冻融灾害等方面的检查。通过桥梁现状检查，能使人们对试验桥梁的现状作出宏观的判断。

(3) 桥址调查。

桥址调查主要包括桥上和两端线路技术情况、桥下净空、通航情况、交通量等内容。

3）桥梁静载试验对象的选择

桥梁静载试验既要能够客观全面地评定结构的承载能力与使用性能又要兼顾试验费用、试验时间的制约，因此，要进行必要的简化，科学合理地从全桥中选择具体的实验对象。一般说，对于结构类型与跨度相同的多孔桥跨结构，可选具有代表性的一孔或几孔进行加载试验量测；

对于结构类型不同的多孔桥跨结构，应按不同的结构类型分别选取具有代表性的一孔或几孔进行试验，对于结构类型相同但跨度不同的多孔桥跨结构.应选取跨度最大的孔或几孔进行试验，对于预制梁，应根据不同跨度桥制梁工艺，按照一定的比例进行随机抽查试验。除了这几点之外试验对象的选择还应考虑以下条件。

(1) 试验孔或试验墩台的受力状态最为不利。

(2) 试验孔或试验墩台的病害或缺缺陷比较严重。

(3) 试验孔或试验墩台便于搭设脚手支架，布置观测点及加载。

2. 试验荷载的确定

1) 控制截面的选择

控制截面不仅会出现设计内力峰值，也往往是进行观测量测的主要部位。把握住控制截面，就可以较为宏观全面地反映试验桥梁的承载能力和工作性能。常见桥型控制截面的设计内力可归纳如下。

(1) 简支梁桥控制截面的设计内力包括跨中截面的弯矩与支点截面的剪力，对于曲线梁还包括支点截面的扭矩。

(2) 连续梁桥(连续刚构桥)控制截面的设计内力包括中跨跨中截面、中跨 $L/4$ 截面、中跨 $3L/4$ 截面、中支点截面、边跨(次边跨)跨中截面的弯矩、剪力。

(3) T 形刚构控制截面的设计内力包括固端根部截面的弯矩与剪力、墩身控制截面的弯矩与轴力。

(4) 拱桥控制截面的设计内力包括拱肋或拱圈控制截面(拱顶、$L/4$、拱脚)的轴力、弯矩，对于中承式、下承式拱桥还包括吊杆的轴力。对于系杆拱还包括系杆的轴力，对于上承式拱桥还包括立柱的轴力。

(5) 斜拉桥控制截面的设计内力包括加劲梁控制截面的弯矩、扭矩与轴力。索塔控制截面的弯矩与轴力，控制拉索的轴力，桥面系的局部弯曲应力等。

(6) 悬索桥控制截面的设计内力包括加劲梁控制截面的弯矩与剪力，主缆的轴力，索塔控制截面的轴力、弯矩，吊杆的轴力，桥面系的应力等。

上述各种桥梁体系的主要部位是检验桥梁承载能力试验时必须观测的部位。此外，对桥梁的薄弱截面、损坏部位，比较薄弱的桥面结构等，是否设置内力控制截面及安排加载项目，可根据桥梁调查和检算情况决定。

2) 控制荷载的确定

由于桥梁静载试验为鉴定荷载试验，试验荷载原则上应尽量采用与设计标准荷载相同的荷载，但由于客观条件的限制，实际采用的试验荷载往往很难与设计标准荷载一致。在不影响主要试验目的的前提下，一般采用内力或变形等效的加载方式，即计算出设计标准荷载对控制截面产生的最不利内力，以此作为控制值，然后调整试验荷载使该截面内力逐级达到此控制值，从而实现检验鉴定的目的。为保证试验效果，根据《大跨径混凝土桥梁的试验方法》的要求，在选择试验荷载大小及加载位置时应采用静载试验效率 η 进行调控，即

$$\eta=\frac{S_t}{S_d(1+\mu)} \tag{6.55}$$

式中　S_t——试验荷载作用下，检测部位变形或内力的计算值；

S_d——设计标准荷载作用下，检测部位变形或内力的计算值；

$1+\mu$——设计取用的冲击系数。

η取值宜在0.8～1.05之间。根据最大试验荷载量及试验目的的不同，可以分为基本荷载试验(即$0.8<\eta\leqslant1.0$)、重荷载试验(即$\eta>1.0$)、轻荷载试验(即$0.5<\eta\leqslant0.8$)。为了充分反映结构的整体的工作和减少测量误差，一般要求试验荷载不小于要求荷载的0.5倍。

根据上述两点，在计算试验荷载效应时，首先要根据控制截面的设计内力及加载设备的种类，初步确定加载位置、加载等级，以使试验荷载逐级达到该截面的设计内力，实现预定的加载效率，同时，应计算其他控制截面在试验荷载作用下的内力，如未超过其设计内力，说明试验荷载的加载位置、加载等级有效且安全，如超过其设计内力，则应重新调整试验荷载的加载位置、加载等级，直至找到既可使控制截面达到其加载效率、又确保其他截面在试验荷载作用下不超过其设计内力的加载方式为止。其次，根据最终确定的加载等级、加载位置及加载重量，计算出试验桥梁各级试验荷载作用下的结构行为，包括试验桥梁各应力测试截面的应力应变，各挠度测点的挠度，必要时还要根据试验桥梁的受力特点，计算出各测点的扭角、水平位移等结构反应，以便与实测值进行比较，评价该桥的工作性能。最后，在上述工作的基础上，结合现场实际情况，形成严密可行的加载程序，以便试验时实施。

3) 加载设备的选择

桥梁静载试验的加载设备应根据试验目的要求、现场条件、加载量大小和经济方便的原则选用。对于现场静载试验，常用的加载设备主要有两种，即利用车辆荷载加载、利用重物加载。

采用车辆荷载进行加载具有便于运输、加载卸载方便迅速等优点，是桥梁静载试验较常用的一种方法。通常可选用重载汽车或利用施工机械车辆。利用车辆荷载加载需注意两点，一是对于加载车辆应严格称重，保证试验车辆的重量与理论计算时车辆重量的取用值相差不超过5%；二是尽可能采用与标准车相近的加载车辆。

重物加载是将重物(如铸铁块、预制块、砂包、水箱等)施加在桥面或构件上，通过重物逐级增加以实现控制截面的设计内力，达到加载效率。采用重物加载时也要进行重量检查，以保证加载重量的准确性。由于重物直接加载的准备工作量较大，加载卸载时间较长，一般用于现场单片梁试验、人行桥梁静载试验等场合。

4) 加载的分级与控制

为使试验工作顺利进行，获得结构应变和变形随荷载增加的关系曲线，同时防止意外破坏，桥梁静载试验应采用科学严密的加载卸载程序。对于短期试验，加载程序确定的基本原则可归纳如下。

(1) 加载卸载应该是分级递加和递减，不宜一次完成。《大跨径混凝土桥梁的试验方法》要求，静载试验荷载一般情况下应不少于四级加载，当使用较重车辆或达到设计内力所需的车辆较少时，应不少于三级加载，逐级使控制截面由试验所产生的内力逼近设计内力。

(2) 正式加载前，要对试验桥梁进行预加载。主要目的在于发现试验组织方面的问题，以便在正式加载试验前解决问题。对于新建结构，通过预加载可以使结构进入正常工作状态，消除支点沉降、支座压缩等非弹性变形。预加载的荷载大小一般宜取为最大试验荷载的1/3～1/2，对钢筋混凝土结构还应小于其开裂荷载。

(3) 当所检测的桥梁状况较差或存在缺陷时，应尽可能增多加载等级，并在试验过程中密切监测结构的反应。一般情况下，车辆全部到位到达设计内力后方可卸载，卸载分为2级～3级卸载，并尽量使卸载部分工况与加载部分工况相对应，以便校核。

5）加载时间的选择与控制

为减少温度变化对测试结果的影响，加载时间宜选在温度较为稳定的晚22时至次日凌晨6时之间进行，尤其是对于加载工况较多、加载时间较长的试验。如夜间加载或量测存在困难，而卸载必须在白天进行时，一方面要采取严格良好的温度补偿措施，另一方面应采取加载控制的对策，同时保证每一加卸载周期不超过20min为宜。每次加载、卸载持续一定时间后方可进行观测，以使结构的反应能够充分地表现出来，如加载后持续的时间较短，则测得的应变、变形值可能偏小。对于卸载后残余变形的观测，零载持续时间则应适当延长，这是因为结构的残余变形与其承载历史有关，对于新建结构在第一次荷载作用下，常有较大的残余变形，以后再受力，残余变形增加得很少。一般情况下，试验时每级荷载持续时间应不小于15min方可进行观测；卸载后观测残余变形、残余应变的时间间隔应不小于30min。

3. 测点布设

测点布置应遵循必要、适量、方便观测的基本原则，并使观测数据尽可能地准确、可靠。在满足试验要求的前提下，测点不宜设置过多，以便使试验工作重点突出，提高效率，保证质量。另外，测点的布置也要有利于仪表的安装与观测读数，并且试验操作相对安全。为了便于测试读数，测点布置宜适当集中。对于测试读数比较困难危险的部位，应有妥善的安全措施。

桥梁结构的最大挠度与最大应变，通常是试验者最感兴趣的数据。几种常见桥型的测点布置如下。

(1) 简支梁桥：跨中截面应变、支点沉降以及$L/4$，跨中，$3L/4$截面的挠度，对于曲线梁还包括跨中截面的扭转角。

(2) 连续梁桥(连续刚构桥)：中跨跨中截面、中支点截面、近中支点的边跨跨中截面的应变；各跨支点沉降，各跨$L/4$、跨中、$3L/4$截面的挠度。

(3) T型刚构：固端根部截面、墩身控制截面的应变，悬臂端部的挠度、墩顶截面的水平位移与转角。

(4) 拱桥：拱脚、$L/4$，跨中，$3L/4$处拱肋或拱圈截面的应变与挠度，墩台顶的挠度与水平位移。对于中承式或下承式拱桥，还应测试吊杆的应变或伸长量；对于系杆拱，还应测试系杆的内力变化。

(5) 斜拉桥：各跨支点$L/4$、跨中，$5L/8$，$3L/4$、$7L/8$截面的挠度；加劲梁控制截面及索塔控制截面的应变；索塔塔顶的水平位移；控制拉索的索力。

(6) 悬索桥：加劲梁支点、$L/8$，$L/4$，$3L/8$，跨中，$5L/8$，$3L/4$，$7L/8$截面的挠度以及上述测点在偏载情况下的扭转角和横桥向位移，加劲梁跨中截面、$L/8$截面、索塔控制截面的应变，索塔塔顶的水平位移，控制吊杆的轴力，最大索股索力等。

4. 测试仪器的选择

在选择仪器仪表时一般只要满足测试精度的要求即可，一般要求对测量结果的极限相对误差不超过5%，且应有足够的量程。为了简化测试工作，避免出现差错，量测仪器仪表的型号、规格，在同一次试验中种类愈少愈好。由于现场检测的测试条件较差，环境因素的影响较大，一般说来，电测仪器的适应性不如机械式仪器仪表，而机械式仪器仪表的适应性不如光学仪器。例如，通常当桥下净空较大、测点较多、挠度较大时，桥梁挠度观测宜选用光学仪器如精密水准仪，而单片梁静载试验挠度的量测宜用百分表。

5. 试验准备

测试准备工作是将方案加载以及其他仪器测试设备安装在待测结构上，涉及面广，工作量大。为了能够方便地布置测点、安装仪表或进行读数，应根据现场需要搭设脚手架或使用升降设备。此外，要有供操作仪器使用的电源，安装照明设备。试验出发前应对所携带的仪器仪表、设备进行全面的检查与标定，确保仪器仪表状态良好。如使用汽车或重物加载，要采用地磅进行严格的称重。

在正式试验之前应按试验方案进行应变测点的放样定位。对于结构表面测点，要进行表面打磨处理或局部改造；对于结构内部测点如钢筋计，则要在施工过程中预埋测试元件，然后进行应变测试元件的粘贴、编号、防潮与防护处理，连接应变测试元件与数据采集仪，采用温度补偿措施，进行数据采集仪的预调平。

对于变形测点一般采用精密水准仪进行挠度测量，试验开始之前要进行测点标志埋设，测站、测量路线的布设；对于采用全站仪等光学仪器进行水平位移测量，要进行控制基准网、站牌、反光标志、测量路线的布设；对于采用百分表、千分表或位移计进行变形测量的，根据理论挠度计算值的大小和方向，安装测表并进行初读数调整及测量读数。

对于运营桥梁，试验准备工作要注意测试元件、测试导线的防护，试验开始前应封闭交通，禁止闲杂人员和非试验用车辆进入。

正式加载前，要进行预加载，以检查仪器的工作状态，消除非弹性变形。预加荷载卸载后，进行零荷载测量，读取各测点零荷载的读数。

6. 现场试验

1）预加载

在正式试验之前，一般对结构进行 2～3 次预加载，以消除结构的非弹性变形，同时测试检测系统是否正常工作。预加荷载应不大于设计荷载和开裂荷载，一般分 2～3 级加载至标准设计荷载或更小。

2）加载试验

加载前应对各仪器进行初始读数。加载时应按照方案逐级从小到大加载，首先将第一级荷载的加载车辆行驶到加载位置，关闭发动机，进行读数，然后按照同样步骤进行下一级加载。

加载和卸载的持续时间一般以结构达到稳定为原则，如果 5 分钟的变形增量小于量测仪器的最小分辨值或结构最后 5 分钟的变形增量小于前一个 5 分钟变形增量的 15%，即可认为结构变形达到稳度。全部荷载卸掉后，等 30 分钟再读一次参与变形的读数。

3）读数与记录

记录者应及时对测量值进行读数，同时对量测值变化情况进行检查，看是否符合预期规律，测试数值是否异常。对工作反常的测点应随时观测、计算，如实测值超过理论计算值较多、裂缝宽度急剧增大或听到异常的声响，则应暂停加载，待查明原因后再决定是否继续加载。

4）加载过程的检查

加载过程中应指定专人注意观察结构的薄弱部位是否有新裂缝出现，组合结构的结合面是否出现错位现象，结构是否出现不正常的响声，加载时墩台是否发生摇晃现象等。如发生这些情况应及时报告试验指挥人员，以便采取相应的措施。

5）加载控制及终止条件

试验过程中发生下列情况时应中途终止加载。

(1) 在某一级试验荷载作用下，控制点的应变急剧增大，或某些测点应变处于继续增大的不稳定状态。

(2) 在某一级试验荷载作用下，控制测点的应变或挠度超过规范允许值。

(3) 加载过程中，结构原有裂缝的长度、宽度急剧增大，或超过规范限值的裂缝迅速增多，对结构的使用寿命造成较大影响。

(4) 发生其他损坏，影响桥梁结构的正常使用或承载能力。

7. 试验资料的整理

静载实验数据整理分析的直接目的是为了更好地达到预定的试验目的，以便由表及里、去粗存精，对桥梁结构做出相应的技术评价。静载实验数据整理分析包括对现场实测数据进行修正、整理和实测数据的评价方法及评价指标的取用。

试验的原始资料与原始记录是研究实验结果、评价桥梁使用性能与承载能力的主要依据。因此，在实测资料的整理过程中，要进行去粗存精、去伪存真地加工，这样所达到的综合材料才能反映结构受力状况。同时，在测试数据整理过程中，要重视和尊重原始资料与原始记录，保持原始记录的完整性与严肃性。

试验原始资料的主要内容如下。

(1) 试验桥梁的检查结果和验算结果。

(2) 试验方案及编制说明。

(3) 各测试项目的读书记录及结构裂缝分布图。

(4) 桥梁结构材料的力学性能试验结果。

(5) 荷载试验过程中出现的各种异常情况的记录、照片等。

一般地，对于处在弹性工作阶段的结构而言，测值等于加载读数减去初读数。在试验完成后，就可直接计算出各级荷载作用下的测值。在计算时，要注意以下几个问题。

1) 测值修正

测值修正是根据各类仪表的标定结果而进行测试数据修正的工作，如机械式仪表的校正系数，电测仪器的率定系数、灵敏系数，电阻应变仪观测导线电阻的影响等。一般说来，仪器仪表的偏差具有系统性，应在试验前设法予以排除，当这类因素对测试值的影响小于1%可不予修正。

2) 测点应力计算

各测点的实测应力可按胡克定律，由实测应变求得，计算公式为

$$\sigma=E\times\varepsilon \tag{6.56}$$

钢材的弹性模量，可根据钢材的种类，可根据有关规范或规程的规定取值。对于新建桥梁混凝土结构，其弹性模量可按照设计图纸所规定的混凝土标号，采用规范规定值；对于既有桥梁混凝土结构弹性模量可采用无损测试方法测定。常见混凝土标号的弹性模量取值如表6-17所列。

表6-17　混凝土的弹性模量 E(MPa)

混凝土强度等级	15	20	25	30	40	50	60
弹性模量	2.3×104	2.6×104	2.85×104	3.0×104	3.3×104	3.5×104	3.65×104

各测点的变位与应变计算公式为

$$总变位(或总应变)S_t = S_I - S_i \tag{6.57}$$

$$弹性变位(或弹性应变)S_e = S_I - S_u \tag{6.58}$$

$$残余变位(或残余应变)S_p = S_t - S_e \tag{6.59}$$

式中 S_i——加载前的测值；

S_I——加载达到稳定的测值；

S_u——卸载后达到稳定的测值。

3）挠度计算及误差处理方法

当采用精密光学仪器进行变形测量时，应根据测量学的误差理论、处理平差方法及试验所采用的测量路线进行测量误差的调整计算。首先，假定起始点的假设高程，计算各测点在各级试验荷载作用下的假定高程；然后，根据测量线路计算高差闭合差及高差闭合差的容许值，若测量结果的精度符合要求，即可进行高差闭合差的调整，调整方法是将高差闭合差反号，按与各测段的路线长度成正比例地分配到各高差中，计算出各测点在各级试验荷载作用下的改正高程；最后，将改正高程减去零载时的初始假定高程，即可得出各测点在各级试验荷载作用下的挠度。

4）支点沉降影响的修正

对于梁式桥，支点沉降会产生刚体位移和转角，测试结果不仅包括弹性挠度，也包括刚体位移，因此，当支点产生沉降时，应修正其对挠度的影响。图6-35所示的简支梁，支点沉降为直线分布，修正值可按下式计算：

$$\delta(x) = \frac{l-x}{l}a + \frac{x}{l}b \tag{6.60}$$

式中 $\delta(x)$——距支点 A 距离为 x 处的修正值；

l——简支梁的跨度；

x——挠度测点到 A 支点的距离；

a——支点 A 的沉降量；

b——支点 B 的沉降量。

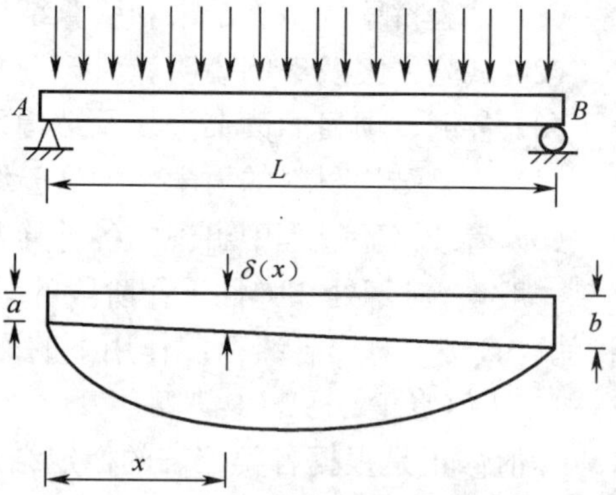

A B L δ(x) a b x

图6-35 考虑支点沉降时梁的挠度修正

5）荷载横向分布系数的计算

对于由多片主梁组成的桥梁结构，荷载横向分布系数的量测与计算往往是桥梁检测的内容之一。通过对桥梁结构跨中截面各主梁挠度的测定，可以绘制出跨中截面横向挠度曲线，然后按照荷载横向分布的概念，运用变位互等定理，即可计算出任一主梁的荷载横向分布系数。如各梁的挠度值为 f_j，则第 j 根梁的横向分布系数 η_j 为

$$\eta_j = \frac{f_j}{\sum f_i} \tag{6.61}$$

8. 静力试验结果的分布与结构性能评定

桥梁结构静载试验结束以后，要从试验结果的分析中对结构性能做出评价。桥梁结构静载试验的评价指标有两个方面：一是指观测值与理论值之间的对比；二是指测点实测值与规范规定的允许值进行比较。

1）校验系数

校验系数 λ，是指某一测点的实测值与相应的理论计算值的比值。实测值可以是挠度、位移、应变或力的大小，校验系数 λ 的大小反映了结构承载能力的富裕程度。

当 $\lambda=1$ 时，说明理论值与实测值完全相符。当 $\lambda<1$ 时，说明结构工作性能较好，承载能力有一定富余，有安全储备。当 $\lambda>1$ 时，说明结构的工作性能较差，设计强度不足，结构构件的工作状况不好。当 $\lambda>1$ 时，则说明结构处于极度危险的状况。一般不同桥梁结构的校验系数如表 6－18 所列，可供参考。

表 6－18　桥梁结构静载试验的校检系数 λ

类　别	项　目	校 检 系 数
钢桥	应力	0.75～0.95
	挠度	0.75～0.95
预应力混凝土桥	混凝土应力	0.70～0.90
	钢筋应力	0.70～0.85
	挠度	0.60～0.85
钢筋混凝土桥	混凝土应力	0.60～0.85
	钢筋应力	0.70～0.85
	挠度	0.60～0.85

在大多数情况下，设计理论总是偏于安全的，往往忽略了一些次要因素，故桥梁结构的校验系数往往小于 1。然而，安全和经济是相对重要的，过度的安全储备是不必要的，设计时两者应尽可能兼顾。因此，《大跨径桥梁试验方法》规定，在最大试验荷载作用下，实测挠度、实测应变应满足下式要求：

$$\beta<\frac{W_t}{W_d}\leqslant\alpha \tag{6.62}$$

式中　W_t——实测弹性反应值；

W_d——相应的理论计算值。

α、β 值与加载率 η 相关，可参照表 6－19 取值。

表 6－19　α、β 值表

承重结构	β	α				
		$\eta\leqslant1.0$	$\eta=1.1$	$\eta=1.2$	$\eta=1.3$	$\eta\geqslant1.4$
预应力混凝土与组合结构	0.7	1.05	1.07	1.10	1.12	1.15
钢筋应力与圬土结构	0.6	1.10	1.12	1.15	1.17	1.20
注：η 为中间数值时，α 值时可直线内插。						

同时，对于残余变形，《大跨径桥梁试验方法》规定，卸载后最大残余变形与该点的最大实测值的比值应满足下式的要求：

$$\frac{W_p}{W_{\max}}\leqslant\gamma \tag{6.63}$$

式中　γ——残余变形系数，对于预应力混凝土与组合结构，$\gamma=0.2$，对于钢筋混凝土与圬工结

构，$\gamma=0.25$；

W_p——卸载后最大残余变形的实测值；

$W_{\max}$——该点在试验过程中的最大实测值。

2）规范允许限值

在设计规范中，从保证正常使用条件出发，对不同结构型式的桥梁分别规定了允许挠度、允许裂缝宽度的限值。在桥梁静载试验中，可以测出桥梁结构在设计荷载作用下控制截面的最大挠度及最大裂缝宽度，二者比较，即可做出试验桥梁工作性能与承载能力的评价。挠度评价指标为

$$\frac{f'}{l} \leqslant \left[\frac{f}{l}\right] \tag{6.64}$$

式中 $\left[\frac{f}{l}\right]$——规范规定的允许挠度限值。对于梁式桥主梁跨中，允许限值为1/600；对于拱桥、桁架桥，允许限值为1/800；对于梁式桥主梁悬臂端，允许限值为1/300；

f'——消除支座沉陷等影响的跨中截面最大实测挠度；

f——桥梁计算跨度或悬臂长度。

对于钢筋混凝土桥，裂缝宽度应满足一定限值，即

正常大气条件下：

$$\delta_{f\max} \leqslant 0.2\text{mm}$$

有侵蚀气体或海洋大气条件下：

$$\delta_{f\max} \leqslant 0.1\text{mm}$$

对于部分预应力B类构件，裂缝宽度采用名义拉应力进行限制，即

$$\sigma_{hl} \leqslant [\sigma] \tag{6.65}$$

式中 σ_{hl}——假设截面不开裂的弹性应力计算值，可按照材料力学方法计算；

$[\sigma]$——混凝土名义拉应力限值。

3）实测值－理论值的曲线

将试验结构在各级荷载作用下的实测值与对应的理论值绘制在一起，进行实测值与理论值的比较，进而检验设计计算理论的正确性与合理性。一般说来，各级计算理论都作了一些简化和假设，和实际情况有一定出入，同时也存在其适用范围、使用程度的问题，通过实测值与理论值的比较，不仅可以判断试验结构的使用性能与工作状态，而且可以验证计算理论、为规范的修订与完善积累设计资料，这对于新结构、新材料的推广应用有非常重要的意义。图6－36所示为某两跨连续梁在试验荷载作用下实测挠度与理论计算挠度的比较图。

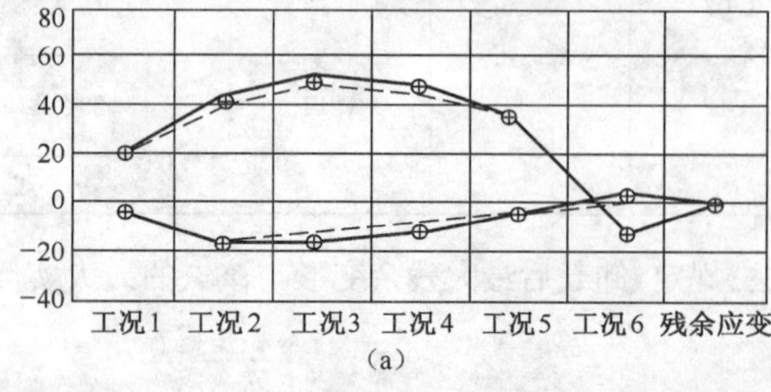

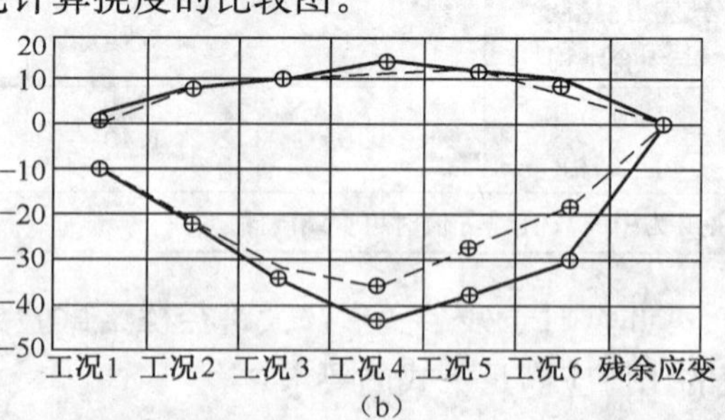

图6－36 某试验桥梁实测应变—理论应变图

(a) 30m跨跨中截面部分测点；(b) 30m跨支点截面部分测点。

(—为理论值，－－－为实测值，纵坐标为$\mu\varepsilon_0$)

混凝土内部存在不密实区和空洞的位置及范围。

6.3.5　桥梁结构动载试验

当车辆以一定速度在桥上通行时，由于发动机的抖动、桥面的不平顺等原因会导致桥梁结构产生振动。随着车辆行驶速度的增加，桥梁结构逐渐趋向轻型化，而对于大跨度、超大跨度的桥梁结构，车辆荷载对桥梁结构的冲击和振动的影响越来越大，已成为桥梁结构的设计、计算、施工、运营、维修养护过程中的重要问题之一。

1. 动载试验概述

桥梁动载试验是利用某种激振方法激起桥梁结构的振动，通过试验仪器测定桥梁结构的固有频率、阻尼比、振型、动力冲击系数、行车响应参数，从而判断桥梁结构的整体刚度与行车性能。

桥梁的载荷试验是一项复杂而细致的工作，主要内容包括两方面的内容：一是测量移动车辆载荷作用下桥梁指定断面上的动应变或指定点的动挠度；二是测量桥梁结构的自振特性和动力响应。对于移动车辆载荷作用下的动应变或动挠度测定，试验时将单辆或者多辆载重车辆按不同的车速通过桥梁。有时为使行驶车辆产生跳动，以形成对桥梁的冲击作用，在桥面上设置人工障碍，然后测出指定断面上的动应变或动挠度。

桥梁自振特性的测量对象，可以是实际桥梁，也可以是桥梁模型。测量模型的自振特性时，一般要对模型进行专门的激励（输入），然后测量模型的响应（输出），在已知激励和响应（或只有响应）的情况下可以求出模型（系统）的自振特性。测量实桥的自振特性时，可以同模型试验一样，对实桥进行激振，测得输入和结构的响应后可以求出自振特性。有时，也可以不用对实际结构进行专门的激振，而是利用自然因素（如风、水流、地脉动等）作为实际桥梁的振源，测出实际桥梁在这些自然因素作用下的响应，求出实际桥梁的自振特性。

2. 动载试验激振方法

桥梁动载试验的激振方法通常有自振法、强迫振动法和脉动法，选用时应根据桥梁的类型、刚度和现场条件进行选择，以简单易行、便于测试为原则。

1）自振法

自振法的特点是使桥梁产生有阻尼的自由衰减振动，记录到的振动图形为桥梁的衰减振动曲线。为使桥梁产生自由振动，一般常用突然加载和突然卸载两种方法。

突然加载法是在被测结构上急速施加一个冲击作用力，实际上相当于施加一个脉冲作用。只有被测结构的固有频率与之相同或很接近时，冲击脉冲的频率分量才对结构起作用。

采用突然加载法时，应注意冲击荷载大小及其作用位置，如果要激起桥梁结构的整体振动，则必须在桥梁的主要受力构件上施加足够大的冲击力，冲击荷载的作用位置可按所需振型来确定，如为了获得简支梁的第一振型，则冲击荷载应作用于跨中部位，测第二振型时冲击荷载应施加在跨度的 1/4 处。在现场测试中，当测试桥梁整体振动时，常常采用试验车辆的后轮从三角跳车垫块上突然下落对桥梁产生冲击作用，激起桥梁的竖向振动，简称“跳车试验”，原理如图6－37所示。当测试某一构件（如拉索）的振动时，常常采用锤击方法产生冲击作用。

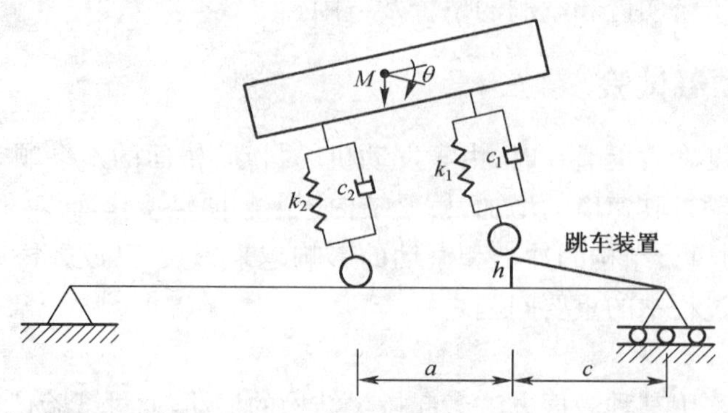

图 6-37　跳车试验示意图

突然卸载法是在结构上预先施加一个荷载作用，使结构产生一个初位移，然后突然卸去荷载，使其产生自由振动。为卸落荷载，可通过自动脱钩装置或剪断绳索等方法，有时也专门设置断裂装置，即当预施加力达到一定数值时，在绳索中间的断裂装置便突然断裂，由此激发结构的振动。

2）强迫振动法

强迫振动法又称共振法，主要是利用专门的激振装置，对桥梁结构施加激振力，使结构产生强迫振动，然后逐渐改变激振力的频率而使结构产生共振现象，借助于共振现象来确定结构的动力特性。

对于模型结构而言，常常采用机械式激振器、电动式激振器等激振设备来激发模型振动。对于原型桥梁结构，常常采用试验车辆以不同的行驶速度通过桥梁，使桥梁产生不同程度的受迫振动，简称“跑车试验”。由于桥面的平整度具有一定的随机性，当实验车辆以某一速度通过时会引起随机振动。如果激振力频率与桥梁结构的某阶固有频率比较接近，桥梁结构便产生类共振现象，此时桥梁各部位的振动响应会达到最大值。在车辆驶离桥跨后，桥梁作自由衰减振动。从记录到的振动衰减曲线中就可以分析得到桥梁的动力特性。在试验时，常采用 10t 重的试验车辆以 20km/h、40km/h、60km/h、80km/h 的速度进行跑车试验。

3）脉动法

对于大跨度的桥梁结构可以利用外界因素引起的微小不规则的振动来确定结构的动力特性。这种微小振动称为脉动，它是由附近车辆振动和远处地震传来的脉动所产生的。因为结构的脉动是因为外界的不规则干扰所引起的，具有各种频率成分，而结构的固有频率是脉动的主要成分，脉动图可以较为明显地反映出结构的固有频率。

3. 传感器的选取与布置

一般结构的动应变、结构的振幅和结构振动的加速度是桥梁结构动载试验所关心的主要参数。结构的动应变基本采用与测静应变相同的测量原件，不同之处在于需要采用动态应变仪进行测量。图 6-38 为采用北京东方所的 INV3060A 型动态数据采集仪和 INV1861A 动态应变仪测量动应变的仪器连接图。桥梁结构振动的振幅基本宏观地反映了荷载的动力作用，将动位移与相应的静位移相比较，即可得出桥梁的动力冲击系数。加速度则反映了桥梁动力响应对司机、乘客舒适性的影响。在桥梁动载试验中，通常选用加速度传感器和位移传感器，通过位移传感器测量桥梁结构的位移时程曲线，进行分析之后可以得出其固有频率、冲击系数和阻尼比。通过加速度传感器直接测量桥梁结构的加速度时程曲线，进行频谱分析后可以得出其固有频率，进行数值积分后可以得到位移时程曲线等。

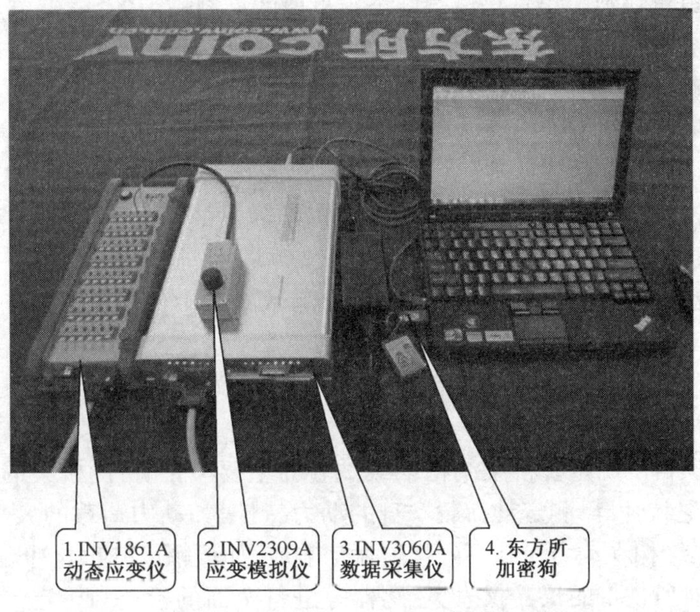

图 6-38　INV1861A 和 INV3060A 动应变测试系统

传感器的布置要根据结构形式而定，一般首先按照理论计算得出振型，在振幅较大的部位布置传感器，以能够测得桥梁结构最大反应，常见截面有主跨跨中截面、边跨跨中截面等。

桥梁结构的振型是结构相应于各阶固有频率的振动形式，一个振动系统的振型数目与其自由度数相等。如果桥梁结构看作是一连续分布质量的体系，则其具有无限多自由度，相应也有无限多个固有频率和振型。但是对于一般桥梁结构，第一固有频率即基频，对结构动力分析才是最重要的，即使对于较复杂的动力分析问题，也仅需要前几阶固有频率，因而在实际测试中，一般只关心前几阶较低频率。图 6-39 为简支梁桥的前三阶振型。

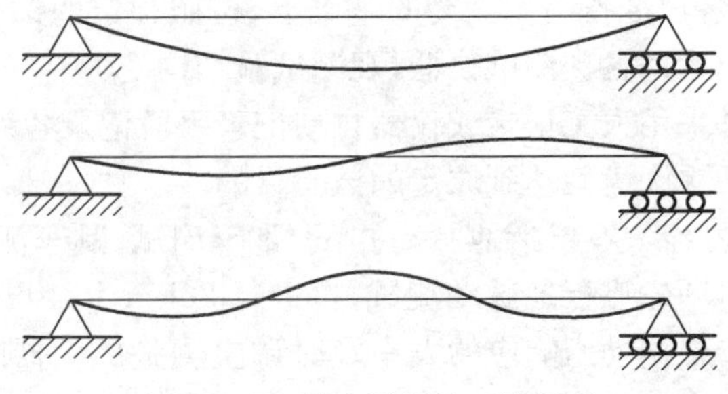

图 6-39　简支梁桥前三阶振型

4. 量测噪声的抑制

在试验中，测量信号常常受到各种电噪声的干扰，这会导致测试精度的降低。常见电噪声有静电噪声、电感噪声、射频噪声、电流噪声、接地回路电流噪声等。电噪声的抑制是数据采集系统设计及使用过程中均应注意的问题。常见的抑制电噪声的方法如下。

(1) 加接交流稳压电源，减少电源电压波动引起的噪声。各测试仪器电源都要尽量直接从总电源（稳压电源）的输出端输出，且功率大的电源接入端口应安排在功率小的仪器的电源接入口之后，这样可以减少共电源仪器之间由于电流波动造成的相互影响。

(2) 测试系统单点接地。单点接地是一个很重要的抑制噪声的措施，单点接地有并联和串联两种接法。并联接法是将所有仪器的接地线都并联地按到同一个接地点，这种方法是比较理想的接地方法(高频电路除外)，但由于需要连很多根接地线，布线复杂，在实际测试中不常用。串联接法是将所有仪器的接地线串接在一起，然后再接到接到点，它布线简单，当各电路电平相差不大时经常采用。

(3) 所有电源线和信号传输线应尽可能采用屏蔽线。应注意不要让信号传输线与电源线平行，且应尽可能使它们相互远离隔开。

(4) 正在测试记录或分析时，应注意不要变动测试系统中任何仪器的任何开关，否则将产生高频噪声和出现瞬时过载现象，甚至损坏仪器。

(5) 应尽量使仪器间的阻抗相互匹配，并使振动测试仪器接地电阻不大于4Ω。

5. 动载试验前准备工作

(1) 动力试验项目的确定。桥梁结构动载试验的主要项目有:测桥梁的动力性能，如自振频率固有频率和阻尼特性等;测定动荷载本身的动力特性，如动力荷载的大小、方向、频率及作用规律等;测定桥梁结构在动力荷载下的强迫振动响应，如振幅，动应力、冲击系数等。

(2) 出发前应对所携带的仪器仪表、传感器等进行全面的检查与标定，确保仪器仪表状态良好。此外，要保证电源、照明设备、通信设备的正常工作。

(3) 按照试验方案所定的传感器布置位置安装传感器，采用合适的方法将传感器固定在被测对象上。如果需做“跳车试验”应事先标记出跳车位置。

(4) 对于运营中的桥梁，试验准备工作要注意传感器、导线及设备，试验开始前应封闭交通。

(5) 正式试验前，对人员进行合理的分工。同时检查仪器、仪表、测量线路的工作状态，确定测量放大器的放大系数。

6. 试验工作

加载与观测阶段是在各项准备工作就绪的基础上，按照预定的试验方案与试验程序，利用适宜的加载设备进行加载，运用各项测试仪器，观测试验结构受力后的各项性能指标如挠度、应变、裂缝宽度、加速度等，并采用人工记录或仪器自动记录手段记录各种观测数据和资料。有时可先进行试探性试验，以便更圆满地达到原定的试验目的。

(1) 动载试验的测试内容一般包括地脉动测试、跑车测试、跳车测试3项，试验时，宜从动力响应小的测试项目做起，即先进行地脉动测试，再进行20km/h、40km/h、60km/h跑车试验，最后进行跳车试验，以便于根据动力响应的大小及时调整测量放大器的放大系数，避免量测数据溢出。

(2) 进行跑车试验时，要较准确控制试验车辆的车速，并根据测试传感器的布置，确定试验车辆行驶途中进行数据采集的起止位置，以免测试数据产生遗漏。

(3) 每次测试后，要在现场进行数据回放与频谱分析，并与测试桥梁动力特性的理论计算值进行比较，检查测试数据是否正常，实测频率是否与理论计算值接近。如有异常情况应立即检查、分析原因，必要时应重新进行测试。

(4) 试验进行过程中，注意不要触动测试原件及测试导线，以免引起读数的波动。

(5) 试验完成后，清理仪器仪表、传感器，回收测试导线，拆除帐篷，清理现场，以便开放交通。

7. 试验结果分析

桥梁结构的动力特性，如固有频率、阻尼系数和振型等，它们只与结构的组织形式、刚度、质量分布、支承情况和材料性质等固有性质有关，而与荷载等其他条件无关。在动载试验中，可获取大量桥梁结构振动的各种振动量的位移、应力、加速度等的时间历程曲线。通过对实测振动波形进行分析与处理，即可得到结构的动态特性。常用的分析处理方法可分为时域分析和频域分析两种。时域分析时直接对时程曲线进行分析，可以得出诸如振幅、阻尼比、振型、冲击系数等参数；频域分析是把时域信号通过傅里叶变换的数学处理变换成频域信号，以得到振动能量按频率的分布情况，从而得出额定结构的频率和频率分布特性。下面主要就常见的几种时域参数的分析作简单的介绍，频率分析可参见有关教材及资料，在此不作过多介绍。

1）阻尼特性

桥梁结构的阻尼特性，一般用对数衰减率 δ 或阻尼比 D 来表示。实测的自由振动衰减曲线如图6-40所示，由振动理论可知，对数衰减率为

$$\delta=\ln\frac{A_i}{A_{i+1}} \tag{6.66}$$

式中　A_i 和 A_{i+1} ——分别为相邻两个波的振幅值，可以直接从衰减曲线上量取。

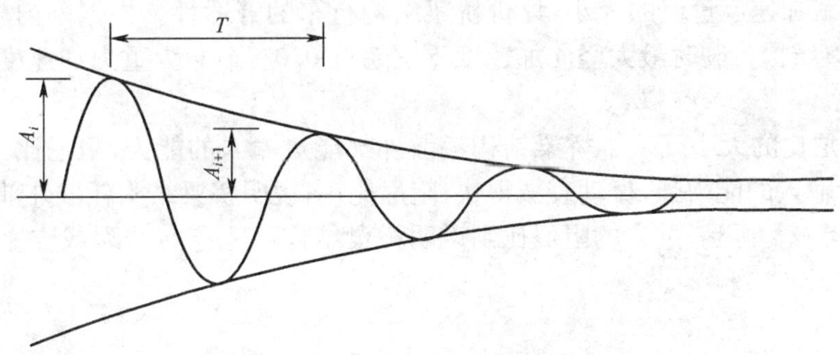

图6-40　自由振动衰减求阻尼特性

实践中，常在衰减曲线上量取 n 个波形，求得平均衰减率：

$$\delta_n=\frac{1}{n}\ln\frac{A_i}{A_{i+1}} \tag{6.67}$$

根据振动理论可知，对数衰减率与阻尼比 D 的关系为

$$\delta=\frac{2\pi D}{\sqrt{1-D^2}} \tag{6.68}$$

由此一般材料的阻尼比 D 都很小，因此，式(6.69)可近似为

$$D=\frac{\delta}{2\pi} \tag{6.69}$$

通常，桥梁结构的阻尼比在0.01～0.08之间，阻尼比越大，说明桥梁结构耗散外部能量输入的能量越强，振动衰减得越快，反之亦然。

2）冲击系数的确定

动力荷载作用在桥梁结构上产生的动挠度，一般比同样的静荷载所产生的静挠度大。动挠度与相应的静挠度的比值即为活荷载的冲击系数。活载冲击系数与桥梁结构的结构形式、车辆

行驶速度、桥面的平整度等因素有关,反映了动力荷载对桥梁结构的动力作用。为测定桥梁结构的冲击系数,应使车辆以不同的速度驶过桥梁。冲击系数的计算公式为

$$1+\mu=\frac{Y_{d\max}}{Y_{s\max}} \tag{6.70}$$

式中 $Y_{d\max}$ ——最大动挠度值;

$Y_{s\max}$ ——最大静挠度值。

8. 桥梁结构动力性能的分析评价

桥梁结构的动力性能的一些参量,如固有频率、阻尼比、振型、动力冲击系数,以及动力响应的大小,是宏观评价桥梁结构的整体刚度、运营性能的重要指标;也是一些规范评价桥梁安全运营性能的主要尺度,如我国旧铁路桥梁规范(1959)规定铁路桥梁的自振周期应小于 1.5s,并小于 0.01ls(l 为跨度,单位为 m)。目前国内外规范对桥梁结构的动力响应、动力特性尚无统一的评价尺度,在实际测试中,通常通过以下几个方面来评价桥梁结构的动力性能。

(1) 比较桥梁结构频率的理论计算值与实测值,如果实测值大于理论计算,说明桥梁结构的实际刚度较大,反之则说明桥梁结构的刚度偏小,可能存在开裂或其他不正常现象。

(2) 根据动力冲击系数的实测值来评价桥梁结构的行车性能,实测冲击系数较大则说明桥梁结构的行车性能差,桥面的平整程度不良,反之亦然。

(3) 根据实测加速度量值的大小,评价桥梁结构行车的舒适性。根据国内外研究资料,一般地,车辆在桥梁结构行驶时最大竖向加速度不宜超过 0.065g(g 为重力加速度),否则会引起司乘人员的不适。

(4) 实测阻尼比的大小反映了桥梁结构耗散外部能量输入的能力,阻尼比大,说明桥梁结构耗散外部能量输入的能力强,振动衰减得快;阻尼比小,说明桥梁结构耗散外部能量输入的能力差,振动衰减得慢。但是,过大的阻尼比则说明桥梁结构可能存在开裂或支座工作情况不正常等现象。

第7章 道路交通基础设施运营状况评价与预警管理系统

7.1 道路交通基础设施运营状况评价

道路交通基础设施一般指高速公路、国道项目、新建铁路（包括磁悬浮铁路）等加强城市之间交通联系的设施。交通基础设施的运营状况的评价是指通过建立的评价指标体系以及评价模型，对基础设施的实际工作状态做出一个客观的判断，从而确定其所处的安全等级，防止重大交通灾害的发生，确保交通基础设施的安全运营。大多数灾害（自然灾害除外）的发生并非是结构在外力作用下的突然破坏，而是结构随时间推移一些细微的病害逐渐累积最终导致结构的失稳破坏。据统计，我国公路现有桥梁中危桥占3.54%，而国道干线上的危桥约占2.4%。由于车辆荷载的增加，在20世纪50年代后期及60年代设计修建的桥梁大都荷载吨位不足。同时，一些新建的公路桥梁的路面因为施工方法、材料的影响，路面破坏严重，使新桥很快成为被维修的对象。因此，如何在结构破坏之前对其进行运营状态评价，提出相应的应对措施显得尤为重要。交通基础设施是一个笼统的概念，在进行运营状态评价时可以划分成桥梁、隧道、路基路面等具体的结构，这样不仅有利于评价指标体系的建立，也使得计算结果更加精确。无论是桥梁、隧道还是路基路面，其评价的方法和步骤有相似之处，下面仅以桥梁运营状态评价为例，来介绍道路交通基础设施的运营状况评价方法。

1. 桥梁运行状态评价的定义及目的

桥梁运营状态评价就是通过各种检测方法得到的桥梁结构相关技术参数，对桥梁各个结构有一个初步的主观判断，然后根据评价模型对桥梁的各个部分有一个比较科学的客观判断，从而对桥梁结构的承载能力、稳定性以及通行能力等各项指标做出综合评价，根据评价结果制定出具体合理的应对措施，以保证桥梁的正常运行。桥梁在使用过程中会受到风、雨、温度及有害物质的侵蚀，车辆动、静荷载的长期作用，地震、车船撞击的偶然作用以及材料自身性能的退化，导致结构的各部分性能发生了大小不等的损伤和劣化，使桥梁结构的承载能力大大降低。桥梁运行状态评价的目的就是根据建立的桥梁评价模型对桥梁结构工作性能做出综合判断，了解结构实际的工作状态，为桥梁服役期间提供安全保证，减少重大事故的发生。

2. 桥梁运行状态评价指标体系

由于桥梁结构的复杂性，要准确地评价桥梁的运营性能，需要制定一套评价体系。桥梁一般由上部结构、下部结构、支座、附属设施四部分组成，如表7-1所列。对桥梁健康状态进行整体评价之前，需先根据桥梁的结构组成，确定各项指标的分值，目前常用层次分析法进行分析确定。

表 7-1 桥梁评价指标体系

状态类别 评价部位		Ⅰ类(9分) 完好状态	Ⅱ类(7分) 较好状态	Ⅲ类(5分) 较差状态	Ⅳ类(3分) 极差状态	Ⅴ类(1分) 危险状态
上部结构	梁板	梁板完整无损,静力、动力特性良好,在设计荷载作用下处于弹性工作状态,有足够的承载能力	局部砼剥落,有少量的蜂窝分布,但静力,动力状态良好	梁表面剥落,偶有露筋	表面出现大面积剥落和露筋,钢筋轻微锈蚀,并有少量裂纹	露筋严重,钢筋大面积锈蚀,裂缝宽度超过规范要求
	横向联系	横向连接处完好无损,实测横向分布系数与理论曲线吻合	连接处砼局部剥落,实测曲线与理论基本吻合	连接处有渗水露筋现象,实测曲线与理论曲线吻合度尚可以接受	实测曲线局部有突变	露筋渗水现象严重,实测曲线与理论曲线严重不符
下部结构	基础	具有足够的承载能力,无沉降	有少量沉降	承载能力不足,沉降较大,但对上部结构影响较小	承载能力不足,沉降较明显,对上部结构影响较大	承载能力严重不足,已不能满足上部结构的要求
	墩台	与基础连接较好,较牢固	基本完好无损,无裂缝	有轻微裂缝,但不影响结构的整体状态	存在局部集中裂缝,有一定危害	较多裂缝,危害程度较大,承载力不足
支座	支座	变位性能良好,无压损	变位性能基本良好,有轻微锈蚀	变位性能基本良好,局部锈蚀,有轻微位移	压损较为严重,有大面积锈蚀	严重锈蚀,位移较明显,支座倾斜
附属设施	排水系统	无漏水现象,无积水,不影响道路运行	有少量的渗漏和积水,但不影响结构的使用性能	渗漏和积水明显	积水渗漏严重,影响到结构的使用性能	积水渗漏区域较多,已严重影响结构的性能
	桥面系	伸缩缝、护栏完好无损	伸缩缝钢板有少量锈蚀和轻微破损,护栏部分破损	伸缩缝连接螺栓有锈蚀但不严重,护栏局部位移	钢板锈蚀严重,橡胶构件破损较严重,护栏大部分破损	钢板严重破坏,橡胶构件分离,护栏整体位移
	搭板	搭板未脱空,完整无损,有足够的承载能力	搭板局部混凝土剥落,但未脱空,有足够的承载能力	搭板表面混凝土剥落较严重,部分钢筋锈蚀	钢筋锈蚀较严重,搭板承载力不足	表面混凝土剥落较严重,钢筋严重锈蚀,承载力不足

3. 层次分析法评价模型及算法

层次分析法(AHP,Analytic Hierarchy Process),是由美国运筹学家 T. L. Satty 在 20 世纪 70 年代提出的一种层次权重分析方法,它将一个复杂的决策问题作为一个系统,将目标分成多个准则,通过确定同一层次中各个评估指标的初始权重,从而将定性因素定量化,将各种影响因素条理化,减少了主观因素的影响。层次分析法的特点是在对复杂的决策问题的本质、影响因素及其内在关系等进行深入分析的基础上,利用较少的定量信息使决策的思维过程数学化,从而为多目标、多准则或无结构特性的复杂决策问题提供简便的决策方法。层次分析法的计算一般分为以下几个步骤。

1）建立层次递接结构

一般的层次分析结构分为 3 层：目标层、准则层和方案层。准则层的元素对方案层的某些元素起支配作用。桥梁运营状态评价模型的层析结构如图 7－1 所示。

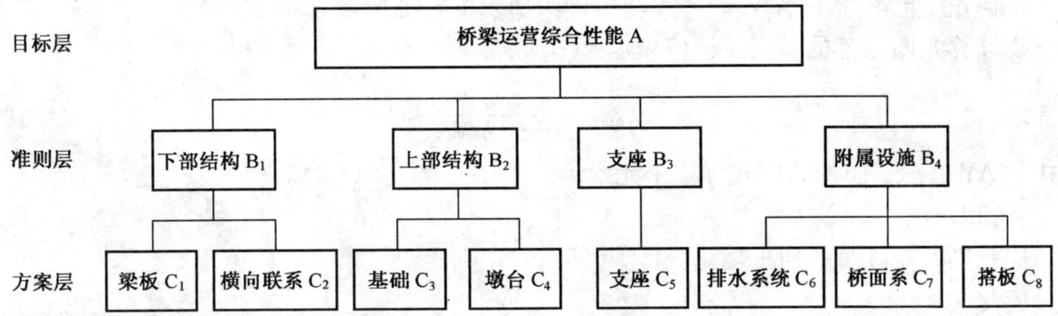

图 7－1　层次递接图

2）构造判断矩阵

判断矩阵的构造主要是通过各个层次中所有指标的两两比较，判断出相对重要程度并进行量化，进而构成判断矩阵。例如对于 n 个指标来说，对其上一层准则进行两两比较得到判断矩阵 $B=(b_{ij})_{n\times n}$，其中 b_{ij} 表示因素 i 和因素 j 的相对重要性的值。对 b_{ij} 进行量化的常用方法主要是采用 Satty 提出的 1－9 比例标度法，如表 7－2 所列。判断矩阵的构造如表 7－3 所列。

表 7－2　9 级标度及其含义

标度	重要性等级	标度	重要性等级
1	i 元素和 j 元素同样重要	7	i 元素比 j 元素强烈重要
3	i 元素比 j 元素稍微重要	9	i 元素比 j 元素极端重要
5	i 元素比 j 元素明显重要	2,4,6,8	介于上述两判断值的中间值

表 7－3　判断矩阵的构造

$$\begin{pmatrix} b_{11} & b_{12} & \cdots & b_{1n} \\ b_{21} & b_{22} & \cdots & b_{2n} \\ \vdots & \vdots & \vdots & \vdots \\ b_{n1} & b_{n2} & \cdots & b_{nn} \end{pmatrix}$$

4. 层次分析法在桥梁健康评价中的实施

层次分析法的计算方法主要有方根法和和积法。

（1）方根法。

① 计算判断矩阵每一行元素的乘积 M_i。

$$M_i=\prod_{j=1}^{n} b_{ij}\,,i=1,2,\cdots,n \tag{7.1}$$

② 计算 M_i 的 n 次方根 $\overrightarrow{W_i}$。

$$\overrightarrow{W_i}=\sqrt[n]{M_i} \tag{7.2}$$

③ 将向量 $\overrightarrow{W_i}=[\overrightarrow{W_1},\overrightarrow{W_2},\cdots,\overrightarrow{W_n}]^{\mathrm{T}}$ 正规化。

$$W_i = \frac{\overrightarrow{W_i}}{\sum_{i=1}^{n} \overrightarrow{W_i}} \tag{7.3}$$

得排序向量$W=[W_1,W_2,\cdots,W_n]^T$,即为所求的特征向量。

④ 计算判断矩阵的最大特征值$\lambda_{\max}$。

$$\lambda_{\max} = \sum_{i=1}^{n} \frac{(AW)_i}{nW_i} \tag{7.4}$$

式中 $(AW)_i$——向量AW的第i个元素。

(2) 和积法。

① 将判断矩阵每一列正规化。

$$\overrightarrow{b_{ij}} = \frac{b_{ij}}{\sum_{k=1}^{n} b_{kj}} \qquad i,j=1,2,\cdots,n \tag{7.5}$$

② 将每一列正规化后的判断矩阵按照行相加。

$$\overrightarrow{W_i} = \sum_{i=1}^{n} \overrightarrow{b_{ij}} \qquad i,j=1,2,\cdots,n \tag{7.6}$$

③ 对向量$\overrightarrow{W}=[\overrightarrow{W_1},\overrightarrow{W_2},\cdots,\overrightarrow{W_n}]^T$归一化,

$$W = \frac{\overrightarrow{W_i}}{\sum_{i=1}^{n} \overrightarrow{W_i}} \tag{7.7}$$

得到的$W=[W_1,W_2,\cdots,W_n]^T$即为所求的特征向量。

④ 计算判断矩阵的最大特征值$\lambda_{\max}$。

$$\lambda_{\max} = \sum_{i=1}^{n} \frac{(AW)_i}{nW_i} \tag{7.8}$$

式中 $(AW)_i$——向量AW的第i个元素。

⑤ 一致性检验

当n较大时,实际判断中得到一致性矩阵的可能性很小,一般需要用一致性检验来检查判断矩阵的一致性情况,算式如下。

一致性比率为

$$CR = \frac{CI}{RI} \tag{7.9}$$

式中 $CI = \frac{\lambda_{\max} - n}{n-1}$——一致性指标;

RI——平均随机一致性指标。

对于1-9阶判断矩阵,其取值如表7-4所列。

表7-4 1-9阶矩阵RI的取值

1	2	3	4	5	6	7	8	9
0.00	0.00	0.5149	0.8931	1.1185	1.2494	1.3450	1.4200	1.4616

当 $CR<0.10$ 时，方可认为判断矩阵具有可靠的一致性，否则就需要调整判断矩阵，使其具有可靠的一致性。

下面以和积法为例计算判断矩阵的最大特征根 λ_{max}。

判断矩阵构造如下。

$$\begin{pmatrix} 1 & 1 & 4 & 5 \\ 1 & 1 & 5 & 6 \\ \frac{1}{4} & \frac{1}{5} & 1 & 2 \\ \frac{1}{5} & \frac{1}{6} & \frac{1}{2} & 1 \end{pmatrix}$$

(1) 将判断矩阵每一列正规化。

$$\sum_{k=1}^{n} b_{k1} = 1+1+\frac{1}{4}+\frac{1}{5} = 2.45$$

$$\overrightarrow{b_{11}} = \frac{b_{11}}{\sum_{k=1}^{n} b_{k1}} = \frac{1}{2.45} = 0.4082$$

$$\overrightarrow{b_{21}} = \frac{b_{21}}{\sum_{k=1}^{n} b_{k1}} = \frac{1}{2.45} = 0.4082$$

$$\overrightarrow{b_{31}} = \frac{b_{31}}{\sum_{k=1}^{n} b_{k1}} = \frac{0.25}{2.45} = 0.1020$$

$$\overrightarrow{b_{41}} = \frac{b_{41}}{\sum_{k=1}^{n} b_{k1}} = \frac{0.2}{2.45} = 0.0816$$

同理可得：

$$\sum_{k=1}^{n} b_{k2} = 1+1+\frac{1}{5}+\frac{1}{6} = 2.367$$

$\overrightarrow{b_{12}} = 0.4225$，$\overrightarrow{b_{22}} = 0.4225$，$\overrightarrow{b_{32}} = 0.0845$，$\overrightarrow{b_{42}} = 0.0705$；

$$\sum_{k=1}^{n} b_{k3} = 4+5+1+\frac{1}{2} = 10.5$$

$\overrightarrow{b_{13}} = 0.3810$，$\overrightarrow{b_{23}} = 0.4762$，$\overrightarrow{b_{33}} = 0.0952$，$\overrightarrow{b_{43}} = 0.0476$；

$$\sum_{k=1}^{n} b_{k4} = 5+6+2+1 = 14$$

$\overrightarrow{b_{14}} = 0.3571$，$\overrightarrow{b_{24}} = 0.4286$，$\overrightarrow{b_{34}} = 0.1429$，$\overrightarrow{b_{44}} = 0.0714$；

(2) 按照列正规化以后的矩阵为。

$$\begin{pmatrix} 0.4082 & 0.4225 & 0.3810 & 0.3571 \\ 0.4082 & 0.4225 & 0.4762 & 0.4286 \\ 0.1020 & 0.0845 & 0.0952 & 0.1429 \\ 0.0816 & 0.0705 & 0.0476 & 0.0714 \end{pmatrix}$$

正规化以后的矩阵按照行相加：

$$\overrightarrow{W_1}=\sum_{j=1}^{n}\overrightarrow{b_{1j}}=0.4082+0.4225+0.3810+0.3571=1.5688$$

$$\overrightarrow{W_2}=\sum_{j=1}^{n}\overrightarrow{b_{2j}}=0.4082+0.4225+0.4762+0.4286=1.7355$$

$$\overrightarrow{W_3}=\sum_{j=1}^{n}\overrightarrow{b_{3j}}=0.1020+0.0845+0.0952+0.1429=0.4246$$

$$\overrightarrow{W_4}=\sum_{j=1}^{n}\overrightarrow{b_{4j}}=0.0816+0.0705+0.0476+0.0714=0.2711$$

(3) 将向量 $\overrightarrow{W}=[1.5688,1.7355,0.4246,0.2711]^{\mathrm{T}}$ 正规化。

$$\sum_{i=1}^{n}\overrightarrow{W_i}=1.5688+1.7355+0.4246+0.2711=4$$

$$W_1=\frac{\overrightarrow{W_1}}{\sum_{i=1}^{n}\overrightarrow{W_i}}=\frac{1.5688}{4}=0.3922$$

$$W_2=\frac{\overrightarrow{W_2}}{\sum_{i=1}^{n}\overrightarrow{W_i}}=\frac{1.7355}{4}=0.4339$$

$$W_3=\frac{\overrightarrow{W_3}}{\sum_{i=1}^{n}\overrightarrow{W_i}}=\frac{0.4246}{4}=0.1062$$

$$W_4=\frac{\overrightarrow{W_4}}{\sum_{i=1}^{n}\overrightarrow{W_i}}=\frac{0.2711}{4}=0.0677$$

所求特征向量为 $W=[0.3922,0.4339,0.1062,0.0677]^{\mathrm{T}}$

(4) 计算判断矩阵的最大特征值 $\lambda_{\max}$。

通过求解方程 $AW=\lambda w$，从而求出矩阵 $\boldsymbol{A}$ 的最大特征根和其对应的特征向量：

$$AW=\begin{pmatrix}1 & 1 & 4 & 5\\ 1 & 1 & 5 & 6\\ 1/4 & 1/5 & 1 & 2\\ 1/5 & 1/6 & 1/2 & 1\end{pmatrix}\begin{pmatrix}0.3922\\ 0.4339\\ 0.1062\\ 0.0677\end{pmatrix}$$

$$(AW)_1=1\times 0.3992+1\times 0.4339+4\times 0.1062+5\times 0.0677=1.5894$$

$$(AW)_2=1\times 0.3992+1\times 0.4339+5\times 0.1062+6\times 0.0677=1.7633$$

$$(AW)_3=\frac{1}{4}\times 0.3992+\frac{1}{5}\times 0.4339+1\times 0.1062+2\times 0.0677=0.4264$$

$$(AW)_4=\frac{1}{5}\times 0.3992+\frac{1}{6}\times 0.4339+\frac{1}{2}\times 0.1062+1\times 0.0677=0.2716$$

$$\lambda_{\max}=\sum_{i=1}^{n}\frac{(AW)_i}{nW_i}$$

$$=\frac{(AW)_1}{4W_1}+\frac{(AW)_2}{4W_2}+\frac{(AW)_3}{4W_3}+\frac{(AW)_4}{4W_4}$$

$$=\frac{1.5894}{4\times 0.3922}+\frac{1.7633}{4\times 0.4339}+\frac{0.4264}{4\times 0.1062}+\frac{0.2716}{4\times 0.0677}$$

$$=4.0358$$

(5) 一致性检验。

$CI=\frac{\lambda_{\max}-n}{n-1}=\frac{4.0358-4}{4-1}=0.012$，$CR=\frac{CI}{RI}=\frac{0.012}{0.893}=0.0134<0.1$，满足要求。

根据递接层次结构，分别计算出矩阵 $B1-C$，$B1-C$，$B4-C$ 的 $\lambda_{\max}$ 和 CR 如表 7-5～表 7-7所列。

表 7-5　矩阵 $B1-C$ 的计算结果

B_1	C_1	C_2	W	
C_1	1	2	$\frac{2}{3}$	$\lambda_{\max}=2$
C_2	$\frac{1}{2}$	1	$\frac{1}{3}$	

表 7-6　矩阵 $B1-C$ 的计算结果

B_2	C_3	C_4	W	
C_3	1	2	$\frac{2}{3}$	$\lambda_{\max}=2$
C_4	$\frac{1}{2}$	1	$\frac{1}{3}$	

表 7-7　矩阵 $B4-C$ 的计算结果

B_4	C_6	C_7	C_8	W	
C_6	1	$\frac{1}{3}$	2	0.239	$\lambda_{\max}=3.053$ $CI=0.0256$ $CR=0.046$ $RI=0.58$
C_7	3	1	4	0.623	
C_8	$\frac{1}{2}$	$\frac{1}{4}$	1	0.138	

(6) 合成权重的计算。

合成权重的计算要根据建立的递接层次结构自上而下地计算，将单一准则的权重进行合成，直到计算出层次结构中最底层各元素的权重总和的一致性检验。

$$W_{(K)}=[W_1^K,W_2^k,W_3^K\cdots,W_n^K]^{\mathrm{T}}=P^{(k)}[W_1^{k-1},W_2^{k-1},W_3^{k-1},\cdots,W_{n-1}^{k-1}]^{\mathrm{T}} \tag{7.10}$$

式中　$W_{(K)}$ ——第 k 层上 n 个元素对于总目标层的合成排序权重向量；

$P_{(K)}$ ——第 k 层上 n 个元素对 $k-1$ 层上所有元素为准则的排序权重向量；

$W_{(K-1)}$ ——第 $k-1$ 层上 n 个元素对于总目标的合成排序权重向量。

根据上述的计算结果，得出各个元素对于总的目标层的排序权重为

$U=[0.2615,0.1307,0.2893,0.1446,0.1062,0.0162,0.0422,0.0093]$

(7) 桥梁的综合性能评价指标。

$$Z=\sum_{i=1}^{n}q_iU_i \tag{7.11}$$

式中　Z——桥梁综合性能评价分值；

n——各个元素的数量；

q_i——各个元素实际的评分值，$1\leqslant q_i\leqslant 9$；

U_i——各个元素的权重值。

根据计算得到的权重值与桥梁各部分检测结果分数的乘积，最终计算出的桥梁综合性能的评价分值，可以对桥梁运行的综合性能和工作状态有一个客观的评价，从而制定出合理的应对措施，减少不必要事故的发生。

表 7-8 桥梁综合性能评分以及应对措施

等级	工作状态评价	工作状态综合性能评分	应对措施
A	良好	$7 \leqslant Z < 10$	进行日常的保养
B	较好	$6 \leqslant Z < 7$	加强结构的检查工作,注意养护
C	一般	$5 \leqslant Z < 6$	根据检查情况,进行必要的加固
D	较差	$4 \leqslant Z < 5$	需对重要结构进行检查维修加固
E	极差	$3 \leqslant Z < 4$	对桥梁结构进行全面检查,选择合理的加固方法对桥梁进行修复,以满足承载力要求
F	危险	$Z < 3$	桥梁应停止运营,通过专家论证和鉴定以后做出相应的处理措施

7.2 道路交通基础设施运行预警管理系统

道路交通预警理论属于一项新的技术领域,国内外研究开展的也不多、不成熟。道路交通基础设施预警技术按照交通设施可分为隧道塌方预警、桥梁预警、路基灾害预警技术以及高速公路预警管理系统等。内容广泛,涉及的技术较多,系统设计也较复杂,这也是道路交通基础设施预警技术发展缓慢的原因。但通过近几年预警技术的研究成果可以看到,预警技术在交通设施的防灾减灾、安全分析、突发事故的处理等方面起了很大的作用。因此,道路交通预警技术虽是一项新的技术研究,但是其研究意义与价值非常重要,是必不可少的,道路交通预警技术也是未来交通运输领域重要的研究方向。

7.2.1 预警管理系统总体设计

1. 预警管理系统总体设计要求

1) 实用性

预警管理系统要能解决道路交通基础设施运营状态下遇到的各种灾害问题,例如隧道塌方、高速公路灾害预警等。

2) 可靠性

可靠性是指在系统正常运营的条件下,保证运营管理系统的最低失效率的一种职能。预警管理系统的设计过程中,既要考虑使运营管理系统的功能与秩序处于协调状态,又要考虑运营管理行为要素的行为后果处于正常的轨迹。管理系统的可靠性,要能够判别交通基础设施运营管理行为要素的异常性和管理活动过程的非均衡性,并能做出系统状态的危险性预测。

3) 高科技性

交通预警管理系统综合计算机技术、传感器技术、数据库技术等多项高科技技术于一体,其最终目标是在解决交通管理工作中某一具体问题时达到甚至超过现行的处理水平。

4) 协调性

为了保证高速公路管理系统的整体功能,有必要经常对各建设与运营管理行为要素的活动范围和行为程度进行协调,使系统内所有建设与运营管理行为要素的功能达到互补的有机统一状态。

5）可扩充性

我国交通预警管理系统处于初步发展阶段，系统设计考虑不够全面，技术相对落后，没有形成一定的规模。预警系统存在一定的问题，例如预警相对滞后，处理方式不当等。所以，我国预警管理系统需要从预警规划、系统设计、预警实施等方面去提升预警管理技术水平，使预警体系不断地完善。

2. 预警管理系统的内容体系

高速公路预警管理系统包括灾害预报和预控对策两大功能模块。根据预警系统的构建思路与总体目标，预警管理系统构造框架如图 7－2 所示。

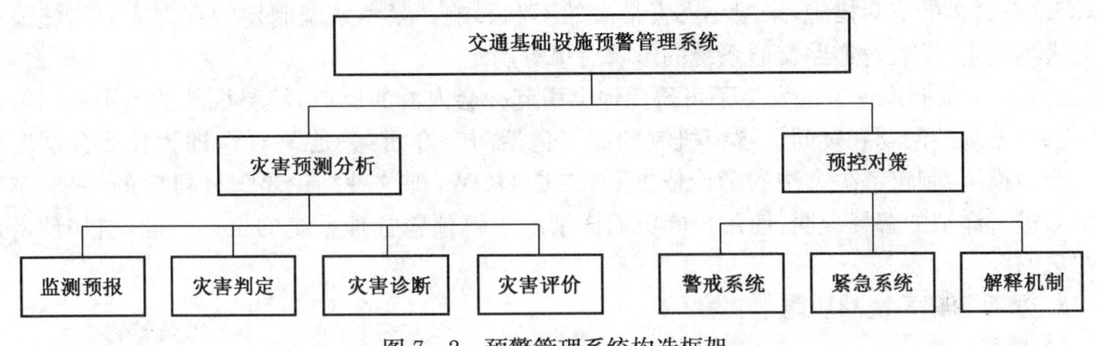

图 7－2　预警管理系统构造框架

1）灾害预测

灾害预报包括 4 项内容，即监测预报、灾害判定、灾害诊断、灾害评价。

（1）监测预报。灾害监测预报是预警分析的前提，也是整个预警系统的关键步骤，灾害监测预报获得的参数数据是反应交通运营状态的关键技术指标。监测的内容有两个：一是过程监测，即对所监测的对象进行全过程监测，并对监测对象与其他交通设施的关系进行监视；二是对大量的监测信息进行分析处理，建立信息档案，通过与交通灾害数据库管理系统的数据进行比较，初步判断交通基础设施的运营状态，并将判断结果准确地传输到下一个预警环节。

（2）灾害判定。灾害判定就是根据数据库中交通设施正常运营状态的指标体系，通过分析处理监测预报得到的信息，确定交通基础设施的运营状态，将要发生灾害的趋势以及灾害类型和灾害等级。指标体系是灾害判定的依据，针对不同的设施类型应在数据库中设置不同的指标体系，指标体系的建立一般根据规范规定的各种变形的容许值来确定，如路基的允许弯沉、桥头位置桥梁和路基的允许沉降差、隧道的允许变形量等。也可以根据以往交通设施发生的灾害历史进行比较，以此来划分灾害的等级。灾害的判定是灾害预警系统中预控对策的前提和关键，根据灾害判定得到的灾害预警警度，初步确立灾害的应对措施。

（3）灾害诊断。灾害诊断是对灾害判定过程中确定的灾害类型进行成因分析。其主要任务是对设施运营过程当中的灾害发病机理、发生背景、发展过程、表现形式以及发展趋势进行准确的描述，分析灾害发生的主要因素和次要因素，对灾害有一个全面的评价。不同的灾害类型在设施当中发生的部位不同，表现形式不同，对设施的影响不同。因此，只有明确灾害发生的原因，才能针对不同的灾害类型制定合理的应对措施和处理方法。

（4）灾害评价。对于已经认定的灾害进行损失性评价。灾害带来的损失包括直接损失和间接损失。直接损失是指灾害发生时对交通设施结构的直接破坏引起的损失，以及灾害发生时对车辆人群的伤害和对周围建筑物、农作物的破坏损失等。间接损失是指灾害发生后影响道路的通行和人类的正常活动而引起的不确定性的损失。灾害评价的主要任务就是分别对灾害直接损失和间接损失进行初步的损失评价，为下一步的预控对策提供有效的依据。

2）预控对策

（1）警戒系统。根据监测预报得到的技术参数，通过与评价指标体系的比较，对于有灾害发展趋势的结构，随着结构的工作状况进一步恶化，结构发生灾害的可能性增加，或者已经发生轻微灾害的结构，进行实施监测和警戒，以防止重大灾害的发生。警戒系统只是针对没有发生灾难性灾害的结构进行的一种监测预警机制，是一种单纯的警示系统，并不能防止灾害的发生。

（2）紧急系统。当灾害发生时，为了减小次生灾害的影响和及时地处理灾害带来的严重后果，需采取紧急的应对措施，来减小灾害带来的不利影响。紧急系统制定的灾害应对措施需根据灾害的发生原因、对道路交通系统的影响后果等制定。

（3）解释机制。灾害的发生不可避免地会引起社会人群的反应，解释机制就是用来回答人们对预警系统的问题和疑问。解释机制的回答包括两个方面：一是WHY，即为什么会制定这样的应对措施，制定解决方法的理论依据等；二是HOW，即这种结论是怎样得要的，并对制定的措施进行详细的解释说明，使用户能更加详细地了解预警管理系统的工作原理，增加预警系统的透明度。

3. 预警管理系统的功能

1）报警功能

交通基础设施预警管理系统的基本功能就是对有灾害发生趋势的结构进行监测与报警。预警管理系统通过对基础设施结构的实时监测，根据反馈到监测系统中的数据参数，通过与数据库中的标准状态进行比较分析，评价基础设施的实际工作状态。对于有灾害发生的结构部位或者有发生灾害趋势的部位系统自动发出警告和警示，并将信息传输到警戒系统、紧急系统等应急机制，等待系统做出灾害的判断和处理方法。报警职能的关键技术是信息的采集和数据库的建立。信息的采集强调实时性、动态性，并且要求数据精度高，准确度高，能全面地反应交通基础设施的工作状态。数据库应具有层次性，不同的结构的数据库应该进行分类管理，这样可以提高灾害判别的效率，还可以方便数据库的维修与更新。数据库的建立应以道路结构规范和历史灾害记录为主体，并进一步细化。同时，数据库要定期地数据更新。

2）纠错功能

交通基础设施预警管理系统不仅可以对结构设施进行错误警告，而且可以对于预警管理系统在管理过程中内部本身的错误进行纠正与矫正。任何系统都在工作过程当中都有一定的漏洞和缺陷，错误行为的发生是必然现象。而预警管理系统的自我纠错功能能够及时地发现系统本身的错误，并且能够自动修复系统漏洞，保证预警管理系统的正常运行。

3）应急功能

应急功能是预警系统对报警系统发来的灾害报告做出的处理对策的一种功能。应急功能是通过警戒系统和紧急系统对灾害做出的合理应对措施来实现。灾害发生时需要系统积极地应对，尽量减小灾害带来的严重后果和不利影响。预警管理系统会根据灾害的类型和特点制定出一套安全可靠的应急方案，减小灾害带来的直接损失和间接损失，保证生命财产安全，并尽快地恢复交通正常运行。对于重复发生的灾害，可以根据已有的经验措施来制定出有效的解决措施，这样不仅安全性高，而且实施较容易，操作较熟练。对于新发灾害，应从灾害的根源切入，分析灾害产生的原因、灾害类型、灾害等级以及灾害破坏程度等，制定详细的应急方案。

4）免疫职能

免疫职能是指交通基础设施预警体系主体对于同类或者同种性质的风险和灾害以及灾害的发展过程进行预测和迅速识别，并能迅速地做出有效的灾害防范措施的一种功能。免疫功能的另一个含义是系统本身的一种纠错、避错的功能。当系统工作过程当中出现错误征兆和处于相同的致错环境时，能有效地予以回避和改正，并且通过对同类错误和风险的总结和模拟，防止系统同类错误的发生。免疫职能的核心是预警系统能够科学迅速地总结失误教训，并能够对于系统错误进行超前矫正。

7.2.2　预警管理系统开发与实施

交通预警系统虽然分为多种类型，但其设计与实施的思路具有一定的规律性和相似性。首先，无论何种预警系统都依托与其对应的理论基础，或者是指标体系，道路运行状态的优劣，处于何种运行状态都要有一个标度去衡量。这个标准就是预警指标体系，也是预警系统的基础和核心。预警系统通过采集的数据可以可道路的实际运行状态，通过实际运行状态与正常运营状态进行比较分析，从而可以评价道路运行的安全等级，实现预警系统的第一步。预警系统的另外一个重要内容就是预警模型的建立，预警模型指导预警系统的具体实施过程，是预警系统设计和实施的关键步骤。因而预警模型要围绕预警对象，全面分析所需要的预警内容，做出合理有效的预警机制。预警系统的第三个重要内容是预警系统的实施。指标体系的确定和预警模型的建立是预警系统实施的前提，不同的结构类型可采取不同的实施方法和技术。预警系统实施的目的就是要得到道路运营的关键技术指标和参数，通过分析可以判断道路的实际工作状态。道路预警系统就是通过这 3 个核心的步骤来实现对道路的安全评价、对道路问题的反应与处理。

同其他预警管理系统一样，交通基础设施预警管理系统也需要专业的技术基础来维持系统的正常运转。预警管理系统的实施应根据预警管理系统的工作流程和特点来进行程序设计、人员配置、系统协调等。根据道路交通基础设施预警管理系统的基本结构和交通基础设施运营和管理的基本规律过程，预警管理系统的结构模型如图 7-3 所示。

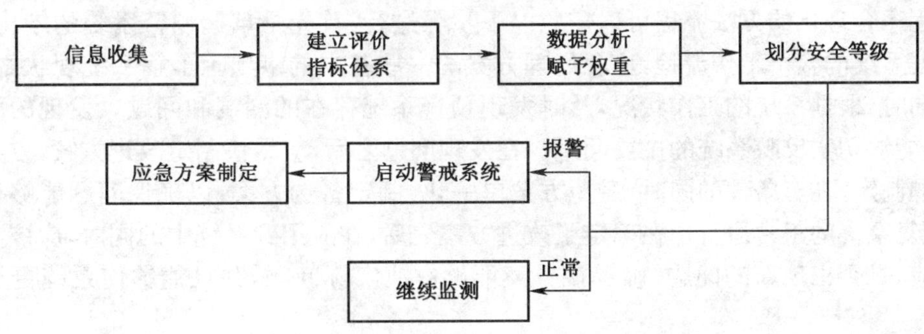

图 7-3　预警管理系统的工作流程

1. 组织实施

管理系统的组织实施应从以下几个方面着手进行。

1）确定监测对象

监测对象的选择应具有代表性和实施的可能性。尤其是在预警管理系统的建立早期应本着先易后难的原则，选择一些比较容易进行或者比较熟悉的基础设施结构进行监测。预警管理系统的关键步骤是建立一套科学的评价指标体系。在考虑实施可能性的基础上,指标体系的建立应突出结构关键部位技术参数,指标体系应简单明了,范围不宜太大。预警系统的建立是一个循序渐进的过程,在初期积累一定的经验之后监测系统可进一步完善,指标体系也可以根据结构部位的权重来进一步完善。整个预警管理系统的应用对象也可以扩展到道路交通系统重点复杂的基础设施。

2) 制定预警管理系统的实施计划

预警管理系统开发和实施的前提就是制定预警管理系统的运行计划,这样才能保证预警管理系统的顺序性、统一性、科学性。实施计划的制订应该考虑监测对象,预警指标体系,预警分析和预控对策等基本内容。实施计划必须要符合监测对象的特点以及技术的可能性,并综合考虑整个预警系统的工作流程。

3) 突出预控对策的重点内容

预控对策的主要作用是对结构灾害的发生征兆进行预警控制并指定灾害应对措施。灾害的发生往往有许多因素,在诸多的因素当中,要筛选其中的主要因素进行分析,以便于灾害应对措施的制定。

4) 熟练掌握预警分析和预控对策的方法

任何管理系统的实施都不仅仅依靠科学的理论指导,还要有合理的管理方法。同样,预警管理系统的建立以灾害预警理论作指导,以预警分析和预控对策的方法具体实施。预警分析方法主要有灾害现象分析方法和运营活动分析方法。而预控对策的管理方法可以参考现有管理系统的管理方法来保证系统的正常运行。如果灾害无法控制,进入危机状态,则系统应自动启动危机状态管理方法。

2. 预警管理工作的合理化

工作程序的合理化主要是指系统工作的合理化,即指系统在运行过程中的条理化、程序化、顺序化。系统工作效率的提高依赖于规范的工作程序,在执行工作程序合理化的同时也要坚持标准化、专业化、简单化的“三化”原则:整个计划的规范标准化,实施措施专业化,操作界面简单化。

工作程序合理化的方法流程可以按照以下步骤进行:首先是掌握预警系统的结构现状,认真熟悉掌握系统的整个工作流程,应急处理方案等一些基本的事项。了解系统现状之后,在系统工作的同时,根据系统的工作状况,及时发现预警系统存在的漏洞和问题。发现的问题应具有代表性,能够切实反映系统的主要问题。在发现问题之后,应尽快制定改进方案,方案应根据具体的问题制定,在有条件的同时,避免方案单一化,制定备选方案,以确保问题能够很好地解决,尽早恢复系统的正常运行。在确定了改进方案之后,在应用到系统中的同时,应该实时观察系统的反应,是否出现新的问题,确保该方案能够解决实际问题,并且能够使系统更加通顺地运行。

3. 预警系统管理人员的要求

(1) 技术能力:技术能力是指进行特定活动的方法、程序、过程和技术等知识,以及运用有关工具和设备的能力。在预警管理系统中,要求管理人员掌握系统的工作流程和熟练操作方法,避免因为错误操作和错误判断引起系统的错误。

(2) 创造性思维:它以新动机为先导,以思维的流畅性、应变性为基础,以思维的创造性和丰富多彩的想象力为核心。管理人员的思维应变性强,就能够发挥自身优势,走出新路子,创造出适合本部门工作的管理特点。

(3) 关注细节：任何事情从量变到质变都不是一个短暂的过程，如果管理者没有持之以恒的“举轻若重”，做好每一个细节的务实精神，就达不到“举重若轻”的境界。预警系统是整个交通系统中一个关乎人民生命财产安全的部分，所以预警系统要求每一个管理者能够细心地观察系统的运行状况，及时地发现系统中存在的问题，确保系统运行的万无一失。

7.2.3　预警管理系统实例

1. 工程简介

蟠龙隧道是济(济南)莱(莱芜)高速公路最长的隧道，长 2563m，按“新奥法”原理设计，三心圆弧拱衬砌，端墙式洞门，洞内路面采用复合式路面及连续配筋水泥混凝土路面。隧道地质复杂，为了保证隧道在运营期的安全，开发了蟠龙隧道结构安全实时监测与预警系统(图 7-4)。该系统组成包括衬砌变形传感器、数据采集仪、GPRS 模块、服务器、客户端 PC 及软件系统等组成。隧道结构安全实时监测与预警系统为远程数据采集与监视控制系统，主要完成对隧道两端面附近衬砌变形值连续长时间的采集、存储、传输、远程监控和超限报警。本系统可以实现就地和远程采集数据。就地采集数据依赖于串口通信技术，只支持对一台采集设备的操作。远程采集数据以通信网络为基础，可以支持对多台采集设备的操作，通信技术是决定其性能及应用的关键因素。

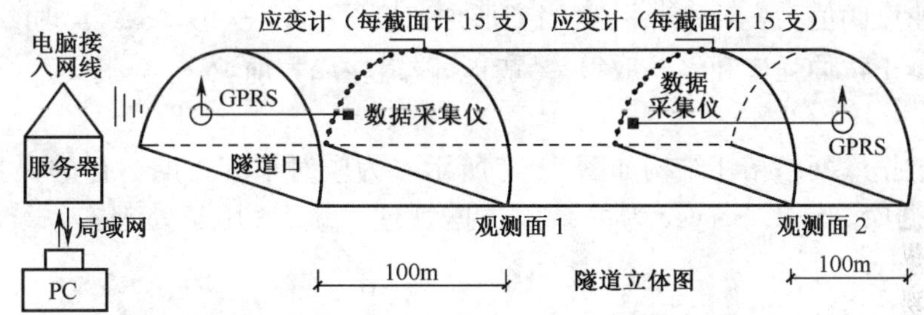

图 7-4　蟠龙隧道衬砌变形监测预警系统示意图

2. 隧道衬砌结构失稳预警评价指标

由国内外隧道塌方案例知，隧道塌方经历了岩体和衬砌从变形到破坏的 5 个阶段：初期沉降阶段、平稳发展阶段、过渡阶段、加速沉降阶段和破坏阶段，如图 7-5 所示。

当变形—时间曲线出现拐点，如图 7-5 中 3 点，也即变形出现反常的急剧增长现象时，表明围岩和衬砌结构已呈不稳定状态或危险状态，为失稳的前兆。因此，采用变形加速度 $\frac{d^2\varepsilon}{dt^2}$ 为隧道衬砌结构失稳预警评价指标，即变形曲线拐点处满足 $\frac{d^2\varepsilon}{dt^2}\geqslant 0$。

周期性预警反映了连续且全面的预警信息波动趋势，该项目预警周期为 1h，即每 1h 预警一次，采用整点预警，变形值取前 1h 内的变形平均值 $\bar{\varepsilon}$，因此隧道衬砌结构塌方预警指标为变形加速度 $\ddot{\bar{\varepsilon}}=\frac{d^2\bar{\varepsilon}}{dt^2}$。定义 Δt 为预警数据源步距，取预警数据源步距为时间轴上相差一天的相同时点差(图 7-6)，即 $\Delta t=t_3-t_2=t_2-t_1=1\text{d}$。由时间轴上相差一天的相同时点应变值(相临 3 个)，可得变形加速度 $\ddot{\bar{\varepsilon}}$，计算过程如下(以天为单位时间)。

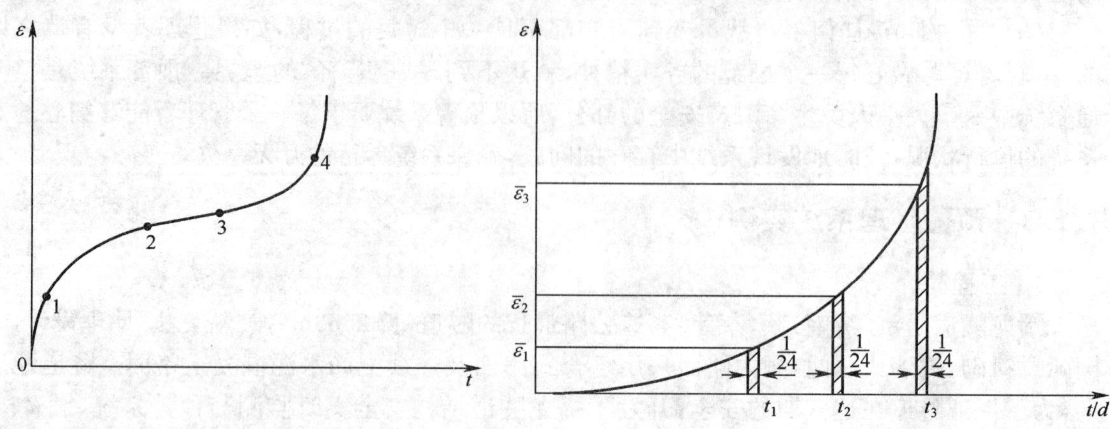

图 7-5　隧道结构变形破坏历程曲线　　　　图 7-6　预警指标示意图

t_2-t_1 时间段内的平均变形速率 $\dot{\bar{\varepsilon}}_{12}=(\overline{\varepsilon_2}-\overline{\varepsilon_1})/(t_2-t_1)=(\overline{\varepsilon_2}-\overline{\varepsilon_1})/\Delta t=\overline{\varepsilon_2}-\overline{\varepsilon_1}$；

t_2-t_3 时间段内的平均变形速率 $\dot{\bar{\varepsilon}}_{23}=(\overline{\varepsilon_3}-\overline{\varepsilon_2})/(t_2-t_1)=(\overline{\varepsilon_3}-\overline{\varepsilon_2})/\Delta t=\overline{\varepsilon_3}-\overline{\varepsilon_2}$；

t_1-t_3 时间段内，平均变形加速度 $\ddot{\bar{\varepsilon}}=\frac{\mathrm{d}^2\bar{\varepsilon}}{\mathrm{d}t^2}=\dot{\bar{\varepsilon}}_{23}-\dot{\bar{\varepsilon}}_{12}$；

设应变加速度阈值为 $\overline{\ddot{\varepsilon}_{cr}}=\Delta\overline{\ddot{\varepsilon}_{\mathrm{cr}}}$，则当变形加速度 $\ddot{\bar{\varepsilon}}=\dot{\bar{\varepsilon}}_{23}-\dot{\bar{\varepsilon}}_{12}\geqslant\Delta\ddot{\bar{\varepsilon}}_{cr}$ 时，系统预警启动。$\Delta\ddot{\bar{\varepsilon}}_{cr}$ 可根据混凝土拉伸强度和经验取得，一般地，隧道在塌方前，$\Delta\ddot{\bar{\varepsilon}}_{cr}$ 会很大。

3. 数据库

本系统的数据库网络拓扑结构如图 7-7 所示。为应对系统长期运行的大数据量，故采用 SQL Server 数据库。SQL Server 为关系型数据管理系统，适用于处理本系统中复杂的数据关系。

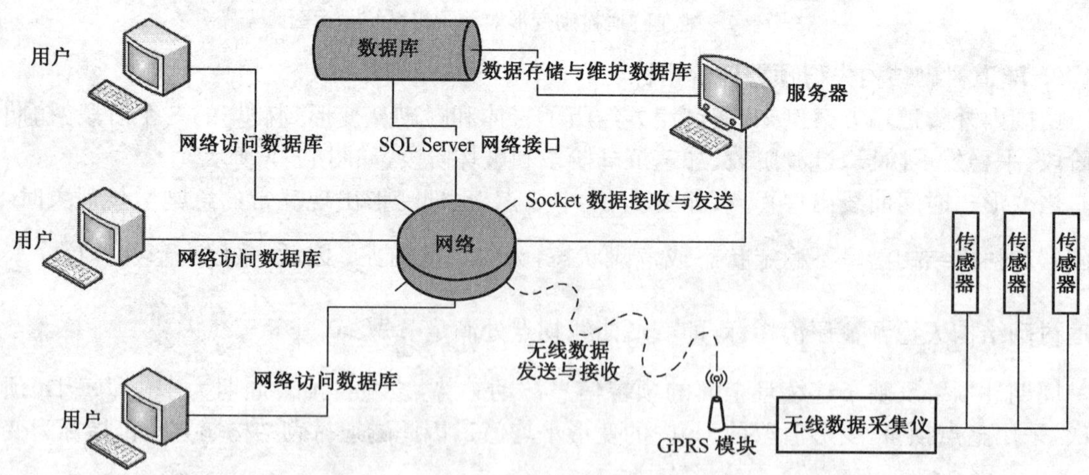

图 7-7　隧道结构实时监测与预警系统数据库网络拓扑图

4. 预警系统架构

本系统具有 3 层体系架构，分别为表示层、功能层、数据层，如图 7-8 所示。

表示层是应用的用户接口部分，担负着用户与应用间的对话功能。它用于显示应用输出的数据，同时用户可进行一定的操作。为使用户能直观地进行操作，使用图形用户接口(GUI)，即采用图形方式显示计算机操作环境用户接口，操作简单。

功能层相当于应用的本体，它是将具体的业务处理逻辑编入程序中，包括参数配置、通信、数据处理、数据中心与远程通信终端之间的信息交互等。

数据层就是数据库管理系统，负责管理对数据库数据的读写。数据库管理系统是一种操纵和管理数据库的大型软件，用于建立、使用和维护数据库，简称 DBMS。它对数据库进行统一的管理和控制，以保证数据库的安全性和完整性。用户通过 DBMS 访问数据库中的数据，数据库管理员也通过 DBMS 进行数据库的维护工作。DBMS 必须能迅速执行大量数据的更新和检索。现在的主流是关系型数据库管理系统(RDBMS)。它通过数据、关系和对数据的约束三者组成的数据模型来存放和管理数据。因此，一般从功能层传送到数据层的要求大都使用 SQL 语言。

图 7-8 三层体系架构

5. 系统服务器端主要功能

服务器端主要实现对数据的采集、处理和存储。蟠龙隧道安全预警系统将服务器端高度集成化，将各种功能集成于服务器端，使得服务器端具备全面、强大的功能，任何操作都可以在服务器端实现。

系统按照模块化设计，即在需求分析的基础上，以功能块为单位进行程序设计，可降低程序复杂度，并使程序设计、调试和维护等操作简单化。系统服务器端功能可划分为系统基本参数设置、系统总体参数管理、仪器各项指标查询、仪器数据采集和查询、实时数据采集和显示、历史数据查询、隧道端面传感器安装示意图显示和报警功能。系统同时采用管理员登录模式，为进入参数设置和管理，需先输入正确的用户名和密码进行登录，否则因没有权限而无法进行操作，增加了系统的安全性。

1) 系统基本参数设置

系统基本参数设置下可选择系统的通信方式。可通过两种通信方式进行通信——串口通信方式和 GPRS 通信方式，实现就地现场采集数据和通过 GPRS 模块远程采集数据。其后各功能分别对这两种通信方式实现了相应的功能。系统基本参数设置界面如图 7-9 所示。

2) 系统总体参数管理

系统总体参数管理主要对与数据处理相关的参数进行管理，分为模块配置、通道配置和数据类型配置。系统总体参数管理界面如图 7-10 所示。此项参数配置数据量大、配置复杂，又相互关联，故采用数据库技术。用户可以导出系统参数统一配置，也可以通过操作界面配置参数，灵活性高。

每一个 GPRS 模块都有一个对应的 ID 号，用于辨识每一个模块；每一个 GPRS 模块都有一个号码和临时动态 IP 地址；每一个 GPRS 模块都与一个特定机器号的数据采集仪相对应；系统需同时获取多个 GPRS 的传输数据，应能正确分辨是来自哪个数据采集仪的传输数据。基于以上原因，需要对每一个 GPRS 模块进行相应参数配置，以实现正确获取、处理数据，保证系统的可靠性。

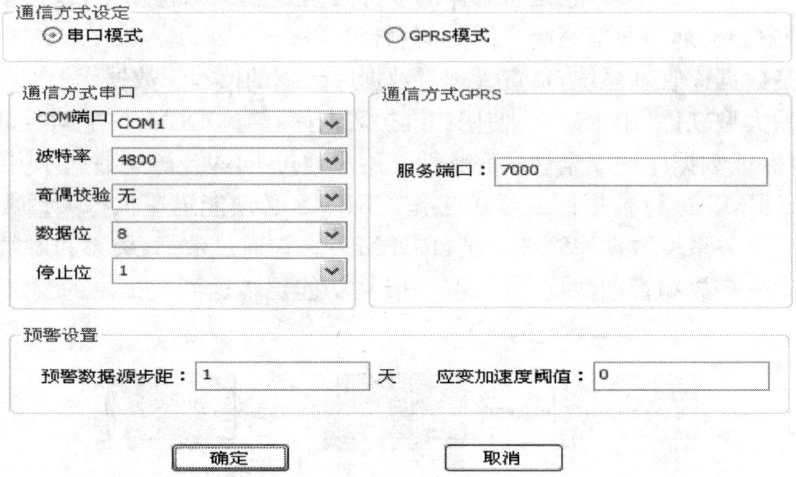

图 7-9　系统基本参数设置界面

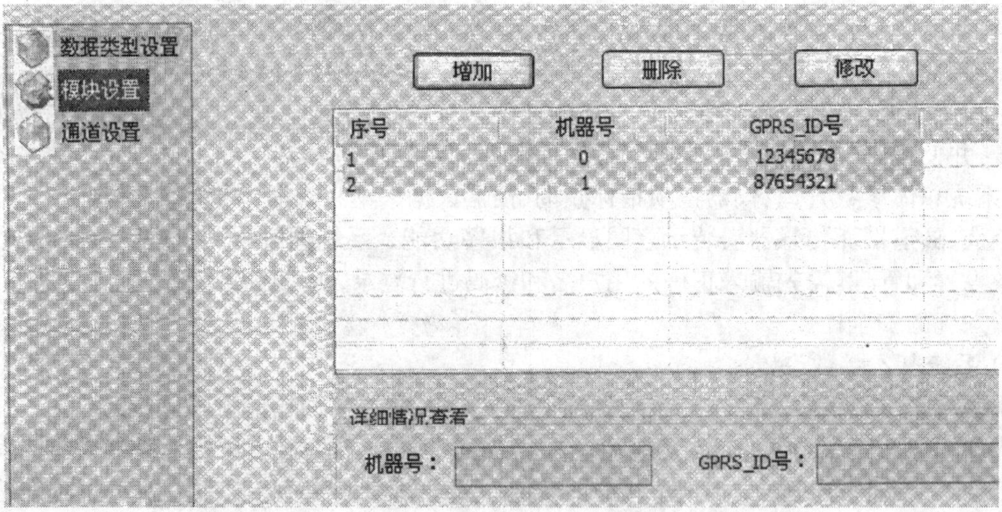

图 7-10　系统总体参数管理界面

通道配置，即对数据采集仪的每一个通道及对应的传感器的各项参数进行配置。通过数据采集仪获取的原始数据为各通道的频率数据，需要通过传感器标定公式将原始频率数据转换为应变数据。故需要配置正确的通道参数，才可以得到正确的应变值，实现有效数据分析。

数据类型配置,即是对采集的数据类型及单位进行配置。

3) 仪器各项指标查询

仪器主要指数据采集仪,仪器内部有基准时间,可以通过此项功能查询仪器内部基准时间,必要时可以设置仪器内部时间,实现仪器内部时间校准。每一个传感器都拥有一个独一无二的编号,用以区别传感器,通过此项功能可查询每个通道对应的传感器编号。仪器内部可以进行短时间的数据存储,若希望释放内存空间,则可以清空仪器内部数据。仪器各项指标查询界面如图 7-11 所示。

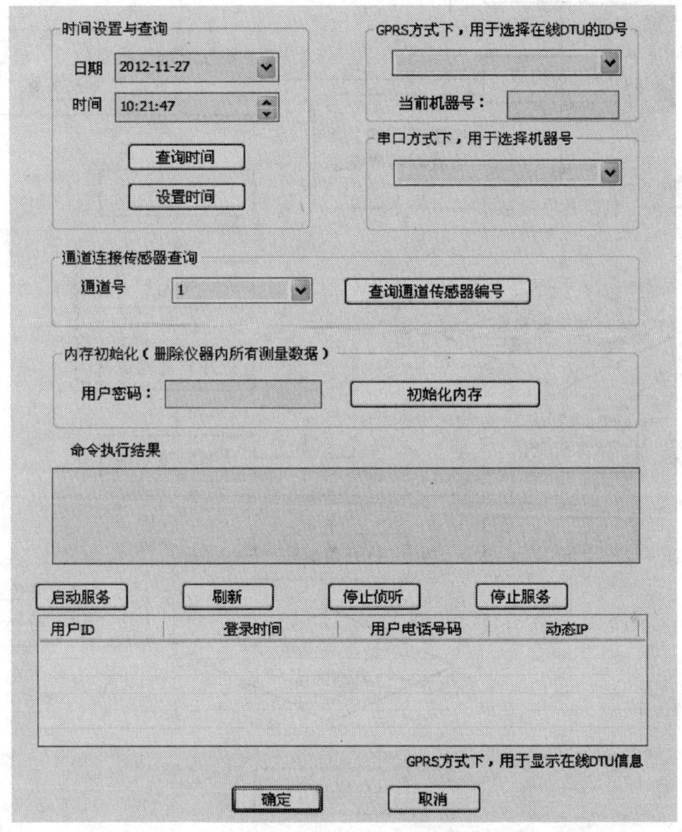

图 7-11　仪器各项指标查询界面

4) 仪器数据采集和查询

仪器数据采集和查询功能实现了对数据采集仪的单次测量、最新测量数据的查询和仪器内部数据查询。每一次测量都将获得 32 个通道的全部数据,这些数据包括时间(为仪器内部基准时间),各通道连接的传感器编号、频率和温度。为了保证系统出现故障(如网络中断)时仍然可以获取到故障期间的数据,需依据时间查询仪器内部数据,获取故障期间仪器内部存储的数据。查询完仪器内部数据后,数据将被存入数据库,以备分析,保障了系统的可靠性。

5) 实时数据采集和显示

系统可以在串口通信方式下对单个的数据采集仪实现实时数据采集、存储和显示,同时可以在 GPRS 方式下通过 GPRS 模块对多个数据采集仪实现数据采集、存储、传输和显示。GPRS 方式下,只有待各 GPRS 模块连接上线后,才可以同时设置多个仪器的数据采集间隔、同时打开多个仪器的自动测量,然后同时获取多个仪器的实时数据。系统将在后台对数据进行处理,包括原始数据的模块分离、通道分离,数据库参数的模块选择、通道选择,及相应参数匹配和计算。GPRS 方式下,数据处理过程如图 7-12 所示。最终将以分析后的正确结果以数据列表和数据曲线的形式显示到界面上。数据列表将帮助用户对数据有直观、准确的感知,而数据曲线将帮助用户感知数据整体趋势。两者相辅相成,增加了系统的可视化。

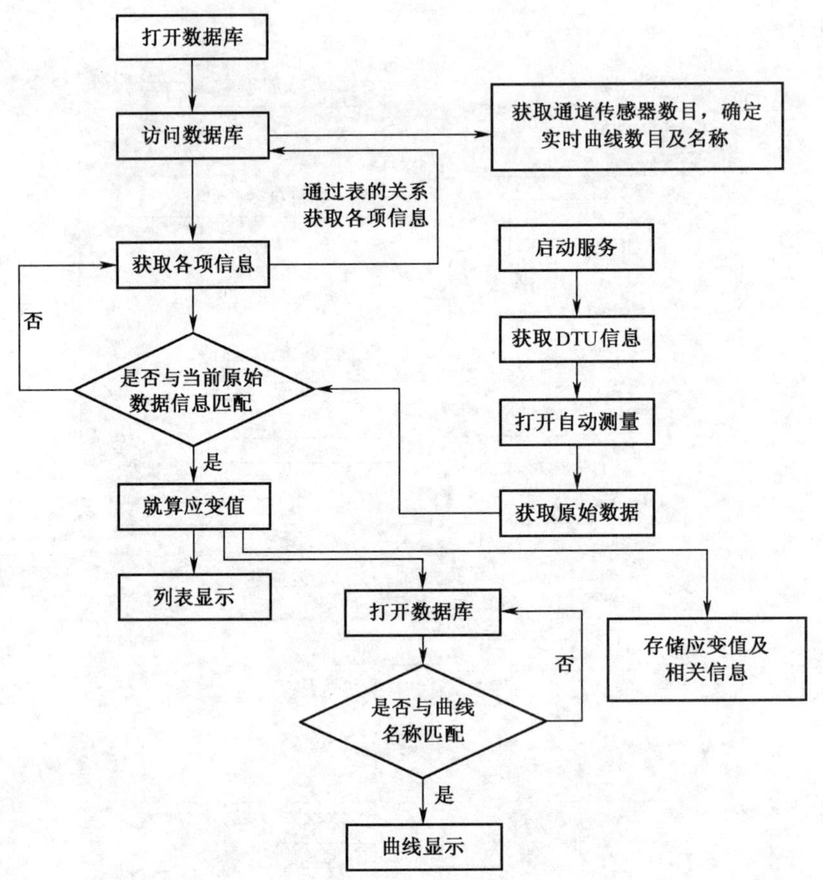

图 7-12　GPRS 方式下数据处理过程

6) 历史数据查询

通过实时测量采集到的有效数据被存入数据库,成为历史数据。在数据库中的大量历史数据中,每一次都查询全部数据是费时的是不明智的,也不是必须的,因此可以通过历史数据查询功能依据时间访问本地数据来查询数据库某时间段内的数据,依据时间查询还可以帮助快速定位历史数据,增加了查询的便利性。查询到的历史数据将通过列表和曲线两种形式进行显示。为方便对数据的分析,系统还可以依据时间导出数据库内某时间段的数据。

开始时间和结束时间决定了查询数据的时间段,通过数据库内部各表之间的相互关系,可以查询到各种数据信息,历史数据将导出到 Excel 表中。

7) 报警功能

在实时获取数据的同时,系统具有报警功能。当衬砌变形加速度超过设定的报警阈值时,系统将发出报警警告，告知用户数据异常。报警界面如图 7－13 所示。

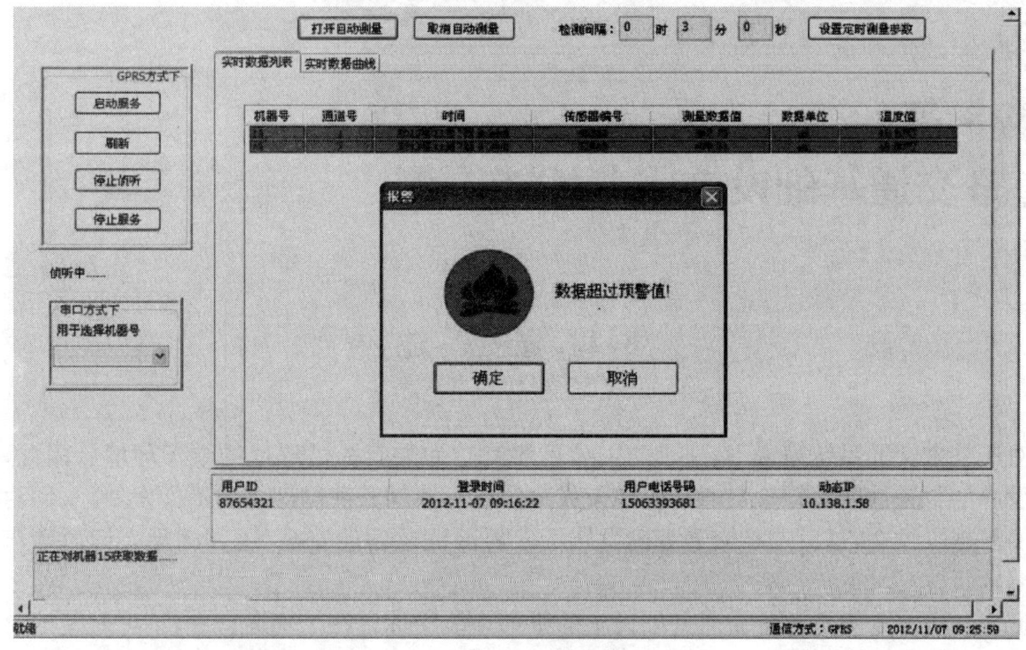

图 7－13　报警界面

第8章 道路交通基础设施服务性能检测

8.1 概　述

对于整个交通系统来说，其建设的主要目的就是为乘客提供舒适的乘车环境。因此，交通基础设施的服务性能是评价交通系统建设成败的指标。随着我国经济的不断发展，人们对舒适性的要求越来越高，这就要求交通基础设施不仅要保证运营的安全，还要满足人们对乘车舒适度的要求。

振动和噪声水平是评价交通基础设施的服务性能指标。在车辆运行中，不可避免地会产生一些噪声和振动，这些噪声和振动一方面会影响乘客的乘车舒适度，另一方面也有可能影响到交通系统周围居民的生活及工作。本章着重讲述交通系统引起振动与噪声的基本概念，噪声与振动的评价量、测量和评价的标准以及噪声与振动的控制技术。

8.2 道路交通行车舒适性检测及评定

8.2.1 概述

车辆运行平稳性主要反映车辆振动程度。客车平稳性是评定旅客乘坐舒适度的指标，车辆运行中产生的振动是不舒适的重要来源。人处于振动环境中，不仅会引起疲劳，还会发生人体内部器官及全身组织与外界振动谐振的可能，因此，评定客车运行平稳性实际上就是评定乘坐舒适度。货车平稳性主要用以评定车辆振动对货物的损坏程度，对货车平稳性加以控制的目的就是为了保证货物运送的完好性。

评价旅客乘坐舒适度最直接的指标就是车体振动加速度，为了更准确地对舒适度进行评价，不仅要考虑振动加速度的大小，还要考虑振动频率的影响。当采用考虑了频率的车体加速度来评定舒适度时，世界各国有着不同的评价指标，如欧洲的 Sperling 指标、日本的舒适度系数、美国的 Janeway 指标、法国的疲劳时间等。一般来说，对于短时间内的舒适度评价，车体振动加速度是一个最主要的指标，而对于长时间的舒适度评价则需要考虑振动加速度的幅值、频率以及持续时间等指标。

汽车振动乘坐舒适性评价问题由于国内外不同学者和学术团体所持的观点不尽相同，其评价方法特点也不同，所以到目前为止还没有一种评价方法得到国际公认。主要评价方法：

Pradako 和 Lee 提出的吸收功率法；美国宇航局研究中心提出的单一不舒适性指数法以及国际标准化组织推荐的 ISO 2631 人体承受全身评价指南；英国安普顿大学声振动研究所提出的总乘坐值法；以及湖南大学的刘建中和日本千叶大学的铃木近等人采用心理测定法中 SD 法(Semantic Different method)，对汽车乘坐舒适性进行主观评价，然后利用模糊数学理论建立了乘坐舒适性主观评价模型等。其中总乘坐值法是汽车常用的评价舒适性的方法。

8.2.2　道路交通行车舒适性指标

1. 振动加速度指标

英国的安普顿大学声振动研究所提出的总乘坐值法，将人体受振点扩大为 3 个位置，共 12 个振动方向，且考虑了每个振动方向上各个频段处对人体振动不同的影响系数，能较准确地反映人体受振状态，更适用舒适性评价。总乘坐值的计算公式如下。

某个轴上 1/3 倍频程中心频率处振动加速度均方值的计算

$$a_{wi}=\sqrt{\frac{1}{f_{i1}-f_{i2}}\int_{f_{i2}}^{f_{i1}}X^2(f)\mathrm{d}f}\,,i=1,2,3,\cdots,20 \tag{8.1}$$

式中　a_{wi}——某个轴上 1/3 倍频程中心频率处振动加速度均方根值($\mathrm{m/s^2}$)；

f_{i1}——第 i 频段的上限截止频率；

f_{i2}——第 i 频段的下限截止频率；

$X(f)$——动加速度频域信号。

分乘坐值(某轴上总的加权加速度均方根值)的合成：

$$a_v=\left[\left(\sum W_i a_{wi}\right)^2\right]^{1/2} \tag{8.2}$$

式中　a_v——分乘坐值($\mathrm{m/s^2}$)；

W_i——频率计权函数；

a_{wi}——某个轴上 1/3 倍频程中心频率处振动加速度均方根值($\mathrm{m/s^2}$)。

总乘坐值的计算：

$$a_w=\left[\left(\sum_{j=1}^{12} C_j a_{vj}\right)^2\right]^{1/2} \tag{8.3}$$

式中　a_w——总乘坐值($\mathrm{m/s^2}$)；

C_j——轴计权系数；

a_{vj}——分乘坐值($\mathrm{m/s^2}$)。

频率计权、轴计权如表 8-1 所列，频率计权函数如表 8-2 所列。

表 8-1　频率计权、轴计权

坐标轴	频率计权函数 W_i	轴计权系数 C_i	坐标轴	频率计权函数 W_i	轴计权系数 C_i
X_S	W_d	1.00	X_b	W_c	0.80
Y_S	W_d	1.00	Y_b	W_d	0.50
Z_S	W_d	1.00	Z_b	W_d	0.40
r_x	W_e	0.63	X_f	W_b	0.25
r_y	W_e	0.40	Y_f	W_b	0.25
r_z	W_e	0.20	Z_f	W_b	0.40

表 8-2 频率计权函数

<table>
<tr><td rowspan="4">W_b</td><td>$0.5<f<2.0$</td><td>$W(f)=0.4$</td><td>W_c</td><td>$0.5<f<2.0$</td><td>$W(f)=8.0/f$</td></tr>
<tr><td>$0.5<f<2.0$</td><td>$W(f)=0.4$</td><td rowspan="2">W_d</td><td>$0.5<f<2.0$</td><td>$W(f)=1.0$</td></tr>
<tr><td>$0.5<f<2.0$</td><td>$W(f)=1.0$</td><td>$0.5<f<2.0$</td><td>$W(f)=2.0/f$</td></tr>
<tr><td>$0.5<f<2.0$</td><td>$W(f)=16.0/f$</td><td rowspan="2">W_e</td><td>$0.5<f<2.0$</td><td>$W(f)=1.0$</td></tr>
<tr><td>W_c</td><td>$0.5<f<2.0$</td><td>$W(f)=1.0$</td><td>$0.5<f<2.0$</td><td>$W(f)=1.0/f$</td></tr>
</table>

ISO 2631/CD—1991 委员会草案中引入了“总乘坐值法”并给出了加速度值与人的主观感受之间的关系，如表 8-3 所列。

表 8-3 加速度值与人的主观感受之间的关系

加权加速度值/(m/s²)	<0.315	0.315～0.63	0.5～1.0	0.8～1.6	1.25～2.5	>2.0
人的主观感觉	舒适	稍有不舒适	有些不舒适	不舒适	很不舒适	极不舒适

2. 曲线地段的舒适度指标

汽车行驶稳定性直接关系到行车的安全。汽车行驶稳定性不仅决定道路圆曲线极限最小半径和纵、横向组合最大坡度的取值，也影响道路纵坡度的设置。

汽车行驶平顺性，对汽车平均技术车速、驾驶员和乘客的舒适性、运货的完整性等有很大影响。

我国采用横向力系数来说明汽车通过曲线的稳定性程度，其意义为单位车重的横向力，即

$$\mu=\frac{X}{G}=\frac{v^2}{gR}-i_h \tag{8.4}$$

用 v(km/h)表达上述公式，则

$$\mu=\frac{v^2}{127R}-i_h \tag{8.5}$$

式中 R ——曲线半径(m)；

μ ——横向力系数；

v ——行车速度(km/h)；

i_h ——横向超高坡度。

若 μ 值过大，汽车不仅不能连续稳定行驶，有时还需要减速。在曲线半径小的曲线上驾驶员要尽量大回转，容易离开行车道发生事故。当 μ 超过一定数值时，驾驶员就要注意采用增加汽车稳定性的措施，这一切都增加了驾驶者在曲线行驶中的紧张感。对于乘客来说，μ 值增大时，同样感到不舒适。据试验，随 μ 的变化乘客的心理反应如表 8-4 所列。

表 8-4 横向力系数与汽车稳定性评定

横向力系数 μ	稳定性评定结果	横向力系数 μ	稳定性评定结果
<0.10	不感到有曲线存在，很稳定	0.35	感到有曲线存在，不稳定
0.15	稍感到有曲线存在，尚稳定	≥0.40	非常不稳定，有倾车的危险感
0.20	已感到有曲线存在，稍感不稳定		

研究指出：μ 的舒适界限随行车速度而变化，一般为 0.10～0.16，设计中对高、低速路可取不同的数值。

8.2.3　道路交通行车舒适度的检测与评定

目前评价汽车乘坐舒适度的方法相对较为成熟，英国安普顿大学声振动研究所提出的总乘坐值法可作为道路交通行车舒适度的检测与评定方法。

总乘坐值的计算公式见 8.2.2 节中式(8.1)～式(8.3)。

8.3　道路交通噪声监测与控制

8.3.1　概述

道路交通噪声监测是进行环境管理和环境科学研究的基础，是制定环境保护规划和法规的重要依据，是环境保护工作中的基本环节。道路交通噪声监测的目的是为进行行业环境管理和建设项目环境管理提供环境信息和资料，为制定环境保护规划、计划及对策提供依据，通过检测可以及时发现道路周围噪声环境质量的变化和环保措施的效果，便于适时实施环保措施或对已有环保措施进行改进。另外，噪声环境监测也可以长期积累检测资料，为保护道路两侧民众健康，保护环境资源等提供科学依据，也可为同类建设项目提供可靠的类比调查依据。

交通噪声是城市主要污染源之一，相关资料表明城市噪声 50%～70%来自于交通噪声。据调查，全国 90%以上城市交通噪声平均声强超过 70dB，且大多数城市噪声污染呈恶化趋势，对于 55dB 以下的低强度噪声对人体并无多大的伤害，但超过 70dB 以上的噪声将会对人体产生不良影响，高速公路车速高、交通量大、大中型车及重型车所占比例较大，所产生的交通噪音对沿线居民和环境造成严重的污染，干扰人们的正常生活和休息，甚至影响人们的身心健康，使学习、工作效率及质量降低。据初步估计，我国目前有 3000 多万人受到公路噪音的影响，其中约 270 万人在高于 70dB 的噪声严重污染的环境中生活。不仅如此，公路噪声还会影响公路沿线的经济发展。有资料表明公路周围土地价值噪声每升高 1dB，土地价值会下降 0.8%～1.26%，这是一个很可观的数字。因此，必须重视对公路交通噪声的控制，采取有效的方法与措施，以降低和消除交通噪声对环境产生的不利影响。在交通噪声控制方面，国外已经进行了大量的研究。我国早在 1965 年就已经开始了交通噪声的研究，20 世纪 80 年代初期开展交通噪声的预测，目前已有不少有关交通噪声的预测模型。自开展交通噪声研究以来，研究一直着重于评价方面。随着高速公路建设的发展，对公路噪声控制的方法与措施的研究正在逐步开展，综合国内外公路噪声控制理论及方法与措施，从声源、阻挡和距离控制角度提出降低噪声污染的措施与方法。

8.3.2　道路交通噪声评价标准

噪声对人产生的影响不但与声压、声强等客观物理量有关，而且与人的心理、生理等主观因素有关，还与噪声的频率、起伏变化程度有关。要正确地反映并评价噪声对人的影响，应把反映噪声的客观量与人的主观因素联系起来研究。

为了有效地控制交通噪声污染，保证区域环境质量符合国家声环境质量标准要求，国家环境保护总局发布了《关于公路、铁路(含轻轨)等建设项目环境影响评价中环境噪声有关问题的通知》(环发【2003】94 号),规定了已划分声环境功能区的城市区域。其评价范围内应按《城市区域环境噪声标准》(GB 3096—1993)执行(表 8-5),未划分声环境功能区的城市区域,由县级以上地方人民政府确认其功能区和应执行的标准。

公路通过的乡村生活区域,其区域声环境功能由县级以上地方人民政府参照《城市区域环境噪声标准》(GB 3096－1993)和《城市区域环境噪声适用区划分技术规范》(GB/T 15190—1994),确定用地边界外合理的噪声防护距离。

对于评价范围内的学校、医院(疗养院、敬老院)等特殊敏感建筑,其室外昼间按 60dB、夜间按 50dB 执行。

表 8-5 《城市区域环境噪声标准》(GB 3096—1993)规定的等效声级 Laeq (dBA)

适用地带范围	昼间	夜间	适用地带范围	昼间	夜间
特殊住宅(0)	50	40	工业集中区(3)	65	55
居民、文教区(1)	55	45	线路干线两侧(4)	70	55
混合区、商业中心(2)	60	50			

注:0 类标准适用于疗养区、高级别墅区、高级宾馆区等特别需要安静的区域。位于城郊和乡村这一类区域分别按严于 0 类标准 5dBA 执行。

1 类标准适用于以居住、文教机关为主的区域。乡村居住环境可参照执行该类标准。

2 类标准适用于居住、商业和工业混杂区。

3 类标准适用于工业区。

4 类标准适用于城市中交通干线两侧区域,穿越城区的内河航道两侧区域,穿越城区的铁路主、次干线两侧区域的背景噪声(指不通过列车时的噪声水平)限值也执行该类标准。

8.3.3 道路交通噪声测量

1. 测量条件

(1)测量仪器应该选用准确度为 2 型(包括 2 型)以上的积分式声级计或噪声统计分析仪(具有环境噪声自动检测功能),其性能应符合 GB 3785—1983 的要求。

(2) 测量仪器和声校准器 JJG699、JJG176、JJG778 的规定定期检定,测量前后使用声校准器校准测量仪器的示值偏差不大于 2dB,否则测量无效。

(3) 公路交通的噪声测量应在无雨、雪的天气条件下进行(要求在有雨、雪的特殊条件下测量时,应在报告中给出说明),风速达到 5m/s 以上时,停止测量。

(4)户外测量时要求尽可能离任何反射物(除地面)至少 3.5m 以上的距离,离地面的高度大于 1.2m 以上,且每次的测量位置和高度保持不变。

(5) 在建筑物附近的户外测量时,测点最好离外墙 1m～2m,或全打开的窗户前面 0.5m 处。

2. 测量时间

1) 时间段的划分

测量时间分为昼间和夜间两部分,昼夜还可以分为白天、早和晚三部分。具体时间可依地区和季节的不同按当地习惯制定。一般采用短时间的取样方法来测量。白天选在工作时间范围内(08:00～12:00 和 14:00～18:00);夜间可选在睡眠时间范围内(如 23:00～05:00)。

2）测量日的选择

测量一般选择在星期一至星期五的正常工作日，如果星期日以及不同季节环境噪声有显著差异，必要时可要求作相应的测量或长期连续测量。

3. 测量方法

噪声的测量方法根据测量目的不同而不同，一般可分城市区域环境噪声测量、城市道路交通噪声测量、城市环境噪声长期监测和沿线环境噪声测量等。

1）城市区域环境噪声测量

城市区域环境噪声测量一般采用网络测量法，适用于调查城市中某一区域（如居民文教区、混合区等）或整个城市的环境噪声水平，以及环境噪声空间分布的特征而进行测量。

(1) 测点选择。测点选择是建立在随机样本的最小抽样率的统计基础上将普查测量的某一区域（或整个城市）分成等距离网络，如 250mm×250mm，网格数目一般应多于 100 个，测量点应在每个网格中心（可在地图上做网格得到）。若中心点的位置不宜测量（如水塘、禁区），可以到临近便于测量的位置。两个相邻点之间因距离过大或某点靠近强声源，两点等效声级差值超过 5dB 以上，必要时也可在两测点间增加一个测点，其测量值分别与两点原测量值作算术平均，表示两点修改后的测量值。

(2) 测量时段。分别在昼间和夜间进行测量，在规定的测量时间内，每次每个测点测量 10min 的等效声级。同时记录噪声主要来源（如社会生活、交通、施工、工厂噪声等）。

(3) 测量数据与评价值。将全部网络中心测点得到的昼间（或夜间）10min 等效声级作算术平均，用 $\overline{L}_{\mathrm{d}}$（或 $\overline{L}_{\mathrm{n}}$）表示被测量的那个区域（或整个城市）的昼间（或夜间）的评价值。

$$\overline{L}=\frac{1}{n}\sum_{i=1}^{n}L_{eqi} \tag{8.6}$$

式中　$\overline{L}$——$\overline{L}_{\mathrm{d}}$（或 $\overline{L}_{\mathrm{n}}$）；

L_{eqi}——第 i 个网络中心点测得的昼间（或夜间）的等效声级。

(4) 噪声污染空间分布图绘制。每网格中心测点测得的等效声级，按 5dB 一挡分级（如 51～55，56～60，61～65，…），用不同的颜色或阴影线表示每一挡的等效声级，绘制在覆盖某一区域的网格上，也可以利用网格中心测量值，在点间用内插法作出等声级线，按 5dB 分挡绘图。

2）城市道路交通噪声测量

(1) 测点选择。测点应选在两路口之间，道路边人行道上，离车行道的路沿 20cm 处，此处离路口应大于 50m，这样该测点的噪声可以代表两路口间的该段道路交通噪声。

(2) 测量方法。一般在规定的测量时间段内，各测点每次取样测量 20min 的等效 A 声级，以及百分声级 L_5、L_{50}、L_{95}，同时记录车流量（辆/小时）。

(3) 测量数据与评价值。用测得的等效 A 声级 L_{Aeq} 及百分声级 L_5，表示该路段的道路交通噪声评价值。将隔断道路交通噪声级 L_{Aeq}、L_5，按路段长度加权算术平均的方法，来计算全市的道路交通噪声平均值为评价值，计算公式如下：

$$L=\frac{1}{l}\sum_{i=1}^{n}l_iL_i \tag{8.7}$$

式中　l——全市道路总长(km)；

l_i——第 i 段道路长(km)；

L_i——第 i 段道路测得的等效 A 声级 L_{Aeq} 或百分声级 L_5(dBA)。

(4) 道路交通噪声污染空间分布图。根据各测点的测量结果按 5dB 分挡,绘制道路两侧区域中的道路交通噪声等级线。

3) 城市环境噪声长期监测

(1) 测点选择。在城市中各类功能区域(居民文教区、混合区、商业区、工业区、道路交通干线两侧区域),各选择具有代表性的两个以上的长期测点(这些测点可由优化布点方法选择)作为各区域长期测量的监测网点。

(2) 测量方法。根据《声学环境噪声测量方法》(GB/T 3222—1994)要求选择工作日,进行 24h 连续不间断监测。

(3) 长期评价值。根据所选择的具有长期代表性的测量日(包括工作日和假日),可按下式计算其某一个月长期等效 A 声级、某一个季度长期等效 A 声级或一年长期等效 A 声级。如仪器条件允许,最好是长年进行观测。

$$L_{ep} = 10\lg\left(\frac{1}{T}\sum 10^{0.1L_i} t_i\right) \tag{8.8}$$

式中 t_i ——在 L_i 声级下暴露的时间;

L_i——在 t_i 时间内的 A 声级;

T ——总暴露时间。

另外,道路交通噪声自动监测也成为了热点研究问题。随着城市交通的不断发展和汽车化进程的加快,交通噪声污染日趋严重,成为亟待解决的城市环境问题。为了真实地反映城市交通噪声污染时空分布,提高支持环境决策的能力,建立道路交通噪声自动监测系统已成为道路交通噪声监测发展的必然趋势。根据现场实验数据结合历史实验数据,需要对道路交通噪声自动监测数据的有效性、监测点位布设原则进行研究,同时结合城市道路路网状况及实际噪声监测数据,对道路交通噪声监测点位优化需要进一步研究。

8.3.4 道路交通噪声控制技术

1. 噪声控制的原则

噪声自声源至接受者的过程是声源辐射——传播途径——接受者。由此,噪声控制的原则应是首先降低声源噪声辐射,其次是控制传播途径,最后接受者防护。

(1) 声源噪声控制:减弱或消除振源的震动或噪声发声,是噪声控制中最根本和最有效的手段,也是近年来最受重视的问题。研究各种声源的发生机理,并在此基础上控制和降低噪声的发生是根本性措施。

(2) 控制传播途径:在传播过程中采取措施吸收或隔断噪声,以减弱到达接收体的噪声强度。此方法是最常用的方法,因为对于既有噪声控制,如再从声源上来控制就受到限制了,但从噪声的传播途径上控制却是大有可为,效果明显。主要的方法是在声源和接受体之间设置声屏障。

(3) 接受体的防护:采取措施降低接受体处的噪声,减少对接受体的危害。主要方法是对接受者采取隔声、隔振设计等手段加以保护。

在实际工程中,降低交通线路周边的环境噪声污染,具体采取哪一种或几种措施,应从经济、技术、满足国家环境噪声控制标准等方面来综合考虑。

2. 噪声控制的步骤

一般应按下列步骤制定噪声的控制方案。

(1) 调查噪声源现状,测定噪声级。

(2) 确定噪声标准。根据使用要求与噪声现状,确定可能达到的噪声标准及所需降低的噪声级。

(3) 选择控制措施方案。通过必要的设计与计算(有时需进行实验),同时考虑其技术、经济的可行性,确定控制方案。根据实际情况,可以是一种措施,也可以是多种措施的结合。

噪声控制的一般程序如图 8-1 所示。

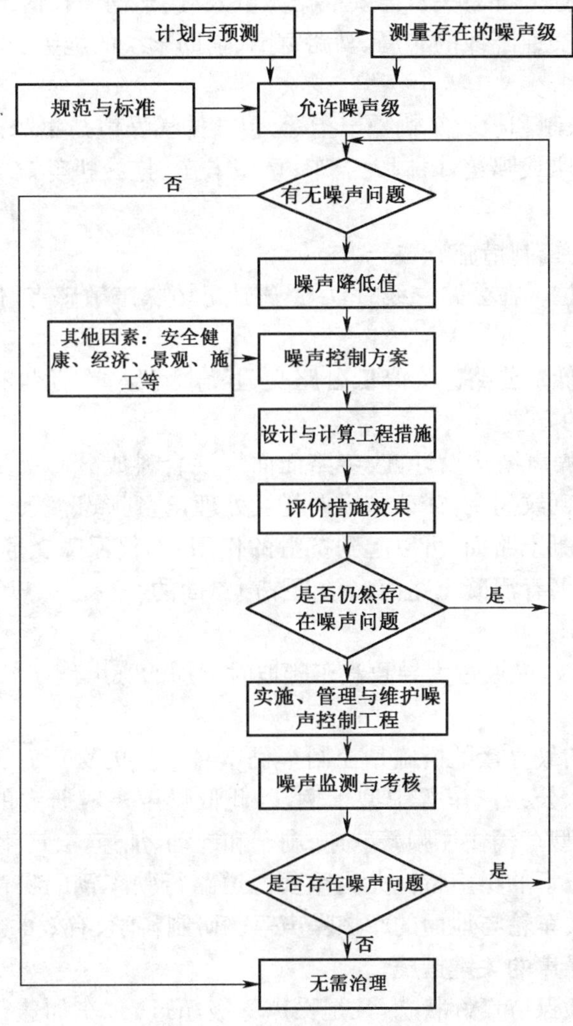

图 8-1　噪声控制的一般程序

3. 交通噪声控制措施

1) 从声源上降低噪声

从声源来降低噪声,是交通噪声最有效的降噪措施。控制声源以使交通噪声减小的措施包括合理的城市道路规划、选线和设计中的控制,以及低噪声车辆的开发等。

(1) 合理的城市道路规划。

① 合理使用土地和划分区域:主要根据不同使用目的的建筑物的噪声标准,来选择建筑的

场地和位置,从而确定哪里适于建学校、医院、住宅,哪里适于建工厂。对于那些产生噪声的工矿企业,在兴建之前应预估它们对周围环境的影响。

在区域规划中,应考虑不同功能区的划分。尽量使居民区不与吵闹的工业区和商业区混杂。

② 合理布置交通干线:交通噪声是城市噪声的主要来源。因此,在城市规划中对噪声进行预测,考虑交通干线的合理布局是很重要的。交通噪声与车流量、车辆种类、道路宽窄、两旁建筑物形态、路面条件和车速等都有关。需要根据城市人口、车辆增长情况、噪声的标准和交通噪声等诸因素,来综合考虑交通干线的布局、马路宽窄、辅助车线的配置、立交桥的兴建等,以保证城市噪声能得到有效控制。

③ 严格交通管理:限制和检验车辆噪声指标,包括排气噪声与喇叭声。机动车辆和机车车辆驶入城区时,禁止按喇叭或鸣笛,限制大卡车、重型卡车、拖拉机等高噪声车辆的行驶路线和行驶时间。

(2) 选线和设计中的控制措施。

① 调整公路走向线位。在公路选线时,尽量避让环境噪声敏感点,使环境噪声敏感建筑物所处地点少受交通噪声污染。

② 修建公路隧道或低堑公路。为降低公路交通噪声污染,在地势有条件的情况下可以采用修建隧道或低堑公路的方法。

③ 公路路面采用低噪声结构设计,改善路面面层混合料成分和级配,添加吸声材料,如橡胶颗粒等,适度修正横向刮纹间距,或改作纵向托纹处理,达到降低路面噪声的效果。低噪声路面有多种形式,如多孔混凝土路面,可以起到抗滑的作用,不仅保障交通安全,同时有降低轮胎噪声的功能。又如,橡胶沥青混凝土路面也是低噪声路面的一种。一般低噪声沥青路面可降低轮胎/路面噪声 3dB~5dB。

④ 调整公路主线纵坡,纵坡过大导致汽车爬坡时增加的噪声量。

(3) 低噪声车辆的开发。

降低城市交通噪声的最直接的措施是控制车辆本身产生的噪声。道路噪声尤其是噪声峰值,主要取决于载重汽车、公共汽车等中型车辆,因此低噪声车辆研究的主要对象应是这类车辆。在交叉口范围内,大型车辆往往频繁减速、刹车和起动、加速,会产生很大的噪声,研究大型车辆在这些特殊行驶状态下的噪声特性尤为重要。道路行驶车辆的噪声主要来源于发动机噪声、排气噪声、汽车喇叭及车轮与地面的摩擦噪声等。研制科学、有效的新型排气噪声消声器和低慢声喇叭是降低交通噪声的关键措施。

上路的机动车辆必须保持良好状态,凡是噪声等级超过《汽车加速行驶车外噪声限值及测量方法》(GB 1495—2002)、《摩托车和轻便摩托车噪声限值》(GB 16169—1996)和《农用运输车噪声限值》(GB 18322—2001)规定的车辆禁止上路行驶。

为了促进汽车工业的发展和对低噪声车辆研究的重视,汽车检测部门应该把汽车噪声的高低作为检测的一个重要方面,同时政府应该制定用车更新和淘汰的法规和技术标准,根据中国汽车工业的发展趋势和经济发展水平,制定更加严格的机动车辆噪声标准。

(4) 采用低噪声轮胎。

低噪声轮胎的降噪机理主要如下。

① 胎面花纹噪声:由于轮胎转动,在接地时胎面花纹沟部的容积缩小,沟内包含的空气被

挤出，而当胎面离地时沟部的容积恢复，空气又流入沟内。这样流出、流入所产生的噪声通常也叫沟槽空气泵噪声。另外，胎面花纹接地时还产生连续打击路面的噪声，这种噪声也属于花纹噪声之类。由于轮胎花纹的种类较多，所以轮胎花纹噪声的大小和频率特性的差异较大。试验研究表明：胎面花纹噪声的频率大约在 800Hz～5000Hz 这个比较宽的范围内变化。

② 弹性振动噪声：胎面和胎侧的振动噪声，胎面打击路面发生的振动噪声以及胎面相对于路面滑动所发生的强制振动噪声等。此外，由于道路表面的凹凸不规则和轮胎的均匀性不良等也会引起胎面和胎侧弹性振动噪声。

2）在传播途径上控制噪声

（1）声屏障。

在公路与受保护的环境噪声敏感建筑物之间修筑声屏障，可以有效地控制噪声源的中、高频噪声的传播。被保护点处于声影区，声屏障可达到 5dB～15dB 的降噪效果。

因地制宜地建造各种类型和造型的声屏障，并充分考虑与环境协调一致，是降低交通噪声的有效途径之一，目前已被公路设计和建设部门广泛采用。声屏障除应具有露天设施所应具备的性能，易维护且不受气候变化影响外，其使用年限也需与公路使用年限相近。

声屏障按结构形式的不同可分为以下 4 类。

① 单侧直板式（图 8－2）：保护公路、高架桥一侧的居民点、学校等人口集中区，保护面积与声屏障的告诉、长度等因素有关。

② 双侧直板式（图 8－3）：保护路桥两侧的居民、学校等人口集中区。为提高隔声效果，屏障内侧往往需要敷设吸声材料。

图 8－2　单侧直板式声屏障

图 8－3　双侧直板式声屏障

③ 折角型（图 8－4）：隔声效果较直板式声屏障好，有效保护范围比直板式声屏障大。

④ 全封闭式（图 8－5）：用于穿越高层建筑群的铁路或公路两侧，降噪效果大于 25dB，保护面积可以覆盖铁路或公路沿线两侧敏感点，但造价较高。

（2）绿化林带。

一般认为，在受保护的敏感建筑物前种植绿化林带，可以达到防止交通噪声与汽车尾气污染的双重效果。

（3）其他利用障碍物对噪声传播的附加衰减。

① 利用山丘、山岗降低噪声。路线布设时，尽可能利用地貌作地物作声障。

② 利用路堑边坡降低噪声。对于环境敏感路段，采用路堑形式能起到噪声防治效果。

③ 利用建筑物或建筑物降低噪声。建筑物如土墙、围墙，沿街的商务建筑和其他不怕噪声干扰的建筑（如仓库等）能起到很好的降噪作用。另外，由于学校的声环境质量比村庄居住区的

图 8-4　折角型声屏障

图 8-5　全封闭型声屏障

要求高，当路线布设在村舍一侧，能满足居住区的环境声标准时，亦保护了学校的声环境质量。

3）在接受点阻止噪声

(1) 加装隔声门、隔声墙。为受公路交通噪声污染的居民加装隔声门、隔声窗等设施是目前普遍采用的降噪措施，可以达到一定的降噪效果，而且可以节约能源。但对于加装隔声门、窗的降噪措施，在具体操作中仍然存在下述问题。

① 不利于房屋的自然通风。虽然隔声门、窗有换气装置，但都不能取代自然通风。

② 对大量隔声门、窗的长期使用维修，是公路建设部门或其他管理部门难以应付的问题。

③ 安装隔声门、窗的一次性补偿费，往往由于种种原因被挪作它用，只是环境噪声污染仍然得不到治理。

(2) 改变房屋使用功能。将受道路交通噪声污染而超标的沿线建筑物中面向道路一侧的房屋，改为无人工作或生活的房屋使用(如改作车库、仓库等)也是解决道路交通噪声的途径之一。

(3) 搬迁沿线敏感建筑物。将受道路交通噪声污染而超标的沿线敏感建筑物搬迁，可以彻底解决道路交通噪声对敏感点的影响。但采取搬迁方案时，需考虑以下问题。

① 必须将搬迁费与采取其他降噪方案的费用进行比较，从经济上比较该方案实施的可行性。

② 建筑物搬迁对城镇规划的影响，如学校的搬迁使该城镇的总体布局发生的变化。

8.4　道路交通环境振动检测与控制技术

8.4.1　道路交通环境振动概述

道路交通对环境的主要污染之一为交通车辆运行引起的附近大地和建筑物振动，通常称为环境振动。道路上的车辆运行时，由于车辆和路面的耦合振动，引起周围大地和建筑物振动。建筑物振动还有可能进一步诱发室内结构物的二次振动，并向空气中辐射噪声，使房间发生嗡嗡声，这种噪声称为结构传播噪声。交通沿线附近建筑物中的居民可能会感觉到整个建筑物的振动，窗户发出咔哒声，架子声和挂在墙上或天花板上的物品发生晃动。

环境振动会对居民的生活、娱乐和工作产生干扰，加速具有重要历史价值的古建筑的损坏。过大的振动会影响高新技术产品如计算机芯片的生产、高难度手术的施行、精密实验仪器设备的使用以及录影录像的质量等。表 8-6 列出了人体对地面震动诱发的不同振动级、噪声级的反应，图 8-6 给出了常见的振动源所产生的振动速度水平和人体的反应。

表 8-6　人对地面震动和结构二次噪声的反应

振动速度级/dB	二次噪声强度/dB		人体反应情况
	低频(30Hz)	中频(60Hz)	
65	25	40	大多数人对地面振动和结构二次噪声感知的门槛值。此低频声通常人耳尚不能感知，但对于安静的睡眠区，中频区的噪声已影响人们的睡眠
75	35	50	是很少可感知和明显有感知的分界点。达到此强度的交通振动和噪声对大多数人已有骚扰，低频噪声对睡眠的影响尚可接受，但中频的影响则较大
80	45	60	一般情况下，如每天出现次数少于 30 次，如此强度尚可接受，但低频噪声影响睡眠，而中频噪声已影响学校、教堂等的正常活动

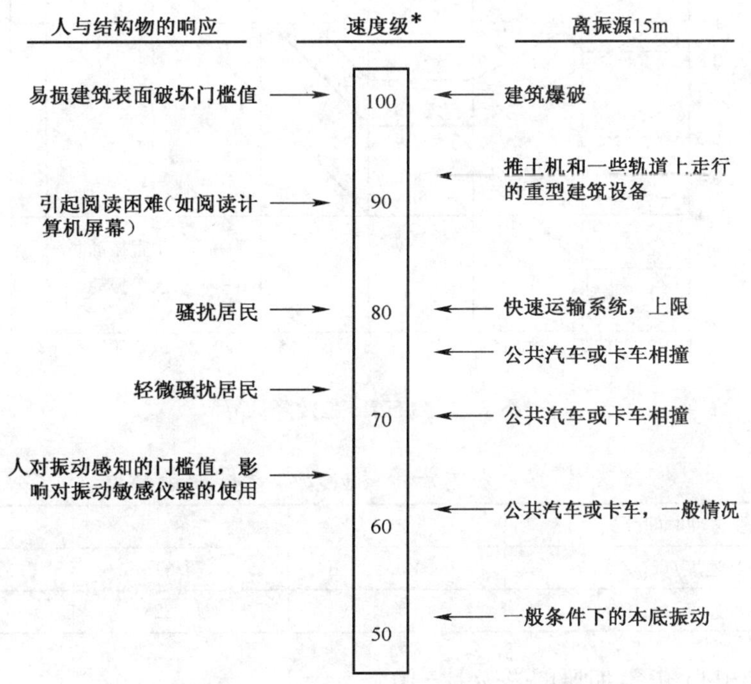

图 8-6　常见的振动源所产生的振动速度水平(dB)与人体的反应

* 均方根振动速度级，参考振动速度 2.5×10^{-8}m/s

国际标准化组织(ISO)采用振动频率、振动水平、振动作用与人体的方向和暴露时间 4 个物理参数来规定人对振动的响应限界。人的生理和心理效应随着上述 4 个物理参数的不同而不同。根据这 4 个物理参数的不同量值，制定了评价人体全身振动的 3 种限界(ISO 2631)。这 3 种限界是：工效降低界限、暴露界限和舒适性降低界限，并相应提出了各个界限在垂直和水平方向的加速度限值。

当振动作用在人体上时，会使人感到疲劳，工作效率降低。"疲劳一工效降低界限"规定了以1Hz～80Hz频率范围作用在人体上的垂直振动加速度和横向振动加速度的极限值。该极限值的大小与振动频率和承受振动的时间有关，并绘制了相应的曲线可供查用，如图8-7所示。根据图8-7，可得出人体能承受振动加速度的最小值，如表8-7所列。保障舒适的"舒服感降低界限"为"疲劳一工效降低界限"的对应值除以3.15；而保障人的安全健康的振动"暴露极限"为"疲劳一工效降低界限"的对应值提高1倍。

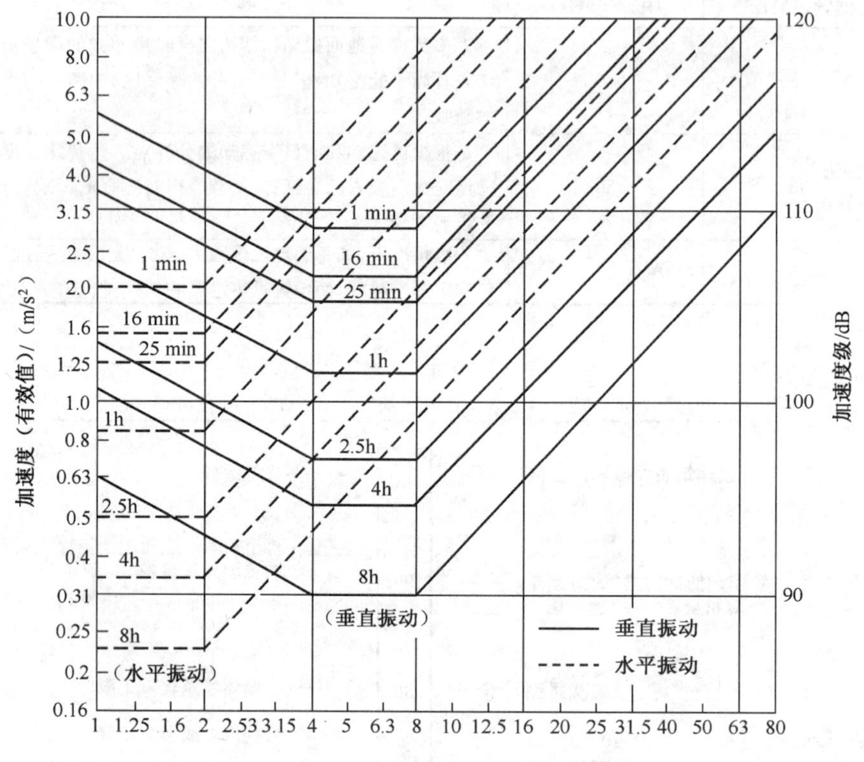

图8-7　疲劳一工效降低界限

表8-7　人体能承受振动加速度的最小值

人体承受振动时间/h	24	8	4
垂向振动加速度/(m/s²)	⩽0.14	⩽0.315	⩽0.53
横向振动加速度/(m/s²)	⩽0.1	⩽0.224	⩽0.355

1/3倍频率中心频率(加速度级0dB=10^{-6}m/s²)。

8.4.2　道路交通环境振动评价标准

我国于1988年制定了《城市区域环境振动标准》(GB 10070—1988)，如表8-8所列。

本标准中的"特殊住宅区"是指特别需要安静的住宅区；"居民、文教区"是指纯居民区和文教、机关区；"混合区"是指一般商业与居民混合区，工业、商业、少量交通与居民混合区；"商业中心区"是指商业集中的繁华地区；"工业集中区"是指在一个城市或区域内规划明确确定的工业区；"交通干线道路两侧"是指车流量每小时100辆以上的道路两侧。

表 8-8　城市各类区域铅垂向 Z 振级标准值

区域类型	适用地带范围	昼间	夜间	区域类型	适用地带范围	昼间	夜间
0	特殊住宅区	65	65	3	工业集中区	75	72
1	居民、文教区	70	67	4	交通干线道路两侧	75	72
2	混合区、商业中心区	75	72				

铅垂向 Z 振级定义为

$$VL_Z = 20\lg(a'_{\text{rms}}/a_0) \tag{8.9}$$

$$a'_{\text{rms}} = \sqrt{\sum a^2_{f_{\text{rms}}} \cdot 10^{0.1c_f}} \tag{8.10}$$

式中　a_0——基准加速度，一般取 $a_0 = 10^{-6}\,\text{m/s}^2$；

a'_{rms}——修正的加速度有效值，m/s^2；

$a_{f_{\text{rms}}}$——频率为 f 的振动加速度有效值；

c_f——垂直方向振动加速度的感觉修正值，具体如表 8-9 所列。

表 8-9　ISO 2631/1—1985 规定的垂直和水平振动加速度的感觉修正值

1/3 倍频带中心频率/Hz		1	2	4	6.3	8	16	31.5	63	90
垂直方向	修正值/dB	−6	−3	0	0	0	−6	−12	−18	−21
	容许偏差/dB	+2	+2	+1.5	+1	0	+1	+1	+1	+1
		−5	−2	−1.5	−1	−2	−1	−1	−2	−3
水平方向	修正值/dB	3	3	−3	−7	−9	−15	−21	−27	−30
	容许偏差/dB	+2	+2	+1.5	+1	+1	+1	+1	+1	+1
		−5	−2	−1.5	−1	−1	−1	−1	−2	−3

国际上较常为工程界引用的标准分别是德国的 DIN 4150(1986)、国际标准化组织的 ISO 2631(1985)。DIN 4150 是根据振动特性，如振源形式、强度、频率分布、作用时间及居民生理和心理健康状况与居家环境等因素，所建立的一套较严谨的评估规范，其限值如表 8-10 所列。国家标准化组织的 ISO 2631 规定的人体对振动的各种反应评估指标如表 8-11 所列。

表 8-10　最大允许振动限值

	频率/Hz	区域振幅/in				频率/Hz	区域振幅/in		
		住宅	商业	工业			住宅	商业	工业
连续振动	10 以下	0.0005	0.0010	0.0022	冲击振动	10 以下	0.0010	0.0020	0.0044
	10～20	0.0004	0.0008	0.0016		10～20	0.0008	0.0016	0.0032
	20～30	0.0003	0.0005	0.0010		20～30	0.0006	0.0010	0.0020
	30～40	0.0002	0.0004	0.0006		30～40	0.0004	0.0008	0.0012
	40～50	0.0001	0.0002	0.0005		40～50	0.0002	0.0006	0.0010
	50～60	0.0001	0.0002	0.0004		50～60	0.0002	0.0004	0.0008
	60 以上	0.0001	0.0001	0.0004		60 以上	0.0002	0.0002	0.0008

表 8-11 人体对振动的反应评估指标

振幅	振动状态	最大振动加速度/(cm/s²)	受损伤的状况	振动级/dB
0	无感觉	0.8 以下	人体没有感觉,振动计有记录	55
1	微振	0.8～2.5	静止的人或对振动特别敏感的人会感觉到	55～65
2	轻振	2.5～8	大部分人都可以感觉到,门会轻微振动	65～75
3	弱振	8～25	住宅会轻摇,门发出振动的声音,电灯会摇晃,水中可以看出振动的情形	75～85

8.4.3 道路交通环境振动测量

环境振动的详细分析包括环境振动的预测,环境振动的现场测试,以及环境振动的减振措施选择。道路交通环境振动是由各种无定向震源激发的各种波随机集合而成,无定向震源包括自然力和人为振动干扰,城市环境振动的频率范围很宽,与工程密切相关的有两个频段,1Hz～20Hz 的短周期振动和 0.1Hz～1Hz 的长周期振动。低于 1Hz 的振动主要由较远距离的海浪、强台风、寒流、强气流、地球深部的构造的变动激发产生,高于 0.5Hz 以上的频率的短周期振动主要由人为活动产生,如各种机械的运转、各种车辆的运行、地铁运行、建筑施工引起的振动;其次还有诸如高架城铁和有轨电车的刹车声、汽车的鸣笛声、打桩及各种敲击声等引起的较高频段的振动噪声。

下面结合具体实例详细说明环境振动测量步骤。

(1) 测量地点:北京某办公楼地下室和各楼层。

(2) 测量仪器:采用中国地震局工程力学研究所研制的 891—2 型多功能测振仪和 G01 数据采集分析系统。测量物理量:位移。

(3) 测量结果:共测量了 3 个不同时段的地脉动,17:30～18:00 的地脉动的典型位移时程和功率谱图如图 8-8 和图 8-9 所示,楼内基础的 3 次地脉动测量的最大位移值如表 8-12 所列。

由表 8-12 可以看出上午 11:00 到 12:00 时间段的地脉动引起楼山基础振动位移大小为凌晨时的地脉动所引起基础的振动位移大小的 2～3 倍,主要原因是该时间段为车辆行驶高峰期,有多辆车同时高速经过的情况。

表 8-12 楼内基础的地脉动最大峰值

方向	1:30～2:00 地脉动测量的最大位移值/mm	11:30～12:00 地脉动测量的最大位移值/mm	17:30～18:00 地脉动测量的最大位移值/mm
东西向	0.00064	0.00188	0.00086
南北向	0.000887	0.00180	0.00103
垂直向	0.000993	0.00186	0.00094

交通环境振动测量技术的研究涉及岩土、地震、结构、交通工程等多个学科,属交叉学科。只有通过对环境振动的振源分析,对振动传播规律、隔振理论、隔振系统的动态特性、隔振技术较为深入地研究,在大量现场数据采集和统计分析的基础上,才能提出实验室环境振动的检测方法(包括检测用仪器的技术要求、检测项目、检测方法和数据处理)。

由于环境振动是非平稳、非各态历经的随机振动过程，因此很难用精确的解析方法研究其振动过程。如果直接采用快速傅里叶变换(FFT)解析频谱分析，将得到错误的结果，并混淆稳态或准稳态振动与幅值快速变化的瞬态振动之间的重要差别。鉴于环境那个振动所具有特殊复杂的动态特性，测量中通常需要进行连续多天的检测，才能分析掌握环境振动(主要振源)对一些事物影响的规律。

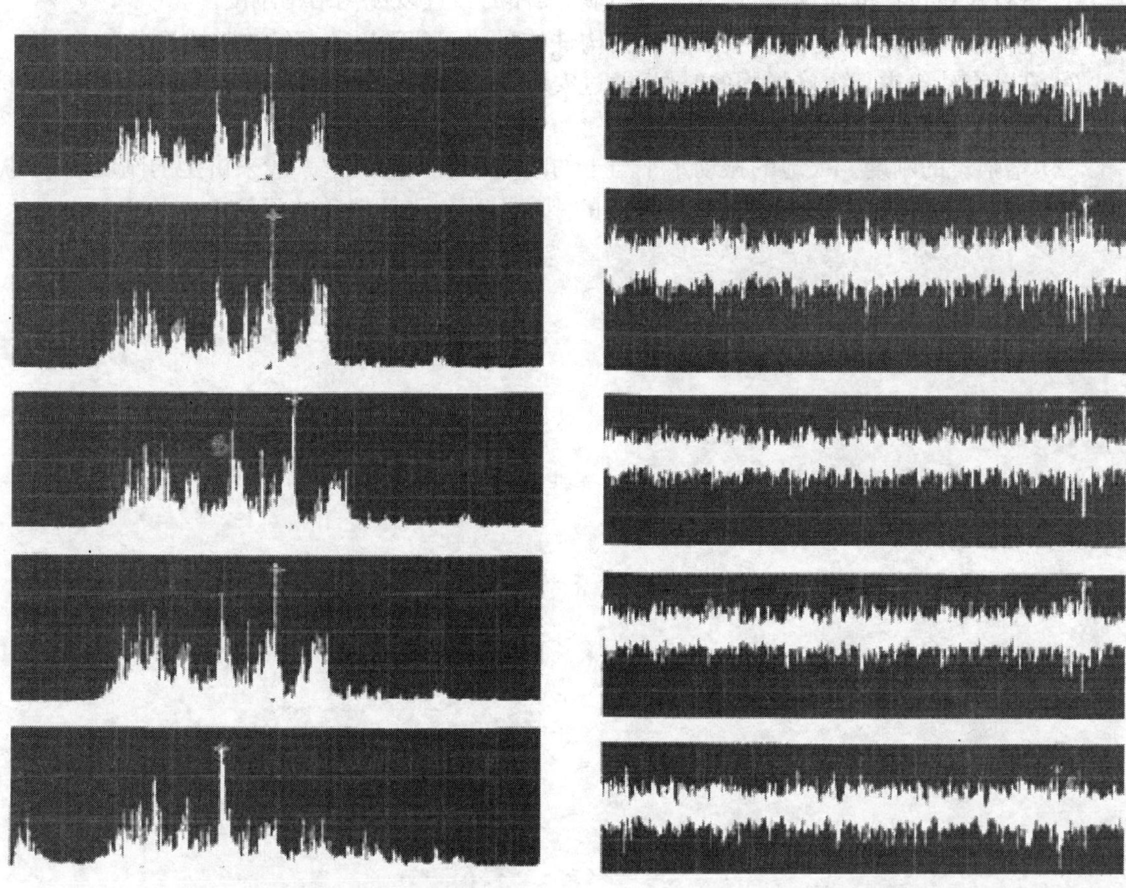

图8-8　地脉动东西向位移时程图　　图8-9　地脉动东西向位移功率谱图

8.4.4　道路交通环境振动控制技术

环境振动的影响因素也包括振源、振动传播途径和受振体等诸多方面。车辆运行时，其移动的轴荷载和由于接触表面不平顺引起的车辆与或路面之间的动荷载是环境振动产生的两大原因。此动荷载取决于车辆簧下质量、车辆悬挂系统、接触表面的不平顺和道路结构动力特性。大地的地质参数决定了振动的传播特性。建筑物中居民和机械设备所感受的振动还与该建筑物在其基础上的振动特性有关。因此控制环境振动可以从以下方面着手。

(1) 通过改变建筑物的自振频率，避开与道路交通诱发的环境振动共振的频率。由于结构的自振频率与质量和刚度的分布密切相关，所以通过调整建筑物的质量分布或局部构建的刚度大小就可以改变结构的自振频率。

改变结构质量分布的方法如下。

① 合理布置建筑物内部重型设备的安装位置。

② 调整楼板厚度,改变楼板重量分布。

③ 改变室内家具位置,合理安排隔墙位置等。

改变结构刚度分布的方法如下。

① 进行建筑设计的时候,通过调整剪力墙、梁柱的布置以优化结构刚度。

② 进行结构设计时,通过调整某些结构构件的尺寸和配筋以调节结构的刚度分布。

③ 在既有建筑进行维修加固的时候,通过安装阻尼器等装置改变结构的刚度分布,与抵抗地震作用结合起来。

(2) 增强土的刚度。大地的振动水平与土的刚度有很大关系。一般来讲土的刚度越大,振动水平越低。因此可以用工程方法来增强土的刚度以达到降低振动的目的。

第9章 交通控制技术

交通控制是根据交通检测得到的交通信息,通过诸如改变信号灯配时、诱导显示牌、无线终端等方案来维持交通流平顺通行的一种实时处理过程。城市交通控制、快速路交通控制、轨道交通列车运行控制,是交通信息控制技术应用的重要内容。

城市交通控制与快速路交通控制都属于道路交通控制,由于其道路特征不同,所以控制方式也截然不同,如城市道路交通主要通过交叉口的信号灯来控制,而快速路交通控制则包括出入口匝道控制和主线控制,但从控制原理来说,它们有许多相似之处。由于计算机技术与通信技术的飞速发展,目前,国内外已应用的信号控制系统大多是以优化定周期方案、优化路口绿信号配比以及协调相关路段通行能力为基础,根据历史数据和自动检测到的车流量信息,通过设置的控制模型算法选取适当的信号配比控制方案,这些是被动的控制策略。

交互式控制策略使信号控制由感应控制到诱导实现了真正的智能,交通信号控制系统不仅可以检测到车流量等交通信息参数,调控路口绿信号配比,变化交通限行、禁行等指路标志,还可以根据系统连接的数据库完成与交通参与者之间的信息交换,向交通参与者显示道路交通信息、停车场信息,提供给交通参与者合理的行驶线路,以达到均衡道路交通负荷的主动的控制策略。例如,人工智能技术在城市交通控制中的应用;动态路线导航与交通网络系统的结合;多智能体在交通控制系统中的应用,以及一些辅助的交通策略如收费控制、公共汽车/合用车优先控制、驾驶员信息系统等。

9.1 道路交通控制技术

道路交通控制原理如图 9-1 所示。道路交通控制采用先进的信号控制策略对道路交通流进行控制,实现城市或区域的交通控制管理。快速路交通控制根据快速路的交通情况,对出入口匝道控制和主线控制以达到减少交通阻塞、协调路网运行的目的。区域性交通控制策略的制定和实施利用先进的无线通信对城市网络之间交通运行进行集成控制,以提高道路网容量和路段通行能力。交通控制和路线诱导的集成是交通管理人员根据交通控制的需要,向驾驶员发布路线诱导信息,使交通流得到有效的控制。

9.1.1 城市道路交通控制的发展

自从英国1868年在伦敦West Minster地区安装了世界上第一台交通信号灯，城市交通信号灯控制的发展就拉开了序幕。到1967年英国运输与道路研究实验室〔TRRL〕成功地研究出交通网络研究工具“TRANSYT”，用于脱机优化配时方案，它的广泛应用，把交通控制技术推向更高的发展阶段，后来在“TRANSYT”的基础上开发了“SCOOT(Split Cycle and Offset Optimization Technique)”系统及澳大利亚开发了“SCATS(Sydney Coordinated Adaptive Traffic System)”自适应控制系统，它们是当时世界上最优秀的两个城市交通信号控制系统。

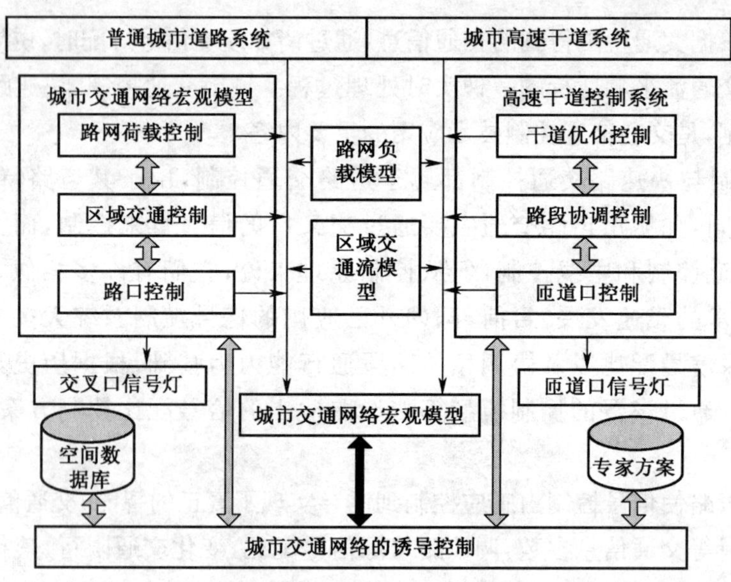

图9-1 道路交通控制原理图

纵观城市交通控制的发展历程，交通控制向技术成熟、高科技含量方向发展，主要经历了以下几个阶段。

1. 定时控制向协调控制发展

城市初始交通信号自动控制都是采用周期固定的单点(单一路口)控制策略，比如单点定周期自动信号机和感应式自动信号机等。这种控制方案实用于交通量不大的情况下，不能满足交通流实时变化的情况，它就不能满足客观需要了，于是产生了单点多时段控制方案——不同的时间段采用不同周期。这种方案只能实现某单一路口的交通流量的最大化，而不能协调整个路段流量的变化，因此产生了信号协调控制系统。

2. 感应信号控制

感应信号控制使交通控制开始迈向智能化，是随着电子技术的发展而兴起的，20世纪初期，国外相继出现了车辆感应式信号机，它可以自动检测各方向的车流量，然后根据分析检测到的车流量，实时控制各方向的信号灯，起到一定的实时更新，有效地减少车辆在交叉路口的延误。

3. 智能化控制

目前比较先进的智能化交通控制系统，有美国的交通控制的模拟计算机交通信号控制系统(简称“PR”系统)，英国的TRANSYT交通控制系统，及基于TRANSYT系统上开发的

SCOOT系统,澳大利亚的SCATS系统。

城市道路交通控制发展阶段的技术模式从时间的先后顺序又可以分为如下几种。

(1) 原始的交通流混合模式。

(2) 机械模式。在机械模式阶段就有了机动车与非机动车之分,建立了较单一的交通规则,有些地方还出现了固定的信号控制系统。该阶段中的交通控制系统不能根据道路中交通流的实际变化情况做出相应的适时更新,柔性很差。

(3) 生物模式。随着城市交通的发展使机械模式远远不能满足人们生活的需求,就产生了生物模式,即模仿生物适应环境的能力,实现在交通管理中的实时控制,不断适应最新交通状况。生物模式的任务是疏导交通、实现诱导控制、采用仿真生物感应方式,来满足交通疏导的要求。

(4) 智能模式。随着北斗星卫星技术、GPS技术、网络技术、视频技术、生物技术、传感技术和诱导技术等的不断发展和完善,将它们综合应用于现代交通系统中,形成智能化道路交通运输系统。智能模式阶段实现了道路、车辆和驾驶员三者之间的和谐协调。借助系统的智能,驾驶员能够实时知道交通状况,提高了道路的安全性及系统的工作效率。

(5) 全球智能模式。全球智能模式的特点是世界各国智能交通控制都有一定的发展,尽管各国的交通控制采用的形式和技术不尽一致,但具有标准的系统模块、技术模块接口和兼容性。它是将各个交通控制子系统衔接起来,构成综合交通控制系统,而各地区、各国的综合交通控制系统则作为新的子系统,它们相互连接,构成全球智能模式。表9-1对机械模式、生物模式、智能模式、全球智能模式进行了比较。

表9-1　4种阶段模式对比

项目	机械模式	生物模式	智能模式	全球智能模式
信息采集	无	有	有	有
信息显示	单一	单一	多种	多种
信息处理	无	单点和区域	多参次	网络化
通信系统	无	有线无线	无线、有线、移动	全球移动通信、网络通信
服务系统	交通标志	交通标志、广播、提示板等	交通标志、广播、提示板、服务中心、车载式系统等	全球化的服务系统
调度系统	无	优先控制系统	调度中心	网络中心
诱导系统	人工诱导	自适应系统	人工智能系统	综合交通系统
系统目的	防止冲突	疏导交通、安全	疏导交通、安全、环保、节能	全球交通一体化

我国近几年也开发出了一些适用于我国交通状况的交通信号控制系统。比如,上海开发的自适应交通信号控制系统SUATS,它是在深入研究国外先进系统的基础上,融合了大量交警实际控制经验(专家经验)而产生的,该系统可与其他交通控制系统进行连接和协调控制。

视频检测自适应交通信号控制系统直接利用视频信号来检测机动车辆的技术,准确检测通过的车流量及排队长度等交通流参数。根据不同方向和车道的实际交通流,实施实时的信号配时,自适应能力强,而且它具有很好的扩展性和开放性。

综合分析国内外先进的城市道路交通控制系统,结合我国实际情况,充分考虑现代科学技术成果的使用,我国城市道路交通控制系统的发展方向应是以下趋势。

(1) 多模式化。首先在系统结构上,应该吸收集中式SCOOT和分布式SCATS各自的长处，在控制范围内各个区域采用灵活多变且可相互转换的系统结构，以使系统结构适应交通流的区域变化；其次在系统目标上，应根据不同区域具体的实时交通路况，对总行程时间最小、“动能”（流量和速度的乘积）及路口能力最大、总延误最小、排队长度最短等目标进行筛选或组合以确定不同的系统目标，这样系统优化更具有针对性；再者在控制战略模式上，应根据区域的不同制定相应的控制策略。

(2) 智能化。随着信息技术、图像处理技术以及智能控制技术等的快速发展，优秀的道路交通控制系统应能准确、及时地为车辆提供多样的信息，在传统的信息广播、可变情报板的基础上，应在城市中建立与控制系统协调的集中式 GPS 诱导系统，并与公路的智能车辆公路系统（简称 IVHS）相衔接。最优化 TRANSYT 与 SCOOT 都采用交通模型来优化配时，但由于当时计算机技术的限制，在模型算法求解上有一定局限性，一般仅能获得有限的局部最优解。随着计算机技术和优化理论的发展，实时在线优化有可能获得更好的局部甚至整体最优解。同时要看到无论 TRANSYT 还是 SCOOT 以及 NUTCS 都立足于路口、控制区域建立交通模型，以获得路口控制参数，同样随着计算机技术和优化理论的发展，建立立足于整个路网的动态交通分配模型和整体优化模型并求解，达到对路口控制参数进行调整从而实现在整个城市范围内对交通流进行动态协调控制是可行的，如应用随机规划理论、神经网络算法和模糊控制理论等。

(3) 规整化。任何控制系统都是立足于一定的道路与交通条件下的，因而使用道路的方法与疏导交通流的方法对控制系统会产生深刻的影响。有鉴于影响已有系统的运行效果的一些因素，在建立一个城市道路交通控制系统之前，必须针对道路状况及交通流状况做出交通流疏导方案和道路使用方法，制定出交通规则，使得道路与交通更加规整。

(4) 标准化与模块化。由于计算机语言的发展水平，SCATS 控制方式受硬件及用汇编语言的限制，不能在其他类型的计算机上运行，限制了它的扩展。而 SCOOT、UNTCS 都使用高级语言编程，便于移植和推广，其成本也相对较低。而且随着 VisualC＋＋可视化语言以及 Java 等高级语言的不断完善和发展，所研制的控制系统应立足于标准化和模块化，有利于产品的进一步完善和市场的推广。

9.1.2 城市道路交叉口的信号控制

1. 信号控制参数

1) 信号相位

在一个交叉口各进口道不同方向所显示的不同灯色的组合称为一个相位。例如，图 9－2 所示十字交叉口的情况下，通常是相位 1 和相位 3 轮流显示的两种相位。如果因左转车辆数量多，需要设置左转相位时再加相位 2 而成为 3 个相位。图 9－2 上实线表示车辆，虚线表示行人。

确定信号相位时需要考虑以下几点。

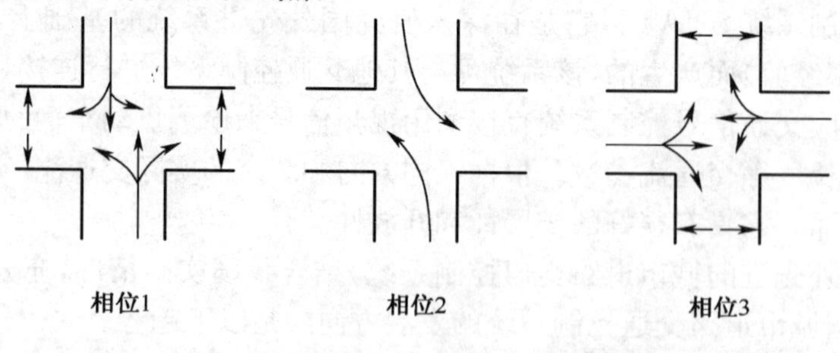

图 9－2 相位示意图

(1) 交通效率。一般来说信号相位多了,安全时间多,可以提高安全性,但是降低了通行能力和交通效率,这是因为相位数增加不但会减少分配给各交通流的相位时间,同时由于相位交替次数增加,而导致黄、红的交叉口清空时间增加。因此,从通行效率方面来看希望减少相位数。

(2) 饱和度。描述道路或交叉口的交通负荷程度的指标,由道路或交叉口的交通流量除以该道路或交叉口的通行能力而得,俗称 VC 比,即 V/C。以交叉口的一条进口道 L 为例,把相位 i 时实际进入进口道 L 的交通量 q_i(交通需求)与进口道 j 的饱和流量 S_j(交叉口上游有充分的需求量时,单位绿灯时间的最大通过数)的比值称为该进口道的饱和度 V/C。饱和度是交通控制中的一个评价标准(进口道的饱和度也称为标准化交通量)。

(3) 交通安全。交叉口内发生的交通事故中,大多数发生在冲突点。因此确定交叉口相位时要考虑冲突点处要有充足的安全时间,根据道路情况和行人行走,驾驶员视线良好与否等情况,设置好行车相位和行人相位以及安全相位。

2) 绿信比

绿信比为一个周期的绿灯显示时长同周期时长之比,即相位 i 的有效绿灯时间 G_i(有效使用的绿灯时间与实际绿灯时间之比)除以周期长 C 所得的值称为绿信比 g_i。即:$g_i=G_i/C$。

3) 周期长

周期信号表示绿、黄、红显示一个周期(从绿灯开始到下一次绿灯开始为止)所需的时间,为信号阶段的一个完整的系列,以秒(s)为单位表示。一般来说,交叉口饱和度越高则周期越长,饱和度越低则周期长越短。

4) 相位差

周期长和绿信比是针对单个交叉口的控制参数而定,而相位差是针对多个交叉口的控制参数而定。例如,考虑线控的信号机群时,从某一车流方向来看,为使车辆在交叉口处不受阻而流畅通过,与其使相关的信号同时显示同一灯色,不如使绿灯开始时间错开一些。这里称表示时间的"错开"为相位差。相位差有绝对相位差和相对相位差。各个信号机与该信号机群共同的基准时间(例如某个特定信号机的绿灯开始时间)的相位差称为绝对相位差,与邻接的信号机的相位差称为相对相位差。二者均以 s 或周期长的百分率来表示。

相位差的基本方式有以下几种。

(1) 优先相位差方式:各方向交通量相差大,或单向通行、人为地欲使其优先通行时采用的方式。其目的是使一个方向的交通通畅。此方式适用于各方向交通量相差不大的情况。

(2) 同相位差方式:沿系统路线,相邻交叉口几乎同时变绿的相位方式(相位差几乎为 0)。一般信号间隔短时,为了避免车辆不断地在交叉口处遇到红灯停车而采用此方式。

(3) 交互式相位差方式:系统路线的相邻交叉口的信号几乎均相差半个周期显示绿灯的相位差方式。相对相位差约为 50%。

2. 信号控制分类

信号控制方法有各种不同的分类:考虑选择控制方式的方便性,将信号控制分为点控、线控、面控。

1) 点控方式

点控制是线控制和面控制的基本单元,它通过安装在单个平交路口上的信号机控制信号周期和绿信比。

(1) 定周期控制。定周期控制是使信号灯按预先定好的周期和绿信比运转。这是最简单、应用最普遍的一种控制方式,由时钟来控制变换参数。一段定周期控制是在全控制过程中信号灯只有一种周期和绿信比;多段定周期控制是信号灯预先定有若干个周期和绿信比,在控制过程中,根据交通量的变化,自动变换周期和绿信比。定周期控制方式是用于交通量的变动模式基本固定、并可以预测的情况,但是适应性太差。

(2) 交通感应控制。交通感应控制方式是主动控制,半自动化,对应于交通状况的变动进行实时控制的方式,是用感应式信号机根据安置在交叉口各入口的车辆检测器所收集的交通情报,灵活地控制绿灯开放时间。全感应式控制是在交叉口各入口处都设有车辆检测器;半感应式控制只在交叉口的某两个入口设有车辆检测器,使该方向的绿灯能灵活开放。

(3) 行人信号控制。人行横道的信号控制方式有“定周期控制”和“按钮式控制”,适用于繁华街、车站周围等地点,全天都有行人穿越横道,因为平均每一分钟有一人以上的交通需求量,所以进行定周期控制为好。按钮式控制适应于需求量随时间变动显著,存在着几乎无人过街的时间段或需求量不大的时间段等情况。

2) 线控方式

线控方式把一条道路延长线上的连续几个信号机在时间上相互联系起来进行信号显示,通过减少车辆停止次数,缩短停车时间达到交通畅通的目的。另外,此种控制方式有助于形成适当速度的交通流。线控的一个关键就是实行线控的各交叉口周期长相同,线控制有 3 个基本参数,即信号周期、绿信比和相位差。

(1) 定周期控制。定周期控制与点控方式一样,根据交通需求的变动模式,将一天分成若干个时间段设定控制方案,把预先设好的控制参数按时间表进行选择的控制方式。该方式适用于交通流比较稳定的路线区间,与点控方式不同的是控制参数中还有相位差。

(2) 交通感应控制。交通感应控制方式是对应于变化的交通状况实时改变控制参数(周期长、绿信比、相位差)进行控制的方式。此方式可根据交通需求的变动进行实时的控制参数修正从而实现高度的线控制。因此,适用于交通量随时间变动剧烈、交通量大、要求高度的交通处理效率的干线道路。一般来说,可根据如下情况进行综合判断:相邻交叉口间距越小,线控的必要性越大;交通量越多,线控的必要性越大;相邻两个信号及之间交通流的脉冲越大,线控的必要性越大;当相邻交叉口饱和度的差很大、最优周期长不同但不是相差整数倍或整数分之一的情况下,应把实施线控的损失和不采用线控的损失进行比较后再决定是否采取线控。

3) 面控方式

面控又称为区域交通信号控制,其控制对象是城市或城市的某个区域中所有交叉路口的交通信号。面控方式是将控制对象区域内全部交通信号的监控,作为一个交通监控中心管理下的整体控制系统,它是单点信号、干线信号和网络信号系统综合控制的集成。区域控制系统是随着交通控制理论的不断发展,以及通信、检测、计算机技术在交通控制领域的广泛应用而发展起来的现代化交通信号控制系统。

城市交通控制系统 UTCS(UTCS,Urban Traffic Control System)中的信号控制方法按照其发展历程可分成 3 个阶段。

第一代控制使用基于静态数据(包含历史数据)所提出的预先储存的信号配时方案。控制系统可以从已存的库中选择最适合最近检测到交通条件的方案。匹配的关键是结合交通量和占有率的网络临界值。在响应式模式中配时方案通常每15min修改一次。

第二代控制是一个在线模型，它根据监测数据和预测数据来计算和实施信号配时方案。第二代控制软件包含一个在线优化算法、交通预测模型、子网络配置模型、关键交叉口控制以及两方案间过渡时间最小化模型。

第三代控制执行和评估一个完全响应的在线控制系统。为了达到这个目的，相应于实时交通量的信号配时参数连续地改变。配时方案修正时间通常在3min～5min，而第二代通常在5min～10min。

9.1.3　SCATS系统

悉尼自适应交通控制系统（SCATS，Sydney Coordinated Adaptive Traffic System，或SCATS系统），由澳大利亚新南威尔士州道路交通局（RTA）研究开发，是目前世界上少有的几个先进的城市信号交通控制系统之一。SCATS系统是一种实时自适应控制系统，也是实时配时方案选择系统，更确切地说实际上是一种用感应控制对配时方案可作局部调整的方案选择系统。SCATS系统的控制结构是三级协调分布式控制结构：即指挥中心为中央控制级、确定协调控制级（多个区域）和路口控制机级。SCATS系统包括中央监控系统，区域控制中心和图形界面（GUI）工作站。一个中央控制系统最多可连12个区域控制中心，每个区域控制中心可控制250个信号交叉口，理论控制规模为16000个交叉口。目前世界上大约有60个城市正在运行SCATS系统，美国、新加坡、马来西亚、菲律宾、新西兰、印度尼西亚和香港等国家和地区、7000多个路口使用了SCATS系统。我国的上海（160个路口）、沈阳（50个路口）和广州市越秀区（40个路口）也使用了SCATS系统。控制超过16000个交叉口，世界上最大的SCATS系统控制网络在澳大利亚悉尼市，控制了超过3000个信号交叉口，据澳大利亚最新研究结果表明，使用SCATS系统能够减少交通停顿40%，节省旅行时间20%（在墨尔本市，每延误1min损失综合经济效益约5000澳元），降低汽油消耗12%。

1. SCATS系统工作原理和结构

SCATS通过少量的在线计算，从预先确定的参数集合里选择周期，绿信比和相位差的组合，系统被设定为在搜集到的数据基础上自动校准，尽可能减少手动校准和调节。

SCATS的控制结构为分层式三级控制，由中央监控中心，地区控制中心和信号控制机构成。该系统通过一个中央计算机、区域性计算机、本地控制器来执行大规模的网络控制，区域性计算机不需要中央计算机的任何帮助就可以执行自适应控制，而中央计算机只监控系统运作情况和设备状况。其结构示意图如图9-3所示。

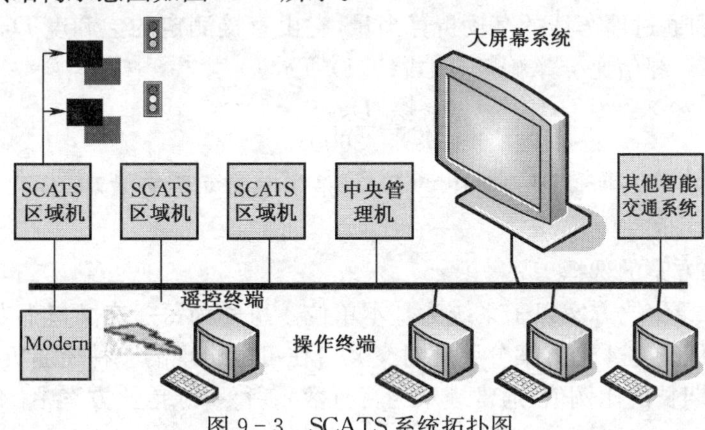

图9-3　SCATS系统拓扑图

2. SCATS优选配时方案的主要环节

1）子系统的划分合并

SCATS对子系统的划分，由交通工程师根据交通流量的历史及现状数据与交通网的环境、几何条件予以判定，所定的子系统就作为控制系统的基本单位。在优选配时参数的过程中，SCATS用“合并指数”来判断相邻子系统是否需要合并，事先为每一交叉口都准备了4个绿信比方案供实时选择使用，这4个方案分别针对交叉口在可能出现的4种负荷情况下，各相位绿灯时间占信号周期长度的比例值。在每一信号周期内，都要进行一次“合并指数”的计算，相邻两子系统各自要求的信号周期长相差不超过9s时，则“合并指数”累计值为(+1)，反之为(−1)。若“合并指数”的累计值达到“4”，则认为这两个子系统已达到合并的“标准”。合并后的子系统，在必要时还可以自动重新分开为原先的两个子系统，只要“合并指数”累计值下降至零。子系统合并之后，新子系统的信号周期长，将采用原来两个子系统所执行的信号周期长中较长的一个，而且原来子系统的另一个随即放慢或加快其信号周期的增长速度，直到这两个系统的外部相位差方案得到实现为止。

2）SCATS控制参数优化机理

SCATS以1～10个交叉口组成的子系统作为基本控制单位。在所有交叉口的每一进口道上，都设置车辆检测装置，检测器分别设置在每条车道停车线后面。根据车辆检测装置所提供的实时交通数据和停车线断面的绿灯期间的实际通过量，算法系统选择子系统内各交叉口的公用周期长、各交叉口的绿信比及相位差。考虑到相邻子系统有合并的可能，也需为它们选择一个合适的相位差(即所谓子系统外部的相位差)。

作为实时方案选择系统，SCATS要求实现利用脱机计算的方式，为每个交叉口拟定4个可供选用的绿信比方案、5个内部相位差方案(指子系统内部各交叉口之间相对的相位差)以及5个外部相位差方案(指相邻子系统之间的差)。信号周期和绿信比的实时选择是以子系统的整体需要为出发点，即根据子系统内的关键交叉口的需要确定共用周期时长。交叉口的相应绿灯时间，按照各相位饱和度相等或接近的原则，确定每一相位绿灯占信号周期的百分比。随着信号周期的调整，各相位绿灯时间也随之变化。

SCATS把信号周期、绿信比及相位差作为各自独立的参数分别进行优化，优化过程所使用的算法以综合流量及饱和度为主要依据。

(1) 综合流量。为避免采用与车辆种类(车身长度)之间相关的参量来表示车流流量，SCATS引入了一个虚拟的参量，即综合流量来反映通过停车线的混合车流的数量。综合流量q'是指一次绿灯期间通过停车线的车辆折算当量，它由直接测定的饱和度D_S及绿灯期间实际出现过的最大流率S、绿信比g来确定，如式(9.1)所示。

$$q'=\frac{D_S gS}{3600} \tag{9.1}$$

(2) 饱和度。SCATS所使用的饱和度(D_S)，是指车流实际有效利用的绿灯时间与绿灯显示时间之比。

3）信号绿信比方案的选择

在SCATS中，绿信比方案以子系统为基本单位。事先为每一交叉口都准备了4个绿信比方案供实时选择使用。这4个方案分别针对交叉口在可能出现的4种交通负荷情况下，各相位绿灯时间占信号周期长的比例值(通常表示为百分数)。每一绿信比方案中，不仅规定各相位绿灯时间，同时还要规定各相位绿灯出现的先后次序，不同的绿信比方案中，信号相位的次序也可能是不同的。这就是说，在SCATS中，交叉口信号相位的次序是可变的.

在SCATS的绿信比方案中，还为局部战术控制（即单个交叉口车辆感应控制方式）提供了多种选择的灵活性。受车流到达率波动影响，某些相位按既定绿信比方案享有的绿灯时间可能有富余，而另外一些相位分配的绿灯时间有可能不足。因此，在不加长和缩减信号周期长的情况下，有可能也有必要对各相位绿灯时间随实时交通负荷变化作合理的余缺调剂。这就要求在绿信比方案中对可能采用的调剂方式做出具体规定。在某些交叉口，可能有些相位的绿灯时间不宜接受车辆感应控制的要求而缩短，那么也要在方案中特别注意这些相位的绿灯时间只能加长不能缩短。

绿信比方案的选择，在每一信号周期内都要进行一次，其大致过程如下：在每一信号周期内，都要对4种绿信比方案进行对比，若在连续3个周期内某一方案两次“中选”，则该方案即被选择作为下一周期的执行方案。在一个进口道上，仅仅把饱和度 D_S 值最高的车道作为绿信比选择的考虑对象。

绿信比方案的选择与信号周期的调整交错进行，二者结合起来，对各相位绿灯时间不断调整的结果，使各相位饱和度 D_S 维持大致相等的水平，就是“等饱和度”原则。

4）信号周期长的选择

信号周期长的选择以子系统为基础，即在一个子系统内，根据其中饱和度最高的交叉口来确定整个子系统应当采用的周期长。SCATS在每一交叉口每条进口车道上都设有车辆检测器，由前一周期内，各检测器直接测定出的 D_S 值中取出最大的一个，并据此定出下一周期内应当采用的周期。

为了维持交叉口信号控制的连续性，信号周期的调整采取连续小步距方式，即一个新的信号周期与前一周期相比，其长度变化限制在6s之内。

对每一子系统范围，SCATS要求实现规定信号周期的4个限值，即信号周期最小值（C_{min}），信号周期最大值（C_{max}），能取得子系统范围内双向车流行使较好连续性的中等信号周期长（C_s），以及略长于 C_s 的信号周期（C_x）。在一般情况下，信号周期的选择范围只限于 C_{max} 与 C_s 之间，只有当关键位置上的车辆检测器所检测到的车流到达量低于预定限值时，才采用小于 C_s 乃至小于 C_{min} 的信号周期值。高于 C_x 的信号周期值由所谓关键进口车道上的检测数据（D_S 值）来决定选用。这些关键车道饱和度明显高于其他车道，需要较多绿灯放行时间，因而需要从信号周期的加长得到优惠的车道。

5）相位差方案的选择

在SCATS中，内部、外部两类相位差方案都要事先确定，并储存于中央控制计算机中，每一类包含5种不同的方案。每个信号周期都要对相位差进行实时选择，其具体步骤如下。

第一方案，仅仅用于信号周期长恰好等于 C_{min} 的情况。

第二方案，仅用于信号周期满足 $C_s<C<C_s+10$ 的情况。

其他的3个方案，则根据实时检测到的综合流量值进行选择。连续5个周期内，有4次当选的方案，即被选为付诸执行的方案。对于每一有关的进口道，都要分别计算出执行3种相位差方案（第三、四、五方案）时该进口道能够放行的车流量及饱和度。实质上，这与最宽通过带方法相似，SCATS是对比上述3种方案所能提供给每一条进口道的通过带宽度。当然，所能提供的通过带宽度愈大，说明这一方案的优越性愈明显。外部相位差方案也采用与内部相位差方案相同的方法选择。

3. SCATS系统的特点

SCATS系统是一种以方案选择式优选配时方案与单点感应控制作调整相结合的控制系统，通过战略控制和战术控制的有机结合，提高了系统本身的控制效率。SCATS系统控制容量大、很灵活，一台区域控制计算机可以控制128个路口，而一个SCATS系统中央控制室能够联接64台区域交通控制计算机。系统中未采用任何交通模型，限制了配时参数的优化程度。SCATS系统有如下特点。

(1) 由于该系统可选方案数目限制，执行每一方案持续时间较长(一般为十几分钟到几十分钟)，在一定程度上影响控制的随机性，灵活性和参数的优化程度。

(2) 从控制方式来看，SCATS属于一种开环控制，控制策略的效果如何，并不作为参数优化依据，不具有反馈功能，因而限制了配时方案的优化过程，灵活度不够。

(3) 该系统的控制参数组合与交通状态组合的对应参数是事先设置的，这将带来一些问题，例如，实现设置有主观认定未经实际检验的缺点，控制参数应适合交通状况的变化规律；另外，即使是设置进去的对应关系能够反映设置时刻的规律，但是并不一定能够真正反映实际运行规律。

(4) 交通环境条件变化了，虽然它是实时测取交通参数，但交通参数与控制参数之间的关系却可能已经过时，这可能导致实时性不够理想。

9.1.4 SCOOT系统

SCOOT(Split Cycle and Offset Optimization Technique)即"绿信比－信号周期－相位差优化技术"，是一种对道路网交通信号实行协调控制的自适应控制系统。产生于20世纪70年代的英国，由英国运输与道路研究所(TRRL)研制成功，提出了动态交通控制系统，并于1980年正式投入使用，20世纪90年代该系统进行了多次升级，20世纪80年代初引入中国，成都、大连、北京等用SCOOT。

它的模型基础原自TRANSYT(Traffic Network Study Tool)，采用了同样的周期流分布图(CFP)的建模方式和相近的目标函数，不过有了显著的改进。TRANSYT的CFP是以历史的平均交通流计算的；而SCOOT是联机模型，CFP是实时测量的。

SCOOT系统根据检测器得到的实时数据计算交通量、占用时间、占有率及拥挤程度。同时，它结合检测数据和预先存储的交通参数对各路口进行车队预测，由此利用交通环境对子区和路网的信号配时进行优化。SCOOT系统因其在应用中的良好表现得到了普遍认可，应用越来越广泛。SCOOT系统是集中式控制模式，中心控制主机采用1台管理计算机和多台控制计算机的形式，其系统规模：中心最多可控制9台计算机，每台计算机最多可实时自适应控制300个路口，理论控制规模为2700个路口。图9－4介绍了SCOOT系统的流程。

1. SCOOT系统工作原理和结构

SCOOT是在TRANSYT的基础上发展起来的，其模型及优化原理均与TRANSYT相仿，不同的是SCOOT方案形成式控制系统，SCOOT通过车辆检测器实时地测量并跟踪交通运动，它利用一个联机的交通模型和相应的控制参数优化程序来优化信号控制器的配时，实时调整绿信比、周期长及相位差3个控制参数，使之同变化的交通状况适应。SCOOT的检测器在当时创新之处就是集计数检测器和占有率检测器两种功能于一身，它能测量流量和占有绿的

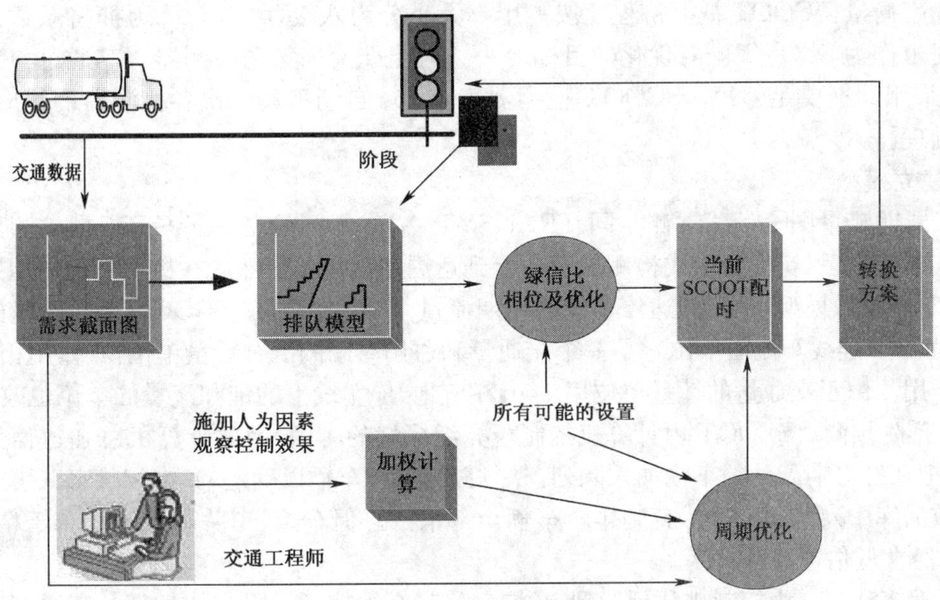

图 9-4　SCOOT 流程图

混合参数，安装在适当的位置可直接测量交通阻塞。SCOOT 的优化程序的任务就是利用 CFP 和交通模型找出信号配时参数的最佳组合。为了跟踪 CFP 的瞬时变化，SCOOT 的优化程序采用小增量寻优方法，即信号配时参数可随 CFP 的变化作相应的微小变化。采用这种参数微调的好处是，对交通的连续运动妨碍最小，又不易为交通参与者所察觉。此外，对交通路网上可能出现的交通拥挤和阻塞情况，SCOOT 有专门的监视和应付措施。它不仅可以随时监视系统各组成部分的工作状态，对故障发出自动报警，而且可以随时向操作人员提供每一个交叉口正在执行的信号配时方案的细节情况，每一周期的车辆排队情况（包括排队队尾的实际位置）以及车流到达图式等信息，也可以在输出终端设备上自动显示这些信息。

该系统是一种实时自适应系统，其硬件组成包括 3 个主要部分：中心计算机及外围设备，数据传输网络和外设装置（包括交通信号控制机、车辆检测器或摄像装置及信号灯）。软件大体由 5 个部分组成：① 车辆检测数据的采集和分析；② 交通模型（用于计算延误时间和排队长度等）；③ 配时方案参数优化调整；④ 信号控制方案的执行；⑤ 系统检测。以上 5 个子系统相互配合，协调工作，共同完成交通控制任务。

2. SCOOT 优化配时方案的主要环节

1）子区划分

SCOOT 系统划分子区也由交通工程师预先判定，系统运行就以划定的子区为依据，运行中不能合并，也不能分拆。但 SCOOT 可以在子区中有双周期交叉口。

2）检测

SCOOT 使用环形线圈式电感检测器实时地检测交通数据。为避免漏测和复测，线圈采用 2m×2m 方环形。路边不允许停车的情况下，可埋在车道中间。所有车道都要埋设检测器，一个检测器检测一条或两条车道，两条车道合用一个检测器时，可跨在分道线中间。

SCOOT 检测器可采集的交通数据的种类有：①占用时间即占用率；占用时间即检测器感应有车辆通过的时间；占用率是占用时间与整个周期长之比；②交通量；③ 拥挤程度，用受阻车队的占用率衡量,SCOOT 把拥挤程度按占用率大小分为八级(0~7),称为拥挤系数 DI,拥挤系数有时也作为 SCOOT 配时优化的目标之一。为能准确采集到检测器有车通过与无车通过的时间,采用周期要足够短。SCOOT 检测器每 0.25s 自动采集一次各检测器的感应信号,并作分析处理。

3) 建立模型

(1) 周期流量图—车队预测。同 TRANSYT 一样,不同的是 SCOOT 根据检测到的交通信息经实时处理后,实时绘制成检测器断面上到达周期流量图。然后在检测断面的周期流量图上,通过车流离散模型,预测到达停车线的周期流量,即到达图式。SCOOT 周期流量图纵坐标的单位为 1pu(连线车流图单位),是一个交通量和占用时间的混合计量单位,其作用相当于 pcu 的折算作用。由于交通量的计量单位用 1pu,相应地,停车线上的饱和流量的单位也改用 1pu。

(2) 排队预测。SCOOT 由计算机控制着亮红绿灯的时间,因此计算机总知道信号的当前状态,并把在红灯期到达的车辆加入队列。绿灯启亮后,车辆以确定的“饱和状态”(事先储存于计算机数据库中)驶出停车线,直到排队车辆全部消散。但车速、车队离散等都难于精确估算,SCOOT 经常低估了排队长度。

(3) 拥挤预测。为控制排队延伸到上游交叉口,必须控制受阻排队长度。交通模型根据检测的占用率计算拥挤系数,可以反映车辆受阻程度,同时因 SCOOT 检测器设在靠近上游交叉口的出口道上,因此当检测器测得有车停在检测器上时,表明排队即将延伸到上游交叉口。

(4) 效能预测。SCOOT 用延误和停车数的加权值之和或油耗作为综合交通指标 PI,但 SCOOT 有时也用拥挤系数作为效能指标之一。拥挤程度对信号配时优化的影响,随拥挤程度的加剧而增长。在配时优化中考虑降低拥挤程度时,也可把拥挤系数列为综合效能指标之一。综合效能指标中取用的指标,应视控制决策而定。例如,在高峰时以降低车辆延误为主要控制目标;在短距离交叉口间,考虑到要避免车辆排队堵塞上游交叉口,另外,SCOOT 把饱和度作为优选周期长的依据,因为饱和度随周期长的加长(减短)而降低(增加)。饱和度达到 100% 时,势必发生严重的交通堵塞,所以 SCOOT 控制饱和度不超过 90%。

4) 优化方法

(1) 优化策略。SCOOT 的优化策略是:对优化配时参数随交通需求的改变而作频繁的适量调整。适量的调整量虽小,但由于调整次数频繁,就可由这些频繁调整的连续累计来适应一个时段内的交通变化趋势。这样的优化策略是 SCOOT 成功的主要原因之一。

(2) 相位差优化,其要点如下。

① SCOOT 优化相位差,以子区为单位。

② SCOOT 对每一交叉口(无论其相位起始时间是否改变)在每周期前都要做一次相位差优化计算。

③ 相位差的调整量也是±4s。

④ 优化相位差的方法与优化绿信比一样,但以全部相邻道路上的 PI 综合最小为优化目标。

⑤ 优化相位差,必须考虑短距离交叉口间的排队,SCOOT 首先考虑这些交叉口间的通车连续性。必要时,可牺牲长连线上信号间的协调(可容纳较多的排队车辆),以保证短连线上不出现排队堵塞上游交叉口的现象。

(3) 绿灯时长优化,即绿信比优化,有如下要点。

① 绿灯时长的调整量是±4s。

② SCOOT对每个交叉口都单独处理其绿灯时长的优化。

③ 每一相位开始前几秒钟都要重新计算现行绿灯时长是否需要调整。

④ 优选绿灯时长,即以调整±4s后的PI同维持原状的PI作比较,选其中PI小的方案。

⑤ SCOOT定绿灯时长时,还需考虑交叉口总饱和度最小、车辆排队长度、拥挤程度及最短绿灯时长的限制等因素。

⑥ 调整量±4s是下一相位的所谓“周期性调整”,在下一次再要调整时,虽正负方向保留1s的所谓“趋势性调整”,下一次的调整量,即在保留这1s基础上再进行调整4s,以利于跟踪在一个时段内的交通变化趋势。

(4) 周期长优化有以下要点。

① SCOOT优化周期长以子区为单位。

② SCOOT每隔2.5min～5min对子区每个交叉口的周期长做一次运算。以关键交叉口的周期长作子区内的公用周期长。

③ 周期长优化以子区内关键交叉口的饱和度限于90%为目标。饱和度小则递减周期长,减小通行能力,可使饱和度上升;接近90%时,停止减低周期长;饱和度大则递增周期长,提高通行能力,可使饱和度下降。

④ 周期长的调整量为±4s～±8s。

⑤ SCOOT在调整周期长时,同时考虑选择双周期信号,如因配双周期信号而能使整体PI最优时,对选定的周期长可另作调整。SCOOT还考虑最短周期长与最大周期长的限制。

⑥ 在周期长优化中,不考虑交通拥挤系数,所以SCOOT系统中,仅在绿信比与相位差优化中考虑拥挤系数。

3. SCOOT系统的特点

SCOOT系统是方案形成式控制方式的典型代表,是一种实时自适应交通信号控制系统,SCOOT系统通过连续检测道路网络中交叉口所有进口道交通需求来优化每个交叉口的配时方案,使交叉口的延误和停车次数最小的动态、实时、在线信号控制系统。概括来讲,SCOOT系统具有以下5个特点。

(1) 实用性强,几乎不受城市交通出行方式、出行起讫点分布、土地使用情况、季节性和临时性交通变化以及天气和气候变化的影响。

(2) 对配时参数的优化是采用连续微量调整的方式,即每个信号周期内,只对绿信比和绿灯起步时时距作±(1～4)s的调整,稳定性强。

(3) 个别交通车辆检测器错误的反馈信息几乎不影响SCOOT系统对配时方案参数的优化,而且该系统对这类错误的信息有自动鉴别和淘汰功能。

(4) 对路网上各交叉口信号配时方案的检验和调整,每秒钟都在进行,所以能够对路网上交通状况的任何一种变化趋势做出迅速的反应。

(5) SCOOT系统能够提供各种反映路网交通状况的信息,为制定综合管理决策创造了有利的条件。

但是SCOOT系统几乎所有相关控制策略模型都是通过数学模型的仿真获得,这就要求抽象的数学模型必须准确地反映系统的运行状态,误差范围小,否则,必然会影响控制效果。另一方面,数学模型的精确度越高,结构就越复杂,因而仿真时间就越长,这将会在实时性与可靠性之间产生矛盾。当要求进一步提高效果时,这一矛盾就会越突出。

9.1.5 SCATS 系统与 SCOOT 系统的比较

SCATS 作为一种先进的交通控制系统,系统的特点是控制容量大、很灵活,在世界上许多城市的交通控制中起着重要的作用,但同时存在以下缺点:没有实时交通模型,而是根据类饱和度和综合流量从既定方案中选择信号控制参数,限制了控制参数的优化程度;选择相位差方案时,无车流实时信息反馈,可靠性低;无法检测到排队长度,难以消除拥挤;检测器安装在停车线附近,难以监测车队的行进,因而绿时差的优选可靠性较差该系统可选方案数目限制,执行每一方案持续时间较长,导致灵活性和参数的优化程度不高。

SCOOT 系统的主要控制参数是绿信比、周期和相位差。SCOOT 系统采用联机实时控制的动态模式,对周期、绿信比与相位差进行控制,采用小步长渐进寻优方法。但 SCOOT 相位不能自动增减,相序不能自动改变,现场安装调试时相当烦琐等不足是有待改进的。该系统几乎所有相关控制策略模型,都是通过数学模型的仿真获得,由于数学模型的建立很复杂,因而仿真时间就越长,实时性与可靠性之间就产生矛盾。当要求进一步提高效果时,这一矛盾就会越突出。

以上 2 种系统已经在实际中得到应用,并取得了一定的期望效果。但是,在线优化方式(SCATS)因无具体的交通流模型而导致优化程度较低。SCOOT 虽然不存在这方面的问题,但是对于交通量接近饱和或者已经饱和的交通状态,控制效果并不理想。因此,有必要研究更加先进的交通控制系统以进一步适应城市交通对于信号控制的要求,而先进的信号优化控制理论是实现这一目的的前提条件。

9.2 城市高速公路(快速路)交通控制

由于高速公路上采取了限制行人、分隔行驶、汽车专用和全部立交等措施,并采用较高的标准和完善的交通设施,从而为汽车的大量、快速、安全、舒适、连续的运行创造了条件。高速公路是唯一能够提供完全不间断交通流的公路设施,车辆在高速公路上行驶所受外部干扰比较少。然而随着交通量的快速增长和缺乏对高速道路的控制,高速道路的阻塞现象屡见不鲜,所以如何采用合适的控制方法最大限度利用好耗费巨资修建的城市高速道路非常重要。

目前,高速公路沿线设置了轮廓标志、警告标志、禁令标志、限速标志、指示标志、地点里程标志等多种标志和标线,所有这些标志和标线全部采用定向反光材料制成,对在高速公路上夜间行车起到了醒目鲜明的提示作用。但是,由实际运营经验表明,这些固定不变的交通标志,远远不能满足在高速公路上行车的需求,需要设置信息更换快、分辨率高、可视性好、工作可靠全天候运营的可变标志。因此,一些高速公路管理单位在距收费站入口 2000m 左右的位置安装了龙门架式可变情报板,作为道路信息发布系统显示终端。

高速公路交通控制系统主要由信息采集子系统、信息控制中心和信息表达子系统三大部分组成。信息采集子系统包括:车辆检测器、气象检测器、紧急电话等。信息表达子系统包括交通标志、标线、信号灯、可变情报板、可变限速标志牌、服务区指示牌。道路运营信息可分为:路况信息,气象信息,安全行车信息和其他信息 4 种。

高速公路监控系统是在普通道路交通控制系统基础上发展起来的，高速公路监控系统的重要外场设施有车辆检测仪、气象监测仪、可变情报板、可变标志牌等，它们在高速公路智能化管理和提高运营效率方面起着重要作用，它接受由道路交通监控指挥中心下达的指令信息，向道路使用者提供道路运营状态信息、气象信息和行车安全信息，同时，也是高速公路管理部门发出各种道路运营信息和指挥命令的平台，来调节交通，通过可变情报板、可变限速标志牌，使车辆畅通地在高速公路上运行。同时，高速公路监控系统的技术结构由单一的计算机集中处理方式发展成多计算机功能分散的计算机网络处理方式，从而使系统可靠性提高，程序编制简单，易于维护和功能扩展，但现有的控制系统对将来道路运输发展的服务是很有限的，整个信息系统还有待于进一步完善。

9.2.1　高速公路交通控制方式

高速公路一般由下述3种类型的路段组成。

(1) 高速公路基本路段(主线)。这是指不受匝道合流、分流及交织流向影响的高速公路路段。

(2) 匝道连接点。驶入、驶出匝道与高速公路的连接点是匝道连接点。

(3) 交织区。两条或多条车流沿着高速公路一定长度，穿过彼此车行路线的高速公路路段称为交织区，交织区一般由合流区和紧跟着的分流区组成。

车辆进出高速公路先要通过匝道、交织段，然后再驶入主线，因此，为了减少进出车辆对主线交通的影响，必须对进入高速公路的车辆进行控制。实施匝道控制，特别是入口匝道控制，将能够使高速公路的服务水平维持在一个满意的阈值之上。

常用的控制方式有匝道控制和主线控制两种。

1. 匝道控制

匝道控制有入口匝道控制和出口匝道控制两种方式。入口匝道控制的原理是限制进入高速公路的车辆数目以保证高速公路自身的交通需求不超过其交通容量，其控制的目标如下。

(1) 在高速公路干道和入口匝道上，消除或减少交汇中的冲突和事故。

(2) 减少高速公路干道行驶车辆的总行程时间。

(3) 减少通道内全部行驶车辆的行驶时间。

(4) 改善交通的平稳性，减少不舒适感或环境干扰。

出口匝道控制的方法主要有封闭阻塞区间、强制让车辆驶出的指示以及提供路径信息等，这些是缓解出口匝道衔接的平面交叉口的交通阻塞和防止出口排队过长而导致高速干道上交通阻塞的控制方法。这样可以大大减少该处的车辆交织以及随之造成的交通拥挤和安全问题。特别是当连接着一个大型互通式立交的沿街道路和街道到出口匝道的距离较短时，关闭匝道是个很实用的解决方法。但是，关闭匝道又有如下缺点。

(1) 可能大大增加每个驾驶人员的行车时间和距离。

(2) 在这些地区，尾部碰撞事故的可能性增加。

(3) 如果是使用人工控制的栅栏或某种形式的自动门，那么高峰时间关闭匝道的费用是相当大的；由于以上原因，关闭出口匝道的方法极少采用。

匝道控制的两种方式中，入口匝道控制被公认为是缓解快速路交通拥挤最为有效的措施之一，在国外已经得到广泛应用。下面主要介绍入口匝道控制的相关内容。

1）入口匝道控制系统的组成

入口匝道控制系统主要由路边控制器、车辆检测器、信号灯、匝道控制机、地面停车标线和匝道口的可变信息板组成，如图 9－5 所示。

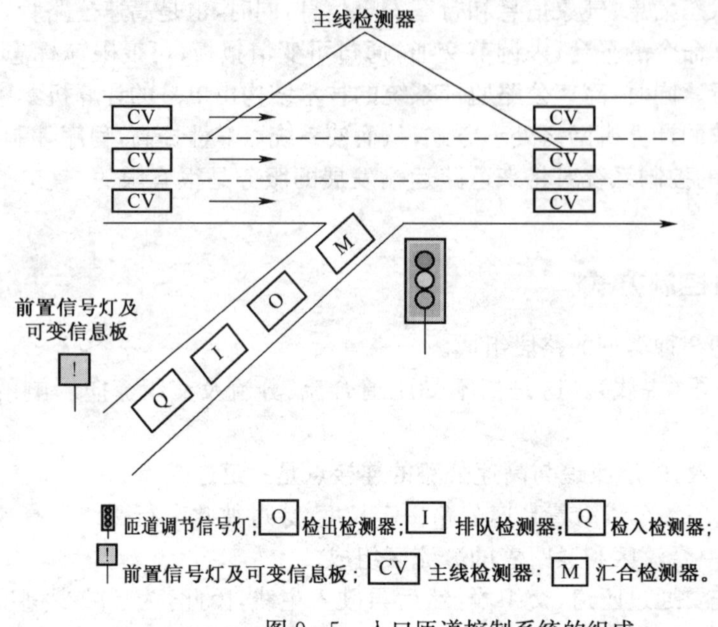

图 9－5　入口匝道控制系统的组成

主线检测器用于检测主线的交通状况；排队检测器用于检测入口匝道的车辆排队长度情况；检入检测器用于检测是否有车辆到达停车线前等待；检出检测器用于检测是否有车辆通过停车线；汇合检测器则用于检测车辆是否顺利地交汇到快速路主线上；信号灯用于指示车辆通行或在停车线前等待；匝道控制机是入口匝道控制的核心部分，执行入口匝道控制程序。

2）入口匝道控制的工作原理

入口匝道控制的工作原理是通过调节从入口匝道进入快速路的交通量，使快速路主线的交通需求不超过它的容量（即通行能力），从而使快速路主线的交通运行在最佳状态附近，保证快速路交通通畅。

现假设 C 为快速路车道通行能力，Q_r 为车道交通需求量，则控制前提条件可以表述为以下内容。

(1) 当 $C \gg Q_r$ 时，交通流为自由流，无需控制，但是仍需监视，以便处理紧急事故。

(2) 当 $Q_r > C$ 时，若在多条路段的不同时刻出现多次时，说明整条公路的通行能力低于交通需求，此时控制难以改善交通现状，只有扩大道路通行能力，增加车道才能解决矛盾。

(3) 当 $Q_r > C$ 且出现在高峰交通或者个别瓶颈路段时，此时可以通过各种控制手段来解决交通矛盾。

3）入口匝道控制的主要作用

概括起来，入口匝道控制的作用主要有以下几个方面：① 限制驶入主线的车辆数，使其小于通行能力，减少或消除交通拥挤的发生；② 降低事故率，提高交通安全；③ 减少总的旅行时间，提高服务水平；④ 有效地使用道路容量，使车流量均匀分布在整个路网上，改善整个城市交通系统。

4）入口匝道控制算法

入口匝道控制策略按自动控制理论可分为传统控制和智能控制两大类:按入口匝道控制是否响应实时的交通状况,可把入口匝道控制分为定时控制 TOD(Fixed－time strategies/Time－of－day control)、交通响应型、混合型和交通感应控制(Traffic responsive control);交通感应控制根据控制参量的不同又可分为需求—容量控制(Demand－capacity control)、占有率控制(Occupancy control)和可接受间隙汇合控制(Gap—acceptance control)3 类。可接受间隙汇合控制是利用快速路上车辆间隙,使入口匝道车辆能安全地汇入快速路主路,当快速路交通量很大时,该控制策略几乎不起任何作用。因而,汇合控制不是一种解决交通拥挤的控制策略,目前很少被采用,本书也不加以分析。

(1) 定时控制。定时控制的入口匝道调节率是固定的或者是根据一天内各时段的变化而预先设定的,不需要实时的交通信息,通常根据历史交通数据估算得到。入口匝道定时控制系统的构成如图 9－6 所示。

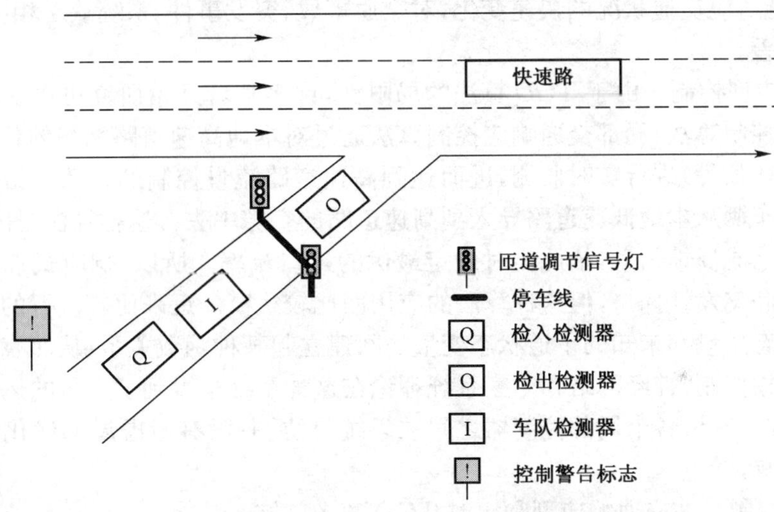

图 9－6　入口匝道定时控制系统的构成

早在 1965 年 Wattle Worth 就提出定时控制方法,其基本思想是以快速路主路上的交通量不超过其通行能力为约束,流入快速路的交通量最大为目标函数。该法将快速路分为 N 段,每段最多只有一个入口匝道和一个出口匝道,第 j 个路段求不超过它的容量(即通行能力),从而使快速路主线的交通运行在最佳状态附近,保证快速路交通通畅。

流量 q_j 的稳态模型为

$$q_j = \sum_{i=1}^{n} a_{ij} r_i , \quad j = 1, L, n \tag{9.2}$$

最优控制策略为

$$\max J = \sum_{i=1}^{n} r_i$$

$$\text{s. t. :} \sum a_{ij} r_i \leqslant q_{cap.j} , \quad \forall j$$

$$r_{\min,j} \leqslant r_i \leqslant r_{\max,j}$$

式中 r_i ——入口匝道调节率；

a_{ij} ——在匝道 i 进入快速路并通过路段 j 的车辆比例，因此 $0 \leqslant a_{ij} \leqslant 1$；

$q_{cap.j}$ ——第 j 个路段的通行能力；

$r_{\min.j}$ ——第 j 个入口匝道最小调节率；

$r_{\max.j}$ ——第 j 个入口匝道最大调节率。

此方法建模简单，计算方便，但只是一种理想的数学模型，没有考虑到交通状况随时间的变化对控制解的影响，因此不具有实用性。在此基础上，许多学者对其进行了改进，从系统最优、用户平衡的角度进行系统的静态优化，建立了双层规划模型，提出了同时考虑各区通行能力、行驶速度、出入口匝道排队长度等约束的流入交通动态控制方法，改进了传统的 LP 交通控制方法。

定时控制是一种静态调节方法，通过预先设定入口匝道调节率，不需要实时的交通信息，算法简单，因而控制系统容易实现、成本低，主要应用于周期为 10min～30min 的时间间隔。它的主要缺点是：不能适应交通状况的快速变化，对交通事故、突发事件，系统缺乏相应的处理能力，因而控制效果较差。

(2) 交通响应型控制。由于 TOD 算法的局限性，许多学者开始研究可以适应交通状况变化的局部响应型控制算法，局部交通响应控制算法通过对本地高速道路网络的状态变量（流量，密度，速度，入口队长等）进行实时监测，进而达到高速道路流量控制的目的。另一种局部响应算法则是用于将车辆从本地低速道路导入到高速道路的空隙中去。这种算法是闭环反馈式，它把实时检测数据当成反馈信息，依此实时确定最优的入口流率。所以，响应式控制可以预防和消除常发性拥挤和突发性拥挤，但这种算法的应用面比较狭窄。近来比较流行的算法则尝试在观察到的干道状态变量和未知的干道状态变量之间建立起某种函数关系，从而有效地控制高速道路的流量。模糊控制，神经网络和专家系统理论在这种系统中得到了大量的运用。局部交通响应控制算法的缺点是：各个局部控制器之间缺乏统筹协调；没有考虑局部优化对整个高速道路网络系统的影响。

(3) 混合型控制。在交通响应型和定时 TOD 型入口控制算法的基础上，发展出了多种混合型、改进型的高速道路入口匝道控制算法。高速道路系统的状态虽然有其规律性，但是实际上在具体时刻系统的状态往往同根据历史记录得到的预测值有很大的差距，针对这一点，这些改进型算法允许系统既可以跟踪潜在的变化趋势，又能够及时对当前不规则的流量作出反应。对于复杂的大规模多变量入口匝道控制问题可以采用将问题分解成更小规模的可以单独分别进行优化的子问题的方法。另外，许多混合型算法通过采用分层结构结合了轮时改进算法和空间分解改进算法来解决大规模的入口匝道控制算法，其组织结构图如图 9-7 所示。

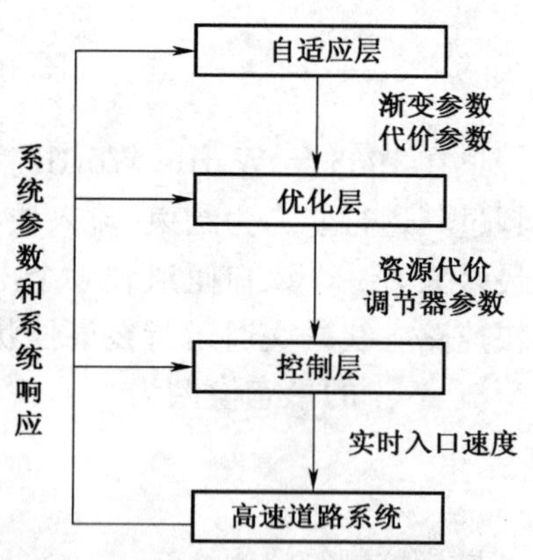

图 9-7 入口匝道分层控制系统结构

这种分层的系统把局部优化的交通响应控制同考虑了区域条件、特殊事件与事故等信息的上层指导有效地结合起来，这种基于层次控制结构的混合型算法也可以支持在诸如“正常流量”，“堵塞”等优化模式时以及来自高层的“特殊事件”时的一些特殊考虑。

(4) 交通感应控制。由于入口匝道定时控制的局限性，许多学者开始研究可以适应交通状况变化的交通感应控制，其控制系统的构成如图 9-8 所示。交通感应控制通过对快速路的交通参量(流量、占有率、速度、进出口匝道排队长度等)进行实时检测，利用检测到的实时交通信息进行动态闭环最优控制。交通感应控制可分为需求一容量控制、占有率控制和可接受间隙汇合控制 3 类。

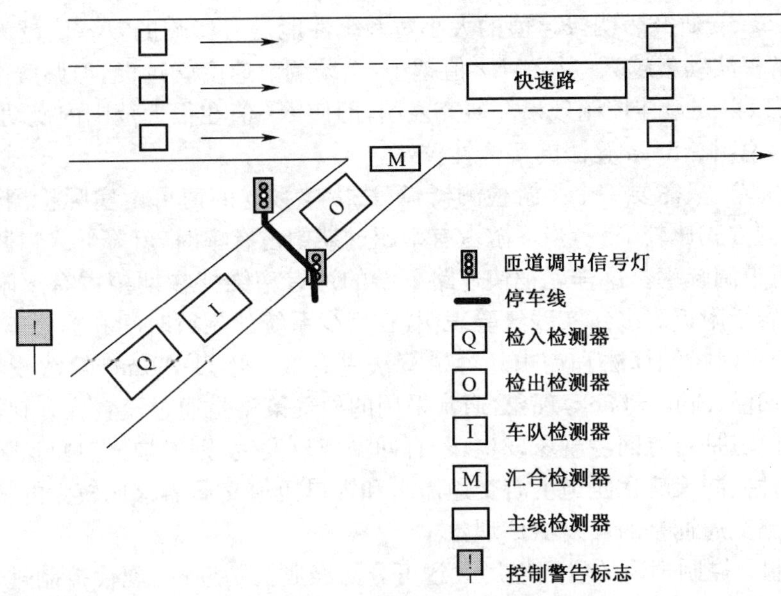

图 9-8　入口匝道交通感应控制系统

① 需求—容量控制。需求—容量控制是以交通量为控制参量，通过调节进入快速路的交通量 $r(k)$ 与上游交通量 $q_{in}(k)$ 之和不超过匝道下游的通行能力 q_{cap}，即 $r(k) \leqslant q_{cap} - q_{in}(k)$，从而保证下游主路交通量维持在其通行能力 q_{cap} 的负领域内，以最大下限度地利用快速路。

需求—容量控制策略在北美等国家得到广泛的应用，其典型算法如下：

$$r(k)=\begin{cases} q_{cap}-q_{\text{in}}, \text{if } o_{\text{out}} < o_{cr} \\ r_{\min}, \text{else} \end{cases} \tag{9.3}$$

式中　o_{out}——匝道下游测量得到的占有率；

o_{cr}——匝道下游临界占有率(此时对于的交通流量最大)；

q_{in}——匝道上游交通量；

q_{cap}——匝道下游的通行能力；

r——匝道控制上下匝道流量。

该控制策略使匝道下游主路交通量始终维持在其通行能力 q_{cap} 的负领域内，当下游占有率 o_{out} 超过下游临界占有率 o_{cr} 时，采用最小调节率 $r_{\min}$，显然，需求—容量匝道控制算法未考虑匝道的排队长度和地面交通状况，仅考虑交通流量。因此不能判别快速路主线是处于拥挤状态还是自由流状态。由于匝道控制是开环扰动抑制策略，不是一个闭环反馈策略，对外在不可测量的扰动非常敏感，不能把控制后的微小变化反馈给系统进行再优化控制，因此往往无法达到理想的控制效果。

② 占有率控制。Alinea是最有代表性的占有率控制方法，它是一种基于经典闭环反馈控制的匝道控制策略，其算法如下：

$$r(k)=r(k-1)+Kr[\hat{o}-o_{\text{out}}(k)] \tag{9.4}$$

式中 $r(k)$——k时刻入口匝道调节率；

$\hat{o}$——匝道下游期望占有率，一般来说它等于临界占有率或略小于临界占有率；

Kr——调节参数。

根据Parageogiou研究表明，Kr值的大小对系统性能是有影响的，Kr值越大，系统调节速度就越快，但调解率波动就越大；反之，Kr值越小，系统调节速度就越慢，但调解率波动就越小；当$Kr=70$时，可以得到最佳控制效果。研究表明，即使Kr值在很大范围内变动系统也能保持一个良好的性能，说明Alinea算法的鲁棒性较好。

该控制算法简单，只需要一个下游检测器，算法中参数$\hat{o}$的值可由实际检测到的占有率流量曲线得到。控制方式比较平缓，当下游占有率超过期望占有率时，就降低入口匝道调解率；反之，就增加入口匝道调解率。这样就把快速路下游的占有率维持在期望占有率附近，从而使快速路运行在最大容量附近。多年实践经验表明，在减少系统的旅行时间和提高车辆平均速度方面，Alinea算法比定时控制算法和需求—容量算法更有效。不过Alinea算法没有考虑入口匝道因排队引起的回溢(Spill－back)现象，通常采用的处理策略是通过设置在入口匝道前端的检测器来检测入口匝道是否有回溢现象发生，若有回溢现象发生，则增加入口匝道调解率，直至消除回溢现象。这种控制策略在匝道上游交通需求和入口匝道交通需求比较大的情况下，往往会导致回溢与快速路交通拥挤的反复振荡现象。

(5) 智能控制。控制理论的发展经历大致可分为经典控制理论、现代控制理论和智能控制理论3个阶段，经典控制理论和现代控制理论(一般统称为传统控制理论)都是建立在控制对象的精确模型基础上，对控制目标的描述也比较简单，如保持稳定的输入、输出；在给定的性能指标下求最优化等。虽然鲁棒控制、自适应控制等方法能够在一定程度上适应系统模型的不确定性，不完全依赖控制对象的精确模型。但是，对于复杂的高非线性交通系统，传统控制方法就显得力不从心。因为交通系统是一个非常复杂的非线性大系统，首先交通系统是一个有人参与的主动系统，驾驶员的行为必然会对交通系统产生影响，而该影响具有复杂性和随机性，难以用精确的数学模型加以描述；其次，突发的交通事件更是给交通系统的建模带来困难。由于快速路上交通流的复杂性、非线性和动态性，采用传统的控制方法很难取得满意的控制效果，而智能控制却非常适用于非线性的复杂大系统。因此许多学者开始将智能控制理论应用于城市快速路入口匝道的控制，并取得了一系列成果，其中以模糊控制、神经网络控制和分层递阶控制的应用最为广泛。

① 模糊控制。20世纪80年代，Chen提出了单个匝道口的模糊控制问题。Taylor和Meldrum将模糊控制应用于Cettle高速公路的匝道控制，现场实验表明模糊控制比定时控制和需求容量控制的控制效果都好。模糊控制的优点在于它不需要控制对象的精确数学模型，同时可利用各位专家的经验，允许不精确的数据输入，能有效地克服原始数据的误差问题。模糊控制的缺点在于模糊规则的获取比较困难，控制参数的设定需要大量的工作，且不具备在线学习功能；对于多个匝道控制，其模糊规则将呈指数增加，这是导致模糊控制没有成功地推广到多个匝道控制的原因。

② 神经网络控制。神经网络是模拟人脑的自学习功能，具有很强的非线性映射能力，具有 3 层或 3 层以上的神经网络可以逼近任何非线性函数。对神经网络在入口匝道控制上的应用进行了研究，研究表明神经网络控制能取得很好的控制效果。神经网络控制的优点在于它的自学习能力，能直接应用于非线性系统，不需要对非线性系统进行线性化。它的不足之处在于神经元数目的确定没有一个合理的标准，对实时性要求较高的交通控制系统来说，其学习时间相对较长，难以满足匝道控制的高实时性要求。

③ 分层递阶控制。分层递阶控制是大系统分解、协调控制的有效方法。实践表明，在强干扰作用基于线性化模型的 LQ 匝道控制器的鲁棒性不够理想，难以镇定系统。为此，Papageorgiou 设计了递阶匝道控制系统，该系统包括适应层、优化层和控制层。控制层将优化决策转化成控制率，使系统状态和入口匝道调节率始终保持在最优设定点的领域内，抑制随机扰动和模型误差的影响，实际应用时多采用交迭分解方法设计分散次最优控制器。优化层根据检测到的实时交通数据在线计算，为控制层提供稳态最优设定点。为了弥补模型简化带来的负面影响，适应层跟踪干扰并识别交通模式，决定是否启动在线优化算法，增强系统的鲁棒性。

5）入口匝道控制策略展望

城市快速路是整个城市交通大系统的一个重要组成部分，由于其构造上的特点，决定了城市快速路的交通状况受进出口匝道以及与之关联的地面道路交通状况的影响，主要体现在以下两个方面：① 进口匝道处的超长排队导致的回溢现象会影响地面道路的正常交通；② 因出口匝道的流出需求大于与之关联的地面道路所能接受的服务能力时，出口匝道处出现排队甚至延伸到主线上，造成快速路主线交通阻塞问题。因此匝道控制问题必须与普通道路的交通控制问题相结合，实现快速路与地面道路的综合控制。但由于综合控制需要大量的交通数据，对这些数据的融合与计算有相当大的困难。尽管在入口匝道控制方面，已有大量的研究成果，但是如何结合城市地面道路进行入口匝道控制，目前还处于探索阶段。到目前为止。对快速路和地面道路进行综合控制还没有比较成功的算法。但是随着检测技术、通信技术、计算机技术的不断进步，获取实时交通信息的手段不断完善，一些重要的交通数据，如 OD 矩阵，行车速度，车辆类型，转弯概率等，都可通过检测到的交通数据进行估算，这些数据为实现快速路与地面道路的综合集成控制提供了必要条件。由于城市交通系统是一个复杂的大系统，交通综合控制将采用大系统分解理论，实行分层递阶智能控制和多目标优化的方法；也由于交通系统的强非线性，控制算法将越来越多地采用智能控制，诸如模糊控制、神经网络控制、模糊神经网络控制等，最终实现快速路与地面道路的综合集成控制，从而达到整个交通系统性能最优，这将是今后研究的一个重要方向。

2. 主线控制

高速公路的主线交通控制就是当道路交通需求接近通行能力时，对主线上交通流进行调节与诱导，使之比较均匀、稳定。这种主线控制对常发性和偶发性交通拥挤都是有效的。常用的主线控制方法有主线调节、速度控制、车道使用控制及驾驶员信息系统等。

1）主线调节

主线调节主要是根据输入的交通需求和上游的通行能力，对经由主线入口进入高速公路控制路段的交通流实行控制，使该段下游高速公路能保持期望的服务水平，或对载客率较高的公共汽车、合用客车给予优先通行权。

2）速度控制

速度控制是通过设置可变限速标志限制行车速度，使交通高峰期间里的交通流更加均匀、稳定，从而提高道路通行能力。

3）车道使用控制

车道使用控制不仅是一种紧急控制手段，而且也是合理分流车辆，减少拥挤，提高道路通行能力和向公共交通、合用车辆提供优先服务的手段。常用的方法如下。

(1) 车道关闭控制。当某车道上发生交通事故或安排施工作业时，暂时关闭该车道，措施是在车道上方显示红色的“×”标志，并视需要设置路栏等。

(2) 可逆车道变向控制。在交通高峰期间，交通量会呈现较大的方向不平衡性，为了有效地利用道路空间和通行权，把反方向的某一条车道临时用作逆向车道，并通过交通标志发出车道变向信息。

(3) 专用车道控制。为鼓励乘用公共交通工具，降低高峰期间的交通总需求，在高峰时间里从同方向或反方向的车道中辟出一条车道作为专用车道。高峰时间过后，可恢复为通用。

4）驾驶员信息系统

驾驶员信息系统是利用标志板或通信工具向驾驶员提供有关道路、交通或气象等信息，促使他们采取适当措施。信息是根据检测道路、交通、气象等所获得的数据，对交通最优控制问题进行求解后(例如最佳运行速度、最佳行驶路线、某入口匝道关闭等)由控制中心发布的。此类系统需要较昂贵的设备投资费用，主要用于交通量较繁重的某些高速公路。

9.2.2 高速公路控制与管理系统

高速公路控制与管理系统是分层次的分布式大型综合控制与管理系统，通过各种不同的设备连接在一起，实现各部分信息的共享和协调工作，从而完成综合控制与管理功能。高速公路控制与管理系统的计算机网络和通用的计算机网络既有一致的方面，又有特殊的要求，首先，它是一个实时网络，高速公路控制与管理系统的计算机网络需要根据现场通信的实时性，在确定时限内完成信息的传送，这个时限是根据控制过程的实时性要求来确定的。其次，它也是个管理信息网络，高速公路控制与管理系统的所有管理信息(收费信息、人事信息、办公信息、财务信息、路面养护信息等)都需要通过该计算机网络来传输。

高速公路控制与管理系统的发展方向是管理和控制一体化，一方面向交通控制现场(数据采集设备、可变情况板、限速板、收费数据等)发展，另一方面向交通管理的高层(运营计划、路面养护计划、收费管理、交通调度、统计分析、交通控制等)发展，特别是近几年来开放式系统体系结构的发展，各种网络通信规约的标准化，逐步克服了过去各种计算机系统不能互相通信的“孤岛”现象，这种高速公路交通控制与管理系统使得交通管理部门的自动化水平大大提高，不仅能控制和管理某个交通设备，而且也能控制和管理整个区域的交通设备，使得整个区域的交通状况得以改善，提高交通量，减少交通事故.

总的来说，高速公路交通控制与管理系统的主要目的是为了从整体上协调控制路网交通流的运行。高速公路控制与管理系统(图 9－9)主要包括以下部分。

(1) 控制中心。控制中心一般有地图显示系统、中心计算机和控制台，这是控制管理的神经中枢。

(2) 信息传输系统。它主要是收集交通情报和发送控制指令的信息通道，包括直达电缆、电话线、无线电和微波传输等。

(3) 情报收集系统：主要是为驾驶员和交通控制提供必要信息，包括车辆检测器、紧急电话和航空监视等。

(4) 信息提供。交通信息部分可以提供文字、图像、声音等多种信息，还有可以对普通电话进行自动接受应答的“自动电话导向”等设施。在当今先进的高速公路交通控制管理系统中还有可以提供行驶时间等信息的功能。

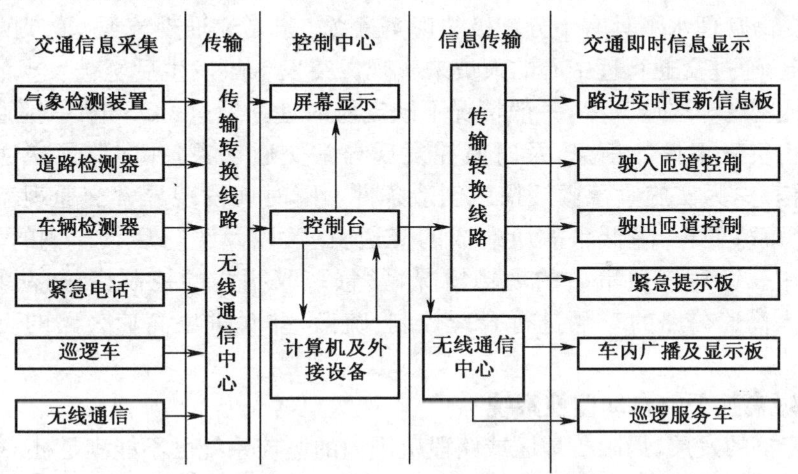

图9-9　高速公路控制与管理系统

9.2.3　高速公路交通控制趋势

1. 高速公路(城市快速路)与地面道路交通整合控制

城市高速道路都是嵌入在更大的城市道路网络中的，并时时刻刻同网络上的其他道路相互作用。因而，要对高速道路的交通实行有效控制，进而达到对整个城市交通的有效管理就必须清楚高速道路和普通道路之间的相互作用，协调它们的相互作用，实现有效的综合交通控制和管理。目前，许多关于交通控制多限于单个路口，城市交叉口或匝道口的控制系统或多个同类路口所组成的网络系统。这类工作当然是十分重要和不可缺少的，但对于城市交通的整体管理和控制而言，这些控制明显具有结构性的缺陷。单独高速公路匝道控制和普通道路网络的区域信号协调控制，常常会出现以下两种情况：① 尽管匝道控制改善了高速公路系统的性能，但人口匝道的超长排队给普通道路网络系统带来了更大的负面影响；② 有时高速道路出现了拥挤，但普通道路系统却存在过剩的通行能力得不到利用。所以，为了取得整个城市交通系统的最大综合效益，这两个系统的综合协调控制势在必行。在高速道路和普通道路的特定路段上，提取交通灯和人口匝道排队等信息，利用这些信息，对高速道路人口的车辆进行控制，缓解拥堵，提高流通效率。

2. 建立高速公路交通控制与交通管理共用信息平台

共用信息平台首先是规划概念：在系统规划阶段明确逐步扩展系统各部分之间的相互衔接关系，确定接口和功能衔接要求；共用信息平台也是管理控制概念，在系统建设阶段明确的目标，可以通过投资建设要求等方式加以保证。共用信息平台又是一种技术概念：以此提供系统整合的技术依托。高速公路交通控制与交通管理共用信息平台不仅需要完成各种事物性管理任务，而且需要逐步形成高速公路的“管理神经网络”，有效沟通各部门之间的信息联系，实现将数据组织成为信息，将信息提炼成为知识，将知识融入整个管理，从而全面支持高速公路交通、指挥、调度、信息发布、事务管理、决策分析及制定战略。

3. 开发高速公路交通事故预防与紧急救援的软硬件技术

国外目前正在着力开发研究高速公路交通紧急救援的硬件技术，有关紧急救援决策与管理等软件技术的研究必将是未来的发展趋势。随着我国高速公路通车运营里程的增加，开展这方面的研究对于提高管理水平具有十分积极的现实意义。异常交通现象类型的判断、确认是在信息采集的基础上，通过交通管理中心的人员来实现。突发事故发生后至被发现的时间，取决于紧急电话的设置密度和巡逻频率，一般情况下缺乏及时性。通过 SOS 电话、巡逻车、各类检测器等手段来获得突发事件的信息，及时监控发现异常交通现象，并向路段交通参与者、管理者提供相应的信息，为实施紧急救援措施创造条件。瞬时地发现异常交通现象，对于迅速地进行伤员救护、事故处理、降低事故所造成的交通阻塞，以及预防后续车辆的追尾事故等都具有重要的作用。针对交通事故的现场情况，紧急采取相关的控制措施，防止出现二次事故，同时，对进入高速公路的车辆进行合理控制、疏散，并对进出高速公路的匝道进行控制，迅速恢复交通。

4. 建立区域高速公路自动监控系统

随着社会经济的发展，局限于地区或路段范围内的监控系统已不能满足社会对高速公路交通管理的需要，人们迫切需要一种能够为高速公路运输生产提供服务的智能化自动监控系统，需要一种综合性的自动监控系统，从监控站点到分中心再到总控中心，分级、分层次形成整体的高速公路交通控制系统。监控站负责对其所覆盖路段的监控信息进行收集，并根据指令对行驶的车辆发出调度、安全、查询、路况等信息。沿途的车辆可以根据接收来自监控站的指令发出响应信息，同时可以按照预先设置的程序定时或自动发出信息，这些信息包括 GPS 定位信息、车辆状况信息、报警信息、应答信息、路况查询、与公司或用户的联络信息等。监控站将信息存储在数据库中，并将监控信息转发到分中心，对报警及应急事件信息进行及时处理。分中心负责对来自辖区内的高速公路沿线各个监控站的信息进行收集和分析，将相关信息存储在数据库中，并在电子地图上显示车辆位置、车辆状况、车辆报警及路况等信息，将有关的监控信息转发到总控中心。分中心通过计算机网络传递用户与车辆之间的联络信息，并根据车辆位置将用户发往车辆的查询、指令和联络信息通过监控站发给相关的车辆。总控中心收集分中心有关各个高速公路路段的监控信息，将信息存贮在数据库中提供有关部门分析处理，在电子地图上显示区域内高速公路的监控情况，可以随时调出某条高速公路的车辆、路况、告警等信息并进行显示。总控中心可以通过分中心向各条高速公路发出指令、安全、调度等信息，并转发用户与车辆的联络信息。

高速公路自动监控系统由通信子系统和计算机网络子系统组成，通信子系统完成监控信息的传递，计算机网络子系统完成系统数据库的管理、监控信息的分析和处理、信息的查询和访问以及车辆的登记管理等。高速公路自动监控系统可以为交通管理部门和交通参与者提供灵活、方便、快速的信息，应用范围十分广泛。

5. 实行高速公路网络化管理

高速公路网络化管理是将现代工程技术、信息技术、通信技术、控制技术、传感技术等综合技术有效地运用于高速公路养护、收费、监控、通信安全管理系统。在发达国家，网络化管理在高速公路管理中已进入实际应用阶段，并成为高速公路管理的发展方向。随着我国高速公路的迅速增加和路网规模的逐步扩大，加快推行高速公路网络化管理是发展方向，已显得尤为紧迫。网络化系统发展的中长期目标是：通过这种先进的网络设施和高质量服务，来不断满足社会和经济建设对交通的需求；对高速公路的道路及其设施进行良好的维护，使其经常保持良好的使用状态；通过信息收集和处理，将网络内各路段运营状况进行科学的调控，对事故等突发事件情况及时处理并告知驾乘人员；同时，提供多功能服务，包括对交通违章的异地联网查处，进而建立起养护、收费、通信、监控、交通安全等服务一体化的网络管理体系。

6. 充分利用相关数据

在高速公路交通控制和交通管理的过程中采集到大量的交通数据，除一部分被实时用于道路交通管理，还有相当多的数据没有得到有效运用。一方面大量的数据被浪费，另一方面相关部门或研究单位得不到可利用的数据信息而不得不花费大量的时间、经费重新开展调查，但往往时效性、可靠性差。大量的交通信息除用于实时交通控制外，还支持交通控制策略、技术的进一步优化，可靠评估交通安全状况，诊断交通安全隐患，检验交通控制的需求预测和评估模型，进行中长期道路交通的建设规划、道路维修、保养计划、安全规划等，从而使道路交通信息潜值得到发挥，并满足不同方面的要求，从而有效降低整个社会用于提高道路交通安全、效率的成本，也能使未来的智能交通技术更有针对性，更具科学性，可以发挥更大的作用。

7. 未来的智能高速公路

所谓智能高速公路，是目前西方国家正在研制和试验的一种旨在缓解交通拥挤的全自动化新概念高速公路系统。从目前西方国家已取得的研究成果来看，未来的智能高速公路将以实现三大目标为目的，即管理电子化、行车智能化、收费自动化。管理电子化即在高速公路管理中引入超大规模计算机系统，对高速公路的长期运行状况进行综合分析，制造数学模块，以向管理人员提供中长期公路运行预报，协助管理人员随时根据实际情况制定出最佳管理方案，以保证高速公路交通安全畅通。超级计算机在高速公路上的另一用途是对设置在高速公路两侧和各种传感器(如摄像机、测速雷达等)传输来的高速公路运行信息以及当天的气象情况、道路设施状况等进行收集处理，得出最佳参数(如车速、车间距离、某一路段需要注意的情况、可供选择的行车路线、有关交通事故通报等)并将其通过情报板、专用广播频道等手段传输给汽车驾驶员。行车智能化即是通过给汽车加装卫星导航系统来实现技术突破，驾驶员上车只需将此行的出发地和目的地输入其中，导航系统即向驾驶室提供最佳行车路线，并将这种路线通过装在驾驶员旁边的电视显示屏上直观地显示出来。此外，这种导航系统还能接收外界通过无线广播传输的交通信息，并根据这些信息随时调整行车线路。为保证行车绝对安全，车上还将装备自适应速度控制装置，以备电子控制系统万一失灵时利用防撞雷达和红外线技术来控制车速和车辆间距。由于实现了“路控制车”，各种车辆行车速度一致，不存在超车、违章等现象，汽车将在连续不断的无线电控制信号的控制下前进。高速公路管理中心根据运行状况随时调整车速，不但完全避免了任何人为因素造成的交通混乱，在一定程度上杜绝了交通事故；而且使车与车之间的距离大为缩短，提高了高速公路的通行能力。

收费自动化是一项已开始推广实用的技术。目前的高速公路收费站大多数是人工收费或半自动收费，车辆在经过收费站时必须停车才能交费，速度慢，高峰时还容易发生交通堵塞，而自动化装置将有效地克服这一缺陷，汽车无需停车就可驶上高速公路。

9.3 城市交通流诱导系统

城市交通流诱导系统(UTFGS,Urban Traffic Flow Guidance System)是以动态交通分配理论为基础,实时分析复杂多变的路网交通状态,综合运用 GPS 和 GIS 等技术,通过车载信息装置、可变信息板等动态地向出行者提供实时交通信息和最优路径引导指令,达到均衡路网交通流的目的。其组成原理如图 9-10 所示。

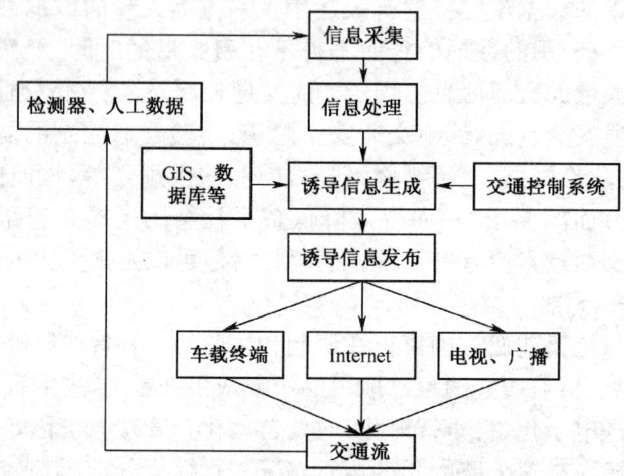

图 9-10 城市交通诱导系统组成原理

城市交通流诱导系统的工作原理是通过各种交通信息采集手段采集到动态交通流信息(图 9-11),通过交通信息传输系统,即数据传输网络传输到交通信息控制中心进行处理,交通控制系统根据传来的信息、GIS 等数据确立最佳的诱导策略,诱导信息生产,最后通过 Internet、车载终端、电视、广播、告示牌把信息及时准确地发布出去。

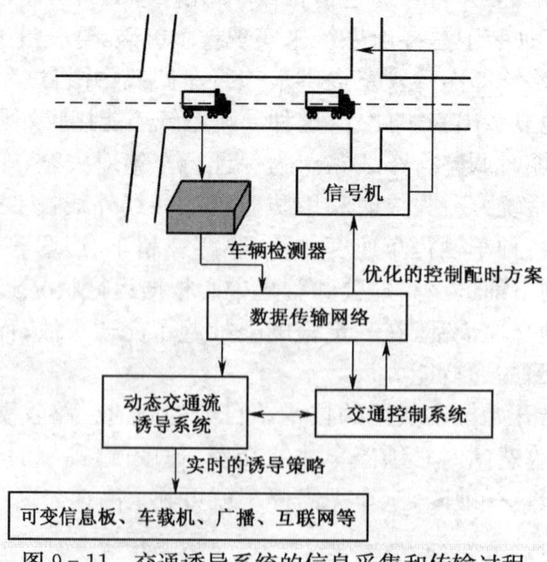

图 9-11 交通诱导系统的信息采集和传输过程

城市交通流诱导系统的主要目标是:从宏观网络的角度可以均衡网络上的交通流量,使网络的综合交通能力达到最充分利用;从微观车辆的角度达到缩短每辆车行驶的距离,减少行驶时间的目的。其特点是把人、车、路综合起来考虑,通过诱导道路使用者的出行行为来改善路面交通系统,防止交通阻塞的发生,减少车辆在道路上的逗留时间,并且最终实现交通流在路网中各个路段上的合理分配。

城市交通流诱导包括多种诱导方式,其主要有 3 种:交通诱导信息发布系统、停车场停车诱导系统和车载诱导系统。其中车载诱导系统主要是通过 GPS 车辆定位系统对车辆进行定位,然后接受控制中心传送来的诱导指令,并将其显示在车载计算机的显示屏上。

9.3.1　交通诱导信息发布系统

以下介绍可变情报板信息发布系统和停车场信息诱导系统来说明交通诱导信息发布诱导系统的功能。

1. 可变情报板

用图形、文字、色彩或它们的组合等方式向道路使用者提供动态交通信,一些可变信息板除了显示交通信息以外,在法律许可下,还可显示某些交通标志图案,起到可变标志的作用。可变情报板是公路监控系统的设备之一,它为公路、城市交通要道及路口实时地显示交通信息,对实现交通信息灵活、集中、统一调度和管理,确保道路畅通具有重大意义。高速公路情报板大多是户外条屏,即通常所说的异步通信屏,其主要特点是要求亮度高达 $5000\text{cd}\cdot\text{m}^2\sim10000\text{cd}\cdot\text{m}^2$;视角相对较窄,一般要求水平视角 $20°\sim30°$,垂直视角 $10°\sim15°$。

可变情报板诱导系统直接诱导道路上的交通流群体,故它一直受到世界各国的普遍重视而发展。其中在以下两个方面特别受到关注。

1) 安装类型

可变情报板的位置设置应充分考虑到外界环境、道路条件、交通状况和人文习惯等。如是否有建筑物、天桥、树、电车天线和现有标志牌等妨碍视线;设置位置是否有充分的直线阅读距离;是否在瓶颈地段、事故多发地段;道路类型是否属快速路,发布信息是否充分可信等。根据不同的原则,设置合理的类型,以便更加简单,方便司机阅读。目前使用的类型大致分为以下几种:龙门架型、侧柱型(也称为 F 型)和支柱型(也称为 T 型)等。

2) 发布交通动态信息类型

根据发布交通信息类型,可以分为动态信息和静态信息。而根据发布信息方式可以分为自动发布和人工发布。对于静态信息一般指的是宣传标语、法规通知等,实现起来相对简单。这里主要讨论对交通动态信息的发布。

(1) 发布行程速度和旅行时间:可以自动发布,但是需在发布区间连续设置流量监测器。对于断续流,交通信号控制系统会影响信息发布的准确性,故这一类的信息多发布在连续流或快速路区间。

(2) 用红、黄、绿表示交通拥堵程度情况。红色代表堵塞,黄色代表拥挤,而绿色代表畅通。关于交通拥堵程度的定义一直是一个复杂的问题,可用很多交通参数来定义,如车速占有率与饱和度等。高速路、快速路和城市道路分别采用不同的判别方法。如高速路可采用车速来判别,车速大于 $40\text{km}\cdot\text{h}^{-1}$ 为畅通,$40\text{km}\cdot\text{h}^{-1}\sim20\text{km}\cdot\text{h}^{-1}$ 为拥挤,小于 $20\text{km}\cdot\text{h}^{-1}$ 为堵塞。这些临界值可以在实际应用中逐步调整。

从图 9－12 中可以看出，从朝阳路处到达通惠河北路选择大望桥要比选择走国贸桥更节约行程时间。

(3) 发布事故信息、交通管制信息等。事故信息一般需要进行人工确认，所以这一类的信息通常需要人工干预发布。事故信息人工确认的做法通过在道路上设置的交通道路监控点而判断。

(4) 发布诱导信息。需在诱导路径上连续设置流量监测系统。这种类型特别适合设计图文屏来实现。值得说明的是，根据发布信息类型不同，需要的流量监测设备(视频、线圈等)也相应不同。

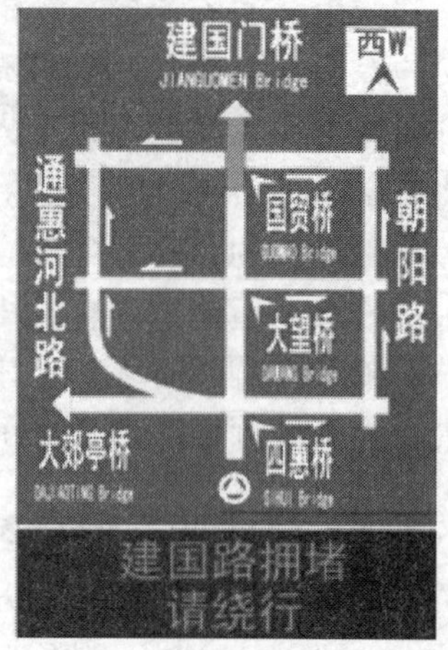

图 9－12　架设在北京市的交通诱导情报板

3) 情报板交通诱导信息的发布流程

情报板交通诱导信息的发布流程为：信息采集、信息处理和信息发布，如图 9－13 所示。

监控系统工程中日常情报板诱导信息发布基本都是通过计算机处理后每天 24 小时自动发布的，而应急预案的人工处理又弥补了计算机软件处理的局限性，使情报板的发布更具及时性、准确性。以上海市诱导信息发布系统为例说明信息的发布流程。

(1) 信息采集。信息采集是情报板发布信息的源泉，通过车辆检测器采集的数据和人工干预进行分析，确保数据的实用性，为监控中心标定监控软件的模型提供了基本的验算数据，具体信息采集方式主要有以下几种方式。

① 车辆检测器。外环线(浦西段)设置 48 套感应式环形线圈车辆检测器，并通过调制解调器与上位机进行通信，主线车辆检测器平均以 1000m 设置一个检测断面，并在立交附近适当增加布设密度，每车道设置双环形线圈，检测内容有车速、车流量、车型和道路的占有率。出口匝道上在距离匝道口 50m 处渠化段布置环形线圈车辆检测器，每车道设置单环形线圈，检测内容为车流量和车型。

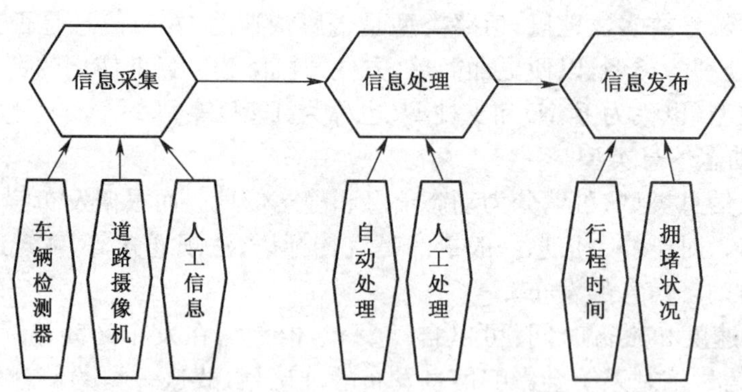

图 9－13　情报板发布流程

实施流入控制的入口匝道上，在距离匝道 30m 和 130m 处渠化段分别布置环线线圈车辆检测器，每段面每车道设置单环形线圈，检测内容为车流量、车型、道口车辆等待和排队长度。

② 摄像机。全线设置 36 套摄像机，平均每 2000m 设置一台，考虑到沪嘉立交至莘庄立交交通流量较大，适当增加了布设密度。摄像机安装高度 15m～18m，采用 1/3 英寸 CCD 传感

器，16 倍变焦镜头，晴天视距大于 800m。

③ 接收路政、交警等其他相关部门的信息。外环线全线双向 8 车道，交通流量和事故较多，一般如发生交通事故或车辆抛锚，行车人员先打 110 报警处理事故，交警人员根据事故情况报监控中心，监控中心工作人员接到后作为待处理信息。外环线相关路政人员每天按时上路巡视，巡视过程中发现道路坑塘、路面撒落物等影响正常行车的信息，通过 800M 数字集群对讲机或电话及时上报监控中心。

外环线作为上海市高速公路监控中心的一部分，目前连接 A4、A8、A9、A11、A12 高速公路，高速公路的通行情况将直接影响外环线的正常通行，为了保障外环线的畅通，监控中心同时接收如高速公路或相关道路施工、大雾、事故等情况，对过往车辆进行信息提示。

(2) 信息处理。外环线监控系统工程情报板信息的发布信息处理运用信息采集的数据，进行计算和处理，编制成信息处理软件，通过发布编码指令；单独、部分或全部发布在外环线每一块情报板上。

(3) 信息发布。根据发布外环线情报板信息类型，可以分为静态信息和动态信息。静态信息一般指的是交通标志、交通法规和相关信息，如限速信息(如夜间行车注意限速)；施工信息(如前方 2 公里施工注意慢行)；实时天气(如晴北风 3 级～4 级，气温 15℃～20℃)；宣传标语(如谨慎驾驶注意安全)。动态信息：所谓“动态”就是一方面交通信息采集、处理、发布随交通状况不断变化，同时还要不断地和历史数据去比对、分析，以使交通管理人员和交通参与者掌握和了解交通状况变化趋势是否异常等。这是当前道路交通实时动态信息系统工程中急需实现的工作目标。

下面主要介绍交通动态信息。

① 发布行程时间。监控中心根据车辆检测器采集的信息，经过软件标定的模型，可以自动发布至外环线所有情报板上，一般来说，每一块情报板会显示前方两个立交之间的大车道和小车道的到达时间，如图 9-14 所示，至沪青平立交大车道 10 分钟和小车道 8 分钟。

② 用红、黄、绿表示交通拥堵程度情况：根据车辆检测器采集的信息，经过软件处理，可采用图形、文字和图像进行发布。红色代表堵塞，黄色代表拥挤，绿色代表畅通，如图 9-15 所示。

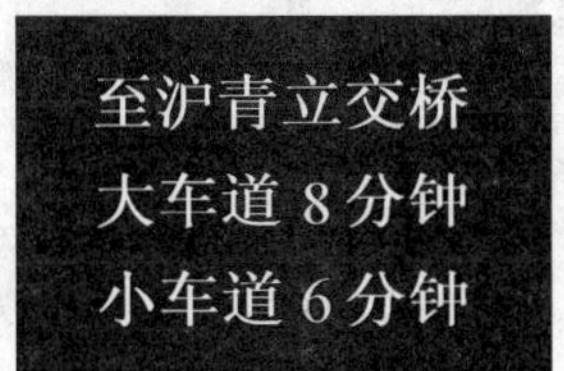

图 9-14　设立在外圈天山路立交双色 A 型情报板发布的版面

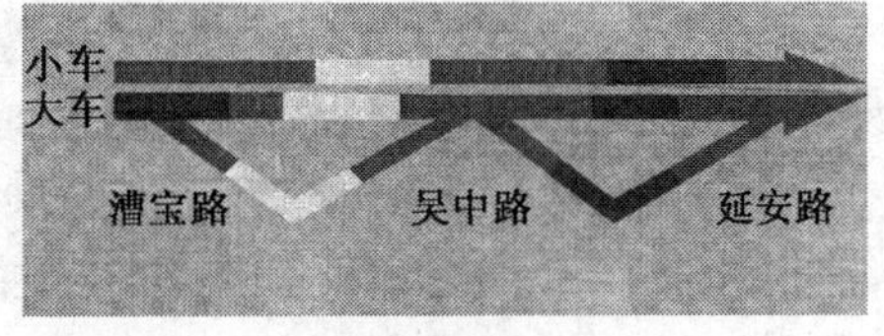

图 9-15　设立在内圈漕宝路立交双色 A 型情报板发布的版面

③ 发布事故信息、交通管制信息等，事故信息一般需要进行人工确认，所以这一类的信息通常需要人工干预发布，事故信息人工确认的做法通过在道路上设置的交通道路监控点来判断。

④ 发布诱导信息。需在诱导路径上连续设置流量监控系统，这种类型特别适合设计图文屏来实现。值得说明的是，根据发布信息类型不同，需要的流量监测设备(视频、线圈等)也相应不同。

9.3.2 停车场停车诱导系统

随着经济的持续发展和产业调整,城市人口将不断增加。同时,经济活动日趋频繁,对中心城市的交通带来沉重的压力,交通“停车难”日益成为制约我国大中城市经济发展的“瓶颈”。城市汽车和停车位之间的矛盾也日益突出,在寸土寸金的城市,地下停车场和地面多层停车场等占地少,容量大的场内停车设施越来越多地成为缓解城市停车压力的主要手段。然而,遗憾的是,目前国内大部分的场内停车场内部还处于原始的人工管理阶段,无论对需要停车的车主还是对停车场的运营者都造成了极大的困扰。只有在进行硬件设施建设的时候,充分利用现代科学技术,借助国外交通发展过程中的经验,引入城市停车诱导系统,从而以软硬结合的方式,在节省巨大建设费用的同时,改善“停车难”的状况。图 9-16 是停车诱导系统的简化信息流程图。

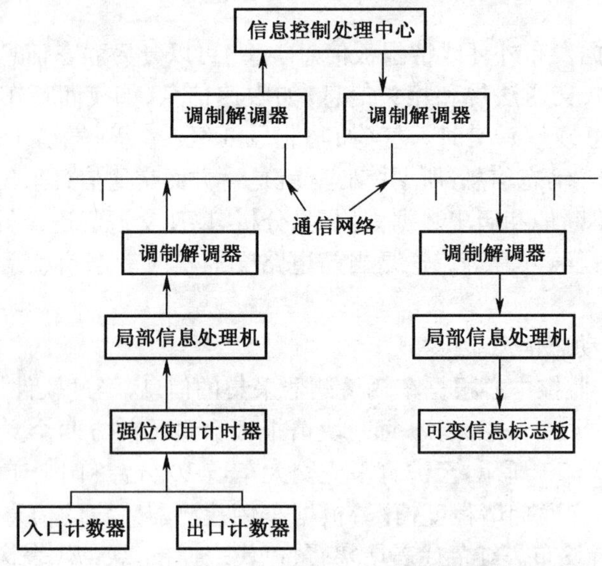

图 9-16 停车诱导系统的简化信息流程

停车诱导系统 PGS(PGS,Parking Guidance System)是综合智能交通系统中的一个组成部分,主要利用可变信息标志牌,向司机提供可用停车位的实时信息。因此,司机在接近目的地的时候,可提前选择好并被诱导到尚有空位的停车场。在未来也可将这些可用信息发送到因特网、车载系统以及个人移动电话上。停车诱导系统结合了现代的计算机、通信和交通工程技术,能够有效地改善交通运输网的安全和效率,减少交通污染。

1. 停车诱导系统硬件组成

(1) 超声波车位探测器:安装在每个车位的正上方,采用超声波测距的工作原理采集停车场的实时车位数集,并将采集信息通过 RS—485 通信反馈到车位显示灯及节点控制器。

(2) 指示灯:安装在每个车位的正上方,采用超声波测距的工作原理采集停车场的实时车位数集,并将采集信息通过 RS—485 通信反馈到车位显示灯及节点控制器。

(3) 节点控制器:节点控制器是超声波车位探测系统的中间层,用于对超声波探测器进行分组管理,循环检测所辖探测器的信息,并将有关信息传到中央控制器。一个节点控制器可以控制 40 个～60 个车位探测器。

(4) 中央控制器：中央控制器是整个系统的核心，主要用于负责整个停车场车位信息的采集与数据处理，并将处理结果反馈到 LED 引导屏进行车位信息的显示。一个中央控制器最多可以控制 64 个节点控制器。

(5) 室内 LED 引导屏：接收中央控制器的车位信息，用数字和文字形式实时显示所连接区域当前空闲车位数量，可 24 小时全天候使用。内部程序还可以根据用户要求随时修改，显示用户需要的其他信息。

(6) 户外 LED 引导屏：户外 LED 显示屏由高亮度户外 LED 模块、驱动电路、控制电路、支架等部分组成。它接收中央控制器的车位统计信息，用数字和文字形式实时显示当前停车场空闲车位数量，可 24 小时全天候使用。内部程序还可以根据用户要求随时修改，显示用户需要的其他信息，如停车场车位诱导牌(图 9－17)。

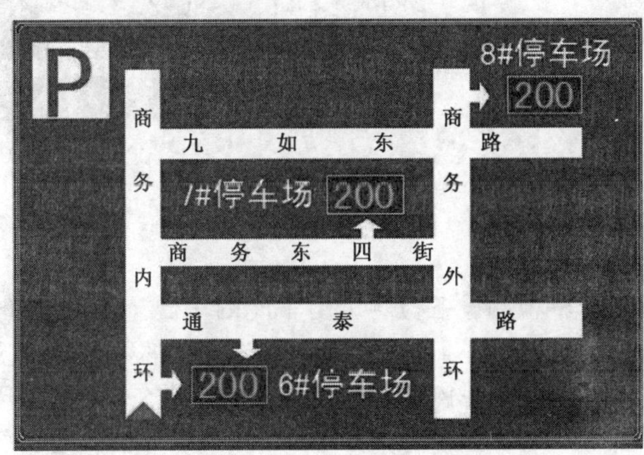

图 9－17　停车场车位诱导牌

(7) 车位引导系统软件：软件中嵌入了车位电子地图，可以直观地实时反映停车场车位使用情况，操作员可直接根据电子地图来监控车场状况，对于错停车位的车辆，支持手动改写其停车位，以调整车位实占情况。

2. 停车诱导系统的工作原理

停车诱导系统的工作原理如下。泊位信息采集设备在停车场的各出入口实时检测进出车辆，采集停车场车位变化数据。此车位变化数据通过无线公用通信网络由停车诱导系统进行传送，经过停车诱导控制系统进行处理，生成对应于各停车场的空余泊位数据，并对相应信息显示牌进行划分。对应停车场的空余泊位数据再通过无线通信网络，下达到相应信息显示牌显示空余泊位，从而向驾驶员提供各停车场的有效空位信息。

3. 停车诱导系统的信息处理及传输策略

数据传输的任务就是保证 PGS 中数据流通的顺畅。数据传输常用的方式有光纤、无线传输、ADSL 等。

下面以某一智能停车诱导系统(图 9－18)为例来说明信息的传输方式，该智能停车诱导系统主要由以下系统组成：无线通信系统、信息管理系统、车库管理检测系统、停车诱导信息发布系统。

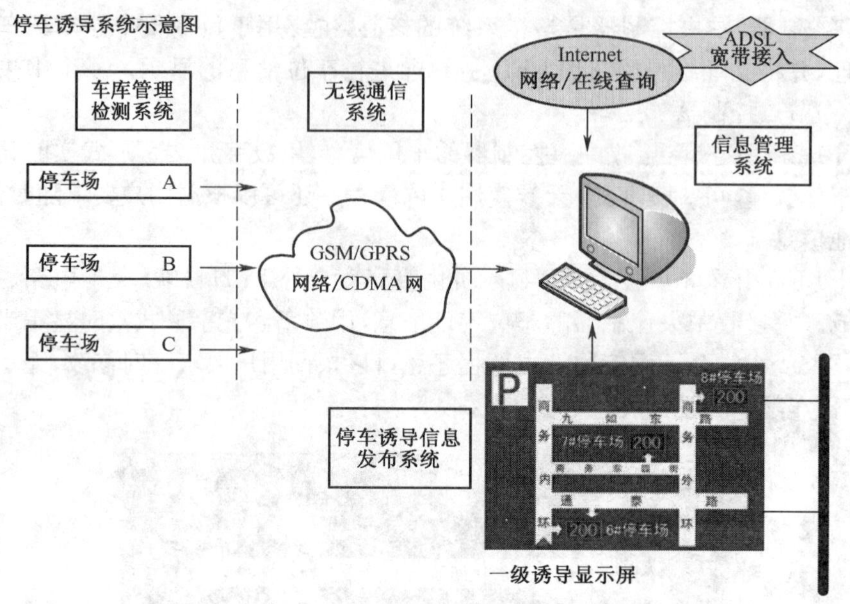

图 9-18 停车诱导系统示意图

1) 系统功能

安装在停车场(库)的车辆检测设备检测进出车库的车流量,经过实时信息处理,用无线通信系统(多对一)传送到信息处理中心,运行于信息处理中心的数据处理及信息管理系统,分析处理经由无线通信系统送达的各个车库停车状况信息,判断各车库的空闲状态,通过无线通信系统(一对多)发送至分布于中心城区内各户外 LED 停车诱导信息发布屏,使区域内行驶的每一辆汽车通过 LED 停车诱导信息发布屏发布的停车诱导信息的诱导,方便地驶入合适的停车场(库)停放。

2) 系统数据传输方式——通信网络

系统的通信网络建设,主要是从网络接入的容量、数据交互的可靠性、建设投资、建设周期、系统的运行费用以及可维护性这几个主要方面进行考虑。

管理中心通过专网或 Internet 接收和发布数据,建议采用 Internet 方式,目前的 ADSL、宽带接入、DDN 业务都能满足,可针对实际应用情况进行选择。

由于诱导显示屏安装在街道旁边,不方便敷设通信电缆,同时需传输采集的数据量也比较小,建议采用无线通信手段,如中国移动的 GPRS 网络或中国联通的 CDMA 网络功能,实现系统内的数据通信。理由为:技术已经比较成熟;有强大的运营商进行支持,不存在企业风险;费用较其他方式(光纤专线或卫星网络无线数据通信等)低,降低运行成本;建设成本低,不需要开挖路面敷设数据通信线路。

3) 无线通信系统

首选方案:组网采用多点对一点的方式。将每一个车库的车位数据信息通过中国移动提供的 GPRS 无线网络接入方式发送至信息处理中心,再由信息处理中心处理数据并发布至各级停车诱导系统和 LED 诱导屏。每个车库先通过 GPRS 设备将车库信息发往信息中心,信息中心再将处理过的数据通过 GPRS 通道发往相对应信息发布的 LED 发布屏;而每个 LED 发布屏通过GPRS设备来作为数据接收端接收相对应的车库信息。

系统原理：首先通过各停车场的数据采集系统对各停车场的车位相关信息进行采集，并按照一定规则通过数据传输网络将信息送至信息处理系统，由信息处理系统对信息进行分析处理后存放到数据库服务器，同时分送给信息发布屏，提供信息服务。

(1) 终端设备与GPRS设备的连接。该终端设备的特点是嵌入了TCP/IP协议，可以与车库采集器和终端信息发布屏双向全透明连接，无需客户开发接口。多个车库分别配套多套车位数据采集器，通过RS—232接口连接上多套终端设备即可，终端信息显示屏也与对应的终端设备相连。GPRS产品已经完成了成熟的软件接口开发，包括动态连接库的开发，完善的DEMO程序(包括VC、VB、DELPHI3种语言)，简单快捷的虚拟串口程序。客户使用以上软件经过简单2次开发，即可与中心软件进行数据通信。

(2) GPRS无线网络：采用中国移动公司提供的线路和接口。无线数据传输终端系列产品已经在全国各地移动公司成功应用于各行业，完全符合移动标准。

(3) GPRS无线网络与中心软件的连接(这里可选两种方式)。

① 监控中心先向Internet运营商申请ADSL等宽带业务。监控中心采用公网动态IP+DNS解析服务(最好能使用电信固定IP服务)：客户先与DNS服务商联系开通动态域名，监控点先采用域名寻址方式连接DNS服务器，再由DNS服务器找到中心公网动态IP，建立连接。此种方式可以大大节约公网固定IP的费用。

② 监控中心先向中国移动申请APN(接入点网络)服务。监控中心采用的是中国移动提供的APN专线服务，服务器与下位机采集点都采用同一APN接入名的固定IP服务，等同于一个内部的监控系统：下位机与服务器之间是一种局域网的概念，只有同属于同一局域网内才可以做数据传输业务。此种组网方案安全可靠性级别最高，但是费用相对比较高一些。

③ 信息发布系统——LED停车诱导信息显示屏。停车诱导信息最终需要通过终端LED显示屏显示车库、车位信息。这些信息都是由管理信息中心通过GPRS网络向LED显示屏配置的GPRS无线传输终端传输数据，完成通信功能，所以在信息发布系统里最重要的就是GPRS终端与LED终端的无缝连接。

(4) LED停车诱导信息屏与GPRS终端接口。停车诱导信息发布屏提供标准RS—232接口与GPRS终端设备相连。

(5) LED与GPRS终端的通信。GPRS终端采用的是全透明的传输方式，波特率可选9200baud · s^{-1}～115200baud · s^{-1}之间，即管理中心向GPRS终端发送的数据与向LED发送的数据是一样的。

9.4　公路连续长大下坡安全控制技术

长大下坡路段一般是指在线形设计上出现的容易造成车辆长时间制动或空挡滑行的长距离、大坡度的坡段，常伴随长上坡和连续弯道。这些长大下坡依山傍崖，地势落差大，使得车辆(尤其是重载货车)长时间使用制动器，引起制动毂过热而导致制动减弱或者失效，进而车辆失控引发交通事故。

为了解决长大下坡路段的交通安全问题，需要对人、车、路、环境、管理等因素进行综合分析与思考。人的因素包括驾驶员的行驶行为,车的因素包括车辆载重量和制动性能,路的因素包括路段的线形设计和工程设施,环境因素主要为影响安全行车的气候条件、管理因素包括管理部门采取的各种管理措施。目前,解决连续长大下坡路段交通安全问题的处理技术有线形措施、交通工程措施和管理措施。

9.4.1 线形措施

线形措施主要是考虑货车运行状况确定纵坡和坡长、避免急弯线形,考虑货车运行车辆驾驶员驾驶习惯,在选线时右侧傍山,在车辆发生失控、没有其他措施的情况下,可依靠与右侧山体刮擦减速控制车辆。

1. 考虑货车运行状况确定纵坡坡度及坡长从超载方面考虑

在路线设计时,应该考虑到超载车辆的普遍性和严重性,尤其是纵断面线形设计时,应考虑地区的实际载重吨位,从而进行纵坡坡度与坡长设计,以降低部分超载车辆对正常车流的影响,提高行车安全,保障整条公路的运行安全。

2. 避免急弯线形

线形不连续(如急弯路段)增加了制动频率,加剧连续下坡制动失效事故的发生几率,因此建议在设计阶段,采用运行速度模型对连续下坡路段进行重点检验,保持线形连续性,无论是大车还是小车,相临路段运行速度差宜小于 20km/h。

3. 考虑货运车辆驾驶员驾驶习惯

高速公路选线时右侧傍山,在车辆发生失控,没有其他措施的情况下,可依靠与右侧山体刮擦减速控制车辆。

9.4.2 交通工程措施

1. 避险车道设置

避险车道通常是在连续长大下坡的中下段设计一个或几个与道路坡度方向相反的很陡的制动坡床,利用其较陡的上坡紧急制动停车,为在连续长大下坡上的刹车失灵车辆提供一个避险港湾,同时为救险提供场地和条件,从而提高公路上其他正常行驶车辆的自由度和安全度。避险车道是减少连续下坡制动事故严重程度的有效措施,避险车道不仅使失控车辆从主线中分流,避免对主线车辆的干扰,还能使失控车辆在安全的减速度条件下平稳地停车,而不出现人员受伤,车辆严重损坏的现象。图 9-19 是避险车道全貌图,图 9-20 是避险车道平、纵面图。

图 9-19 避险车道全貌图

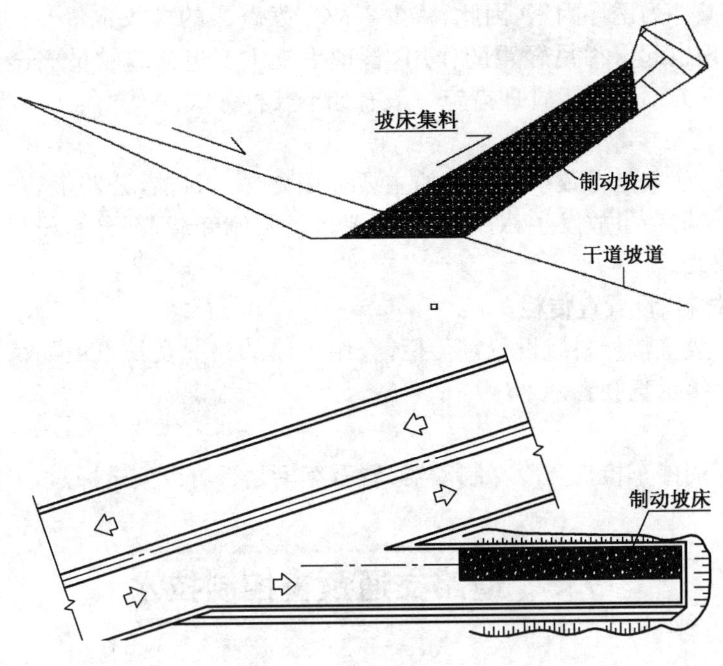

图9-20　避险车道平、纵面图

2. 设置交通标志系统

连续下坡还应根据道路线形特点、避险车道或服务设置情况、事故易发点段、车辆运行速度等设置完善的交通标志，对驾驶员安全驶过连续下坡路段给以指导、提醒、警示，以达到防患于未然的目的。图9-21是避险车道提示牌

3. 设置服务设施

1）坡顶设置停车检修区

坡顶设置服务区及检查站，强制货车在下坡前进入检查站接受制动系统性能检查，并在服务区内设置连续下坡路段路况描述标志，如沿线服务设施，避险车道事故易发点段等情况，使驾驶员提前了解路况，做到心中有底，除此之外，坡顶设置大型停车区可使车辆行驶的初始速度为零，降低制动失效的事故风险。

图9-21　避险车道提示牌

2）沿线设置检修停车区

根据驾驶员调查，货车驾驶员出于经济效益的考虑，不愿意采用低挡滑行，而采用对付制动失效的方法：行驶一段路程，停下来检查一下车况，且使制动片自然冷却，因此沿线设置检修停车区是符合大部分驾驶员安全行车的需求。

3）加水站设置

对制动毂进行淋水是驾驶员常采用的辅助制动措施，因此在沿线服务区内设置加水站，以满足车辆需求，淋水降温，加水站设置是我国特定时期非常规的安全处置措施，此种措施在北方冬天应慎用。

9.4.3　交通管理

连续下坡事故高发是人、车、路三方面因素综合作用的结果，货车超载及人的不良驾驶行为为主导因素，道路条件为诱导因素，因此，减少事故多发路段的事故数量及严重程度，除了改善道路条件，加强管理也起着举足轻重的作用，管理措施主要包括驾驶员安全管理、车辆安全管理、道路运营管理三方面内容。管理措施一般有如下几种方式。

1. 治理超载

从事故原因看，超载是导致事故发生的主要原因之一。目前，公路上行驶的大货车普遍存在超载的现象，为了避免事故发生，对超载车辆要进行强制卸载、部分路段采取限行的措施，并提醒其选择出行路线。

2. 发放宣传材料、设置宣传栏

可在服务区发放宣传材料或设置宣传栏，介绍公路的路况及长下坡的情况，或以真实发生的交通事故案例来警示驾驶者。

3. 车辆检查

在坡顶强制车辆停车检查和冷却制动器，看看车辆是否可以安全通过。

9.5 道路交通预警控制技术

9.5.1 驾驶行为监控预警技术

驾驶行为是指驾驶员在驾驶车辆的过程中根据车辆的行驶状况和周围道路环境的情况，对车辆做出不同的控制行为。在车辆启动后，驾驶员的驾驶行为对车辆和车辆上人员的安全有着非常重要的直接影响。现有的技术只能记录一些车辆运行数据并且只能在车辆储存，并没有对驾驶员的驾驶行为进行深入的分析，也不能对违规驾驶行为进行警告处理，同时车辆监控中心的管理人员也没有实时获知这些信息，无法对驾驶员的驾驶行为进行校正。

驾驶行为监控预警技术是：实时监控驾驶行为，对违规驾驶行为进行实时警告，同时车辆管理中心也可以实时获取驾驶员的违规驾驶行为，以便及时纠正违规驾驶行为，确保行车安全，延长车辆的使用寿命，避免交通事故的发生，有助于驾驶员养成良好的驾驶习惯。

车载驾驶行为实时监控预警流程如图 9 - 22 所示。具体监控预警方式如下。

(1) 车速超速报警。当处理器 1 根据车速采集模块 21 采集来的实时车速和车速限制的比对，发现车辆超速了，则处理器 1 给报警器 3 发出超速指令，报警器进行报警。同时处理器 1 给无线通信模块发出指令，无线模块将车辆的实时车速信息等数据发送给远端车辆控制中心。

(2) 转向灯违规报警。处理器 1 根据转向采集模块 22 的转向传感器和摄像机采集的数据进行综合判断，若摄像机拍摄的图像表明的车辆转向方向和转向传感器的打的转向灯不符，处理器 1 给报警器 3 发出转向灯违规指令，报警器 3 提示车辆转向灯和打转向灯的情况，提示司机及时更正。同时处理器 1 给无线通信模块发出指令，无线模块将车辆的实时车速信息等数据发送给远端车辆控制中心。

(3) ABS 制动违规报警。处理器 1 根据制动采集模块 23 的 ABS 模块输出 ABS 动作次数信号，判断是否紧急制动，当 ABS 动作次数信号发生时，处理器 1 给报警器 3 发出 ABS 制动违规报警指令，报警器 3 提示车辆发生紧急制动。同时处理器 1 给无线通信模块发出指令，无线模块将车辆的实时车速信息等数据发送给远端车辆控制中心。

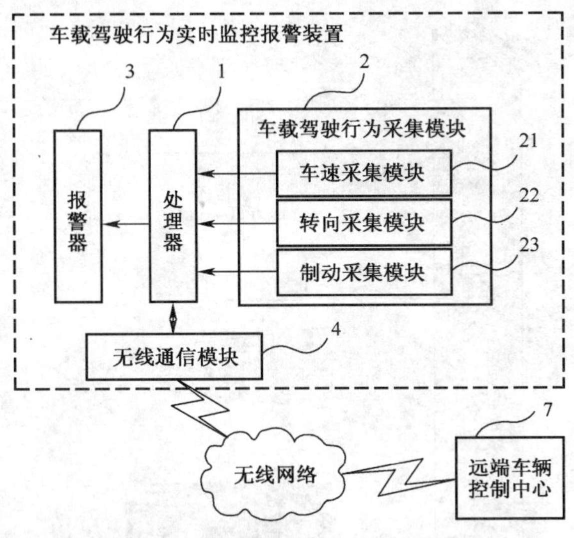

图9-22 驾驶行为监控预警流程图

9.5.2 道路交通气象监测与预警技术

交通气象监测及预警技术是结合现代尖端计算机应用技术手段而研制成功的高性能的自动化监测设备，可自动实时监测大雾、低能见度、路面结冰、路面高温、大风、强降雨、降雪、冰雹等多种异常道路交通状况，可通过多种有线和无线通信网络，运用分布在广域范围内的多个公路交通气象监测站进行远程集中管理与监控，并及时向指挥中心报警，为交通管理部门及驾驶人员及时提供辅助决策依据。

1. 冰雪条件下交通气象检测及预警技术

在各种交通气象情况中，冰雪天气是影响程度最大的一种，它对道路交通安全与交通效率造成不同程度的不利影响。冰雪条件下交通气象检测与预警包含两层含义，一是道面现况的判断，即通过仪器或设备直接检测是否有存在冰雪；二是路面未来状况的判断，通过一些广泛的现况参数(路面温度、大气温度、降雪量、凝点温度等)，推测出未来一段时间内道面是否会结冰。因此，冰雪检测与预警需从逻辑上分为3个层面，首先是道路气象数据的现场采集与处理，判断路面状况(水、冰、雪等)；其次是利用气象相关模型，判断出冰雪演变轨迹；最后是冰雪的报警、发布和处理，构建出一体化的冰雪检测与预警系统。道路气象检测与预警系统可实现全路段的冰情预警预报，包括路面是否结冰、降雪量、路面的温度变化等指标的预警预报，以便提前对即将出现的不同类型、不同级别的冰雪灾害事件采取有针对性的应急措施。系统总体结构如图9-23所示。

道路气象检测器布设于道路沿线，自动检测道路状态和相关气象信息，包括温度、湿度、雪深、雨量，以及路面温度，路面状态和雨、雪、冰等造成道路湿滑的因素。气象检测器布设前，要先行制作热谱地图，因路段冷暖是由地理环境因素和天气状况决定的，地面接收和消耗的能量平衡连同湿度确定霜或冰的形成。热谱地图制作后，可确定全路段中气象检测站的最优布设点位。

气象信息经采集后，经过本地处理，通过光纤或无线通信方式传输至高速公路道路气象信息应用中心。中心可实现对辖区的外场设备的管理，远程设置相关参数，状态监控，断电自动重

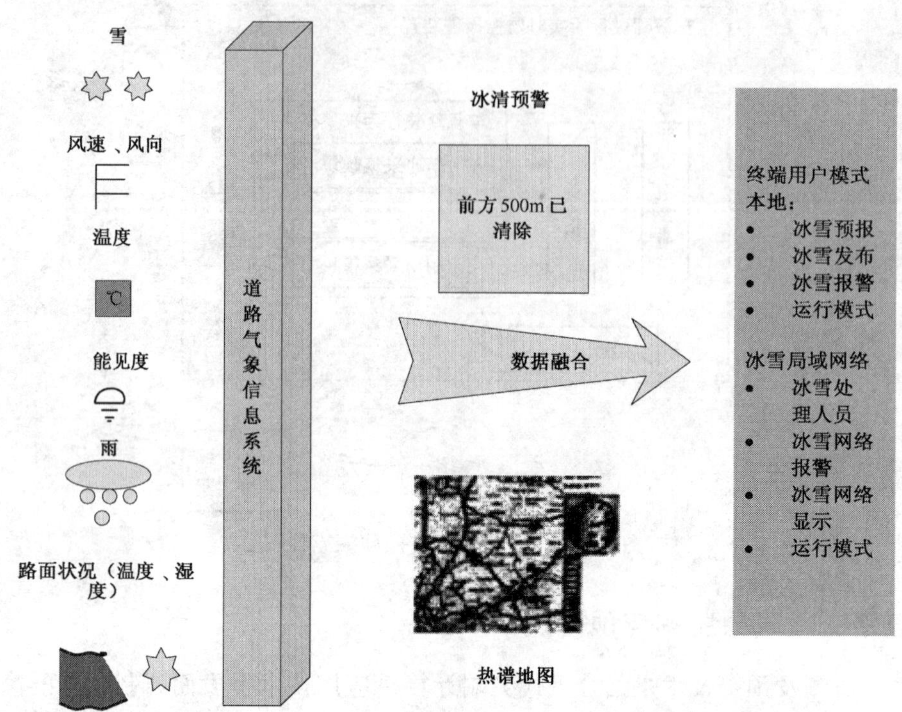

图 9-23　冰雪条件下道路气象检测与预警系统设计框架图

启等功能。对气象数据进行综合分析和处理后，通过 IceBreak 热平衡模型对全路段的道面温度和道面状态作出准确预报，对危险恶劣情况进行气象预警。

最后，通过对冰雪存在或形成情况的随时了解，交通养护部门可及时撒盐或除冰剂，用盐量比结冰后除冰少 4 倍。交通管理部门可及时发布恶劣天气预警信息，实行恰当的交通管理措施。

2. 智能交通气象预警系统

智能交通气象预警系统 ITMS(Intelligren Transportation Meteorology System)是通过先进的电子传感技术、自动控制技术、网络通信技术、GIS 技术及计算机处理技术等多种技术集成，按照 ITS 及交通、气象、电子、软件、GIS 等的规范和标准，具有运行状态测控功能和专家系统功能及交通地理信息功能且在全路段区域范围发挥作用，为 ITS 决策管理提供气象与路况实时监测及预警信息的智能化交通气象监测预警系统。将气象要素的自动观测与公路路况和交通信息的动态监测有机集成为一个整体，实现交通与气象信息的同步采样、集中处理与综合分析，以强化系统的整体性；系统采用公共路由分布式结构，以适应不同的外部环境，便于跟踪和自动吸收最新的网络技术成果，便于长期保持系统的先进性。图 9-24 是 ITMS 总体结构原理图。

智能交通气象预警系统重点解决以下问题。

(1) 实现交通与气象实时动态信息一体化的智能采集。

(2) 为 ITS 系统提供交通与气象信息的数据库查询功能。

(3) 通过智能化功能的实现，自动发送危险天气与异常交通现象的警示信息，为 ITS 的科学决策提供可靠的实时信息。

(4) 将灾害性天气临近预报和交通堵塞或路障分析等的专家系统纳入 ITMS 范畴，可大大提高路况预警的时效性和可靠性，变被动决策管理为主动决策管理，这是 ITMS 对 ITS 最主要的贡献，也是提高 ITS 智能化功能的关键所在。

(5) 通过研究交通气象一体化的观测规范与系统建设的相关技术标准，可为 ITS 的标准化提供技术支持。

ITMS 的主要任务是为 ITS 提供气象、路况和交通流等实时动态信息及低能见度、冰雪等危险天气和道路堵塞、高温、结冰等异常现象的预警信息，作用范围为监控中心管辖的路段区域，主要智能化特点是能够根据设定的异常事件判断程序自动生成并发出警示信息及自动检测系统的运行状态并启动应急预案，构架基础是采用 NTMS 或智能化信息采集单元，技术要点是采用双重智能信息处理方式，实现途径是由 NTMS 监测站进行单要素智能判别后再由 ITMS 主站进行空间和多要素的智能判别。

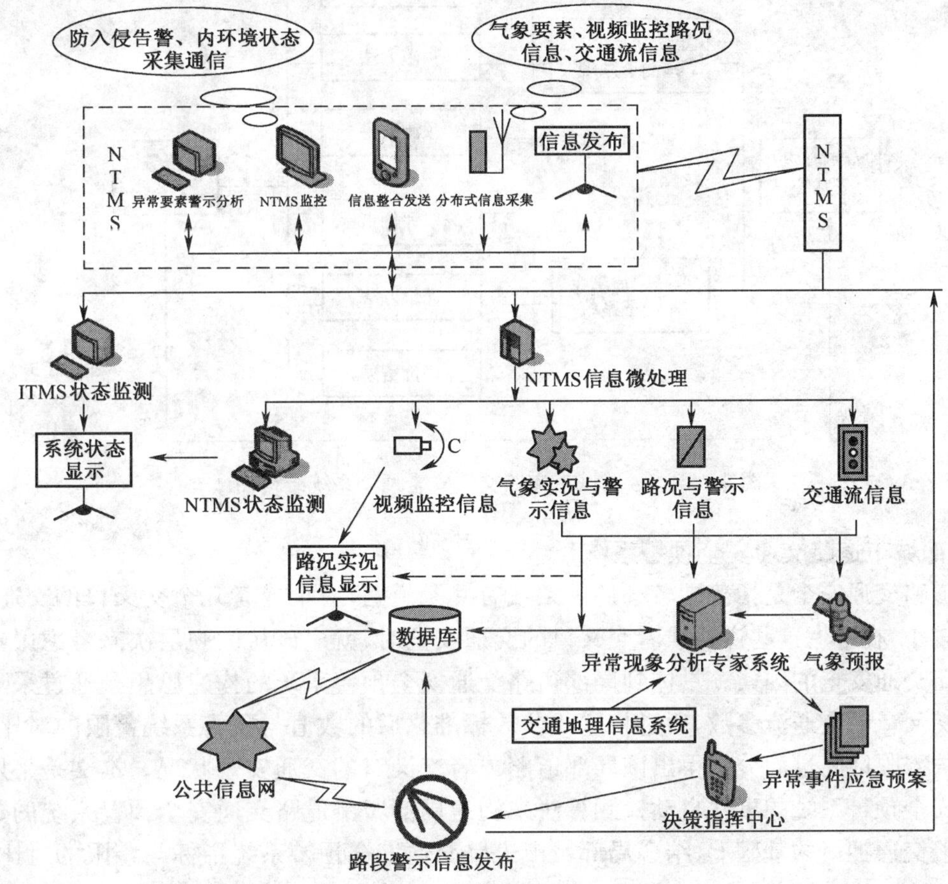

图 9-24　ITMS 总体结构原理图

9.5.3　城市道路交通安全预警系统

根据影响范围的不同，影响城市道路的交通事故的因素不同，将城市道路交通安全预警系统分为区域城市道路交通安全预警系统和局部城市道路交通安全预警系统，分别介绍如下。

1. 区域城市道路交通安全预警系统

区域道路交通安全是指一个较大区域的道路交通安全，比如一个组团、一个城市、一个国家都可以称为一个区域。由于区域具有范围大的特征，在预警系统构建时应该从宏观层次考虑城市道路事故的影响因素，而不能采用微观因素思考的方法。具体到区域道路交通安全预警系统的构建思想是通过分析历年交通事故的统计资料，找出影响该区域道路交通安全的主要因素(人、车、路和环境)，例如：区域的机动车保有量、区域的主干路数量等，通过收集这些因素的具体数值，采用适当的数学方法，构建该区域道路交通安全模型。通过建立的模型得到预测期区域城市道路交通事故的总量，然后算出区域交通事故总量小于等于某一固定值 C 的概率，通过此概率与警限区间值的对比，找出此概率值所处的警限区间，进而得出该区域道路交通安全在预测期所处的级别，从而完成区域道路交通安全预警系统的任务。图 9-25 是区域城市道路交通安全预警系统结构图。

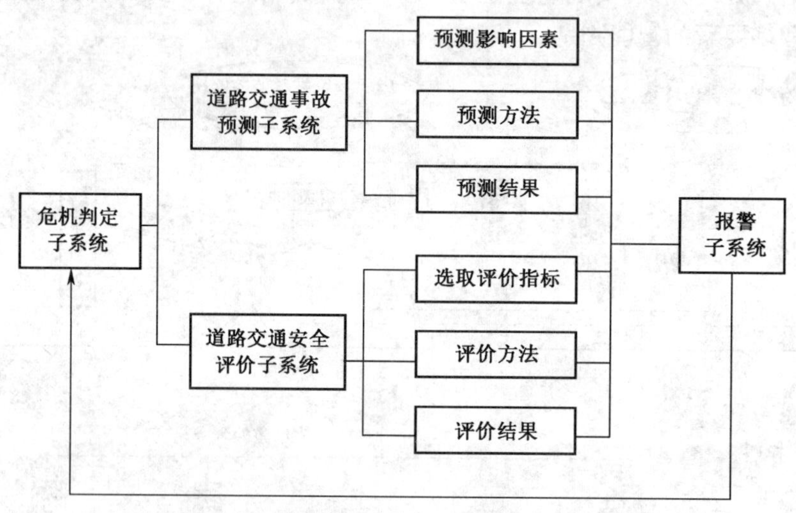

图 9-25　区域城市道路交通安全预警系统结构图

2. 局部城市道路交通安全预警系统

局部道路交通安全是指范围较小的一条或者几条道路，一个或者几个交叉口的交通安全。由于范围较小，在考虑这些道路或者交叉口的交通安全时，就应该从微观层次来考虑影响该局部城市道路交通安全的因素。具体到局部道路交通安全预警系统的构建思想是通过采集这些道路或者交叉口的交通流参数，通过将这些参数标准化后的数值与预警系统警限的对比，找出该值所处的警限区间进而分析得出该局部道路或者交叉口的交通安全状况。本文是采用城市道路交通安全预警系统的事件自动检测算法来构建局部城市道路交通安全预警系统的数学模型。在预警交通拥堵的基础上，结合局部城市道路交通安全预警系统指标与警限的对比，确定该局部道路交通安全所处的安全级别，完成局部城市道路交通安全预警系统的任务。图 9-26 是局部城市道路交通安全预警系统结构图。

该系统包括 4 个子系统：危机判定子系统、城市道路交通事故预测子系统、道路交通安全评价子系统和报警子系统。该系统的总体构建思路是：首先，通过有关信息收集系统收集影响城市道路交通安全的信息，对城市道路交通安全状态进行初步分析，然后利用相关数据预测未来的交通事故发展趋势。同时，对现有的城市道路交通安全状况进行分析评价，形成对交通安全进行预警的知识库，结合预警指标得到城市道路交通安全的预警结果。最后，利用结果对危机判定子系统进行分析，按照实际情况进行修改和完善。

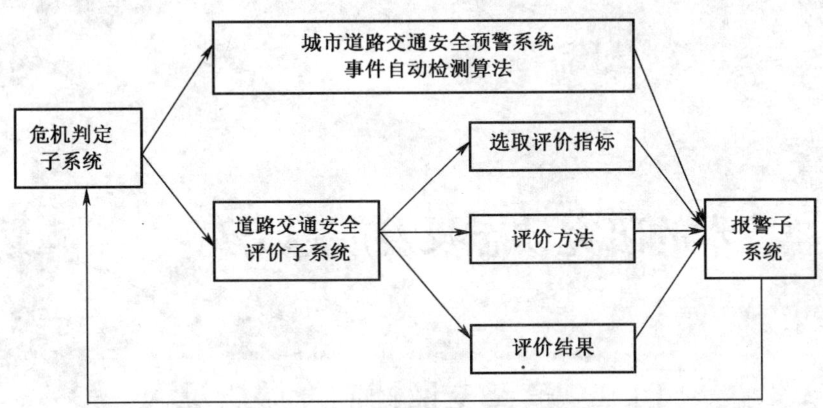

图9-26　局部城市道路交通安全预警系统结构图

由前文所述，局部城市道路交通安全有别于区域城市道路交通安全预警，影响前者的是一些较微观层次上的因素，因此，在构建局部城市道路交通安全预警系统时，道路交通事故预测子系统就没有太大的意义，取而代之的是道路交通信息检测子系统。该系统通过检测道路或者交叉口处车辆的运行参数，得出影响交通事故的有关交通流的参数数值，建立道路交通流运行状况的数据库，然后将数据库连接到城市道路交通安全预警系统通过城市道路交通安全预警系统的事件自动检测算法，判断交通拥堵，再通过道路交通安全评价子系统评判目前的道路安全状况，最后通过报警子系统输出报警结果。

第 10 章 交通测控技术的研究动态及发展趋势

10.1 道路交通控制发展概况

1. 起始阶段

早在 1868 年英国就在伦敦 Westminster 地区安装了世界上第一台交通信号灯，揭开了城市交通信号灯控制的序幕，它是人工控制的。

1) 第一阶段

第一阶段从 1926 年英国首次安装和使用自动化的控制器来控制交通信号开始，随后出现过单时段定周期控制机—多时段定周期控制机—感应式信号控制机。这些自成系统的路口控制机主要采用机电设备联锁控制的定周期的控制方式，致使数据处理的能力有限，相互之间没有通信联系和协调动作。因此，第一代变通控制系统是一种孤立的交通控制系统，即所谓的“点控”。

2) 第二阶段

1952 年，美国科罗拉多州丹佛市首次利用模拟计算机和交通检测器实现了交通信号机网的配时方案选择式信号灯控制系统，称为“PR”系统，其核心技术是单点感应控制原理在交通网络中的应用，在线通过抽样数据计算绿信比和相位差，这种控制十分有效。进入 20 世纪 60 年代以来，电子计算机的广泛应用为多个交叉路口的红绿灯协调自动控制提供了新的技术条件。比如，1964 年，在加拿大的多伦多市完成了数字计算机控制信号灯的实用化，并成为世界上第一个具有电子计算机城市交通控制系统的城市，从此开始了交通控制发展史新纪元。许多国家在第一代系统的基础上实现了对一条干线、一个区域的几十或几百个交叉路口的红绿灯的集中决策自动控制，即所谓的“线控”，干线绿波带控制和所谓的“面控”即区域控制。这些控制系统共同存在的一个典型特征是所辖路口实行的信号周期完全相同，统一由控制中心集中决策。

国际上一些进入实用的交通控制系统如：TRANSYT7F—T88、MAXBAND、PASS - ER—84、BAND - TOP、SCAT、SCOOT 等系统都属于第二代交通控制系统。这些系统除了“信号周期”外，各路口的“绿信比”和各路口间的“相位差”也都由中心定期集中下达决策，只是做出决策的方法和依据略有差异而已。第二代交通控制系统由于比第一代交通控制系统增加了全局性控制能力，因而程度不同地取得了非常好的社会经济效益。

3) 第三阶段

第三代城市交通控制系统主要特点是把人工智能技术应用于城市交通控制系统中。1967 年，英国运输道路研究实验室(TRRL)成功地研究出交通网络研究工具“TRANSYT”，用于脱机优化配时方案。它的广泛应用，把交通控制技术推向更高的发展阶段。后来在“TRANSYT”基础上开发的“SCOOT”系统及澳大利亚开发了“SCATS”自适应控制系统成为世界上两个最优秀的城市交通信号控制系统。

人工智能技术始于 20 世纪五六十年代，针对传统交通控制系统技术的缺点，交通工程师把人工智能的专家系统，人工神经网络，模糊逻辑，遗传算法等先进技术应用到交通工程领域。

2. 国内情况

“SCOOTS”系统和“SCATS”自适应控制系统，这些系统皆是建立在以机动车为主、车种单一、路网规则等道路交通条件基础之上的被动型控制系统（被动地基于网络区域特征，检测到达交通条件，调整交通控制方案的系统）。实践证明这些系统不仅不适应于中国的混合道路交通情况且无法适应于连续流与间断流的协调控制、公共汽车交通优先控制，更无法适应于中国城市发展智能交通系统的需要。

1）南京城市交通信号控制系统（NUTCS）

我国进行第一个自主开发的实时城市交通控制系统就是南京的城市交通控制系统，简称 NUTCS，NUTCS 系统集合了前述 SCOOT 系统、SCATS 系统的共同优点，尤其可以解决我国路网密度低且路口间距宽的现实条件，自行车、摩托车、其他类机动车等混合交通尤为突出的特点。在实际的操作过程中，可以根据情况采用区域级、路口级和中心级的二级分布式控制结构，且设置了实时适应、无电缆联动控制和固定配时 3 种具体模式，工作灵活多样。

但是，这个系统也有一定的不足之处，主要表现：一是在对机动车、非机动车和行人的控制模式不够完善，存在着各车流的互相影响状况，抑制了系统的实际效果；二是该系统未对提高道路的能力作为系统的一个目标，而仅仅将停车次数、阻塞度等作为其中的目标。

2）HiCon 交通控制系统

HiCon 交通控制系统是海信集团研发成功的，并在我国许多城市进行了应用。该系统含有 HiCon—100 交通信号机、交通控制系统软件、CMT 配置与维护软件等，系统根据混合交通的现状建立了混合控制模型来对混合交通流进行控制，使用多层次的分布式控制结构，也具有较为完整的算法体系，具体包含有区域协调控制程序、行人二次过街程序、感应式协调控制算法、城市主干道出入口的协调控制、突发事件控制等，满足了国家的最新标准。该系统在实际的应用中，缺点相对较少，推广的力度也比较大。

3）同济先进的交通控制与管理系统（TJATCMS：Tong Ji Advanced Traffic Control and Management System）

TJATCMS 交通控制与管理系统融合了多项先进的检测技术，自主开发和完善了以交叉口群协调控制为特色的，具有中国城市交通特点的控制模型与算法。在此基础上提出了控制系统的逻辑结构，运用面向对象的设计方法设计系统软件。TJATCMS 提出的基本控制策略和算法，经过实际路网控制运行的检验说明是有效的，通过控制系统实施前后路段平均行程车速的对比分析，平均车速提高超过 20%，控制取得了一定的效果。

TJATCMS 交通控制与管理系统是由同济大学智能交通研究中心开发的，具有核心软件自主知识产权的城市交通控制系统 TJATCMS 交通控制与管理系统与 ITS 开发的大背景相结合，充分利用各项技术手段。在系统运行的各个环节，即基础交通信息的采集，数据模型的建立，数据通信，中心决策支持，控制诱导信息发布等方面充分考虑到与未来技术手段的接口。浮动车检测技术、车载定位技术与无线传感器检测等新技术将为系统提供充实和可靠的检测数据。多元数据融合与数据仓库等软件处理技术将为系统中模型的建立提供坚实的基础。

系统充分考虑了中国城市交通的特点，大型网络化面控系统的可靠性差，解决路网中几个大型交叉口或关联交叉口的交通阻塞问题成为解决整个城市交通拥挤问题的关键。系统针对这些特点，以不同的交通流为控制对象，根据控制对象的特征建立控制模型和算法，主要包括以下模型：

(1) 单点交叉口实时自适应控制模型。

(2) 交叉口群协调控制模型。

(3) 车辆行程时间预测模型(包括对应于特种车辆的预测模型)。

(4) 公交优先控制模型。

(5) 城市快速道路出入口匝道与地面道路交叉口协调控制模型。

(6) 行人、自行车及摩托车优化处理方法及控制模型。

(7) 考虑交通诱导影响条件下的交通状态预测模型。

(8) 对应于突发事故和救援管理要求的交通状态预测模型。

10.2 现代道路交通控制相关技术的发展趋势

10.2.1 系统控制理论和技术的多样化

1. 先进的系统控制理论的应用

由于道路交通系统恰恰是一个十分复杂的庞大系统，其中蕴涵着大量不确定因素，研究其规律进而实现有效的控制一直是系统控制面临的困难。因此在现代交通控制的研究中，国内外学者对上述问题进行了深化研究，由针对单个交叉口的点控研究到对城市主干道多个交叉口的线控研究再到针对城市交叉路口群的面控研究，由只考虑简单交通状况时的两相位交叉口的研究到考虑复杂状况的多相位交叉口的研究。一些专家在研究方法上有了新的突破，如杨立才，基于粗集理论的交通控制系统研究，该方法等可以推广应用于多交叉口的模糊协调控制，将粗集理论引入常规的模糊推理，使得提取的模糊规则更具客观性。其他交通控制中模糊原理的应用如表 10－1 所列。

表 10－1　交通控制中模糊原理的应用

研究人员	研 究 内 容
张林	运用模糊控制技术设计了双向过饱和交叉口模糊控制器，并制定了适于左转车辆的规则
Niittymaki J 等	运用模糊控制技术设计了大交通量时的交叉口模糊控制器
赵建玉等	以双向四车道的城市主干道交叉口为研究对象，提出模糊逻辑算法，利用模糊逻辑对绿信比进行了优化
李艳等	运用模糊控制技术设计了城市交叉口群模糊控制器

神经网络具有自学习和大规模并行处理的能力，擅长认知处理。由于神经网络和模糊控制这两种理论各有所长，存在着互补性，将这两种理论相结合已成为现代交通控制重要的发展方

向之一，如许伦辉、衷路生、徐建闽的文献《基于神经网络的交叉口多相位模糊控制》设计了针对多相位的单交叉口的基于神经网络的模糊控制器，Castellano、Fanelli 的文献《Fuzzy inference and rule extraction using a neural network》提出了用模糊神经网络技术提取更好的控制时间分配方案的思想，如将人工智能理论引入到控制系统中，可以模仿人的思维进行控制处理，并能进行机器学习，这是智能化控制系统的显著特点。

利用分形控制理论对我国城市主干道主车流进行几何控制，开拓了从几何思维角度研究现代交通控制的新领域。

利用混沌控制理论对城市主干道交通流实施智能控制，可以发掘隐藏在复杂交通现象背后的简单规律，从而为进一步研究智能控制、发现新的智能控制方法提供了思路。

2. 先进的计算机技术、通信与检测技术的应用

现代交通控制采用先进的检测技术主要体现在两个方面：首先，由单一的环形线圈检测器发展到包括磁频、波频以及视频在内的多种检测器技术，其次，涌现了多种先进的检测算法，目前已经应用的算法包括基于模式匹配技术或比较的算法、基于比较分析的算法、基于交通流模型的算法和基于人工智能的算法。但这些算法主要是建立在固定车辆检测器，尤其是环形线圈检测器基础上的，随着各种信息采集手段的不断丰富，相信会有更多更先进的算法产生。传统交通控制与现代交通控制信息方面的对比如表 10－2 所列。

表 10－2　传统与现代交通控制对比

	传统交通控制	现代交通控制
信息来源	交叉口直接技术参数信息	与道路交通系统有关的社会、环境、城市、道路网、出行者等海量信息
信息采集手段	以环形线圈检测器为主的车辆检测器	线圈、微波检测器、超声波检测器、主动红外检测器、车辆身份自动识别系统、全球定位系统、电子标签、高效视频流压缩、高清晰度卫星图像、航空摄影或成像、探测车、传感器以及来自交警或交通信息提供者的实时定性信息
信息应用	区域交叉口交通信号控制	拓展到个人、车辆、企业运输和社会活动的出行安排与控制

3. 先进的计算机仿真技术的应用

目前一些成熟的微观交通仿真软件（如 TSIS、VISSIM 以及 PARAMICS 等）已经得到了广泛的应用。

10.2.2　硬件平台和通信协议的标准化

现代交通控制系统依赖于现代电子、机械、软件、通信等综合制造业，是工业级系统工程。这一发展趋势对交通控制系统的制造、互换、互通和竞争提出更高的要求。

1. 硬件平台标准的应用

传统的交通控制领域没有完善一致的标准体系，各生产商独立开发自己的产品，在一定程度上造成了硬件平台的混乱状态。为实现各硬件平台间的互换，使得各系统间可以进行信息共享，同时也为各生产商之间能在统一的标准下进行竞争以扩大硬件平台的来源，现代交通控制系统广泛采用统一的标准体系。

2. 通信协议标准的应用

在传统的交通信号控制领域，交通信号控制机通信协议是不公开的，因而阻碍了开放式交通信号控制系统的发展，同时城市交通管理部门也无法通过竞争机制购置交通信号控制机来建立协调控制的大系统。为了确保交通信号控制系统与智能运输系统组成单元之间的互操作性和互换性，现代交通控制系统要求强调统一的通信协议，其中最有代表性的是美国的 NTCIP (National Transportation Communications for ITS Protoco1)协议。

在现代交通信号控制系统中，只要管理部门决定其系统采用 NTCIP 架构，就可以向不同的供货商购买与 NTCIP 兼容的产品、现场设备、软件等，而且能够确保设备保持长期的可用性和兼容性，避免设备过早被淘汰；由于 NTCIP 允许在不同运营部门间进行信息交换，各运营部门间可实现信息共享，还可以进行跨部门控制；NTCIP 还可使管理系统能够在相同的通信信道内与不同种类的设备进行数据传输。像广泛采用的 TCMP 协议一样，NTCIP 也采用分层的结构。

3. 先进的交通控制软件及开放的软件平台的应用

对比静态交通系统，现代交通控制系统软件都是针对动态交通系统而设计的，可以实现城市交通系统实时自适应最优控制，比较有代表性的为英国的 SCOOT、澳大利亚的 SCATS、西班牙的 ITACA、美国的 RHODES、UTOPIA、Quicne/4 以及南京的 NUTCS 等控制软件。

现代交通控制系统软件是在传统交通控制软件的基础上发展过来的，不但弥补了其不足，同时也呈现了很多新的发展趋势，如在 ITACA 软件中应用专家系统，可对现有道路和未来的交通拥堵进行探测，并建立基于专家规则的策略决策模型。

目前国内外对于交通控制的研究角度也发生了相应的变化，如从注重控制机的开发转到对控制设备的开发和设备间互换性的研究；从宏观交通模型的开发到研究宏观与微观交通模型的匹配；从单一检测设备的应用到对各种先进的信息检测设备的研究等；信息的检测范围从只考虑对交通流信息的检测到对影响交通的所有信息的检测等。

10.3 道路交通控制的发展趋势

10.3.1 建立道路交通的宏观控制思想

道路交通系统组建的合理与否，在很大程度上取决于城市总体布局、交通规划以及道路系统规划与设计这三方面。合理的规划可使交通出行总量削减、交通流量分布均匀、交通出行方式单一，因而便于进行交通管理与控制。因此，交通管理部门与城市规划部门必须密切配合，多部门协调工作，建立宏观控制思想，应用合理的技术手段，有序地管理好城市道路交通。

10.3.2 多系统协调控制将逐步取代单一的交通控制系统

新一代的交通控制和管理综合系统应在借鉴传统交通控制系统和交通管理方式的基础上，采用先进的计算机技术和网络技术，实现多种交通控制系统和管理系统的集成。引入开放的计算机网络和信息技术，使各系统结构从单纯的点对点方式变成星型网络方式，从而改变系统封闭性，使各系统能开放地与其他系统连接，为实现多系统的集成控制和数据共享提供技术基础。

综合系统应具有友好的用户界面，可由交通信号控制系统、交通诱导系统、车辆违章摄像系统、电视监视系统、车辆违章信息处理系统、车辆事故报警信息管理系统、警员巡更管理系统等组成，各子系统之间的相互协调非常重要。它们通过综合系统主干网实现数据共享和联动控制，从而达到最佳控制效果。

10.3.3　道路交通控制技术将不断发展完善

未来城市道路交通控制技术的发展具有以下趋势。

(1) 人工智能技术将得到广泛的应用，如美国麻省理工大学曾经利用分布式人工智能技术设计了分布式车辆管理系统。

(2) 通信技术的提高将影响城市交通控制水平，影响城市空间通信技术的发展，如通过卫星定位技术、城市地理信息系统(UGIS)、北斗七星和全球定位系统(GPS)的建立和完善，解决车辆综合路径选取问题等。在系统的软件平台中引入地理信息系统(GIS)，从而实现交通数据的可视化，实现图形与信息的互动查询、分析、判断、处理，进而根据交通的实际情况做出决策。

(3) 计算机仿真技术在交通控制与管理中已经得到广泛的应用。计算机仿真技术在交通控制中的一个重要发展是数字—物理仿真技术的出现。它是以控制器实体作为仿真对象，使仿真更加接近实际，模型更为直观，调试更为方便。交通仿真技术将在未来道路交通控制中起到举足轻重的作用。

(4) 交通事故快速排除技术将得到极大的重视。近年来，交通事故已经成为影响城市交通正常运行的不可忽视的干扰因素。目前，应用直升机参与交通事故处理工作在国外已经得到应用。从交通控制系统的发展情况看，城市交通控制技术的一个明显特征便是各种技术的综合及互补长短。

(5) 道路交通信号控制与交通诱导一体化系统的开发是研究的重点问题。

交通信号控制与交通诱导的结合是道路交通控制发展的必然趋势。信号控制目前仍然是解决城市平面交叉口中流量冲突的一种主要的有效方法，而交通诱导在长距离运输中对司机的作用是非常明显的，城市交通诱导较多地被用来实现网络流量的均衡。信号控制和交通诱导是相辅相成的，它们对于进一步挖掘现有道路的通行潜力、提高交通管理与控制水平，均起着巨大的作用。

参考文献

[1] 侯强,钱志博. 基于网络的分布式测控系统研究[J]. 机电一体化,2005(1):20-22.

[2] 张文缚. 道路交通检测技术与应用[M]. 北京:人民交通出版社,2010.

[3] 中国交通技术网. 交通信号控制[EB/OL]. http://www. tranbbs. com.

[4] 王俊峰. 现代传感器应用技术[M]. 北京:机械工业出版社,2006.

[5] 张文溥. 道路交通检测技术与应用[M]. 北京:人民交通出版社,2010.

[6] 梁新政,潘卫育,徐宏. 路面无损检测技术新发展[J]. 公路,2009,(2):95-98.

[7] 薛晶,薛莉,马会良. 超声波技术在道路测试中的应用[J]. 黑龙江工程学院学报,2005,(6):8-10.

[8] 孙朝云,沙爱民. 瞬态瑞雷面波频谱分析技术在公路工程质量检测中的应用[C]. //自动化理论、技术与应用. 1999:392-395.

[9] 李庭治. 无损检测技术在公路工程质量检测、控制中的应用与发展[C]. //第八届全国无损检测大会会议论文集. 2003:317-320.

[10] 陈晓麟,毛雯丽. 激光检测技术在公路工程中的应用[J]. 计量检测与监测,2008(5):49-51.

[11] 董海文. 瞬态瑞雷面波法在公路工程质量检测中的理论与应用研究[D]. 长沙:湖南大学,2005.

[12] 郑耀华. 检测技术[M]. 北京:机械工业出版社,2010.

[13] 马西秦. 自动检测技术[M]. 北京:机械工业出版社,2009.

[14] 孙朝云,沙爱明. 现代道路交通检测原理与应用[M]. 北京:人民交通出版社,2011.

[15] 任福田. 交通工程学[M]. 第2版. 北京:人民交通出版社,2008.

[16] 张文溥. 道路交通检测技术与应用[M]. 北京:人民交通出版社,2010.

[17] 中华人民共和国国家质量监督检验检疫总局,中国国家标准化管理委员会 GB/T 26771—2011 微波交通流检测器的设置[S]. 北京:中国标准出版社,2011.

[18] 余浩亮. 高速公路车流量检测系统设计[D]. 长沙:长沙理工大学,2012.

[19] 陈峥. 基于激光扫描数据的交通信息采集平台设计与实现[D]. 青岛:山东科技大学,2010.

[20] 美国 Nu-Metrics 公司,磁映像交通流量与分析 NC-97 型 Hi-Star 使用说明书[M].

[21] 北京奥泽尔科技发展有限公司,间隙式公路交通量调查设计方案[M].

[22] 姜桂艳. 道路交通状态判别技术与应用[M]. 北京:人民交通出版社,2004.

[23] 佘廉. 高速公路灾害预警管理[M]. 北京:科学出版社,2012.

[24] 许相华. 层次分析法在铁路既有混凝土桥梁综合性能评价中的运用[J]. 贵州工业大学学报(自然科学版),2003,(3):88-92.

[25] Kelvin C. P. Wang, Robert P. Elliott. Investigation of Image Archiving for Pavement Surface Distress Survey[R]. Fayetteville: Mack - Blackwell Transportation Center, Department of Civil Engineering University of Arkansas, 1999.

[26] 赵焕臣. 层次分析法[M]. 北京:科学出版社,1986.

[27] 黄晓明,刘寒冰. 交通基础设施检测与养护技术[M]. 北京:清华大学出版社,2010.

[28] 张玉芬. 道路交通环境工程[M]. 北京:人民交通出版社,2001.

[29] 欧冬秀. 交通信息技术[M]. 上海:同济大学出版社,2007.

[30] 尹宏宾,徐建闽. 道路交通控制技术[M]. 广州:华南理工大学出版社,2000.

[31] 张勇. 山区高速公路长大下坡避险车道设置研究[D]. 北京:北京工业大学,2008.

[32] 梁营力. 高速公路长大下坡路段安全设施研究[D]. 西安:长安大学,2009.

[33] Lawrence A. Klein. Sensor. Technologies and Data Requirements for ITS [B]. Arrech House Boston &London, 2001.

[34] 张建军. 连续长大下坡路段避险车道设置原则研究[D]. 合肥:合肥工业大学,2005.

[35] 王宁. 城市道路交通安全预警系统理论研究[D]. 湖北:华中科技大学,2007.

[36] 吴京梅. 公路连续下坡安全处置技术[M]. 北京:人民交通出版社,2008.

[37] 包左军，杨涛. 公路交通安全与气象影响[M]. 北京：人民交通出版社，2008.
[38] 钱晓晖. 可变情报板诱导信息发布系统在上海外环线的应用[J]. 上海公路，2004,(3):46-48.
[39] 杨兆升. 基础交通信息融合和技术及其应用[M]. 北京：中国铁道出版社，2005.
[40] 石建军，宋俪婧，于泉. 现代交通控制相关技术的发展趋势分析[J] 公路交通科技，2006,23(9),(3):113-117.
[41] 张超. 路基路面试验检测技术[M]. 北京：人民交通出版社，2008.
[42] 邢世建. 道路与桥梁工程试验检测技术[M]. 重庆：重庆大学出版社，2005.
[43] 梁新政，丁武洋. 路基路面试验检测技术手册[M]. 北京：人民交通出版社，2009.
[44] 陈红. 交通与交通部基本建设质量监督总站，交通工程设施试验检测技术[M]. 北京：人民交通出版社，2000.
[45] 王建军. 交通工程设施试验检测技术[M]. 北京：人民交通出版社，2004.
[46] 胡大琳. 道路与交通部基本建设质量监督总站，桥涵工程试验检测技术[M]. 北京：人民交通出版社，2000.
[47] 黄晓明，刘寒冰. 交通基础设施检测与养护技术[M]. 北京：清华大学出版社，2010.
[48] 中华人民共和国建设部. 城市桥梁养护技术规范(CJJ 99—2003)[S]. 北京：建筑工业出版社，2003.
[49] 中华人民共和国建设部. 城市道路养护技术规范(CJJ 99—2003)[S]. 北京：建筑工业出版社，2003.
[50] 中华人民共和国交通部. 公路水泥混凝土路面养护技术规范(JTJ 073.1—2001)[S]. 北京：人民交通出版社，2001.
[51] 中华人民共和国交通部. 公路桥涵设计通用规范(JTG D60—2004)[S]. 北京：人民交通出版社，2004.
[52] 中华人民共和国交通部. 公路桥涵养护规范(JTG H11—2004)[S]. 北京：人民交通出版社，2004.
[53] 张印阁，冯玉平，张宏祥. 桥梁结构现场检测技术[M]. 哈尔滨：东北林业大学出版社，2003.
[54] 吴新璇. 混凝土无损检测技术手册[M]. 北京：人民交通出版社，2003.
[55] 中华人民共和国建设部. 回弹法检测混凝土抗压强度技术规程(JGJ/T 23—2001)[S]. 北京：中国建筑工业出版社，2001.
[56] 中华工程建设标准化协会. 超声法检测混凝土缺陷技术规程(CECS 21—2000)[S]. 北京：中国计划出版社，2000.
[57] 中华人民共和国建设部. 超声回弹综合法检测混凝土强度技术规程(CECS 02—2005)[S]. 北京：中国建筑工业出版社，2005.
[58] 中华人民共和国建设部. 钻芯法检测混凝土强度技术规程(CECS 03—2007)[S]. 北京：中国建筑工业出版社，2007.
[59] 中华人民共和国交通部. 公路工程质量检验评定标准(JTG F80—2004)[S]. 北京：人民交通出版社，2004.
[60] 中华人民共和国交通部. 公路桥涵施工技术规范(JTJ 041—2000)[S]. 北京：人民交通出版社，2000.
[61] 中华人民共和国交通部. 公路工程水泥及水泥混凝土试验规程(JTG E30—2005)[S]. 北京：电子工业出版社，2005.
[62] 张俊哲. 无损检测技术及其应用[M]. 北京：科学出版社，2010.
[63] 宋焕宇，罗辉. 路面弯沉检测方法相关性的试验研究[J]. 华中科技大学学报：城市科学版，2007,24(4)：80-82.
[64] 宋焕宇. 路面弯沉检测方法相关性研究[D]. 大连：大连理工大学，2001.
[65] 郭强. 影响沥青混凝土路面平整度的原因及改善措施[J]. 交通标准化，2012,10:91-93.
[66] 刘清元. 基于超声波法的拱桥钢管混凝土拱肋密实性检测[J]. 无损探伤，2004，28(2)：13-15.
[67] 连启滨. 现有桥梁结构的安全监测与评估技术[J]. 公路，2002,(9):4-9.
[68] 邸小坛，徐骋. 钻芯检测结构混凝土强度技术的改善与提高[J]. 施工技术，2001,30(2)：32-34.
[69] 李立玲，梁四年，赵碧华. 回弹法检测混凝土强度回归方程的精度比较[J]. 华东交通大学学报，2000,17(3)：12-15.
[70] 童寿兴，王征，商涛平. 混凝土强度超声波平测法检测技术[J]. 无损检测，2004,26(1)：24-27.
[71] 胡卫东. 回弹法专用测强曲线的建立和应用[J]. 湖南理工学院学报（自然科学版），2005,18(3):85-88.
[72] 田卿燕，李凯. 混凝土桥梁的现场检测和可靠性评估[J]. 国外桥梁，2001,(4)：20-24.
[73] 郭彤. 大跨桥梁结构状态评估方法研究进展[J]. 东南大学学报（自然科学版），2004,34(5)：699-704.
[74] 夏叶飞. 预应力混凝土简支T梁桥的承载能力实桥试验分析研究[D]. 南京：东南大学，2006.
[75] 周彤梅，冶文斌. 道路交通控制的发展趋势研究[J]. 公安大学学报(自然科学版)，2002(6).
[76] 杨晓光，曾松，杭明升. 中国城市道路交通实时自适应控制与管理系统研究[J]. 交通运输工程学报，2001,1

(2):74-77.

[77] 郭伟，姚丹亚，付毅，胡坚明，刘宁. 区域交通流特征提取与交通状态评估方法研究[J]. 公路交通科技 .2005,22(7)：101-104.

[78] 戢晓峰. 城市道路交通状态分析方法回顾与展望[J]. 道路交通与安全,2008,8(3)：11-15.

[79] 姜桂艳. 道路交通状态判别技术与应用[M]. 北京：人民交通出版社，2004.

[80] 姜桂艳，郭海锋，吴超腾. 基于感应线圈数据的城市道路交通状态判别方法[J]. 吉林大学学报(工学版)，2008,(S1):37-42.

[81] 孙棣华，董均宇，廖孝勇. 基于 GPS 探测车的道路交通状态估计技术 [J]. 计算机应用研究，2007,24(2)：243-245.

[82] 张和生，张毅，胡东成，王明军. 区域交通状态分析的时空分层模型[J]. 清华大学学报(自然科学版)，2007,(1)：157-160.

[83] 赵风波，孙敏. 基于模糊聚类分析的交通状态识别方法[J]. 微型电脑应用，2006,22(2)：9-11.

[84] 邹亮，徐建闽，朱玲湘. 基于融合技术的道路交通状态判别模型[J]. 清华大学学报(自然科学版)，2007,47(12)：1822-1825.

[85] 吴震 . 面向事件的城市道路信号控制理论与方法研究[D]. 上海：同济大学，2009.

[86] Longley, D. A control strategy for a congested computer-controlled traffic network[J]. Transportation Research, 1968,12: 391-408.

[87] 杨晓光，彭国雄，王如一. 高速公路交通事故预防与紧急救援系统[J]. 公路交通科技，1998,(4):48-53.

[88] Hunt, P. B. T. R. Holland . The effects of an incident in SCOOT system - in simulation and on-street. Traffic Engineering and Control, 1985,55-58.

[89] 曾松. 城市道路网络交通导行策略研究[D]. 上海：同济大学，2001.

[90] 王培宏. 城市交通事件应急管理系统及其理论问题的研究[D]. 天津：天津大学，2005.

[91] 刘伟铭，尹湘源，管丽萍. 一种基于多信息融合的事件检测算法[J]. 长沙交通学院学报，2004,20(1)：58-62.

[92] 马颖，佘廉，王超. 城市交通突发事件致灾因素分析与预警系统构建[J]. 中国科技论坛，2006,(3)：79-82.

[93] 马颖，佘廉，王超. 我国城市交通突发事件预警管理系统的构建与运行[J]. 武汉理工大学学报(信息与管理工程版)，2006,28(1)：67-70.

[94] 温慧敏，杨兆升. 交通事件检测技术的进展研究[J]. 交通运输系统工程与信息，2005,5(1)：25-28.

[95] 余柳，于雷，戚懿，王健全，温慧敏. 基于浮动车数据的城市快速路交通事件检测算法研究[J]. 交通运输系统工程与信息，2008,8(4)：36-41.

[96] 余勇. 快速路交通事件自动检测算法的研究与实现 [D]. 北京：北京交通大学，2008.

[97] 张敬磊，王晓原 . 交通事件检测算法研究进展[J]. 武汉理工大学学报 (交通科学与工程版) ，2005,(2):215-218.

[98] 朱茵，陆化普，刘强. 城市交通预警系统的事件自动检测算法研究[J]. 公路交通科技，2005,21(10):85-88.

[99] 庄斌，杨晓光，李克平. 道路交通拥挤事件判别准则与检测算法[J]. 中国公路学报，2006,19(3)：82-86.